MAQUIAVEL NO BRASIL

DOS DESCOBRIMENTOS AO SÉCULO XXI

MAQUIAVEL NO BRASIL

DOS DESCOBRIMENTOS AO SÉCULO XXI

RODRIGO BENTES MONTEIRO
SANDRA BAGNO
(Org.)

Copyright © Rodrigo Bentes Monteiro e Sandra Bagno

Direitos desta edição reservados à
Editora FGV
Rua Jornalista Orlando Dantas, 37
22231-010 | Rio de Janeiro, RJ | Brasil
Tels.: 0800-021-7777 | 21-3799-4427
Fax: 21-3799-4430
editora@fgv.br | pedidoseditora@fgv.br
www.fgv.br/editora

Impresso no Brasil | *Printed in Brazil*

Todos os direitos reservados. A reprodução não autorizada desta publicação, no todo ou em parte, constitui violação do copyright (Lei nº 9.610/98).

Os conceitos emitidos neste livro são de inteira responsabilidade do(s) autor(es).

1ª edição – 2015

COORDENAÇÃO EDITORIAL E COPIDESQUE
Ronald Polito

REVISÃO
Marco Antonio Corrêa e Clarisse Cintra

CAPA E PÁGINAS DE ABERTURA DAS PARTES
Alain Tramont

PROJETO GRÁFICO DE MIOLO E DIAGRAMAÇÃO
Ilustrarte Design e Produção Editorial

IMAGENS DA CAPA
Santi di Tito (Florença, Itália, 1536-1603)
Retrato de Machiavelli (2a. metade do século XVI, óleo sobre tela). Acervo do Palazzo Vecchio, Florença. Domínio publico.
Charles Landseer (Londres, Inglaterra, 1799 — ?, 1878)
Vista do Pão de Açúcar tomada da estrada do Silvestre (1827, óleo sobre tela, 60,7 × 92 cm). Acervo da Fundação Estudar. Obra em comodato na Pinacoteca do Estado de São Paulo. Crédito fotográfico: Isabella Matheus

Ficha catalográfica elaborada pela
Biblioteca Mario Henrique Simonsen/FGV

Maquiavel no Brasil: dos descobrimentos ao século XXI / Organizadores: Rodrigo Bentes Monteiro e Sandra Bagno. – Rio de Janeiro : Editora FGV, 2015.
304 p.

Inclui bibliografia.
ISBN: 978-85-225-1678-0

1. Brasil – História. 2. Machiavelli, Niccolo, 1469-1527. I. Monteiro, Rodrigo Bentes, 1966- . II. Bagno, Sandra, 1955- . III. Fundação Getulio Vargas.

CDD – 981

Sumário

Apresentação	9
Rodrigo Bentes Monteiro e Sandra Bagno	

Proêmio — Maquiavelismo e maquiavelismos	13
Enzo Baldini	

Introdução — Maquiavel brasileiro	31
Rodrigo Bentes Monteiro	

PARTE I — IMPÉRIOS	55
Comentário: *Rodrigo Bentes Monteiro e Silvia Patuzzi*	

1. Construindo um império à sombra de Maquiavel — 57
   Giuseppe Marcocci
   - Um jogo de sombras — 57
   - A religião dos romanos e o império português — 62
   - Dissimulações imperiais — 68
   - Lição de *Il principe* num império sem coroa — 72

2. Dissimular para expandir as conquistas:
   o império ultramarino português em Damião de Góis — 81
   Rui Luis Rodrigues
   - [Dis]simulação — 81
   - Entre retórica clássica e humanismo — 85
   - Dissimulação na expansão portuguesa — 88

3. Um príncipe cristão e dissimulado: d. Duarte e o *negócio do Brasil* — 105
   Gustavo Kelly de Almeida
   - Um novo infante em apuros — 105
   - O inimigo maquiavélico — 107

Coisas avaliadas pelo que parecem	111
Pele de raposa	114
Tudo pela paz	119

PARTE II — PRÍNCIPES 131
Comentário: *Rodrigo Bentes Monteiro e Silvia Patuzzi*

4. Maquiavel no Brasil holandês. Gaspar Barleus,
João Maurício de Nassau e o príncipe colonial 133
Arthur Weststeijn

Liberdade em casa, império no exterior	135
Maquiavel na república holandesa	137
Raposa vestida de púrpura	138
Uma nova Roma no Novo Mundo	141
O bom príncipe no além-mar	144
Direcionando ambições	148
Maquiavel e a queda do Brasil holandês	151

5. Um vice-rei que lia Maquiavel? Uma aproximação
ao governo do conde de Óbidos no Brasil 157
Vinícius Dantas

Ideias e contextos	157
Trajetória	159
Conflitos de jurisdição e monopólio do poder	162
Óbidos maquiavélico?	169

6. Catilinária mineira: o discurso da revolta
de 1720 em Vila Rica 179
Rodrigo Bentes Monteiro

Histórias recentes	180
Outras histórias	187
Crimes e castigos	195
Maquiavel dissimulado	204

PARTE III — ESCRITOS 223
Comentário: *Rodrigo Bentes Monteiro e Silvia Patuzzi*

7. Machado de Assis e seus inspiradores italianos 225
   Sandra Bagno
   Maquiavel na biblioteca de Machado 225
   O príncipe como chave de leitura 229
   Entre "O *Príncipe* de Machiavelli" e a "Teoria do medalhão" 233
   A questão Maquiavel e Guicciardini 238
   "O homem de Guicciardini" como fonte 242

8. Uma versão para o futuro: Vargas, o maquiavélico 253
   Jorge Ferreira
   Usos do passado, objetivos futuros 253
   O livro e sua origem 257
   O autor e seu livro 259
   Deformações físicas e morais 261
   Lições de Maquiavel 263
   Maquiavelismo em tempos de democracia-liberal 265
   Vargas no governo, novas lições 267
   A vitória do maquiavelismo 269

9. Traduções e traições d'*O príncipe*. Os paratextos
   de edições brasileiras no século XXI 275
   Andréia Guerini
   Uma presença polêmica 275
   A recepção 278
   Os paratextos das traduções 286

Os autores 299
Lista de imagens 301
Agradecimentos 303
Apoios 304

Apresentação

MESMO SENDO UM DOS autores mais acometidos na história ocidental por diferentes formas de censura, desde o Quinhentos o florentino Nicolau Maquiavel (1469-1527) tornou-se uma referência imprescindível. Seu *O príncipe* mudaria a maneira de encarar o que os gregos antigos chamavam de τά πολιτικά, ou seja, as questões ligadas à política. Entre várias interpretações, ele seria reconhecido como o fundador da ciência política moderna, com suas obras revelando-se mina ainda hoje inesgotável de reflexões e debates. Como poucos escritos na história do Ocidente, *O príncipe*, junto a livros como os *Discursos sobre a primeira década de Tito Lívio* e *Da arte da guerra*, alimentou ao longo dos séculos, disfarçada ou abertamente, uma vasta produção de análises e refutações, mas principalmente de grandes polêmicas. Embora Maquiavel tenha ganhado novos rumos, marcando de forma indelével os âmbitos político e militar em escala universal, bem como os meios literário, teatral, filosófico e historiográfico, e mais especificamente os ligados à realidade linguística e cultural, somente após três séculos a Itália seria politicamente unificada — algo por ele tão almejado.

Ao aproximar-se a efeméride dos 500 anos do primeiro prenúncio da escrita d'*O príncipe* — encontrado na carta escrita por Maquiavel em 10 de dezembro de 1513 ao amigo Francesco Vettori, anunciando seu *trattatello* —, o professor Artemio Enzo Baldini, da Universidade de Turim, criou o projeto de pesquisa internacional *Machiavellismo e Machiavellismi nella tradizione politica occidentale*. Um de seus objetivos era ampliar o espectro tradicionalmente interessado nas investigações acerca do autor florentino.[1] Procurou então envolver novas áreas linguísticas e geográficas, para além dos países europeus que, *grosso modo*, desde o Quinhentos lidavam de modo mais ou menos velado com seu pensamento e obra, que então circulavam de vários modos. Na América Latina, o modesto número de estudos sobre Maquiavel em língua portuguesa até o século XX poderia levar a crer que o Brasil tenha permanecido mais periférico ou menos influenciado pelo debate em tela.

Ângela Barreto Xavier, Giuseppe Marcocci, Rodrigo Bentes Monteiro e Sandra Bagno foram honrados com um convite de Enzo Baldini para estudar quais maquiavelismos possivelmente marcaram as tradições históricas, culturais e linguísticas de Portugal e do Brasil. Países por muitos aspectos hoje tão próximos, mais ainda no tempo em que a monarquia portuguesa apresentava uma forte dimensão ultramarina, ou mesmo no século XIX, com a dinastia de Bragança perpetuada no Brasil imperial. Partindo de um quadro de pesquisa e informações bastante escasso, no tocante aos vestígios da presença e da recepção de obras de Maquiavel entre os séculos XVI e XIX, sobretudo no Brasil, foram organizados dois colóquios, no Rio de Janeiro e em Lisboa.

Aos poucos, os investigadores perceberam que o quase *vacuum* era na verdade um *plenum*. Pois o aparentemente *vazio* poderia ser repleto de uma tipologia específica de maquiavelismo, elaborado com sabedoria em Portugal a partir da década de 1530, num momento ainda de livre circulação das obras maquiavelianas. Logo após, ele seria metabolizado no contexto da censura formal e católica, em torno de ideias sobre como conquistar e manter o poder, no conjunto de uma monarquia detentora de vastas conquistas coloniais — a propósito, das mais duradouras entre os impérios nascidos na Época Moderna. Portanto, trata-se de um maquiavelismo destinado a arraigar-se sem que (quase) ninguém pudesse materialmente ler *O príncipe*. Disfarçado, ele ficaria implícita e longamente associado, na consciência linguística e cultural lusófona, a conceitos como simulação/dissimulação — o campo semântico lexical escolhido pelos organizadores para representar uma das facetas do maquiavelismo luso-brasileiro.

---

[1] Disponível em: <www.hypermachiavellism.net/>. Acesso em: 19 jan. 2014.

Apresentação

O presente volume apresenta um dos primeiros resultados e algumas hipóteses de pesquisa sobre a presença e as possíveis formas de recepção das obras maquiavelianas no Brasil. Entretanto, muito resta a fazer, pois, além dos documentos dispostos em bibliotecas e arquivos portugueses e brasileiros, ainda por serem estudados, há os pertinentes a outros países de língua portuguesa. Segue-se, assim, uma adaptação em forma de proêmio — lembrando os livros de Maquiavel — de uma conferência do professor Baldini, bem como um estudo introdutório ao conteúdo específico do livro.

Os organizadores

Proêmio

MAQUIAVELISMO E MAQUIAVELISMOS[1]

Enzo Baldini

OS 22 COLÓQUIOS REALIZADOS nos primeiros cinco anos do projeto *Maquiavelismo e maquiavelismos na tradição política ocidental*, vários deles resultando em publicações, expuseram minhas atividades de estudioso e docente a uma dura prova. Como se sabe, as obras de Maquiavel, particularmente *O príncipe*, atravessaram boa parte da cultura ocidental, reverberando nos âmbitos mais díspares: político, filosófico, literário, teatral e cultural — no sentido amplo —, além do militar, do empresarial, do comportamental e até do psicológico.

Assim nasceram diversas facetas ou máscaras de Maquiavel, construídas conforme as exigências do momento, frequentemente frutos de contraposições teóricas ou políticas que, em determinados períodos históricos, serviram aos detentores do poder para melhor expressar ou esconder seus reais objetivos. Por vezes esses estereótipos caracterizaram parte da história de um país ou uma realidade regional, por exemplo, na Itália ou na Espanha à época da Contrarreforma. Mas tudo ocorreu com uma dimensão, principalmente na Idade Moderna, que ultrapassou as singularidades locais, para projetar-se de modo surpreendente em vastos espaços europeus, embora com modalidades e tempos muitas vezes discrepantes.

---

[1] Texto proferido como conferência em 26 de outubro de 2011 na Universidade Federal Fluminense (UFF) e adaptado pelos organizadores. Tradução de Adriana Aikawa da Silveira Andrade e Andréia Guerini.

Uma gama consistente de máscaras e representações mais ou menos excessivas: do mestre dos déspotas, sinônimo de uma política baseada na força e no engano (aliás, no veneno e no punhal), ao destemido paladino da liberdade republicana; do absolutista ligado ao nascimento do Estado moderno ao que revelou justamente ao *povo* as crueldades e perfídias dos tiranos; ou ao símbolo dos movimentos italianos e europeus de libertação nacional. Viria depois o Maquiavel inspirador de nacionalismos e totalitarismos, mas também o de expressões antitotalitárias; o que identificaria o príncipe ao povo e, enfim, o Maquiavel democrático.[2]

Torna-se então legítima a pergunta: *O príncipe* é um manual para governar ou para se defender dos governantes? Ambas as coisas, ao menos pelos modos como foi interpretado e usado em cada circunstância. Ademais, como já foi afirmado, cada geração de estudiosos e políticos leu e reinterpretou Maquiavel à luz dos eventos dos quais foi testemunha (Carta e Tabet, 2007:4).

Hoje está claro tratar-se de representações e instrumentalizações — de "usos políticos", se preferirmos — inscritas na história da recepção da imagem e da obra de Maquiavel. Portanto, de suas *fortuna* e utilização. De todo modo, esses são aspectos do maquiavelismo que, por vezes, pouco ou nada têm a ver com Maquiavel, com as pesquisas filológicas, históricas e teóricas voltadas à reconstrução de sua biografia e seu pensamento, ou com edições críticas rigorosas de suas obras.

Na realidade, tudo isso aconteceu e acontece em nome do grande pensador político florentino, logo reduzido a um emblema do poder e de seu exercício, além das ações, inclusive as mais cruéis, que permitem conservar e reforçar o poder. Um nome altamente simbólico, ainda hoje usado frequentemente para justificar escolhas políticas e militares extraordinárias, ao que parece impostas por acontecimentos excepcionais, atropelando não somente princípios morais, mas sobretudo leis vigentes, inclusive as fundamentais ou constitucionais, como diríamos no presente.

Em suas aulas, Luigi Firpo costumava sintetizar eficazmente o que para ele era a questão central do pensamento de Maquiavel sobre o *príncipe novo*,

---

[2] Bassani e Vivanti (2006); Scichilone (2011); Carta e Tabet (2007).

valendo-se de expressões que poderiam ter sido proferidas pelo florentino. De modo aproximado, ele fazia Maquiavel dizer:

> Você não é obrigado a se tornar um príncipe, mas se decidir fazê-lo deve conhecer as duras leis da política, deve tornar-se um profissional da política, deve ser virtuoso, de uma virtude exclusivamente civil e política. Deve, porém, saber enveredar pelo mal quando precisar, isto é, quando a necessidade se impuser; deve estar pronto para realizar as ações mais malvadas, inclusive para condenar a sua própria alma, a fim de conservar o poder e a ordem política.

Essas afirmações imaginadas soam em sintonia com o esguio secretário florentino, de traços cortantes e provocadores, até mesmo de um "velhaco", segundo seus contemporâneos (Firpo, 2005:21). Um Maquiavel de olhar penetrante, físico nervoso e ágil, de um temperamento sanguíneo que o levaria inevitavelmente a marcar com expressões fortes e irreverentes essas camuflagens que a história, nos últimos cinco séculos, tem-lhe conferido e continua a lhe atribuir.

Certamente, ele amava mais as tavernas do que os salões pomposos e as secretarias acolchoadas e tranquilamente improdutivas. Em suma, não tinha o aspecto bem nutrido e tranquilizador de um clérigo e estava longe da figura de um secretário condescendente e cerimonioso. Nem hesitava em lançar secas repreensões políticas ao senhorio de Florença, como em seu relatório oficial de 1503 sobre Valdichiana, ante o domínio florentino (Machiavelli, 1997:v. I, p. 25).

Sabemos que O *príncipe* e os *Discursos*, embora publicados postumamente com permissão do papa florentino Clemente VIII, tornaram-se rapidamente objeto de crítica feroz e censura por parte da Igreja. Todas as obras de Maquiavel foram proibidas em 1549 pela cúria romana, inseridas entre as condenadas ao fogo — porque não "emendáveis" — no primeiro *Índice dos livros proibidos* publicado em 1559.

Parecia tudo terminado, mas não era assim, e não poderia ser. Além das numerosas traduções e da grande circulação europeia, não faltaram repetidas tentativas, possivelmente orquestradas pelo grão-duque da Toscana, para corrigir as obras de Maquiavel a fim de republicá-las. Essas ações — infrutíferas, evidentemente — atravessaram quase ininterruptamente as últimas décadas do Quinhentos a partir dos anos 1570. Seria difícil acreditar, se não conhecêssemos cada vez melhor a realidade não unânime e conflituosa acerca da cúria romana, se novos documentos não tivessem apontado os confrontos, inclusive violentos, entre as congregações do Santo Ofício e do *Índice dos livros proibidos*. Uma dessas tentativas é digna de atenção: pude documentá-la graças aos manuscritos disponíveis desde os últimos anos do Novecentos, nos arquivos romanos do Santo Ofício e do *Índice dos livros proibidos*.

Em setembro de 1596 — após as complicadas publicação e promulgação do *Índice* de Clemente VIII —, o eminente cardeal César Baronio, historiador oficial da Igreja, recém-nomeado membro da Congregação do Índice, numa reunião propôs "emendar" as obras de Maquiavel visando a sua reedição. A proposta foi aprovada, obviamente com a reserva de se avaliarem os resultados. Mas o inflexível cardeal Santoro, chefe da mais poderosa Congregação da Inquisição, bloqueou a iniciativa sem hesitar, provocando a imediata retirada de Baronio (Baldini, 2000:90-92).

Ademais, o índice de Clemente VIII de 1596 condenou definitivamente *A república* de Jean Bodin, de novo a mando da Congregação da Inquisição, mas em discordância com a do Índice e contra a postura inicial do papa. O amplo debate precedente a essa medida determinou a aproximação, se não a sobreposição, entre as doutrinas de Bodin e de Maquiavel, ao menos na perspectiva da cúria romana e de seus pensadores. Um vínculo que certamente não agradou a Bodin. Mas ele tornou-se senso comum em Roma na última fase das guerras religiosas na França, sobretudo a partir dos anos 1580, repetido de modo acrítico pela tratadística política católica, e não apenas pela referente à razão de Estado.[3]

Chegamos então a um momento significativo da instrumentalização de Maquiavel e suas obras, o das guerras religiosas na França na segunda metade do século XVI, às quais este projeto de pesquisa dedicou bastante atenção. Nesse conflito, Maquiavel era usado por huguenotes ou católicos como uma espécie de arma de uns contra outros, sobretudo após o massacre de São

---

[3] Baldini (1997:287-309; 2000:90-92 e 2001:3-40).

Bartolomeu. Contudo, eram dois Maquiavéis diferentes: de um lado, o símbolo de uma política baseada em enganos, peçonha e faca, invocado pelos huguenotes para estigmatizar as escolhas criminosas de Catarina de Medici, filha de Lourenço, a quem Maquiavel dedicara *O príncipe*. De outro, o mestre da impiedade e da negação dos princípios religiosos; para os adeptos da Liga católica, ele era o guia da política dos huguenotes e até de suas heresias.[4]

O grande eco suscitado pelos trágicos eventos franceses contribuiu para difundir com rapidez na Europa algumas máscaras de Maquiavel — não apenas as de mentor dos tiranos ou inspirador de imbróglios, astúcias e simulações (Anglo, 2005). A recepção das imagens do florentino não se limitou ao âmbito político: basta pensar nas obras teatrais de Marlowe, *O hebreu de Malta* (1589) e *O massacre de Paris* (1591-92), e mais ainda nas peças de Shakespeare.[5]

Uma presença europeia acompanhada por numerosas traduções — publicadas ou manuscritas — e pela circulação de suas obras, recebidas, como se sabe, nem sempre de maneira crítica e negativa. Pelo contrário, elas exerceram um peso fulcral no debate político da época, para além do papel atribuído ao nascimento e à afirmação da modernidade política.[6] Essa recepção plural foi documentada de maneira cada vez mais profunda em numerosas publicações científicas dos últimos anos, inclusive impulsionadas pelo nosso projeto. Foram identificados assim percursos propiciadores de várias formas de maquiavelismo e antimaquiavelismo, ricocheteando de um país a outro, mas assumindo em cada circunstância significados e usos diferentes.[7]

As trocas entre Itália e França foram estudadas de modo bastante consistente. O mesmo pode-se afirmar quanto ao uso de obras e teorias maquiavelianas e antimaquiavelianas na Alemanha — vindas da Itália décadas mais tarde — com um contexto religioso e político diferente, principalmente no Seiscentos. Lá, elas respaldariam um aporte teórico e jurídico relacionado à autonomia dos Estados territoriais (Stolleis, 1990). Resta muito a escavar em

---

[4] Ver artigos de Anna Maria Battista reeditados no livro de Del Grosso (1998:27-135); Baldini e Battista (1997:393-439); Baldini (2008:451-464).

[5] Ver Stanic (2013:75-88) e Loder (2013:89-101).

[6] Procacci (1995); Petrina (2009); Pol (2010); Baldini (2012:11-25).

[7] Como exemplos, Forcada (1988); Bagno (1996:v. I, p. 427-436); Youssim (1998); Polcar (2002); Albuquerque (2007); Ménissier (2010).

arquivos e bibliotecas, mas muito já foi feito e a referência aos 500 anos da escrita d'*O príncipe* serve para incrementar pesquisas sobre Maquiavel e sua difusão, e não apenas no interior da cultura ocidental.

Certamente é mais fácil perseguir e reconstruir as várias formas de anti-maquiavelismo, ou seja, as condenações e críticas feitas contra o florentino; essas são em geral evidentes, quase gritadas pelos respectivos autores. Mais árduo seria seguir os percursos do maquiavelismo, dos usos mais ou menos corretos e instrumentais das ideias de Maquiavel. Tais usos frequentemente deviam ser velados, para não cair nas inevitáveis acusações da Inquisição romana e também nas de outras religiões europeias. Mas não faltam exceções. Como em Francisco Patrizi de Cherso, professor universitário de filosofia platônica em Roma, ao misturar em suas obras Maquiavel e platonismo, duas realidades indiscutivelmente heréticas nos anos 1590; também o monsenhor Goffredo Lomellini, autorizado prelado da cúria, não poupava elogios à política de Maquiavel ao escrever que Henrique IV seria rei da França, e de herege tornar-se-ia católico romano.[8]

Um Maquiavel moldado por instâncias político-religiosas e expectativas em momentos históricos precisos, com percursos e usos impossíveis de serem aqui detalhados. Cabe um aceno à leitura republicana de suas obras e ideias, que tanta acolhida teve especialmente no mundo anglo-saxão, com presenças significativas nas revoluções inglesa e americana, mas com um forte fio condutor que — pelas sólidas e conhecidas contribuições de Pocock (1975) e Skinner (1981)[9] — chega até o presente. Tampouco deve ser esquecido o Maquiavel redescoberto pelos iluministas, o *Anti-Maquiavel* de Frederico II da Prússia, ou o comentado por Napoleão — ou melhor, pelo "falso Napoleão", na realidade o abade Aimé Guillon.[10]

Nos séculos XIX e XX as características dessa circulação mudaram radicalmente, em sintonia com grandes mudanças nos âmbitos filosófico e cultural, além das operadas nas esferas política e social. Afirmaram-se ao mesmo tempo estudos científicos rigorosos e edições críticas das obras do secretário florentino que não podem ser conectados a instâncias específicas

---

[8] Vasoli (1989); Cherso (1993:VII-LXI); Baldini (1995:201-226).
[9] Bock, Skinner e Viroli (1990).
[10] Procacci (1995:288-295 e 356); Machiavelli (1993); Saad (2007).

dos poderosos do momento.[11] Contudo, há ainda o uso de Maquiavel no âmbito político, que serviu até aqui para perceber os vários aspectos do maquiavelismo, ou melhor, dos maquiavelismos. Um capítulo digno de atenção seria o da sua presença nos debates sobre as grandes revoluções. Maquiavel escreveu para um príncipe novo, que não raro devia desfazer a velha ordem política para criar uma nova, sólida e controlada. Com essa predisposição, muitos revolucionários leram atentamente suas obras. Por exemplo, Maquiavel era bem conhecido dos revolucionários russos, ao utilizarem-no de maneira mais ou menos disfarçada. Na carta reservada de Lenin a Molotov em 1922, havia uma referência mal escondida ao áspero capítulo VIII d'*O príncipe*, justificando-se o recurso a uma série de crueldades — quando necessárias, evidentemente — de modo enérgico e rápido, "já que uma prolongada aplicação de crueldade não é tolerada pelas massas populares".[12]

Stalin também não ficou atrás. No grande expurgo de 1936 fez condenar-se à morte Lev Kamenev, contra o qual o procurador geral Vyshinsky levantou acusações, entre outras coisas, de ser um digno e execrável discípulo de Maquiavel.[13] Mas Stalin e outros bolchevistas — como o herege Trotsky — decerto não eram antimaquiavelianos. Conhecemo-lo agora como leitor atento e não crítico d'*O príncipe* — como atesta o seu exemplar pessoal, por ele cuidadosamente sublinhado e por sorte revelado no exame recente dos restos de sua biblioteca. Formas de antimaquiavelismo desvelado e de maquiavelismo encoberto, no mesmo homem de poder. Fazer Maquiavel dizer o desejado de afirmar-se, mas não de forma aberta ou pessoal, por motivos os mais variados — este é apenas um dos aspectos do maquiavelismo. Assim como as várias máscaras a ele atribuídas e o uso encoberto de suas ideias, após tê-las condenado publicamente.

No uso coloquial do termo, maquiavelismo é sinônimo de uma política totalmente distante da moral, e até imoral, pretendendo justificar todos os

---

[11] Bassani e Vivanti (2006); Carta e Tabet (2007); Tabet (2004:59-81); Sciara (2012:101-123).

[12] Lenin escrevia: "Um escritor inteligente nas questões estatais diz justamente que, se para chegar a certo fim político é necessário cometer uma série de crueldades, é preciso cometê-las da maneira mais enérgica e no menor tempo possível, pois uma aplicação prolongada de crueldade não é tolerada pelas massas populares". Carta de 19 mar. 1922. Rees (2004:112). Apud a resenha ao livro de Youssim de Vittorio Strada (2000:33).

[13] Rees (2004:143-236); Carta (2007:277-382); Youssim (2011:455-456).

meios úteis para atingir determinados fins pelos detentores do poder; uma política baseada no engano, na simulação e na dissimulação, na força e na imposição de uma ordem política de tipo nefasto. Mas a palavra indica, ao mesmo tempo, a circulação das ideias e obras de Maquiavel em manuscritos ou publicações, seu uso em escritos políticos, militares, religiosos e literários. Ou seja, sua *fortuna* ao longo dos séculos em diferentes âmbitos culturais e situações históricas e políticas peculiares.

Como é fácil deduzir, maquiavelismo é um termo ambíguo, delimitado com dificuldade — algo confirmado pelas múltiplas definições conceituais já feitas, inclusive de especialistas. Na língua e na cultura italianas, maquiavelismo foi identificado de maneira autorizada até mesmo à doutrina de Maquiavel (Abbagnano, 1971:552-554), ou reduzido a sua expressão mais comum, para indicar um comportamento desonesto e inescrupuloso (Pistone, 1983:623). O quadro torna-se mais complexo e confuso ao se considerarem as variações presentes nos diferentes ambientes linguísticos e tradições culturais, em decorrência também das orientações religiosas, políticas e culturais assumidas em relação a Maquiavel em diversos momentos históricos e áreas geopolíticas.

Por isso a necessidade de distinguir maquiavelismo de maquiaveliano, maquiavélico e maquiavelista, e assim tentar uma definição mais articulada do maquiavelismo. A esse respeito, não poderia deixar de mencionar a análise pontual feita por Sandra Bagno com relação à língua portuguesa (Bagno, 2006:183-240; 2008:129-150). Uma teoria *maquiaveliana* é evidentemente *de* Maquiavel, como expressão de seus pensamento e obra, enquanto *maquiavelismo* indica comumente, como vimos, uma recuperação ou reelaboração, um uso instrumental das teorias, das obras e/ou da figura de Maquiavel, ou um modo de agir baseado no mais pérfido interesse e sem escrúpulos. Para complicar ainda mais, surgiram os termos *maquiavélico* e *maquiavelista*. O primeiro, usado na linguagem corrente para indicar um comportamento astuto, marcado por tramas escondidas, intrigas e simulações. O segundo, estigmatizando um seguidor de Maquiavel, que coloca em prática seus ensinamentos, ou melhor, suas supostas lições, sem questionar problemas de ordem moral e mirando sem hesitar o próprio interesse. Os dois termos seriam totalmente estranhos ao *maquiavelismo*, na maneira como aqui o referimos.

Nesta definição do âmbito conceitual do maquiavelismo, não ajuda identificá-lo à *realpolitik,* ou a um realismo político transposto ao nível das relações internacionais, assumindo para alguns o nome de razão de Estado (Procacci, 1998:393). Há distinções rigorosas entre o maquiavelismo e a razão de Estado das últimas décadas do século XVI. Maquiavel, como se sabe, nunca se valeu da locução, proferida justamente pelos pensadores políticos da Contrarreforma, com o intuito — ao menos declarado — de separar sua pia e correta razão de Estado da atroz e tirânica atribuída ao pestilento secretário florentino.[14] O que dizer então da associação do maquiavelismo à sumária frase "os fins justificam os meios", como resumo da doutrina de Maquiavel? A expressão nunca foi usada por ele, mas lhe é amplamente associada na linguagem comum, e permanece totalmente infundada se referida a qualquer fim, e não apenas aos pertinentes à construção/conservação do Estado (Baldini, 2010:299-307).

Foram delineadas até agora formas de maquiavelismo plenamente reconhecíveis apenas em contextos históricos, culturais e políticos bem definidos. Porém, há uma vasta literatura sobre um maquiavelismo totalmente descontextualizado, destinado a fornecer uma imagem de Maquiavel e sua doutrina a ser usada no cotidiano: um Maquiavel reduzido a pílulas, ou melhor, a máximas de comportamento universal.

Para se ter uma ideia, basta digitar *machiavellism* num sistema de busca na internet. É espantoso o número de registros sobre realidades aparentemente estranhas ao que se compreende em geral sobre o termo: encontra-se desde o título de uma música, muito apreciada e difundida, de uma banda japonesa de *hard rock* nascida em meados da década de 1990,[15] a um bem codificado distúrbio de personalidade, "maquiavelismo", testado rigorosamente por psicólogos comportamentalistas em seus vários níveis de gravidade, concernente a uma inclinação para enganar e manipular os outros por mero interesse pessoal.[16] Uma transposição para âmbitos e linguagens

---

[14] Baldini (1999:7-31; 1997:15-30); Baldini e Battista (1997).

[15] O grupo musical *Dir en grey* e a composição "Machiavellism". Disponível em: <www.youtube.com/watch?v=v8z2Vk6pEBw>. Acesso em: 20 set. 2013. "Makaveli" era um dos nomes dados ao conhecido *rapper* americano Tupac Amaru Shakur (1971-96), que leu Maquiavel na prisão.

[16] Christie e Geis (1970); Whiten e Byrne (1977); Dien e Fujisawa (1979:508-516); Poderico (1987:1041-1042); Byrne e Whiten (1988); Wolf (1996); Giampietro (2000:81-96); Ojha (2007:285-289); Barry et al. (2011).

realmente incomuns aos estudiosos das ideias políticas, sobre a imagem de um mestre da dureza do viver, ou de um guia insubstituível de enganos e simulações. Portanto, um simulacro daquele Maquiavel representado e usado repetidamente nas várias fases de sua fortuna — ou infortúnios — nas Idades Moderna e Contemporânea.

Mas também se encontra um Maquiavel no papel de guia cotidiano para práticas individuais ou profissionais, de administradores ou operadores de *marketing*;[17] ou proposto como modelo infalível para escolhas ligadas ao exercício da força e do poder, ou então como mestre de normas de liderança no trabalho e na política dos negócios;[18] um Maquiavel para "chefes que querem permanecer no cargo" — como sugere o título de um livro —, ou transformado até em conselheiro do comportamento feminino no conflito entre os sexos (Berner, 1985; Rubin, 1997).

Com efeito, são muitos os pensadores e personagens históricos de cujas obras se retiram máximas e ensinamentos para administradores e pessoas de sucesso.[19] Mas a quantidade de volumes publicados em nome de Maquiavel e com trechos mais ou menos comentados extraídos de suas obras ganhou, sobretudo nas últimas quatro décadas, uma consistência digna de nota. Em minha biblioteca já coleciono mais de 100 títulos. Muitos não merecem atenção especial, mas outros são obras de docentes, aplicadas em programas universitários — principalmente norte-americanos — e de escolas superiores de administração.

Não falta o Maquiavel que ensina a mover-se com destreza nas realidades conflitantes do trabalho e da vida diária, que ensina a dirigir uma faculdade, a vencer no esporte e no jogo, a combater os traficantes, o terrorismo, mas também a conduzir crianças em sua difícil entrada na escola e na vida, ou a aconselhar as mães na educação dos filhos. Um *Maquiavel para viver*

---

[17] Jay (1967); Calhoon (1969:205-212); Buskirk (1974); Spagnol e Spagnol (1988); Griffin (1991); Wallek (1991); Gunlicks (1993); Basiliankov (1995); McAlpine (1998); Harris, Lock e Rees (2000); Hill (2000); Borger (2002); Galie e Bops (2006:235-250); Gamberini (2014); Lisch (2012).

[18] Noll e Bachmann (1987); Shea (1988); Legge (1991); Bing (2000); Demack (2002); Phillips (2008).

[19] Morris (1997); Brabandère, Besnier e Handy (2000); McCreadie, Phillips e Shipside (2009).

melhor, traduzindo o título de um desses volumes, ou que ensina a sobreviver nos períodos de crise.[20]

Obviamente, há um Maquiavel para líderes políticos de todos os continentes e latitudes, do presente ao futuro, como medida e modelo para a real capacidade de conquistar, reforçar e conservar o poder, mas também para aferir a virtude política de chefes e poderosos do passado. E não poderia faltar um afortunadíssimo Maquiavel em quadrinhos, distribuído em escala mundial pela Penguin Books, em cuja parte final se avaliam os políticos de nosso tempo (Curry e Zarate, 1995; Althaus, 2004). Dezenas e dezenas de volumes, seguidamente reeditados, principalmente nos mundos anglófono e de língua alemã, muitos deles traduzidos em vários idiomas, com um sucesso de público incomparavelmente maior do que o modesto cômputo dos estudos científicos sobre o secretário florentino.

Mas há também um Maquiavel inquietante, usado recentemente por militares e políticos, principalmente norte-americanos, para justificar escolhas e decisões excepcionais, decorrentes de situações extraordinárias, das guerras preventivas à exportação das democracias. Ou o que achou espaço nas administrações republicanas dos Estados Unidos da América das últimas duas décadas do Novecentos e no início deste século. Para além do Maquiavel próximo aos discípulos do filósofo político Leo Strauss, mesmo que este tenha sido muito crítico em relação ao florentino.[21] Portanto, não somente um Maquiavel para manuais destinados a homens e mulheres de sucesso no tempo do liberalismo triunfante e do individualismo crescente, de *yuppies* e bolsas em alta, ou não apenas reduzido a máximas e normas para alcançar-se o poder a qualquer custo, sem considerar meios e percursos em pauta.

Por fim, Michael Ledeen refere-se aos "quase super-homens", componentes da *Delta Force*, o grupo especial do exército dos Estados Unidos, cuja tarefa principal é a luta contra o terrorismo. Eles seriam cuidadosamente selecionados em provas duríssimas. Segundo Ledeen, ao fim do curso, após uma massacrante marcha de mais de 40 milhas, eles recebem *O príncipe*, junto a um teste a ser preenchido após a leitura. Teriam então 18 horas para

---

[20] Ramo (1984); Apostolico (2005); Borges (2008); Norton (1985:304-313); Hart (1998); Evans (2013); Midas (2006); Naumann (2005).

[21] Lord (2003); Norton (2004); Zuckert e Zuckert (2006); Zuckert (2009:263-286).

convencer os examinadores de terem compreendido a "sabedoria contida no livro", sabendo aplicá-la nas missões a serem realizadas, não obstante terem a mente e o corpo exaustos (Ledeen, 1999:VII-IX). Por essa visão, um Maquiavel impiedoso e muscular ascendeu nas últimas décadas como uma espécie de bandeira dos paladinos de um inevitável conflito permanente, com vistas a um predomínio militar e político global. Conforme Ledeen, ele elaborou "regras de ferro" para conquistar e conservar o poder, válidas hoje, exatamente como há cinco séculos. Estamos assim ante uma nova forma de maquiavelismo, merecedora de ser tratada com menos superficialidade pelos estudiosos. Pois essa "literatura" tão abrangente ainda pode ajudar a entender melhor algumas dinâmicas sociais e políticas do nosso próprio tempo.

Referências

ABBAGNANO, Nicola. Machiavellismo. In: _____. *Dizionario di filosofia*. 2. ed. Turim: Utet, 1971. p. 552-554.

ALBUQUERQUE, Martim de. *Maquiavel e Portugal*. Estudos de história das ideias políticas. Lisboa: Alêtheia, 2007.

ALTHAUS, Marco. *Machiavellis Machtfibel*. Politikmanagement in cartoons. Norderstedt: Books on Demand Gmbh, 2004.

ANGLO, Sydney. *Machiavelli*: the first century. Studies in enthusiasm, hostility, and irrelevance. Oxford: Oxford University Press, 2005.

APOSTOLICO, David. *Machiavellian poker strategy*: how to play like a prince and rule the poker table. Nova York: Kensington, 2005.

BAGNO, Sandra. Il machiavellismo nella società brasiliana di fine '800: una lettura della Teoria do Medalhão di Machado de Assis. In: ASSOCIAZIONE ISPANISTI ITALIANI. *Scrittori "contro"*: modelli in discussione nelle letteratura iberiche. Roma: Bulzoni, 1996. v. I, p. 427-436.

_____. *Il principe* di Machiavelli nelle lessicografie latinoamericane: il Brasile caso emblematico? Dall'eredità culturale del colonizzatore all'autonomia lessicografica specchio di un'identità nazionale. In: BARTUREN, María Begoña Arbulu; _____. *La recepción de Maquiavelo y Beccaria en el ámbito ibero-americano*. Pádua: Unipress, 2006. p. 183-240.

_____. "Maquiavélico" versus "Maquiaveliano" na língua e nos dicionários monolíngues brasileiros. *Cadernos de Tradução*, Florianópolis, v. 2, n. 22, p.

129-150, 2008. Disponível em: <https://periodicos.ufsc.br/index.php/traducao/article/view/2175-7968.2008v2n22p129>. Acesso em: 25 set. 2013.

BALDINI, Artemio Enzo. Albergati critico di Bodin: dall' "Antibodino" ai "Discorsi politici". In: _____ (Org.). Jean Bodin a 400 anni dalla morte: bilancio storiografico e prospettive di ricerca. *Il Pensiero Politico*, Florença, v. XXX, n. 2, p. 287-309, 1997.

_____. Aristotelismo e platonismo nelle dispute romane sulla ragion di Stato di fine Cinquecento. In: _____ (Org.). *Aristotelismo politico e ragion di Stato*. Florença: Olschki, 1995. p. 201-226.

_____. Jean Bodin e l'indice dei libri proibiti. In: STANGO, Cristina (Org.). *Censura ecclesiastica e cultura politica in Italia tra Cinquecento e Seicento*. Florença: Olschki, 2000. p. 90-92.

_____. L'antimachiavélisme en Italie au début de la littérature de la raison d'Etat. In: DIERKENS, Alain (Org.). L'antimachiavélisme de la Renaissance aux Lumières. *Problèmes d'Histoire des Religions*, Bruxelas, v. VIII, p. 15-30, 1997.

_____. Le ricerche sulla Ragion di Stato: situazione e prospettive. In: _____ (Org.). *La ragion di Stato dopo Meinecke e Croce*. Dibattito su recenti pubblicazioni. Gênova: Name, 1999. p. 7-31.

_____. Machiavelli, Makyavelizm ve Siyasi Modernite Sorun. In: AKAL, Celmal Bâli (Org.). *Machiavelli, makyavelizm ve modernite*. Ankara: Dost, 2012. p. 11-25.

_____. Machiavellism and anti-Machiavellism between France and Italy in the last years of the wars of religion. In: BALSAMO, Jean (Org.). Machiavelisme-anti-machiavelisme: figures françaises, cahiers parisiens. *Parisian Notebooks*, Paris, v. IV, p. 451-464, 2008.

_____. Machiavellismo. In: ORSI, Anelo d' (Org.). *Gli ismi della politica*. 52 voci per ascoltare il presente. Roma: Viella, 2010. p. 299-307.

_____. Primi attacchi romani alla République di Bodin sul finire del 1588. I testi di Minuccio Minucci e di Filippo Sega. *Il Pensiero Politico*, Florença, v. XXXIV, p. 3-40, 2001.

_____; BATTISTA, Anna Maria. Il dibattito politico nell'Italia della Controriforma: ragion di Stato, tacitismo, machiavellismo, utopia. *Il Pensiero Politico*, Florença, v. XXX, n. 3, p. 393-439,1997.

BARRY, C. T. et al. (Org.). *Narcissism and machiavellianism in youth*: implications for the development of adaptive and maladaptive behaviour. Washington: American Psychological Association Books, 2011.

BASILIANKOV, M. P. *Machiavelli im management*. Erfolg und karriere durch bewusstsein. Berlim: Frieling, 1995.

BASSANI, Luigi Marco; VIVANTI, Corrado (Org.). *Machiavelli nella storiografia e nel pensiero politico del XX secolo*. Milão: Giuffrè, 2006.

BERNER, Rudolf. *Machiavelli 2000*: ich bin der boss und will es bleiben. Zurique: Verlag Organisator, 1985.

BING, Stanley. *What would Machiavelli do?* The ends justify the meanness. Nova York: HarperBusiness, 2000.

BOCK, Gisela; SKINNER, Quentin; VIROLI, Maurizio (Org.). *Machiavelli and republicanism*. Cambridge: Cambridge University Press, 1990.

BORGER, H. *The corporate prince*. Machiavelli's timeless wisdom adapted for the modern CEO. Bloomington: FirstBooks, 2002.

BORGES, Tomás. *Maquiavelo para narcos*: el fin justifica los miedos. Mexico: Planeta Mexicana, 2008.

BRABANDÈRE, Luc de; BESNIER, Jean-Michel; HANDY, Charles. *Erasme, Machiavel, More*: trois philosophes pour les managers d'aujourd'hui. Paris: Village Mondial, 2000.

BUSKIRK, Richard Hobart. *Modern management and Machiavelli*. Boston: Cahners, 1974.

BYRNE, Richard William; WHITEN, Andrew (Org.). *Machiavellian intelligence*. Social expertise and the evolution of intellect in monkeys, apes, and humans. Oxford: Oxford University Press, 1988.

CALHOON, Richard Percival. Niccolò Machiavelli and the twentieth century administrator. *The Academy of Management Journal*, v. XII, n. 2, p. 205-212, 1969.

CARTA, Paolo. Machiavelli in Russia. In: CARTA, Paolo; TABET, Xavier (Org.). *Machiavelli nel XIX e XX secolo*. Pádua: Cedam, 2007. p. 277-382.

____; TABET, Xavier (Org.). *Machiavelli nel XIX e XX secolo*. Pádua: Cedam, 2007.

CHEA, Michael. *Influence*: how to make the system work for you. A handbook for the modern Machiavelli. Londres: Century, 1988.

CHERSO, Francesco Patrizi da. *Nova de universis philosophia*. Materiali per una edizione emendata. Organização de Anna Laura Puliafito Bleuel. Florença: Olschki, 1993.

CHRISTIE, Richard; GEIS, Florence L. (Org.). *Studies in machiavellianism*. Nova York: Academic Press, 1970.

CURRY, Patrick; ZARATE, Oscar. *Machiavelli for beginners*. Cambridge: Icon, 1995.

DEMACK, Ian. *The modern Machiavelli*: the seven principles of power in business. Sydney: Allen & Unwin, 2002.

DEL GROSSO, Anna Maria Lazzarino (Org.). *Politica e morale nella Francia dell'età moderna*. Gênova: Name, 1998. p. 27-135.

DIEN, Dora Shu-Fang; FUJISAWA, Hitoshi. Machiavellianism in Japan: a longitudinal study. *Journal of Cross Cultural Psychology*, v. X, p. 508-516, 1979.

EVANS, Suzanne. *Machiavelli for moms*: maxims on the effective governance of children. Nova York: Touchstone, 2013.

FIRPO, Luigi. *Scritti sul pensiero politico del Rinascimento e della Controriforma.* Turim: Utet, 2005. (proferido no V centenário do nascimento de Maquiavel em Florença, 1969).

FORCADA, Helena Puigdomenech. *Maquiavelo en España*: presencia de sus obras en los siglos XVI y XVII. Madri: Fundación Universitaria Española, 1988.

GALIE, J. P.; BOPS, C. Machiavelli & modern business: realist thought contemporary corporate leadership manuals. *Journal of Business Ethics*, v. LXV, n. 3, p. 235-250, 2006.

GAMBERINI, Maurizio. *Machiavelli per i manager del XXI secolo...* Disponível em: <www.mauriziogamberini.it/1/upload/machiavelli_per_ipad.pdf>. Acesso em: 22 mar. 2014.

GIAMPIETRO, Marina. La mente machiavellica: manipolazione ed inganno. In: MARCHETTI, Antonella. *Incontri evolutivi*: crescere nei contesti attraverso le relazioni. Milão: Angeli, 2000. p. 81-96.

GRIFFIN, Gerald R. *Machiavelli on management*. Playing and winning the corporate power game. Nova York: Praeger, 1991.

GUNLICKS, Lynn F. *The Machiavellian manager's handbook for success*. Washington: Libey, 1993.

HARRIS, Phil; LOCK, Andrew; REES, Patricia (Org.). *Machiavelli, marketing and management*. Londres; Nova York: Routledge, 2000.

HART, Claudia. *A child's Machiavelli*: a primer on power. Nova York: Penguin Studio, 1998. [1995].

HILL, R. W. *The boss*. Machiavelli on managerial leadership. Nova York; Genebra: Pyramid Media Group, 2000.

JAY, Antony. *Management and Machiavelli*. Londres: Hodder & Stoughton, 1967.

LEDEEN, Michael Arthur. *Machiavelli on modern leadership*. Why Machiavelli's iron rules are as timely and important today as five centuries ago. Nova York: Truman Talley/St. Martin's Press, 1999. p. VII-IX.

LEGGE, John. *The modern Machiavelli*: the nature of modern business strategy. Hawthorn: Swinburne College Press, 1991.

LENIN. Carta de 19 mar. 1922. In: REES, Edward Arfon. *Political thought from Machiavelli to Stalin*: revolutionary machiavellism. Basingstoke: Palgrave Macmillan, 2004. p. 112.

LISCH, Ralf. *Ancient wisdom for modern management*: Machiavelli at 500. Farnham: Ashgate, 2012.

LODER, Conny. When pretence rules over essence: Shakespeare's bastard in king John. In: ARIENZO, Alessandro; PETRINA, Alessandra (Org.). *Ma-

chiavellian encounters in Tudor and Stuart England. Literary and political influences from the Reformation to the Restoration. Farnham: Ashgate, 2013. p. 89-101.

LORD, Carnes. *The modern prince*: what leaders need to know now. New Haven; Londres: Yale University Press, 2003.

MACHIAVELLI, Niccolò. Del modo di trattare i popoli della Valdichiana ribellati. In: ____. *Opere*. Organização de Corrado Vivanti. Turim: Einaudi/Gallimard, 1997. v. I, p. 25.

____. Il principe *annotato da Napoleone Buonaparte*. Milão: Silvio Berlusconi, 1993.

MCALPINE, Alistair. *The new Machiavelli*. The art of politics in business. Nova York: John Wiley & Sons, 1998.

MCCREADIE, Karen; PHILLIPS, Tim; SHIPSIDE, Steve. *Strategy power plays*: winning business ideas from the world's greatest strategic minds... Oxford: Infinite Ideas, 2009.

MÉNISSIER, Thierry. *Machiavel ou la politique du Centaure*. Paris: Hermann, 2010.

MIDAS, Jones. *The modern prince*: better living through Machiavellianism. El Paso: Midasjones.com, 2006. Disponível em: <www.midasjones.com/html/the_modern_prince.htm>. Acesso em: 23 mar. 2014.

MORRIS, Toms. *If Aristotle ran General Motors*: a new path of wisdom for the life of business and the business of life. Nova York: Henry Holt, 1997.

NAUMANN, Frank. *Kleiner Machiavelli für überlebenskünstler*. Hamburgo: Rowohlt Taschenbuch, 2005.

NOLL, Peter; BACHMANN, Hans Rudolf. *Der kleine Machiavelli...* Zurique: Pendo Verlag, 1987.

NORTON, Anne. *Leo Strauss and the politics of American empire*. New Haven; Londres: Yale University Press, 2004. Disponível em: <http://yalepress.yale.edu/yupbooks/excerpts/norton_strauss.pdf>. Acesso em: 23 mar. 2014.

NORTON, Paul. Machiavelli and the modes of terrorism. *Modern Age*, v. XXIX, p. 304-313, 1985.

OJHA, Hardeo. Machiavellianism in parents and their children. *Journal of the Indian Academy of Applied Psychology*, v. XXXIII, n. 2, p. 285-289, 2007.

PETRINA, Alessandra. *Machiavelli in the British Isles*: two early modern translations of *The prince*. Farnham: Ashgate, 2009.

PHILLIPS, Tim. *Niccolò Machiavelli's* The prince. A 52 brilliant ideas interpretation. Oxford: Infinite Ideas, 2008.

PISTONE, Sergio. Machiavellismo. In: BOBBIO, Norberto; MATTEUCCI, Nicola; PASQUINO, Gianfranco (Org.). *Dizionario di politica*. 2. ed. Turim: Utet, 1983. p. 623.

POCOCK, John Greville Agard. *The Machiavellian moment*: Florentine political thought and the Atlantic republican tradition. Princeton: Princeton University Press, 1975.

PODERICO, Carla. Machiavellianism and anxiety among Italian children. *Psychological reports*, v. LX, p. 1041-1042, 1987.

POL, Roberto de (Org.). *The first translations of Machiavelli's* Prince: from the Sixteenth to the first half of Ninenteenth century. Amsterdã; Nova York: Rodopi, 2010.

POLCAR, Ales. *Machiavelli-rezeption in Deutschland von 1792 bis 1858.* Sechzehn studien. Aachen: Shaker, 2002.

PROCACCI, Giuliano. *Machiavelli nella cultura europea dell'età moderna.* Roma; Bari: Laterza, 1995.

_____. Machiavellismo e antimachiavellismo. In: PISANO, Debora (Org.). *Cultura e scrittura di Machiavelli.* Atti del Convegno di Firenze-Pisa 27-30 Ottobre 1997. Roma: Salerno, 1998. p. 393-412.

RAMO, Simon. *Tennis by Machiavelli.* Nova York: Rawson Associates, 1984.

RUBIN, Harriet. *The princessa.* Machiavelli for women. Nova York; Londres: Dell; Bloomsbury, 1997.

SAAD, Nizar Ben. *Machiavel en France*: des Lumières à la Révolution. Paris: l'Harmattan, 2007.

SCIARA, Giuseppe. Usi politici di Machiavelli nella pubblicistica tra prima e seconda Restaurazione (18141816). *Storia e Politica*, Palermo, v. IV, n. 1, p. 101-123, 2012.

SCICHILONE, Giovanni (Org.). Machiavellismo e antimachiavellismo nel pensiero cristiano europeo dell'Ottocento e del Novecento. *Storia e Politica*, Palermo, v. III, n. 1, 2011.

SKINNER, Quentin. *Machiavelli.* Oxford: Oxford University Press, 1981.

SPAGNOL, Elena; SPAGNOL, Luigi (Org.). *Machiavelli per i manager.* Milão: Longanesi, 1988.

STANIC, Enrico. Machiavellianism in Christopher Marlowe's *The Jew of Malta.* In: ARIENZO, Alessandro; PETRINA, Alessandra (Org.). *Machiavellian encounters in Tudor and Stuart England.* Literary and political influences from the Reformation to the Restoration. Farnham: Ashgate, 2013. p. 75-88.

STOLLEIS, Michael. *Staat und Staatsräson in der Neuzeit.* Studien zur geschichte des öffentlichen rechts. Frankfurt: Suhrkamp, 1990.

STRADA, Vittorio. Una biografia in Russia. Così Machiavelli annunciò Stalin. *Il Corriere della Sera*, 22 abr. 2000. p. 33.

TABET, Xavier. Alle origini del "mito risorgimentale" di Machiavelli. In: RIDOLFI, Angelo; FOSCOLO, Ugo. *Scritti sul* Principe *di Niccolò Machiavelli.*

Organização de Paolo Carta, Christian Del Vento e Xavier Tabet. Rovereto: Nicolodi, 2004. p. 59-81.

VASOLI, Cesare. *Francesco Patrizi da Cherso*. Roma: Bulzoni, 1989.

WALLEK, Lee Rifugio. *The mafia manager*: a guide to success. Highland Park: December Press, 1991.

WHITEN, Andrew; BYRNE, Richard W. (Org.). *Machiavellian intelligence II*: extensions and evaluations. Cambridge: Cambridge University Press, 1977.

WOLF, Wilhelm R. *Das Machiavelli-syndrom*: krankheitssymptome des unternehmens — diagnose, therapie, prävention. Wiesbaden: Gabler Verlag, 1996.

YOUSSIM, Mark Arkadjevich. *Makiavelli v Rossii*: moral i politika na protiaženii pjati stoletij. Moscou: Institut Vseobščej Istorii Ran, 1998.

_____. *Makiavelli*. Moscou: Kanon, 2011.

ZUCKERT, Catherine H.; ZUCKERT, Michael. *The truh about Leo Strauss*. Chicago: University of Chicago Press, 2006.

ZUCKERT, Michael. Straussian. In: SMITH, Steven B. (Org.). *The Cambridge companion to Leo Strauss*. Cambridge: Cambridge University Press, 2009. p. 263-286.

Introdução

MAQUIAVEL BRASILEIRO

Rodrigo Bentes Monteiro

ESTE NÃO É UM livro sobre Niccolò Machiavelli, mas sobre a sua recepção no Brasil. Contudo, o Brasil dos primeiros tempos era uma estreita faixa de terra no litoral leste da América do Sul, integrada ao conjunto das conquistas portuguesas no além-mar. Os escritos do Secretário Florentino surgiram durante essa vigorosa expansão lusa na primeira metade do século XVI, com seus avanços na África, na Ásia e na América nos reinados de d. Manuel I e d. João III, príncipes da dinastia de Avis. As experiências de poder dos portugueses sobre outros povos repercutiam nas reflexões em curso operadas por Nicolau Maquiavel. Num de seus proêmios, ele comparou-se aos navegadores que então descobriam o Novo Mundo, fazendo um paralelo entre sua teoria política e as viagens ultramarinas (Maquiavel, 2000:17). Bem como o inverso certamente ocorreu: suas ideias incidiam nos textos humanistas que dissertavam acerca da natureza e da legitimidade do governo de Portugal em várias partes do mundo, com o Oriente em evidência. Isso acontecia num tempo em que a censura eclesiástica em Roma e nos países ibéricos ainda não condenara plenamente as obras do autor de Florença. Comparavam-se então as epopeias lusitanas aos feitos dos antigos romanos, para o que os *Discorsi* eram uma fonte principal. Nessa cultura renascentista, Tito Lívio, Cícero, Erasmo, Maquiavel, Jerónimo Osório, João de Barros ou Damião de Góis eram autores que refletiam sobre a religião, sua ortodoxia, o expansionismo e a dissimulação, temas doravante estereotipados com o advento das reformas religiosas, especialmente a católica.[1]

Na segunda metade do Quinhentos, Portugal e suas províncias ultramarinas ingressaram na órbita da monarquia hispânica, o que culminou na fusão das coroas ibéricas em 1580. E a América portuguesa despontava como parte significativa dessas possessões. Ao sul, pelo possível acesso às minas de prata do Peru; mas principalmente no litoral norte, pela prosperidade da região açucareira, alvo de outra expansão no século XVII, a da república das províncias dos Países Baixos. Nesse mundo de guerras na Europa e nos mares, e de afirmação de poderes com pretensões mundiais, *Il principe* — como seria conhecido o opúsculo — e seu autor eram referências incontornáveis. No ambiente católico que formalmente o rechaçou, Maquiavel era lembrado para personificar os vícios da política, contrapostos a uma atuação cristã. Mas ele também podia inspirar disfarçadamente essas mesmas ações consideradas incólumes. Naquele tempo, a fama do Secretário Florentino associava-se aos próprios ditames da razão de Estado — embora o termo não lhe pertença —, e suas ideias eram também encontradas em vários autores, mesmo naqueles definidos como antimaquiavélicos.

Maquiavel no Brasil destaca a conjuntura de oposição entre Portugal e Espanha a partir da secessão ibérica de 1640, no reinado de d. João IV, tendo como pano de fundo a ocupação neerlandesa em Pernambuco e capitanias vizinhas. Na guerra europeia ou na atuação colonial, surgiram príncipes como Duarte de Bragança e João Maurício de Nassau, que opinaram sobre o território brasílico ou nele governaram. Suas histórias foram relacionadas ao modelo principesco de Maquiavel, pelo jogo político internacional envolvendo as dinastias de Bragança e Habsburgo, ou pela pena do humanista tardio Gaspar Barleus. Trata-se, no entanto, de associações complexas, devendo-se evitar as dicotomias sugeridas pela própria cultura política da época, quase sempre refém da má reputação adquirida pelo autor florentino.

Durante a Guerra da Restauração portuguesa, o conde de Óbidos exemplificou, por sua atuação como vice-rei do Brasil, certos preceitos maquiavelianos, em consonância ao realizado no reino no valimento de Luís de

---

[1] Os nomes e ideias desses cinco primeiros parágrafos encontram-se referenciados no decorrer dos capítulos do livro.

Vasconcelos e Sousa, homem forte de Afonso VI. Mais tarde, no reinado de d. João V e na efervescente capitania de São Paulo e Minas do Ouro, o futuro conde de Assumar, talvez inspirado nos escritos do florentino, mas referenciando autores clássicos em seu discurso, amedrontou os vassalos mineiros em relação ao seu mando. Esses exemplos denotam a existência na monarquia portuguesa de uma vertente de exercício do poder mais centralista e arbitrária, concomitante àquela identificada aos pactos, contratos e negociações, de matriz intelectual neotomista.

Do império português ao brasileiro. Na corte do Rio de Janeiro, Machado de Assis valeu-se d'*O príncipe* para escrever um conto sobre comportamento e arrivismo social, mediado pelos apontamentos de dois Francescos: o quinhentista Guicciardini e o oitocentista De Sanctis, relacionados pelo tema da recente unificação italiana. O caso evidencia a procedência de atentar-se para *qual* Maquiavel era tratado pelo Bruxo Machado, bem como para os usos políticos e acepções dos vocábulos relacionados ao afamado autor no Brasil independente. Já na república redemocratizada, o termo "maquiavélico" foi invocado pelo udenista Affonso Henriques para denegrir o mito póstumo de Getúlio Vargas. Por essa interpretação, Vargas fora maquiavélico por conseguir enganar muita gente — os cidadãos brasileiros — num longo período de tempo. A analogia era bem conhecida, pois *O príncipe* chega ao século XXI com um expressivo número de edições brasileiras, em grande parte reproduzindo visões tradicionais e altamente comerciais, mas também buscando, aqui e ali, coerência a leituras mais ajustadas.

Várias seriam as personagens que poderiam ainda figurar neste livro, como Antônio Vieira e os jesuítas maquiavelianos (ou maquiavélicos, como foram atacados na sua expulsão do mundo português em 1759); o imperador d. Pedro I como príncipe novo; ou as encenações d'*A mandrágora* em teatros brasileiros e suas respectivas críticas, na história recente do Brasil. Entretanto, não se quer ver Maquiavel em tudo; os estudos aqui selecionados visam descortinar, sobretudo, novos horizontes de análise, consonantes à procedência de um tema, como será esclarecido a seguir.

Desde a elaboração do projeto *Machiavellismo e Machiavellismi nella tradizione politica occidentale*, sob a direção de Enzo Baldini, vários grupos foram criados na Itália, nos Estados Unidos, Alemanha, Espanha, França,

Holanda, Inglaterra, Portugal, Romênia, Turquia, dentre outros países. Esses pesquisadores formaram uma rede de promoção de eventos, debates e publicações para refletir sobre a influência e a reinvenção do pensamento de Maquiavel no Ocidente.[2] A partir de 2007, na Universidade Federal Fluminense (UFF) foram efetivados cursos, jornadas de estudo e oficinas com professores, doutorandos, mestrandos e graduandos, incluindo um colóquio internacional em 2011, em parceria com outro organizado no Instituto de Ciências Sociais da Universidade de Lisboa.[3]

Apesar dos índices de censura de livros — capazes de condicionar significados e interpretações, mas não de impedir o contato e a leitura —, constata-se o fascínio despertado pelo autor quinhentista italiano na Época Moderna. No mundo católico, isso se dava pela máscara da repulsão, não raro associada a sua adoção dissimulada. Tendo circulado em Portugal provavelmente por cópias manuscritas ou edições escondidas, hoje desaparecidas, e figurando apenas nas seções de livros proibidos de algumas bibliotecas conventuais e de poderosos, livros como os *Discorsi, Il principe* e *Dell'arte della guerra* fizeram-se presentes num ambiente apenas aparentemente hostil.[4]

No Brasil de 1933 deu-se a primeira edição em língua portuguesa d'*O príncipe*, como iniciativa da editora carioca Calvino Filho, com perfil socialista, que assim criticava os abusos do poder ascendente de Getúlio Vargas. Ela foi seguida dois anos depois pela versão portuguesa, com artigo introdutório de Mussolini, mais conhecida como o "Maquiavel fascista", editada em pleno salazarismo lusitano. As conotações ideológicas, num e noutro caso, são evidentes. Todavia, elas ocorreram com sinais contrários. Na república brasileira, a tradução d'*O príncipe* serviu para denunciar o uso indevido do

---

[2] Disponível em: <www.hypermachiavellism.net/>. Acesso em: 19 jan. 2014.

[3] Como resultados desses empreendimentos, o dossiê de Almeida e Mota (2012:6-49). Disponível em: <www.historia.uff.br/7mares/?cat=6>. Acesso em: 24 fev. 2014; o dossiê de Monteiro (2014:1-103). Disponível em: <www.historia.uff.br/tempo/site/>. Acesso em: 5 jan. 2014; e a publicação em curso sobre Maquiavel e o mundo português organizada por Ângela Barreto Xavier e Giuseppe Marcocci. Essas inciativas também se vinculam ao projeto *O governo dos outros: imáginários políticos no império português (1496-1961)*, financiado pela Fundação para a Ciência e a Tecnologia (FCT) e coordenado por Barreto Xavier.

[4] Por exemplo, no inventário de 1567 da livraria de d. Teodósio, 5ª duque de Bragança e bisavô de d. João IV de Portugal, situada no paço de Vila Viçosa, e na biblioteca do atual Palácio Nacional de Mafra, gerida por frades franciscanos e agostinhos desde 1732 até a reforma liberal no século XIX. Sobre cópias e traduções manuscritas, Marcocci (2008:35-68) e Albuquerque (2007).

poder de Vargas. Já em Portugal, ela endossaria o autoritarismo de António de Oliveira Salazar. Os usos instrumentais de Maquiavel foram díspares, como aliás muito ocorre, tratando-se desse autor.[5]

Sucederam-se então numerosas traduções e edições brasileiras de suas obras, com O príncipe à frente. Seus livros são encontrados nas bancas de jornaleiros, nos aeroportos e rodoviárias, ou em seletas livrarias. Também sobre o autor de Florença, ou adaptando seus conselhos, há publicações de autoajuda, conselhos práticos para o meio empresarial, traduzidos de autores estrangeiros ou produzidos no país. Após os Estados Unidos, o Brasil talvez constitua o mercado mundial mais profícuo, tratando-se de Maquiavel.

No meio acadêmico não é diferente. Inúmeras dissertações, teses, artigos em periódicos e livros figuram no portal da Coordenação de Aperfeiçoamento de Pessoal de Nível Superior (Capes), nas áreas de ciências humanas e sociais aplicadas, com o nome de Maquiavel ou seus derivados nos títulos. Por sua vez, no site do Conselho Nacional de Desenvolvimento Científico e Tecnológico (CNPq), muitos são os pesquisadores cujos currículos nomeiam o Secretário Florentino em sua produção. Uma abordagem quantitativa seria interessante, mas ela foge ao escopo deste trabalho.[6]

Entretanto, vale mencionar alguns estudos de cariz monográfico publicados no país.[7] Dois anos antes da primeira edição brasileira d'O príncipe, o escritor e tradutor Octavio de Faria publica Machiavel e o Brasil. Na primeira de suas duas partes, como um romancista, Faria traça um perfil histórico e biográfico do Renascimento e de Maquiavel, inspirando-se — entre outros autores — em Jacob Burckhardt e sua célebre acepção de indivíduo. Sucede-se o "Intermezzo mussoliniano", no qual se louva Il Duce como o homem certo surgido na Itália. Este é o caminho para a se-

---

[5] Machiavel (1933); Maquiavel (1935). Ver Bagno (2013:219-220; 2014:1-21). Ver também Câmara (2005:193-218). Disponível em: <http://recil.grupolusofona.pt/handle/10437/371>. Acesso em: 30 dez. 2013.

[6] Disponíveis em: <www.periodicos.capes.gov.br/> e <http://lattes.cnpq.br/>. Acesso em: 20 fev. 2014.

[7] Em recente resenha, Rafael Salatini divide os livros sobre Maquiavel publicados no Brasil em duas fases: a primeira entre os anos 1930 e 1980, com grandes ensaios, depois com a edição de dissertações e teses acadêmicas, com recortes mais específicos. Entretanto, o termo "maquiavelística brasileira" usado pelo autor é controverso, pois os livros examinados não formam um conjunto coerente e característico de ideias. Salatini (2011:329-359). Disponível em: <www.revistas.usp.br/discurso/article/view/68375>. Acesso em: 18 fev. 2014.

gunda parte do livro, uma interpretação da história brasileira: de apreço ao passado da monarquia imperial, sublinhando os desatinos da república e com esperanças na revolução iniciada em 1930. No Brasil de Octavio de Faria, a vã alegria do carnaval representaria, para os seus cidadãos, a fuga de si mesmos. Referenciando nomes como Oliveira Vianna e Plínio Salgado e com muitos elogios ao fascismo, o autor clama pelo surgimento de um homem superior e excepcional, o novo herói capaz de sanar os males do país.[8]

Em 1958 o diplomata Lauro Escorel de Moraes fornece a sua *Introdução ao pensamento político de Maquiavel*, em cujo prefácio escrito em Roma revela desconhecer a primeira edição brasileira d'*O príncipe*, referindo-se somente à "discutível tradução portuguesa" (Escorel, 2014:29). Como em Octavio de Faria, a primeira parte do livro desenvolve uma síntese da vida de Maquiavel e seu tempo, todavia com informações detalhadas retiradas de alguns de seus principais biógrafos, como Pasquale Villari, Oreste Tommasini e o mais recente, Roberto Ridolfi.[9] Nessa parte Escorel destaca — em sintonia ao seu perfil profissional — as experiências do secretário da chancelaria nas embaixadas que realizou, valorizando seus contatos com Catarina Sforza, Luís XII, César Bórgia, Júlio II e Maximiliano I. Entrecruza assim de forma contextualizada episódios da sua trajetória a toda a produção de Maquiavel — não apenas d'*O príncipe*, o que denota uma análise mais abrangente e sofisticada em sua execução.

Em sua segunda parte o livro intenta captar o pensamento político "maquiavélico", começando pela abordagem do momento inicial favorável à publicação de suas obras na península itálica. Em seguida o autor alude, pela má reputação por elas adquirida, a um "falso maquiavelismo", distinto de um "maquiavelismo real e autêntico", correspondente às ideias do Secretário Florentino (Escorel, 2014:161). Por seus comentários, Escorel evita a fácil dicotomia entre os *Discursos*, de matiz republicano, e *O príncipe*, mais "absolutista". Embora o livro debata temas como a liberdade, a religião e a *virtù* em Maquiavel, ele enfatiza suas concepções de Estado e política, vendo nelas

---

[8] Faria (1931). O livro foi reeditado em 1933 pela Civilização Brasileira. Ver Salatini (2011:332-336) e Burckhardt (1991).

[9] Villari (1877-1882); Tommasini (1883) e Ridolfi (1954).

a matriz da competição nas relações internacionais "amorais", desde o século XVI até o seu tempo coevo.

Conforme essa visão, Benedetto Croce é referenciado pelo diplomata brasileiro, ao denunciar, em meio ao avanço fascista na Itália, a autonomia conseguida pela política em relação à moral. O tom negativo para a abordagem das relações internacionais — nos séculos XVI ou XX — seria reforçado pelos argumentos de Hans Morgenthau sobre a nova bipolaridade mundial (Croce, 1945; Morgenthau, 1951). Assim, a razão de Estado como valor supremo e a política hipertrofiada seriam as cruciais heranças "maquiavélicas", segundo o embaixador,[10] que escreve, deve-se ressaltar, na Europa em plena Guerra Fria, antes do fortalecimento de organismos supranacionais e/ou pelos direitos humanos. Um tempo de incertezas para a Organização das Nações Unidas (ONU) e de várias crises institucionais, inclusive no Brasil, após o suicídio de Vargas e a sucessão presidencial agitada até a posse de Juscelino Kubitschek — o prefácio do livro foi escrito em março de 1956. Lauro Escorel trata de Maquiavel e seu ofício, numa Europa ameaçada pela ascensão de novas forças mundiais, à maneira da península itálica de outrora, pressionada por Espanha e França.[11]

Em 1970 surge uma pequena publicação, fruto do prêmio conferido pela Universidade Federal da Paraíba em 1969, em alusão ao quinto centenário do nascimento do autor florentino. O cerne do livro de Joacil Pereira seriam as ideias de Giovanni Sartori sobre Maquiavel, entre o idealismo presente nos *Discursos* e o realismo exposto n'*O príncipe*. Já a dissertação de mestrado de Luiz Hebeche, editada em 1988, critica a análise depreciativa de Maquiavel feita por Leo Strauss, ao defender sua modernidade, abrindo o horizonte ao homem ocidental para pensar-se como ser político.[12]

---

[10] Aqui a referência é o trabalho seminal de Meinecke (1944).

[11] Escorel (2014:248-303). Segundo Salatini, na "Introdução" à edição consultada, esse estudo exerceu grande influência na divulgação do pensamento político maquiaveliano no Brasil, como bibliografia para cursos de ciência política e de relações internacionais. Foi publicado primeiro pela editora Simões, e novamente sem alterações em 1979 pela UnB. Salatini (2011:7-27). A última reedição tem como apêndice uma conferência proferida pelo diplomata na Universidade de Brasília em 1980. Escorel (2014:307-340). Os apontamentos sobre o livro foram enriquecidos pela participação de Silvia Patuzzi no debate realizado na Biblioteca Nacional do Brasil, em seu lançamento no Rio de Janeiro em 28 de agosto de 2014.

[12] Pereira (1970); republicado em 1981 pela editora Horizonte e pelo Instituto Nacional do Livro; Hebeche (1988 apud Salatini, 2011:342-348).

No rol inaugurado de publicações acadêmicas, desponta o trabalho de Newton Bignotto, editado como *Maquiavel republicano*.[13] O título do livro, polêmico ao se pensar na reputação do florentino como "absolutista", não expressa o seu aspecto principal, que visa compreender a importância do conceito de liberdade no pensamento de Maquiavel. Bignotto dialoga com a vertente interpretativa da escola de Cambridge que associa a liberdade à vida republicana, mas afirma não se confundir com ela. Se a perspectiva de John Pocock inspirou-o para sublinhar a atualidade de seu objeto, pela ideia de um momento maquiaveliano insurgente em outros contextos republicanos, só recentemente o filósofo brasileiro fez incursões em âmbitos mais contemporâneos.[14] Por sua vez, o autor discorda de Quentin Skinner e da corrente que visa buscar pontos de continuidade entre Maquiavel, o humanismo e escritos anteriores, ao ressaltar a peculiaridade da livre ação política defendida pelo Secretário Florentino em várias obras.[15] Em sua acepção, o "humanismo cívico", ao valer-se das ideias antigas, forneceu à elite florentina instrumentos teóricos para repensar a política. Maquiavel, ao escrever seus livros, teria percebido a ligação entre essa cultura literária e a crise institucional de seu tempo (Bignotto, 1991:8).

Bignotto valoriza a obra de Hans Baron, atacada por condicionar o surgimento do ideário republicano em Florença apenas às lutas travadas no Quatrocentos contra o ducado de Milão. Apesar das críticas, que identificam filiações conceituais anteriores nos escritos humanistas, para o filósofo mineiro, Baron e Eugenio Garin teriam o mérito de destacar o surgimento de valores ligados à vida cívica — por conseguinte, à liberdade de ação — neste âmbito renascentista (Baron, 1966; Garin, 1996; 1991). Um contributo fundamental, por cotejar a dimensão pública da política, não abrangida por Jacob Burckhardt (1991), muito centrado no individualismo do homem do Renascimento. Maquiavel teria assim construído seu pensamento no contato com essa tradição literária, desde Petrarca e suas cartas a Cícero, passando por Salutati em *De tyranno*, a Bruni e sua república florentina. Em todos os

---

[13] Sua tese, sob orientação de Claude Lefort, chama-se *Liberté et action. Machiavel critique de l'humanisme civique florentin* (1989). Para essas ideias, Bignotto (1991).

[14] Bignotto (2010; 2013). Referência a Pocock (1975), livro, aliás, de cuja erudição Bignotto vale-se bastante.

[15] Skinner (1996; 1999). Ver Kristeller (1995).

casos, valorizava-se a vida ativa em detrimento da contemplação de outrora (Bignotto, 1991:8-56).

Por esse prisma, a questão da liberdade em Maquiavel teria sido forjada após o fim do regime de Savonarola e com a perspectiva de Lourenço de Medici ser um bom governante. A derrota da república forçava seus partícipes a buscar soluções para problemas que a tradição não conseguia resolver. O filósofo mostra-se atento à sedução exercida pelo Secretário Florentino em relação aos seus leitores, por vezes dissimulando o sentido de sua obra. Nessa armadilha maquiaveliana teriam caído historiadores como Skinner, convencido de que as primeiras considerações sobre a liberdade nos *Discorsi* seriam a chave para compreender todo o livro. Para Bignotto, Maquiavel desenraizava o leitor por operações misteriosas de ruptura com a tradição. Assim, a liberdade significaria — mais que uma forma política estável ou um modelo de governo — as condições de um poder, muito exemplificado por Maquiavel na história de Roma, plena de conflitos e soluções políticas, sempre renovadas. A liberdade seria, então, um sinônimo de potência acima das leis, como mostram também *Da arte da guerra* e *O príncipe*, ao conceberem a política como campo de embate das forças sociais. Nesse sentido, o papel do "príncipe novo" na fundação de um regime livre seria grande, em principados ou repúblicas. Moisés, Ciro, Rômulo ou César Bórgia seriam — cada um a seu modo e segundo Maquiavel — príncipes solitários que, para se manterem no poder, tiveram de considerar também as suas imagens.[16] Newton Bignotto concebe as lições de Maquiavel para as repúblicas democráticas contemporâneas, premidas entre a ação dos sujeitos políticos e o papel tradicional das leis (Bignotto, 1991:216). A exemplo do Brasil com a nova constituição de 1988, ante seu passado ditatorial recente.

Ao fim do século passado, *O príncipe* constitui o objeto do exercício de identificação de leituras feito por Arnaldo Cortina. Fundamentando-se, dentre outros, nos estudos de Umberto Eco, Cortina pretende considerar as intenções do autor, da obra e de diferentes leitores em torno do peque-

---

[16] Bignotto (1991:57-216). Em Bignotto (2001), cujo título mais uma vez lembra Pocock, o autor centra-se no humanismo cívico anterior a Maquiavel, sofistica reflexões anteriores e apresenta textos traduzidos de humanistas, consolidando seu papel de difusor desse leque de conteúdos junto ao público brasileiro.

no livro sobre os principados. Identifica assim, pelos exemplos de Frederico II da Prússia, Rousseau, Napoleão (registro hoje sabidamente apócrifo), Mussolini, Gramsci e outros, várias formas de apreender-se o texto em tela, como o destaque de subtemas; a alteração do contexto original; a atenção a um aspecto polêmico ou à heterogeneidade; e a negação ou a repetição do discurso. Todavia, ao contextualizar historicamente esses leitores e o próprio Maquiavel, o livro incorre em sensos comuns interpretativos que comprometem a sua boa ideia (Cortina, 2000; Eco, 2000). Já no terceiro milênio, a percepção do pensamento maquiaveliano como educador, no sentido amplo, é abordada por Lídia Maria Rodrigo, como parte de sua tese de doutorado. Em suma, a autora entende a educação em Maquiavel como subordinada à política, visando à conduta do cidadão e ao bem comum. Mas esses aspectos nem sempre se coadunam às iniciativas de poder dos governantes, pelo que o argumento do livro resulta um tanto frágil, sobretudo ao não se comentar nele o gênero literário dos espelhos de príncipes, frequentes naquele tempo e essencialmente educativos.[17]

O tema de relação entre história e política ressurge nas publicações brasileiras sob novo prisma pela tese de Patrícia Fontoura Aranovich, entendendo as duas vertentes como inseparáveis. A filósofa insere no debate a análise de *Istorie fiorentine*, conjugada ao estudo dos *Discursos* e d'*O príncipe*, buscando o entrelaçamento, no escritor florentino, do historiador e do filósofo político.[18] A *História de Florença* foi escrita entre 1520 e 1525, quando já se encontravam reconhecidos os trabalhos anteriores de Bruni e Bracciolini sobre a história da cidade. Maquiavel recebeu a encomenda da família Medici, então no poder, a fim de inseri-la nos fastos florentinos, contar a trajetória de corrupção naquela república e justificar a égide do principado — diferentemente dos antecessores, que louvavam as liberdades republica-

---

[17] Rodrigo (2002). A dissertação de mestrado de Nedel (1996) não chega a formular uma interpretação própria, ao conjugar várias análises, por vezes discrepantes entre si. Há ainda alguns trabalhos, infelizmente não consultados para este estudo: de Ames (2002), fruto de tese de doutorado em filosofia na Universidade Estadual de Campinas; de Barros (2004), dissertação de mestrado na Universidade Federal de Pernambuco; e de Neres (2009), dissertação de mestrado em ciências sociais na Universidade Estadual Paulista Júlio de Mesquita Filho. Ver Salatini (2011:352-355).

[18] Para as seguintes ideias, Aranovich (2007), tese de doutorado em filosofia defendida na Universidade de São Paulo e na Universidade de Paris X — Nanterre. Ver também a "Apresentação" de Sérgio Cardoso. Ibid., p. 11-18.

nas. Não obstante o condicionamento da obra, nela Aranovich, ancorada em autores como Arnaldo Momigliano e Felix Gilbert,[19] percebe continuidades com as outras duas mais famosas, pela interface entre história e política. Assim, procura demonstrar que a história em Maquiavel não seria meramente ilustrativa de teses políticas.

Na primeira parte do livro, a autora de São Paulo faz uma exegese dos *Discursos* e d'*O príncipe*, evidenciando que, nesses escritos, muitos livros e capítulos não se sustentam em suas ideias políticas se desprovidos da narrativa histórica. Por essa visão, um enunciado teórico devia confrontar-se à história para ser comprovado, e a história teria força suficiente para reverter uma posição antes afirmada. Por outro lado, a grande maioria dos exemplos pretéritos invocados seria de natureza política, e nem sempre essas situações eram conotadas positivamente — trata-se da destruição da crença humanista na exemplaridade do passado, operada por Maquiavel e aludida por Bignotto. A variedade das circunstâncias específicas afetava os seus resultados (Aranovich, 2004:21-124).

A segunda parte centra-se na *História de Florença*, desenvolvendo, de início, aspectos da composição do texto, em seguida, o percurso de declínio escolhido por Maquiavel para contar a história florentina. O tema das divisões da cidade, ao indicar um movimento de queda, ordena a narrativa e denota a ligação entre história e política. Aranovich também considera a influência das crônicas florentinas na historiografia humanista, bem como a maior separação verificada, nesse padrão de registro, entre as considerações de ordem política e o relato dos fatos. Isso fazia com que a obra em tela fosse diferente dos *Discursos* ou d'*O príncipe*. Nela, os juízos políticos estariam restritos aos discursos diretos de personagens ou aos proêmios dos livros, num relativo distanciamento entre análise e história. Entretanto, a filósofa procura a integração nessas partes e em certas passagens da narrativa. Observa, nos proêmios, os juízos políticos de Maquiavel estruturando a obra, fornecendo os parâmetros teóricos pelos quais ela seria entendida. Maquiavel escreveu sua *História de Florença* num principado; mas nessa obra o período narrado foi, durante parte do tempo, uma república, com o

---

[19] Por exemplo, Momigliano (2004), a autora cita a edição francesa de 1992; e Gilbert (1965).

poder gradativamente concentrado nas mãos da família que encomendou o trabalho. Decorrem daí os tratamentos desiguais conferidos pelo autor a certas personagens, pois na obra alguns homens foram menos elogiados que os Medici, apesar de terem desempenhado papéis relevantes na história florentina (Aranovich, 2004:125-210).

A análise de Aranovich sobre os discursos atribuídos a protagonistas de episódios na *História de Florença* representa um sólido aporte a sua tese. Com o manejo dos instrumentos retóricos, Maquiavel transferiu aos agentes históricos a interpretação que definia suas intervenções na cena política. Por seus discursos, os excluídos da cidadania reivindicavam participação e leis que os protegessem dos grandes; por eles, Maquiavel lembrava aos leitores a divisão social, as conquistas efêmeras e as condições da liberdade. Embora esses textos não expressassem necessariamente a posição do autor, Aranovich ressalta neles a relação entre as considerações de ordem política e a estrutura da narrativa. O encontro de Maquiavel com o tumulto dos *ciompi* introduziu a plebe anônima como protagonista, em contraste a nomeadas famílias como a Medici. A base retórica desses discursos concebidos por Maquiavel seriam os historiadores antigos Tito Lívio e Salústio, modelos para a historiografia humanista.[20] Percebe-se, no trabalho produzido na primeira década do século XXI, um relativo distanciamento do tema do Estado — apesar de tratado na primeira parte do livro —, outrora onipresente para tratar-se de Maquiavel, ante uma maior atenção aos elementos narrativos.

Mais recentemente, a prudência, a retórica e a história foram os guias de Felipe Charbel Teixeira na análise das obras de Maquiavel e Guicciardini. Valendo-se da metáfora comum à época, do piloto conduzindo o barco para exemplificar o governo, o historiador observa uma valorização da prudência política nos escritos dos dois autores. Neles, o conceito deslocava-se do tradicional leque de virtudes cardeais para assumir um papel flexibilizador das leis, interpretadas segundo as contingências. Naquele mar agitado, os "timoneiros" inspiravam-se nas experiências anteriores, referenciavam os autores

---

[20] Especialmente para o discurso do *ciompo*, Maquiavel teria se inspirado no discurso de um tribuno da plebe retirado da história de Roma de Tito Lívio e em dois discursos do conjurado Catilina, a partir do livro de Salústio (Aranovich, 2004:211-297). A autora coordena a revisão técnica e a edição dos livros de Maquiavel pela editora Martins Fontes. A título de exemplo, Maquiavel (2007), com introdução e glossário de Aranovich. Ibid., p. VII-XXXV e 597-611.

clássicos e antecipavam-se nas decisões. Mas a prudência dependia do reconhecimento público; somente os homens considerados dignos e honestos obteriam glória e distinção. Teixeira concebe assim o conceito de prudência nos dois autores quinhentistas, composto por cálculo e performance letrada — suas dimensões indissociáveis.[21]

Ao situar sua análise em duas produções escritas, o historiador do Rio de Janeiro, sensível aos vínculos entre história e literatura, não personaliza suas observações sobre Maquiavel, ao passo que empreende um estudo comparado, conotando os dois autores como sujeitos políticos preocupados com seus desempenhos e expectativas — algo relacionado com a sedução maquiaveliana aludida por Bignotto. Contudo, os desenvolvimentos verificados do conceito de prudência não se descolam da ideia de história vigente no século XVI florentino, com seu apreço aos presságios, humores, cosmologias, concepções do tempo e da natureza humana — além da força das analogias. Charbel Teixeira vale-se do referencial teórico de Reinhart Koselleck,[22] mas inova ao vincular as atuações políticas de Maquiavel e Guicciardini à retórica por eles empregada, como sinais de sua *prudentia*. Ao seu modo, pelos textos, contextualiza os autores em tela, relacionando-os à cultura coeva.

A retórica e a política, inseparáveis nesses timoneiros quinhentistas, já se manifestavam em autores como Cícero, pois seus escritos realçavam o cálculo da realidade e os efeitos persuasivos, incitando os homens à ação. Nessa cultura renascentista perscrutada, os *accidenti* seriam produto da *Fortuna* ou da Providência, podendo ser revertidos pelas ações do prudente calculista e performático, com suas convicções na visão arguta, na inconstância das coisas do mundo, na decisão rápida e no respeito ao tempo da ação, não raro incorporando expedientes contrários à moral dominante. Na nova *prudentia*, não haveria autonomia da política em relação à retórica e à ética — pelo que Teixeira contraria a análise de Croce (1945) sobre Maquiavel. Pois o ex--secretário da chancelaria teria defendido a crueldade bem empregada n'*O príncipe*, e sua *verità effetuale* seria provisória, circunscrita e retórica. Para os dois autores quinhentistas, os homens prudentes seriam capazes de discorrer sobre os assuntos da *res publica* e agir com celeridade. Mas a prudência,

---

[21] Para essas reflexões, Teixeira (2010:13-22).

[22] Koselleck (2006). Ver também Jasmin (1998:17-31; 2002:177-202).

em sua dimensão performática, exigia o decoro letrado. Somente um orador — ou escritor — gracioso e discreto podia conquistar as benesses do público, dissimulando o seu artifício, como na *sprezzatura* de Castiglione (Teixeira, 2010:23-108).

O historiador enviereda então pelas trajetórias públicas de Maquiavel e Guicciardini, com destaque para seus períodos de exílio, que os transformaram em homens de letras. Suas performances prudenciais se teriam revelado na exposição de um discurso, num diálogo dramatizado entre homens reputados prudentes, por conselhos sobre um assunto, nos comentários de autores antigos ou modernos, ou pelas lições formuladas a partir de fatos passados. Maquiavel e Guicciardini não valorizavam o ócio, e pleiteavam um lugar no mundo com seus escritos. Neles, a *ars historica* deixava de ter um caráter monumental para deleitar os leitores e movê-los à ação, com modelos para imitação ou repúdio. Histórias que ensinavam a navegar. No caso de Maquiavel, conforme Teixeira, com ímpeto e prudência (Teixeira, 2010:159-210).

Das considerações sobre o príncipe e o Estado fortes, ao estudo da retórica. Entre a ciência política, a filosofia, a história e as letras, esses estudos representam, cada qual ao seu modo e em diferentes tempos, *Maquiavel no Brasil*. Contudo, desde o início deste texto evidenciam-se não apenas o nome e o sobrenome aportuguesados de "Nicolau Maquiavel", mas também termos a ele alusivos, igualmente em português, como "maquiavélico", "maquiavelismo", "maquiaveliano". Coube a Sandra Bagno deslindar o universo semântico e lexical sobre a entrada e o uso desses vocábulos na cultura luso-brasileira.[23] Nela, a autora chama a atenção para certas asserções que podem ganhar a força de axiomas, sendo transmitidos por gerações e proporcionando uma falta de senso crítico em relação ao significado e ao emprego de certa família de palavras. Atenta ao momento vivido pela lusofonia após o fim do império colonial português e do salazarismo, seguido pelo fenômeno da globalização, Bagno perscruta a complexa realidade linguística de Portugal e suas ex-colônias, no tempo do novo *Acordo ortográfico da língua portuguesa* aprovado em 1990, quando, em decorrência, floresce em

---

[23] Para essas ideias, Bagno (2006:183-240; 2008:129-150).

Portugal e no Brasil uma produção lexicográfica monolíngue em sintonia com esse âmbito mundial.[24]

Bagno considera bastante o peso da censura inquisitorial em Portugal desde meados do século XVI, contribuindo para conotar depreciativamente os adjetivos ligados a Maquiavel, no reino europeu e em suas possessões ultramarinas, com reflexos ulteriores.[25] Por exemplo, no *Vocabulario portuguez* do padre Bluteau, produzido no segundo decênio do Setecentos, os termos "machiavelista" ou "machiavello" foram associados a uma visão negativa da política, tida como perniciosa.[26] A esses, somaram-se outros verbetes em dicionários portugueses dos séculos XIX e XX, alusivos a termos como "maquiavelicamente", "maquiavelice", "maquiavélico", "maquiavelismo" e "maquiavelizar", modificados ortograficamente e com acepções negativas comuns. Esses seriam sucessivamente confirmados, salvo pequenas variantes, com o mesmo tom pejorativo pela lexicografia brasileira. Por sua vez, a recente perspectiva de homogeneização da língua portuguesa e de afirmação da lusofonia tenderia a endossar a tradicional interpretação depreciativa dos termos derivados de Maquiavel nos grandes dicionários monolíngues já referidos, ao calcarem-se nos registros de maior frequência (Bagno, 2006:193-209).

Entretanto, a autora ítalo-brasileira evidencia a especificidade da história do Brasil, independente desde 1822 e permeável a outras influências culturais. Comenta então algumas tímidas inovações feitas nesse campo semântico, produzidas por dicionários editados no país: ao definir-se o maquiave-

---

[24] Como exemplos, Ferreira (1999); Houaiss (2001), também publicado em Portugal; e o *Dicionário da língua portuguesa contemporânea* (2001), elaborado pela Academia das Ciências de Lisboa.
[25] Cumpre detalhar mais essa situação. Até o início do século XVI coube aos reis de Portugal, por meio de privilégios, favorecer o custeio de impressos e incentivar a importação de livros. Com a instalação do tribunal do Santo Ofício em 1536, a partir da década de 1540 a Inquisição passou a controlar a censura prévia e a fiscalizar obras tipográficas, livrarias e a importação de livros. Em 1628, em meio à união das coroas ibéricas, consagrou-se a fórmula de censura tríplice que perpetrava o controle da esfera religiosa sobre a produção de impressos: a licença do Ordinário, a cargo dos bispos; a da Inquisição; e a do Desembargo do Paço, representando o poder régio. Esse quadro, incidente também nas possessões ultramarinas lusas, manteve-se até 1768, com a criação da Real Mesa Censória por Sebastião José de Carvalho e Melo no reinado de d. José I, vivendo-se a perda gradativa do poder inquisitorial. Na América portuguesa, a produção de impressos foi exígua até a criação da Impressão Régia em 1808, com a vinda da corte para o Rio de Janeiro. Ver Martins (2005) e Barros (2012).
[26] Ver Bluteau (2000:filme 3, p. 234).

lismo não mais como a política exposta por Maquiavel, mas como o sistema a ele *atribuído*; ou com a ausência da expressão "os fins justificam os meios" em verbetes relativos ao autor florentino (ela seria inexistente em sua obra); ou ao incorporar-se o termo denotativo "maquiaveliano" (com acepção similar em enciclopédias e dicionários italianos há várias décadas), para distinguir o pensamento original de Maquiavel de sua reputação.[27]

Embora essa revisão lexical verificada seja pequena, Bagno identifica na língua portuguesa em uso no Brasil, sobretudo em seu ambiente acadêmico, a presença da palavra maquiaveliano de forma mais constante que em Portugal. "O pensamento maquiaveliano" ou "a obra maquiaveliana" seriam expressões utilizadas, não raro com acerto, no intento de referir-se às ideias do afamado autor de forma mais distante de seus estereótipos.[28] A título de exemplo, o termo é empregado desse modo por Newton Bignotto, Lídia Rodrigo, Patrícia Aranovich e Felipe Charbel Teixeira, bem como é natural que não seja mencionado por Octavio de Faria e Lauro Escorel, anteriores a essa inovação — lembre-se do "pensamento maquiavélico", do "falso maquiavelismo" e do "maquiavelismo real", referidos pelo diplomata brasileiro, na impossibilidade de emissão mais ajustada (Escorel, 2014:161).

Essa distinção entre maquiavélico e maquiaveliano é fundamental nos capítulos ora apresentados. Mas neles foi preciso operar com os dois conceitos de forma relacional, e não como uma oposição absoluta entre distorção e verdade. Qual de nós seria capaz hoje de expressar fidedignamente as ideias do autor tão polêmico no tempo e no espaço? A título de exemplo, vemos no decorrer do livro que o aspecto da dissimulação não era exclusivo do Secretário Florentino; mas ele foi confundido inúmeras vezes com Maquiavel. Por sua vez, em vários casos estudados na Época Moderna não se pode provar que a personagem em evidência leu os livros proibidos, apesar de, em muitas situações, verificar-se uma grande semelhança de ideias. Portanto, por um

---

[27] Nascentes (1988:400 apud Bagno, 2006:200); Borba (2002:1.000); e Unesp (2004:883 apud Bagno, 2008:130 e 134). Por vezes há distinção dos termos, mas com confusão semântica entre eles: ver Geiger (2011:892).

[28] A autora ainda empreende uma investigação parcial no âmbito ibero-americano, no qual constata a ausência do vocábulo maquiaveliano em dicionários monolíngues da Espanha, embora a fórmula apareça no uso de alguns países de língua espanhola, por vezes com acepção denotativa. Bagno (2006:223-230).

lado, o pensamento "maquiaveliano" pode ser associado a ideias e práticas políticas de outros autores e/ou governantes. Mas, por outro, tem-se a sensação de que nesse afã interpretativo tudo seria maquiavelismo, pois jamais se conseguirá fazer uma remissão pura às ideias do controvertido autor, sobretudo em ambientes a ele adversos como a monarquia católica portuguesa, cuja herança condenatória fez-se sentir após a independência do Brasil. Por isso o plural *maquiavelismos* no projeto de Baldini é tão oportuno, ao ter-se a consciência de que lidamos, neste livro, com suas recepções e reinterpretações: nos casos priorizados nos nove capítulos que se seguem, bem como nas edições brasileiras sobre Maquiavel há pouco referidas.

Uma proposta que entrecruza teoria e empiria, de forma distinta da recente publicação *Maquiavelo en España y Latinoamérica*. A coletânea, composta por ensaios que visam estabelecer pontes entre autores e temas próprios da história espanhola e as ideias de Maquiavel, não empreende um exercício de contextualização e conta apenas com dois capítulos centrados na América.[29] Em contrapartida, a tese anterior de Helena Puigdomènech (1988) fornece subsídios concretos para se averiguar a existência de traduções e livros do autor florentino numa Espanha que, para além da relativa autonomia de sua Inquisição em face da de Roma, também desfrutava de grande proximidade cultural com a península itálica na Época Moderna. Em Portugal, o estudo pioneiro de Martim de Albuquerque trilhou somente a senda de análise do antimaquiavelismo, fazendo-se insensível à presença dissimulada de ideias, razão pela qual este projeto se justifica.[30]

Faz-se necessário comentar agora os estudos em seus aspectos teóricos e metodológicos. Diferentemente do sugerido pelo título, *Maquiavel no Brasil* não realiza uma história nacional. Como vimos, o Brasil colonial é considerado uma parte das possessões lusitanas. E a América portuguesa também vinculava-se ao Oriente, espaço preferencial das atenções e elucubrações sobre o domínio luso no além-mar, principalmente no século XVI. Entender essas ideias de matiz mundial integra então o esforço empreendido. Mas aqui também surgem as conexões com outras potências, além de Portugal.

---

[29] O livro é composto em sua maioria por ensaios de professores de filosofia da Universidade Nacional de Educação a Distância. González García e Herrera Guillén (2014).

[30] Albuquerque (1974, reeditado em 2007).

Na expansão ultramarina ou na guerra europeia, os destinos e as fronteiras eram bastante incertos, mormente no Seiscentos, revelando jogos ambíguos de oposição e proximidade entre Portugal, Espanha, Holanda e o Sacro Império Romano Germânico, com enredos diferentes das versões tradicionais de suas histórias. Nesse bojo, o maquiavelismo e o antimaquiavelismo possuíam limites tênues e confusos. A heterodoxia, evidente neste livro, desafia assim a lógica dos Estados nacionais com perfis políticos e culturais nitidamente construídos. Essas conexões entre impérios e potências não se davam apenas no espaço; também no tempo, exemplos de heróis antigos e poderosos de outrora, além de muitas outras remissões excêntricas, ressurgiam pela letra dos discursos proferidos, rompendo os padrões do que seria esperado numa cultura política católica e portuguesa. Mesmo no Brasil independente, buscavam-se referências culturais distantes, na Itália quinhentista ou na recém-unificada, para explicar o então vivido ou para definirem-se estereótipos, em escritos mais livres das amarras modelares do passado. As fronteiras nacionais são rompidas, ainda, pelos textos introdutórios de autores estrangeiros, além das imagens europeias, nas edições brasileiras dos livros de Maquiavel. A que realidade elas se dirigem? Como seriam esses novos leitores "nacionais" do Secretário Florentino, em tempos de globalização?

Outra característica do livro é a diversidade de fontes recrutadas, bem como suas análises. Tratados diversos, relações de acontecimentos, índices de censura eclesiástica, manifestos e discursos políticos, correspondência pessoal, administrativa e diplomática, sermões, panegíricos, bibliotecas, livros de cunho moral, registros de aulas e conferências, biografias, contos literários, capas, contracapas e orelhas de livros talvez sejam os documentos mais utilizados, lidos a contrapelo na procura de indícios por vezes apenas implícitos sobre a presença de Maquiavel e/ou de um maquiavelismo. Em todos os casos, neste livro aprende-se a desconfiar das fontes e das versões oficiais, pois nelas Maquiavel, não raro, encontra-se dissimulado, ou o antimaquiavelismo forjado como uma armadura conveniente.[31] Ou, ainda, seu apelo comercial mascara outros sentidos. Destacam-se então os estudos fi-

---

[31] Nesses aspectos, o livro integra-se ao projeto coordenado por Ronaldo Vainfas. *Linguagens da intolerância: religião, raça e política no mundo ibérico do Antigo Regime*, com auxílios do CNPq e da Fundação Carlos Chagas Filho de Amparo à Pesquisa do Estado do Rio de Janeiro (Faperj).

lológicos e quantitativos, na busca de um exame apurado das fontes em tela, bem como a originalidade e a sensibilidade de muitas interpretações, que ousam romper a barreira dos sensos comuns e visões arraigadas. Nesse intento, o uso de uma bibliografia renovada foi fundamental.

Maquiavel no Brasil reúne nove capítulos agrupados em três partes, apresentadas com comentários, exposições de imagens-chave e de "aforismos" retirados de trechos dos livros de Maquiavel.[32] Pretende assim oferecer percursos para estudar o tema, por meio também da elaboração — limitada — de alguns objetos anexos multimídia, como vídeos disponibilizados em linha. O ensaio deste livro, também na forma de *e-book*, diferencia-se assim do mero uso instrumental das novas tecnologias, que apenas disponibilizam na internet conteúdos pensados para a sua difusão em papel. Essa preocupação com a divulgação e a acessibilidade faz com que os trechos de citações em língua estrangeira presentes no livro sejam todos traduzidos, operando-se também a atualização ortográfica do português em todas as citações, mantendo-se as maiúsculas e as pontuações originais.

Dos olhos de Maquiavel fez-se então uma ponte, desde o rio Arno e indo a Pádua, Turim, Viterbo, Milão, Lisboa, Évora, Amsterdã, Etiópia, Bahia, Pernambuco, Vila Rica, Florianópolis, Campinas, Niterói e Rio de Janeiro, entre objetos e lugares de escrita dos textos partícipes deste livro. Dos descobrimentos ao século XXI, entre impérios, príncipes e escritos, essa ponte passou por todo o Brasil, chegando enfim às margens da baía da Guanabara.

Referências

ACADEMIA DAS CIÊNCIAS DE LISBOA. *Dicionário da língua portuguesa contemporânea*. Lisboa: Verbo, 2001.

ALBUQUERQUE, Martim de. *A sombra de Maquiavel e a ética tradicional portuguesa*. Ensaio de história das ideias políticas. Lisboa: Faculdade de Letras da Universidade de Lisboa; Instituto Histórico Infante Dom Henrique, 1974.

---

[32] Para a definição de aforismo como uma frase breve que, à maneira das locuções latinas, condensa um princípio específico e comunica uma sentença de cunho filosófico e/ou moral, ver Eco (2014). Essas ideias contaram com as destacadas colaboração e produção de Silvia Patuzzi, professora de história moderna na UFF e pesquisadora da Companhia das Índias — Núcleo de história ibérica e colonial na Época Moderna.

50 | Maquiavel no Brasil

____. *Maquiavel e Portugal*. Estudos de história das ideias políticas. Lisboa: Alêtheia, 2007.

ALMEIDA, Gustavo Kelly de; MOTA, Bento Machado (Org.). Maquiavel dissimulado. Heterodoxia no mundo ibérico. *7 Mares*. Revista dos Pós-graduandos em História Moderna da Universidade Federal Fluminense, Niterói, n. 1, v. 1, p. 6-49, 2012. Disponível em: <www.historia.uff.br/7mares/?cat=6>. Acesso em: 24 fev. 2014.

AMES, José Luiz. *Maquiavel*. A lógica da ação política. Cascavel: Editora da Unioeste, 2002.

ARANOVICH, Patrícia Fontoura. *História e política em Maquiavel*. São Paulo: Discurso, 2007.

BAGNO, Sandra. *Il principe* di Machiavelli nelle lessicografie latinoamericane: il Brasile caso emblemático? Dall'eredità culturale del colonizzatore all'autonomia lessicografica specchio di un'identità nazionale. In: BARTUREN, María Begoña Arbulu; ____. *La recepción de Maquiavelo y Becaria en ámbito iberoamericano*. Pádua: Unipress, 2006. p. 183-240.

____. *Il principe* nell'area luso-brasiliana e le sue prime traduzioni in portoghese. In: CAMPI, Alessandro (Org.). Il principe *di Niccolò Machiavelli e il suo tempo*. 1513-2013. Roma: Treccani, 2013. p. 219-220.

____. "Maquiavélico" *versus* "maquiaveliano" na língua e nos dicionários monolíngues brasileiros. *Cadernos de Tradução*, Florianópolis, v. 2, n. 22, p. 129-150, 2008. Disponível em: <https://periodicos.ufsc.br/index.php/traducao/issue/view/1121>. Acesso em: 25 set. 2013.

____. O Brasil na hora de ler Maquiavel: notas sobre a primeira edição brasileira d'*O príncipe*. In: MONTEIRO, Rodrigo Bentes (Org.). Traduções de Maquiavel: da Índia portuguesa ao Brasil. *Tempo*. Revista do Departamento de História da Universidade Federal Fluminense, Niterói, n. 36, v. 20, p. 1-21, 2014. Disponível em: <www.historia.uff.br/tempo/site/wp-content/uploads/2014/12/rolling-pass_tem_369_pt.pdf>. Acesso em: 6 jan. 2015.

BARON, Hans. *The crisis of the early Italian Renaissance*. Princeton: Princeton University Press, 1966. [1955].

BARROS, Jerônimo Duque Estrada de. *Impressões de um tempo*: a tipografia de Antônio Isidoro da Fonseca no Rio de Janeiro (1747-1750). Dissertação (mestrado em história social) — Universidade Federal Fluminense, Niterói, 2012. Disponível em: <www.historia.uff.br/stricto/teses/Dissert-2012_Jeronimo_Barros.pdf>. Acesso em: 25 fev. 2014.

BARROS, Vinícius Soares de Campos. *Introdução a Maquiavel*. Uma teoria do Estado ou uma teoria do poder? Campinas: Edicamp, 2004.

BIGNOTTO, Newton. *As aventuras da virtude*: as ideias republicanas na França do século XVIII. São Paulo: Companhia das Letras, 2010.

_____. *Liberté et action*. Machiavel critique de l'humanisme civique florentin. Tese (doutorado em filosofia) — École des Hautes Études en Sciences Sociales, Paris, 1989.

_____. *Maquiavel republicano*. São Paulo: Loyola, 1991.

_____. *Origens do republicanismo moderno*. Belo Horizonte: Editora UFMG, 2001.

_____ (Org.). *Matrizes do republicanismo*. Belo Horizonte: Editora UFMG, 2013.

BLUTEAU, Raphael. *Vocabulário portuguez e latino...* Coimbra: Colégio das Artes da Companhia de Jesus, 1712. Rio de Janeiro: Uerj, 2000. CD-ROM.

BORBA, Francisco S. *Dicionário de usos do português do Brasil*. São Paulo: Ática, 2002.

BURCKHARDT, Jacob. *A cultura do Renascimento na Itália*. Um ensaio. Tradução de Sérgio Tellaroli. São Paulo: Companhia das Letras, 1991. [1860].

CÂMARA, João Bettencourt da. A primeira edição portuguesa d'*O príncipe* ou o Maquiavel fascista de Francisco Morais. *Res-pública*: revista lusófona de ciência política e relações internacionais, n. 1/2, p. 193-218, 2005. Disponível em: <http://recil.grupolusofona.pt/handle/10437/371>. Acesso em: 30 dez. 2013.

CORTINA, Arnaldo. *O príncipe de Maquiavel e seus leitores*. Uma investigação sobre o processo de leitura. São Paulo: Editora Unesp, 2000.

CROCE, Benedetto. *Etica e politica*. Bari: Laterza & Figli, 1945. [1931].

ECO, Umberto. *Os limites da interpretação*. Tradução de Pérola de Carvalho. São Paulo: Perspectiva, 2000. [1990].

_____. *Paradossi, aforismi, stereotipi*. Disponível em: <www.golemindispensabile.it/index.php?_idnodo=6439&_idfrm=107)>. Acesso em: 24 fev. 2014.

ESCOREL, Lauro. *Introdução ao pensamento político de Maquiavel*. 3. ed. Rio de Janeiro: FGV; Ouro Sobre Azul, 2014. [1958].

FARIA, Octavio de. *Machiavel e o Brasil*. Rio de Janeiro: Schmidt, 1931.

FERREIRA, Aurélio Buarque de Holanda. *Novo Aurélio século XXI*: o dicionário da língua portuguesa. Rio de Janeiro: Nova Fronteira, 1999.

GARIN, Eugenio. *Ciência e vida civil no Renascimento italiano*. Tradução de Cecília Prada. São Paulo: Editora Unesp, 1996. [1965].

_____ (Org.). *O homem renascentista*. Tradução de Maria Jorge Vilar de Figueiredo. Lisboa: Presença, 1991. [1988].

GEIGER, Paulo (Org.). *Novíssimo Aulete*. Dicionário contemporâneo da língua portuguesa. Rio de Janeiro: Lexicon, 2011.

GILBERT, Felix. *Machiavelli and Guicciardini*. Politics and history in sixteenth--century. Princeton: Princeton University Press, 1965.

GONZÁLEZ GARCÍA, Moisés; HERRERA GUILLÉN, Rafael (Org.). *Maquiavelo en España y Latinoamérica (del siglo XVI al XXI)*. Madri: Tecnos, 2014.

HOUAISS, Antônio. *Dicionário Houaiss da língua portuguesa*. Rio de Janeiro: Objetiva, 2001.

JASMIN, Marcelo Gantus. Política e historiografia no Renascimento italiano: o caso de Maquiavel. In: CAVALCANTE, Berenice et al. *Modernas tradições*: percursos da cultura ocidental (séculos XV-XVII). Rio de Janeiro: Access, 2002. p. 177-202.

_____. *Racionalidade e história na teoria política*. Belo Horizonte: Editora UFMG, 1998.

KOSELLECK, Reinhart. *Futuro passado*. Contribuição à semântica dos tempos históricos. Tradução de Wilma Patrícia Maas e Carlos Almeida Pereira. Rio de Janeiro: Contraponto; Editora PUC-Rio, 2006. [1979].

KRISTELLER, Paul O. *Tradição clássica e pensamento do Renascimento*. Tradução de Artur Morão. Lisboa: Edições 70, 1995. [1954].

MAQUIAVEL, Nicolau. *Comentários sobre a primeira década de Tito Lívio*. "Discorsi". Tradução de Sérgio Bath. 4. ed. Brasília: Editora UnB, 2000.

_____. *História de Florença*. São Paulo: Martins Fontes, 2007.

_____. *O príncipe*. Tradução de Elias Davidovich. Rio de Janeiro: Calvino Filho, 1933.

_____. *O príncipe*. Tradução de Francisco de Morais. Coimbra: Atlântida, 1935.

MARCOCCI, Giuseppe. Machiavelli, la religione dei romani e l'impero portoghese. *Storica*, p. 35-68, 2008.

MARTINS, Maria Teresa Esteves Payan. *A censura literária em Portugal nos séculos XVII e XVIII*. Lisboa: Fundação Calouste Gulbenkian; Fundação para a Ciência e a Tecnologia, 2005.

MEINECKE, Federico. *L'idea della ragion di stato nella storia moderna*. Tradução para o italiano de D. Scolari. Florença: Vallecchi, 1944. [1924]. 2 v.

MOMIGLIANO, Arnaldo. *As raízes clássicas da historiografia moderna*. Tradução de Maria Beatriz Borba Florenzano. São Paulo: Edusc, 2004. [1990].

MONTEIRO, Rodrigo Bentes (Org.). Traduções de Maquiavel: da Índia portuguesa ao Brasil. *Tempo*. Revista do Departamento de História da Universidade Federal Fluminense, Niterói, n. 36, v. 20, p. 1-103 2014. Disponível em: <www.historia.uff.br/tempo/site/>. Acesso em: 6 jan. 2015.

MORGENTHAU, Hans. *In defense of the national interest*. Nova York: A. Knopf, 1951.

_____. *Politics among nations*. Nova York: A. Knopf, 1950.

NASCENTES, Antenor. *Dicionário da língua portuguesa da Academia Brasileira de Letras*. Rio de Janeiro: Bloch, 1988.

NEDEL, José. *Maquiavel*. Concepção antropológica e ética. Porto Alegre: Edipurs, 1996.

NERES, Geraldo Magella. *Política e hegemonia*. A interpretação gramsciana de Maquiavel. Curitiba: Ibpex, 2009.

PEREIRA, Joacil de Britto. *Idealismo e realismo na obra de Maquiavel*. Ensaio. [João Pessoa]: Editora Universitária [Universidade Federal da Paraíba], 1970.

POCOCK, John Greville Agard. *The machiavellian moment*. Florentine political thought and the Atlantic republican tradition. Princeton; Oxford: Princeton University Press, 1975.

PUIGDOMÈNECH, Helena. *Maquiavelo en España*. Presencia de sus obras en los siglos XVI y XVII. Madri: Fundación Universitaria Española, 1988.

RIDOLFI, Roberto. *Vita di Niccolò Machiavelli*. Roma: Belardetti, 1954.

RODRIGO, Lídia Maria. *Maquiavel*. Educação e cidadania. Petrópolis: Vozes, 2002.

SALATINI, Rafael. Notas sobre a maquiavelística brasileira (1931-2007). *Discurso*. Revista do Departamento de Filosofia da USP, São Paulo, n. 41, p. 329-359, 2011. Disponível em: <www.revistas.usp.br/discurso/article/view/68375>. Acesso em: 18 fev. 2014.

SKINNER, Quentin. *As fundações do pensamento político moderno*. Tradução de Renato Janine Ribeiro e Laura Teixeira Mota. São Paulo: Companhia das Letras, 1996. [1978].

_____. *Liberdade antes do liberalismo*. Tradução de Raul Fiker. São Paulo: Editora Unesp, 1999. [1998].

TEIXEIRA, Felipe Charbel. *Timoneiros*. Retórica, prudência e história em Maquiavel e Guicciardini. Campinas: Editora da Unicamp, 2010.

TOMMASINI, Oreste. *La vita e gli scritti di Niccolò Machiavelli nella loro relazione col machiavellismo*. Roma; Turim; Florença: Borghi, 1883.

UNESP. *Dicionário Unesp do português contemporâneo*. São Paulo: Editora Unesp, 2004.

VILLARI, Pasquale. *Niccolò Machiavelli e i suoi tempi*. Florença: Le Monnier, 1877-1882. 3 v.

Os homens ao agir devem considerar a natureza dos tempos, ajustando a ela a sua conduta.

PARTE I

IMPÉRIOS

"Pela graça de Deus rei de Portugal e dos Algarves d'aquém e d'além--mar em África senhor da Guiné e da conquista navegação e comércio da Etiópia, Arábia, Pérsia e Índia." No início do século XVI, junto a este título, a esfera armilar dos cosmógrafos, aqui estilizada, significava a perfeição universal, e proclamava a "aspiração imperial" dos soberanos portugueses, com arcos representando o Equador, os trópicos e os polos. No arco elíptico, figuravam o nome do rei ou os signos do zodíaco. A esfera foi o emblema de d. Manuel I, utilizada em iluminuras e fachadas de prédios, sendo doravante associada àquela realeza e a seu projeto mundial. Na mesma época, Maquiavel escrevia nos *Discorsi*: "Os homens ao agir devem considerar a natureza dos tempos, ajustando a ela a sua conduta". Essas palavras indicam que os príncipes que não compreenderem a especificidade de sua época podem perder seus domínios, enquanto os que perceberem a conjuntura de cada momento, adequando-se às circunstâncias, teriam mais chance de manter seus impérios. A frase pode ser relacionada ao uso do legado dos antigos para explicar as novas situações vividas pelos lusitanos no recente contato com outros povos. Ela também expressa as estratégias do império ultramarino português no Seiscentos, desafiado pela expansão marítima dos Países Baixos, ou por pactos envolvendo a casa de Habsburgo, senhora de muitas possessões europeias, dentre elas o Sacro Império Romano. Os capítulos desta primeira parte navegam pela reinterpretação da Roma antiga feita por Maquiavel e apropriada por humanistas portugueses para refletir sobre a expansão lusa, conforme o estudo de Giuseppe Marcocci; pelas ideias de Damião de Góis sobre o novo poder português no Oriente, na análise de Rui Rodrigues; ou pelas agruras do infante d. Duarte de Bragança, refém dos Áustrias no castelo de Milão, segundo Gustavo Kelly de Almeida. Impérios de vários tempos.

Rodrigo Bentes Monteiro e Silvia Patuzzi

1. CONSTRUINDO UM IMPÉRIO À SOMBRA DE MAQUIAVEL

Giuseppe Marcocci

Um jogo de sombras

Quem escrever hoje sobre a história da relação entre a construção — teórica e prática — do império português e a obra de Nicolau Maquiavel não pode deixar de refletir sobre a rapidez da mudança de paradigmas interpretativos verificada na historiografia. Há menos de um decênio, dominava ainda a visão de uma radical incompatibilidade entre os conteúdos dos escritos de Maquiavel e a cultura pertinente e inspiradora do expansionismo português na Idade Moderna. Um conjunto de ideias consolidadas, como num jogo de sombras cruzadas, lançando luz apenas sobre o que já se esperava ver.

De um lado, vigorava a imagem de Portugal como uma região europeia orgulhosa e intransigentemente católica, que por essa razão estaria, desde logo, à margem da circulação de textos como *Il principe* (ou *De principatibus*, conforme o título original do manuscrito redigido em 1513, impresso primeiramente em 1532), ou os *Discorsi sopra la prima deca di Tito Livio* (também publicados postumamente em 1531), cujo conteúdo constituía claramente um perigoso ataque à religião. Evitava-se, assim, o acontecido na península itálica, ou nos reinos de Espanha, onde as obras de Maquiavel inicialmente circularam, antes de serem interditadas e incluídas nos índices dos livros proibidos. Por outro lado, o sistema de domínio e poderes estabelecido pelos portugueses através dos oceanos, atingindo nos séculos XV e XVI os continentes africano, asiático e americano, era geralmente considerado uma consequência de interesses comerciais e econômicos. Objetivos nem sempre convergentes e lineares, surgidos de circunstâncias materiais na experiência cotidiana dos trópicos, mais que de uma síntese de opções políticas, debates e confrontos sobre modelos de administração, guerras e estratégias de exploração de produtos e mercados. Apesar de dirigido por uma coroa monopolística, o expansionismo emergente, proposto por esta visão historiográfica tradicional, responderia apenas ao movimento de fluxos econômicos, à busca de informações antes dos concorrentes e à inovação das técnicas de navegação e de mercado.

De acordo com essa perspectiva, a modernidade seria coincidente aos elementos essenciais de uma primeira fase capitalista em escala mundial. Etapa caraterizada por uma adesão do poder político, suas instituições e representantes, às razões superiores dos negócios, de um nascente sistema financeiro baseado na Flandres e dos investimentos das maiores famílias e grupos banqueiros e comerciais das cidades italianas e norte-europeias (Godinho, 1981-1982). Impermeável a qualquer interação com a esfera teórica e os projetos políticos, nessa interpretação convencional do sistema ultramarino português paradoxalmente não havia espaço para Maquiavel, o fundador do pensamento político moderno.

Estamos perante a afirmação de duas modernidades divergentes? Na realidade, essa linha de raciocínios não nos levaria muito longe, bem pelo contrário. A forte carga ideológica há muito tempo incidente em dois objetos históricos como o império português e Maquiavel corre o perigo de esconder — mais que obter — evidências e conexões oferecidas pelas fontes. A imagem de um expansionismo desprovido de qualquer ideologia associou-se sem dificuldade à ideia de uma cultura renascentista portuguesa em constante atraso em face do resto da Europa. Representações falhadas e distorcidas, como mostra o caso a ser examinado nas próximas páginas. De fato, há algum tempo tem-se voltado a afirmar com convicção a existência de uma estrutura multipolar e contratada, com agentes informais para além das fronteiras, mas definitivamente subordinados ao senhorio unitário de um poder ultramarino português. Estrutura cada vez mais comumente indicada como "império", ou ao menos caraterizada por uma "aspiração", uma "vocação" imperial (Cardim, 2010:37-72; Marcocci, 2012). Da mesma maneira, a superação da perspectiva pela qual — em escritos vincados por atitudes intelectuais ainda imbuídas da ideologia do regime salazarista, mas publicados tardiamente nos anos 1960 e 1970 — Martim de Albuquerque procurou deixar na sombra, ou ocultar, a presença de Maquiavel na cultura do Renascimento faz-se evidente pelo título deste capítulo em particular (Albuquerque, 1968:159-203; 1974).

Sugere-se aqui que tal presença foi efetiva, apesar de dissimulada. Na verdade, para uma compreensão adequada das dinâmicas de construção do império português, sobretudo na primeira metade do século XVI, deve-se ter em conta também a sombra de ideias e obras de Maquiavel projetada nesse âmbito. Isso significa, antes de tudo, rejeitar integralmente a herança de teses como a sustentada por Albuquerque, da existência de uma contradição indissolúvel entre o Secretário Florentino (alinhado até a Lutero) e o catolicismo português, presumido como compacto e desprovido de fraturas — as quais não faltaram, como ensinam os trabalhos já clássicos de José Sebastião da Silva Dias (Albuquerque, 1974:81-82; Dias, 1960 e 1969). A influência dessa perspectiva seria ainda visível em intervenções recentes do mesmo estudioso. Nem a descoberta de uma leitura precoce e original de Maquiavel por parte de João de Barros foi suficiente para questionar a velha interpretação, que esteve na origem do lugar-comum segundo o qual os escritos do Secretário Florentino não tiveram recepção em Portugal.[1] A fim de renovar o campo de pesquisa, será fundamental, portanto, unir a filologia, necessária para investigar os documentos, à lição de historiadores mais atentos à circulação europeia de Maquiavel, de Giuliano Procacci a Sydney Anglo, sem esquecer a contribuição de Helena Puigdomènech acerca do caso espanhol, aqui particularmente relevante (Procacci, 1995; Anglo, 2005; Puigdoménech, 1988).

---

[1] Apesar da sua importância, a descoberta relativa a João de Barros, devida a Pinto (1996:66, nota 8), é apresentada de forma muito rápida em Albuquerque (2007:184-200). Na introdução a esse volume, que recolhe os resultados de uma longa investigação, o autor observa: "Os dados adquiridos nas décadas volvidas, efetivamente, comprovam o ponto básico do nosso estudo: que as referências a Maquiavel, em Portugal, são, não apenas diminutas quando comparadas com as feitas noutros países, como, no geral, condenatórias, isto é, correspondem à visão prejudicial do escritor, a uma recepção negativa". Ibid., p. 10.

Mover-se de um Maquiavel escondido na sombra a um Maquiavel dilatando seu espectro em muitas direções não deve significar simplesmente passar da tradicional postura antimaquiaveliana — continuando com as armas dos ensaios acadêmicos a antiga controvérsia dos séculos da Idade Moderna contra o autor florentino — à tendência para ver Maquiavel em tudo. O presente capítulo propõe uma periodização de sua circulação e seu possível impacto, a partir de uma análise textual baseada, antes de tudo, em obras da literatura "imperial" portuguesa. Pois os leitores portugueses, ao retomarem ou debaterem as sugestões de Maquiavel, reagiram, em primeiro lugar, a seus possíveis efeitos em relação a ideais e valores partícipes na construção do império ultramarino. Foi por essa via que o conhecimento dos escritos de Maquiavel entrou na cultura portuguesa. De resto, embora o autor florentino nunca aludisse abertamente em suas obras ao modelo imperial português, nem ao expansionismo europeu próprio a sua época, com fortes ecos na península itálica, da Roma dos papas a Florença e Veneza, não faltam documentos provando como ele estava bastante informado sobre a penetração portuguesa na Ásia.

Dirigindo-se às autoridades da República de Florença, em novembro de 1502, quando se achava em Ímola em missão diplomática junto a Cesar Borgia, Maquiavel referia que, na noite anterior, Gabriello da Bergamo, mestre dos correios de Roma, mostrara-lhe "uma carta, que vinha de Veneza, a qual dizia como ali havia notícias que tinham retornado de Calicute a Portugal quatro caravelas carregadas de especiarias". Tal notícia, comentava, "tinha feito baixar muito o valor das suas especiarias, o que era dano gravíssimo para aquela cidade" (Marchand, 2002:v. II. p. 450, tradução do autor). Conforme se percebe pela carta recebida de Bolonha, em 1506, Maquiavel tinha uma relação próxima também com o agente comercial Giovanni da Empoli, que em 1503 viajara para a Índia na frota comandada por Afonso de Albuquerque, sendo visitado por muitos após voltar a Florença, para escutarem por sua voz "notícias daqueles países" (*nuove di que' paesi*) (Scichilone, 2012:50-51). Outras fontes revelam até uma intervenção de Maquiavel a favor de um pequeno núcleo de marranos portugueses, por finais de 1510 estabelecidos em Pisa, graças a um salvo-conduto contra a vontade do capitão da cidade — episódio que convida a refletir de forma nova sobre a célebre passagem de *Il principe* acerca da "piedosa crueldade" de Fernando de Aragão, o "príncipe novo" que expulsara os judeus da Espanha (cap. 21).[2]

Esses poucos exemplos são suficientes para mostrar como, mesmo se Portugal e seu império não foram claramente mencionados nas maiores obras de Maquiavel, ao escrever *Il principe* e os *Discorsi*, ele não ignorava os principais caracteres do caso português no contexto político de sua época. Essa observação não procura inverter a interpretação de Martim de Albuquerque, a ponto de sugerir a existência de uma sombra do mundo português nos escritos de Maquiavel, mas apenas sublinhar como, aos homens do seu tempo, podia parecer plausível aplicar suas ideias ao modelo político da construção de um senhorio ultramarino.

O presente capítulo pretende analisar a intensa relação existente entre o pensamento de Maquiavel e o império português: um poder novo, com características inéditas em relação a outras monarquias europeias, um sistema de domínio "inventado" nos mesmos anos em que o Secretário Florentino elaborava teorias destinadas a modificar para sempre a cultura política ocidental.[3] Essa perspectiva permite explorar um assunto descurado pela riquíssima tradição de estudos sobre Maquiavel, ou seja, seu impacto na construção dos impérios ultramarinos europeus da Época Moderna.[4] O objetivo é assim entender e estabelecer as principais fases e razões da circulação das obras do escritor florentino em Portugal, por meio de uma análise textual baseada em alguns escritos da literatura imperial portuguesa.

Nesse exercício, será necessário partir da importância da reflexão de Maquiavel sobre o império romano, observando particularmente como — apesar de os estudos de Anthony Pagden, David Lupher, Sabine MacCormack ou Ângela Barreto Xavier dedicarem atenção à influência do modelo romano em teorias e práticas ligadas aos impérios ibéricos na América e na Ásia — até agora não houve investigações sobre o enlace entre as ideias de Maquiavel sobre a Roma antiga e os modernos impérios ultramarinos.[5] Como este capítulo mostra, o caso português, se analisado com grande cuidado

---

[2] Machiavelli (1798:v. VIII. p. 29-30). A carta não está incluída em Marchand (2011:v. VI), que contém as cartas do período 1507-1510.
[3] Esta é a tese defendida em Marcocci (2011).
[4] Apesar do título não trata do assunto. Hörnqvist (2004).
[5] Pagden (1995:11-28); Lupher (2003); MacCormack (2007) e Xavier (2008:37-80).

filológico, permite ver esse enlace com nitidez, sobretudo durante a primeira de suas duas fases, nas quais pode-se dividir a recepção de Maquiavel no mundo português. As décadas centrais de Quinhentos, marcadas, sobretudo, pela leitura dos *Discorsi* e pela questão do vínculo entre religião e valor civil na Roma antiga. A segunda fase, a partir dos finais do século XVI, seria distinguida pela mais frequente referência a *Il principe* e a técnicas de governo nele contidas. Essa divisão entre a existência de duas diversas atitudes na cultura portuguesa em relação a Maquiavel ao longo do tempo não significa, naturalmente, descrever um processo linear e contínuo na passagem de uma a outra fase. Ao contrário, não faltaram contradições e regressos ao passado.

A religião dos romanos e o império português

A religião dos antigos romanos, encarnada pelo modelo do antigo rei-sacerdote Numa Pompílio, com seus cultos divinos e sacrifícios, reforçava a virtude civil, permitindo a coesão interna, graças ao respeito a leis e juramentos, em guerra estimulando capitães e soldados a feitos garantes de honra e louvor à pátria. Como é sabido, era essa uma ideia central dos *Discorsi* de Maquiavel, impressos pela primeira vez em Roma em 1531. Na interpretação de Maquiavel, a religião dos romanos era o exato oposto da religião contemplativa, da mensagem de Cristo transformada pela Igreja, uma religião capaz de levar os fiéis a fugirem do mundo, fazendo-os fracos e incapazes de grandes ações (liv. II, cap. 2).

Não há dúvida que, ao menos desde meados do século XV, na cultura portuguesa era recorrente a comparação entre empresas de soldados e navegadores de uma coroa empenhada num expansionismo sem precedentes e os sucessos obtidos na Antiguidade por gregos, mas sobretudo pelos romanos. A imagem transmitida era a da superação, por parte dos portugueses, dos limites encontrados pelos grandes imperadores do passado. Numa carta do humanista florentino Poggio Bracciolini — cuja obra histórica Maquiavel leria com muita diligência — ao infante d. Henrique, para exaltar o avanço português na costa ocidental africana, estabelecia-se um eloquente confronto entre este último e Júlio César: o vencedor era, naturalmente, d. Henrique, cujos navios chegaram a regiões antes desconhecidas e impenetráveis, sem temer os perigos do mar, nem reações de povos classificados sem hesitação como "bárbaros". Já o segundo, com seus exércitos, não fora além de províncias já conhecidas ou situadas nas fronteiras do império romano (Braccolini, 1968:v. IX, doc. 186). Mais, o famoso trecho de Duarte Pacheco Pereira, sobre o "César Manuel", como chamaria d. Manuel I no *Esmeraldo de situ orbis* — obra na qual nunca se cita Tito Lívio —, confirma como, ainda no início do século XVI, o objeto dessa comparação era a vastidão das conquistas (Basto, 1892:3-4). A religião seria estranha a essa retórica, salvo para sublinhar a natureza providencial do expansionismo português. A leitura das obras de Maquiavel alteraria para sempre essa visão.

Como já sublinhou Adriano Prosperi, não surpreende que um dos primeiros grupos a reagir às propostas de Maquiavel fosse o dos humanistas ibéricos residentes no Colégio de São Clemente em Bolonha, ambiente particularmente sensível aos debates sobre os escritos do autor florentino. Em princípio, para uma cultura que exaltava o sentimento da "honra" e o valor de fidalgos e exércitos envolvidos num conflito constante contra os muçulmanos em nome da fé, as ideias de Maquiavel constituíam um ataque mortal (Prosperi, 1977-1978:449-529).

As respostas, porém, foram diferentes. Em 1535, no mesmo ano da tomada de Tunes por Carlos V, o aristotélico Juan Ginés de Sepúlveda — futuro adversário de Bartolomé de las Casas na famosa disputa de Valhadoli sobre a natureza dos índios — fez imprimir, pelo mesmo editor dos *Discorsi*, Antonio Blado, em Roma, um tratado sustentando que a procura da glória mundana mediante ações militares não era contrária aos princípios da fé cristã, como demonstraria precisamente o caso dos nobres e cavaleiros hispanos.[6] Porém, só nos autores portugueses esse tipo de resposta a Maquiavel conjugava-se à orgulhosa defesa dos impérios ultramarinos em construção, integrando-se assim nos debates sobre os modelos do coevo expansionismo ibérico.

No *De nobilitate civili et christiana* (1542), dedicado ao infante d. Luís, que acompanhara a expedição de Carlos V a Tunes, Jerónimo Osório não

---

[6] Sepúlveda (1535). Ver também Prosperi (1977-1978:509-515); Coroleu (1992:263-268) e Lavenia (2008:9-34).

afirmou apenas o valor militar dos soldados cristãos, cuja crença na vida celestial fazia-os invencíveis por não terem medo da morte, mas também a existência de uma relação estreita e necessária entre império português e religião cristã. Assim, se por um lado Osório criticava nomeadamente Maquiavel, por outro atribuía-lhe palavras que nunca escrevera, ou seja, que a causa da ruína do império romano devia-se aos efeitos nefastos do cristianismo. A esse argumento, já rejeitado por Santo Agostinho no *De civitate Dei*, Osório respondia com razões apontadas pelo próprio Maquiavel para explicar a queda do senhorio na Roma antiga (Osório, 1592:v. I, col. 94-95).

Se a refutação do Secretário Florentino por meios das suas próprias ideias ilumina a não linearidade da relação de Osório com Maquiavel desde o início, conforme observou Sydney Anglo, o aspecto mais relevante encontra-se nas páginas finais do *De nobilitate*, nas quais Osório proclamava o caráter sagrado do império português, cuja unção divina manifestara-se graças às conquistas nas guerras contra os muçulmanos, da Reconquista às vitórias no norte da África e na Índia, coligando assim o tradicional contexto mediterrâneo ao asiático (Anglo, 2005:142-156; Osório, 1592: v. I, col. 109-111).

Apesar das ambiguidades escondidas, com a sua proposta teocêntrica, Osório, mal retornado da Itália, procurava talvez integrar-se no ambiente dos religiosos, os quais adquiriram nos anos 1530 grande peso político na corte de d. João III. Como demonstra, por exemplo, a criação da Mesa da Consciência (1532), definindo os limites cada vez mais estreitos dos debates sobre o império em evolução, desde a guerra às formas de comércio, das estratégias de evangelização à escravidão. De formação rigidamente escolástica e com posições duramente intransigentes, esses teólogos da corte contrastavam com as aberturas do humanismo português, inclusive com figuras mais sensíveis às lições de Erasmo. Eles temiam que a comum indicação de "gentios", usada para referir-se quer aos antigos romanos, quer às populações não cristãs encontradas pelos portugueses em viagens de exploração e conquistas militares, facilitasse algum paralelismo impróprio (Marcocci, 2011:129-133).

Este caminho sugerido por João de Barros produziu o que é hoje o primeiro testemunho europeu conhecido de uma recepção e uma discussão escrita de Maquiavel: o *Panegirico de d. João III*, declamado em 1533 na corte em Évora.[7] Rico de citações literais e paráfrases, inclusive de trechos fundamentais dos *Discorsi*, a versão manuscrita da oração do futuro autor das *Décadas da Ásia* — um título eloquentemente liviano — reflete um conhecimento direto da obra de Maquiavel. Talvez ela tenha lhe chegado, mais uma vez, por Bolonha, onde entre 1532 e 1533 residiu o embaixador português em Roma, d. Martinho de Portugal, com o qual Barros partilhava a mesma admiração por Erasmo.[8] No *Panegirico* retoma-se a descrição de Numa Pompílio, ou o juramento imposto por Cipião o Africano a seus concidadãos após a batalha de Canas, encontrados nos *Discorsi* (liv. I, cap. 11).[9]

O *Panegirico* de Barros representa a mais evidente tentativa de adaptar o modelo do império romano, tal como idealizado por Maquiavel, ao caso do império português. Assim, o exemplo de príncipe ideal indicado a d. João III — em anos de múltiplas frentes de guerra para defender as conquistas portuguesas — seria o imperador César Augusto. Conforme esse modelo, a única paz possível no império era a imposta pelos vencedores aos vencidos. De fato, o movimento intelectual pelo qual Barros propunha aos seus compatriotas os exemplos dos romanos foi resumido por esta frase, talvez derivada da leitura do *Antibarbari*, de Erasmo: "se a religião dos gentios, reprovada e falsa tinha poder, pelo apartamento dos vícios e limpeza do espírito, de causar tanta perfeição a quem a seguia, quanto mais se deve isto esperar da verdadeira fé de Cristo?".[10]

Com base nessa interpretação conciliadora, Barros, homem conhecedor do funcionamento do império por ser então feitor da Casa da Índia, e que viria a investir dinheiro próprio na infeliz expedição de colonização no Maranhão em 1535-36, apresentava a d. João III um projeto imperial deveras refém de sua leitura dos *Discorsi* (liv. II, cap. 19):

---

[7] BARROS, João de. *Ao mui alto e muito poderoso Rey de Portugal D. João 3º deste nome. Panegirico de João de Barros*. Biblioteca Nacional de Portugal, cód. 3.060 (doravante *Panegirico*). Do manuscrito seiscentista há uma edição moderna, com o defeito de o texto ter sido normalizado: Lapa (1943). Sobre a questão textual do *Panegirico*, ver Marcocci (2011:253-256).

[8] Sempre útil ver Bataillon (1974:35-69).

[9] Barros, ibid., fol. 39 r-v.

[10] Ibid., fol. 36 v.

os caminhos para conquistar são estes: aos vencidos não dar muita opressão; mandar que os vassalos e naturais vão morar nas terras ganhadas, as quais povoações os romanos chamavam colônias; dos despojos fazer tesouro: afadigar ao inimigo com cavalgadas, entradas e batalhas campais, e não concertos; ter rico o público e pobres os vencidos; dar aos capitães inteiro poder como faziam os romanos, não reservando para si mais que o mover nova guerra; e assim manter com muita diligência os exércitos e gente d'armas.[11]

Nessa proposta, não é difícil entender qual era a referência dissimulada na consideração com a qual Barros fechava o *Panegirico*: "a nação portuguesa hoje (...) mais que nenhuma [se não me engano] conserva a gravidade e o desejo de honra, que antigamente só teria o povo romano".[12]

Nada sabemos acerca da recepção imediata do *Panegirico* de Barros, mas a proposta de considerar os portugueses herdeiros de gentios só podia soar como ameaça para os teólogos da corte, ainda mais pensando em juízos como o expresso na carta dirigida em 1547 pelos conselheiros municipais de Chaul ao governador da Índia d. João de Castro, descrevendo-o como outro Cipião o Africano ou Fúrio Camilo e ao mesmo tempo usando as armas da teologia cristã para definir "justa" a guerra contra o sultão de Bijapur, para a qual Castro lhes pedira ajuda.[13]

Após uma analogia tão insidiosa, mais suspeito ainda devia parecer o elogio feito por Barros em dois trechos da oração ao sistema de justiça do império otomano, apresentado como herdeiro do império romano do Oriente.[14] Uma escolha discrepante em relação à enraizada retórica anti-islâmica, naquele tempo intensificada pelo expansionismo da Sublime Porta, cujos súditos, desde o decênio anterior, eram os principais adversários dos portugueses no Índico, chegando a cercar Diu em 1538 (Casale, 2010). No entanto, como vimos, vários autores europeus entre os séculos XVI e XVII considerariam o império otomano, por ser disciplinado e sobretudo não cristão, uma realização perfeita do principado descrito por Maquiavel

---

[11] Ibid., fol. 100 v- 101r .

[12] Ibid., fol. 107 r-v.

[13] Carta de 29/7/1547. In: Sanceau (1983:v. III, p. 281-283).

[14] Barros, ibid., fol. 10 v-11 v.

(D'Ascia, 2010:99-116). Essa tendência iniciou-se nos *Commentarii de le cose de' Turchi*, de Paolo Giovio, publicados em 1532, mais uma vez por Antonio Blado, primeiro editor dos *Discorsi*.

Por questões cronológicas, não se exclui que João de Barros tivera conhecimento desse tratado enquanto preparava o *Panegirico*. No entanto, quem o leu, sem dúvida, citando abundantemente Giovio, foi o cisterciense frei Diogo de Castilho, cuja biografia continua bastante obscura. Castilho em 1538 publicou em Lovaina um *Livro da origem dos turcos*, com numerosos aspectos de notável interesse. Limito-me apenas a um exemplo, relativo ao tema do desejo de glória e ações virtuosas dos turcos na guerra, quando Castilho, ao citar Giovio, juntou uma passagem que — embora retirada da excepcional enciclopédia etnográfica do alemão Hans Böhm, *Omnium gentium mores, leges et ritus* (1520) —, seria uma tentativa de dissimular a leitura, e a conseguinte aprovação de Maquiavel:

> Segundo diz Paulo Giovio, os Turcos guardam a ordem militar com tanta justiça e gravidade que sem dúvida parece sobrepujarem os antigos gregos e romanos, o que afirma Ioanne Aubano no livro segundo da sua História, que dá três causas por que a gente militar turca é melhor que a nossa, a primeira é por serem seus capitães mui obedientes, o que entre os nossos acontece mui poucas vezes, a segunda porque não temem nenhum manifesto perigo (...) por terem por mais bem-aventurados aqueles que entre os inimigos morreram, que não os que em suas casas entre os prantos e choros de suas mulheres e filhos feneceram, em todos os convites e ajuntamentos oram pela gente de guerra, mas principalmente por aqueles que por proveito da comum pátria feneceram, os feitos de seus antepassados escrevem, os quais depois cantam e louvam, com o que em grande maneira acende os ânimos da gente de guerra (...). (Castilho, 1538:fols. Yi v-Yii)

Talvez a extrema raridade do *Livro* — com apenas uma cópia conservada em Portugal na Biblioteca Geral da Universidade de Coimbra — se entenda também pela presença de passagens como essa.[15] Porém, sem dúvida, como

---

[15] A cota do volume é Biblioteca Geral da Universidade de Coimbra, V.T.-20-8-24. Clelia Bettini, da Universidade de Coimbra, realiza uma edição crítica desse tratado rico e precioso para a história da cultura portuguesa do Renascimento.

mostraria o *De nobilitate* de Jerónimo Osório, a questão do Islão era especialmente delicada para uma cultura imperial como a portuguesa, com suas raízes fincadas no choque plurissecular com os muçulmanos.

Dissimulações imperiais

Nas duas décadas precedentes à interdição de todas as obras do Secretário Florentino em Portugal (1561), em seguida ao índice romano dos livros proibidos de 1559,[16] em torno do juízo sobre a religião dos romanos formulado por Maquiavel — como Osório nomeara em seu tratado —, houve um confronto geralmente subterrâneo, aludindo também a opções opostas acerca dos fundamentos do império português. Em suma, discutia-se se este devia ser uma empresa baseada na propagação intransigente e militante da fé, ou se a retórica oficial podia incluir algum espaço aos "gentios", considerando-se a desconfiança geral que, paradoxalmente, rodeava os convertidos no mundo português.

Começamos por uma citação:

se quisermos seguir a pista dos que outrora fundaram Roma e amplissimamente dilataram o seu senhorio, começando por Rômulo e seguindo aquela série de homens ilustres até ao derradeiro período de resplendor do Império, dar-nos-emos conta de que todos de tal modo vivamente desejaram o louvor e a glória, que, a fim de obtê-la, nem se esquivaram a nenhum trabalho nem recusaram nenhum risco de vida. Pelo contrário, se olharmos para a natureza daqueles romanos que mediante o maior dos crimes destruíram o Império romano, ou pelo menos maquinaram a sua perdição e ruína, verificaremos que todos de forma extraordinária se abrasaram no desejo de glória.

Assim escrevia Jerónimo Osório no tratado *De gloria*, publicado em 1549 (Pinto, 2005:28). Esse trecho sobre a natureza ambígua do "desejo de glória"

---

[16] Depois da inclusão no *Index* romano do papa Paulo IV, publicado em Portugal já no início de 1559, Maquiavel foi inserido no índice português de 1561 entre os "autores *quorum libri & scripta omnia prohibentur*". Ver Bujanda (1995:627).

concluía um debate sobre o valor militar dos romanos, bem como se sua religião favorecera vitórias e, por conseguinte, a formação e a longa duração do império romano. Debate prolongado por quase 10 anos, inaugurado pelo próprio Osório no *De nobilitate*, como vimos. A evolução de Osório talvez se explique pelas dificuldades e tensões por ele sofridas nos anos anteriores, sobre as quais escreveu na introdução do *De gloria*. Contudo, sua posição não seria ainda a de recuperar Maquiavel pela tentativa de conciliá-lo à fé cristã, como o fizeram João de Barros e outros autores escrevendo depois do *De nobilitate*.

De fato, por uma reação intelectual típica, a condenação pública por parte de Osório pode ter contribuído para tornar ainda mais atrativas as ideias de Maquiavel. Se assim foi, nos meados dos anos 1540, uma polêmica sutil, mas dura e eloquente, surgiu nos meios universitários de Coimbra. Por meio do *Libro primero del espejo del principe cristiano*, publicado, no ano de 1544, em Lisboa, Francisco de Monzón, professor de Sagrada Escritura caído em desgraça, talvez tenha procurado recuperar a sua posição, dedicando-o a d. João III. Nesse tratado, Monzón voltara-se para a questão do desejo de glória no império romano. Por um lado, sublinhava que, "em suas conquistas e senhorios do mundo", os romanos "não somente se contentavam em arriscar muitas vezes a vida, mais ainda de voltar a pô-la a perder pelo aumento ou conservação de sua república, para que depois de sua morte merecessem ser honrados por aquelas suas memoráveis façanhas". Por outro, Monzón reforçava "que havia em Roma um próspero Deus aos romanos, mesmo sendo gentios, e quis que senhoreassem o mundo, e logo que deixaram as cerimônias e não cuidaram do culto divino, perderam em breve tempo o senhorio que com muito trabalho e em muitos anos ganharam".[17] Para dissimular que aqueles juízos eram de Maquiavel, Monzón atribuíra-os ao Santo Agostinho do *De civitate Dei*. Contudo, o estratagema não escapara ao seu célebre colega de direito canônico em Coimbra, Martín de Azpilcueta, o Doutor Navarro, o qual, para além de não ter sido lembrado de forma muito lisonjeira

---

[17] Monzón (1544:fol. 34 v e 82 v., tradução do autor). Pelo contrário, Monzón é considerado um autor antimaquiavélico por Cappelli (2008:211-212).

numa parte do *Espejo*, era então muito próximo aos teólogos da corte de d. João III.[18]

De forma eloquente, Navarro baseara a sua réplica num tratado sobre as orações publicado no ano seguinte, no qual denunciara de forma discreta, mas nítida, a operação tentada por Monzón. Sua opinião era a de que nenhum fruto de justiça podia ser produzido por uma "oração mortífera ou má", uma categoria que podia abraçar qualquer religião. Por isso, não acreditava que os romanos devessem seu império à "justiça que faziam por glória vã, pois ela era má, e se fazia por mau fim". "Não me parece", continuava, "convir à justiça divina dar guarida a ninguém por obras que merecem castigo". Navarro lembrava São Tomás, ao ensinar que também os "infiéis" — adjetivo significativo, usual na língua portuguesa à época e reservado aos muçulmanos, incluindo os turcos — podiam fazer ações "virtuosas e razoáveis". Concluía que os romanos apenas mereceram seu império em virtude dessas últimas, apesar e não graças ao fim da sua "má ou vã glória". O objetivo do ataque tornava-se finalmente explícito, Navarro rejeitava a ideia de que os romanos deviam seu império a "sua religião abominável e seu culto sacrílego, com a qual os demônios deviam honras a Deus". Como "incidentalmente" escrevera Monzón, ao declarar que Deus, "por haver deixado aquele culto, lhes tirou o império, segundo S. Agostinho, o que em meu livro [a cópia de *De civitate Dei* de Agostinho, possuída por Navarro] não diz nem um nem outro" (Azpilcueta, 1545:577-579, tradução do autor). Palavras que não escondiam uma irritada ironia.

Se a ênfase no valor militar, estimulado pelo desejo de glória, como fator de construção dos impérios independentemente da crença religiosa, podia chegar a um aberto elogio dos turcos, como demonstrara frei Diogo de Castilho, era agora mais claro o caráter atual e de mediação da frase ambígua no *De gloria*, citada na abertura desta seção, na qual Osório, então vivendo e ensinando em Coimbra, sem retomar abertamente o debate entre seus dois colegas, afastava-se bastante da posição do Doutor Navarro. Nem surpreende, portanto, que no *De gloria* se encontrem citações camufladas também de passagens famosas de Maquiavel, como, entre outras, sobre o leão e a raposa.

---

[18] O Doutor Navarro, graças aos seus méritos acadêmicos, recebia em Coimbra "o maior salário que se deu na cristandade", tinha escrito Monzón (1544:fol. 64 r., tradução do autor).

Tampouco espanta esse tratado ser considerado um dos primeiros nos quais a presença de trechos tirados de *Il principe* não foi puramente formal. De fato, a metade do século surge como uma passagem entre a atração persistente pelos *Discorsi* e o interesse crescente por *Il principe*.

Uma prova da primeira assertiva, no mais amplo contexto ibérico, seria a publicação, em 1552, da primeira versão para castelhano dos *Discorsi*, dedicada pelo seu tradutor, de origem italiana, Juan Lorenzo Ottevanti, ao príncipe Filipe (futuro Filipe II), desejando-lhe poder "em breve tempo vir a conhecer o necessário para acrescentar a seu império o que possa", frase que evocava o privilégio de impressão de Carlos V, quando o imperador declarou: "Nós, para nossa recreação, lemos algumas vezes um livro intitulado os discursos de Nicolao Machiaveli que está escrito em língua toscana" (Apud Puigdoménech, 1988:42-43, 97-113 e 140, traduções do autor). Entretanto, mais ou menos nos mesmos anos em que se realizava aquela tradução, o humanista e teólogo português Gaspar Barreiros, numa *Chorographia* escrita a partir de uma viagem à península itálica na segunda metade dos anos 1540, retomava um tema maquiaveliano já aludido por João de Barros, seu primo, no *Panegirico*: a questão das fortalezas. Aspecto que, por sua atualidade nos debates coevos sobre a evolução da estrutura do império português, com particular referência à reorganização das praças no norte de África e, mais em geral, à configuração imperial na Índia, Barros enfrentava. Mas o autor fazia-o a partir de trechos dos *Discorsi* (liv. II, 24), sobre a história recente do choque entre o duque Guidobaldo de Urbino e César Borgia, mas também de Otaviano Fregoso:

> (...) os Romanos, sabendo bem quanto mais a conservação do estado pendia do amor dos vassalos que do sítio ou força do lugar, não tinham fortalezas nas províncias que subjugavam, nem cuido eu que por outro respeito Octaviano Fragozo mandasse desfazer em nossos tempos a fortaleza de Gênova que fora feita pouco antes da entrada do porto por mandado del Rei Luís de França; também o Duque de Urbino chamado Guido Ubaldo que não há muito sendo restituído a seu Ducado de que fora lançado pelo Duque Valentino, mandou derrubar todas as fortalezas que o mesmo Duque deixara feitas, o que fez por ser bem quisto da gente o obrigar mais a vontade a seus vassalos. (Barros, *Ao mui alto e muito poderoso*, op. cit., fol. 55 v-56 r)

Pode avançar-se a hipótese de o manuscrito do *Panegírico* ter sido lido por Gaspar Barreiros, mais tarde também apontado como possível continuador do primo João de Barros na redação das *Décadas da Ásia*. Contudo, é emblemático que, na descrição de Milão, ao reafirmar a pouca utilidade das fortalezas, Barreiros — cuja obra saiu, por incentivo do irmão Lopo de Barros, em 1561, no mesmo ano da proibição definitiva de Maquiavel em Portugal, apesar de completada na década anterior — citasse as páginas de *Il principe* e não dos *Discorsi*:

> Esta fortaleza fez Galleazo 2º Visconde deste nome à porta Giovia, a qual arruinaram os milaneses os fundamentos, & depois tornou-a a refazer o grande Francisco Sforza Duque de Milão, primeiro deste nome & genro do Duque Felipe Maria. Obra certamente digna de tão excelente príncipe & singular capitão como ele foi, posto que Nicoló Machiavelo diga que errou em fazê-la, porque seu parecer é fazerem mais dano que proveito as fortalezas às cidades. (Barreiros, 1561:242)

A presença explícita de Maquiavel num texto impresso confirma como, na época de difusão da Contrarreforma, mas também de confrontos armados pelo império (ainda intensos na década seguinte, desde a penetração em Angola à resistência de Goa, sitiada pelo exército do sultão de Bijapur), a plena remoção do Secretário Florentino da cultura oficial portuguesa ainda era um resultado inalcançado.

Lição de *Il principe* num império sem coroa

A herança do conjunto de leituras quinhentistas de Maquiavel em Portugal, para ser entendida, precisa de forte atenção ao contexto da política e da cultura imperial. Esta é bem visível no *De regis institutione et disciplina*, ainda de Jerónimo Osório, escrito em meados dos anos 1560, mas publicado em 1571-72, numa fase de forte isolamento do autor, já vivendo no Algarve, onde era bispo, sendo hostil aos teólogos da corte da época, chefiados pelos irmãos Luís e Martim Gonçalves da Câmara e outros jesuítas ao redor do jovem rei d. Sebastião. Sydney Anglo sublinhou como, nessa obra, Osório passou da crítica aparente à aprovação encoberta de Maquiavel, em particular de *Il príncipe*. De fato, a partir desse tratado de Osório, *Il príncipe* afirmou-se como a referência principal a Maquiavel no mundo português (Anglo, 2005:156-163).

No *De regis institutione et disciplina* abundam alusões diretas aos fatos do tempo em que foi escrito. Osório polemizava abertamente com os conselheiros do rei, que atendiam "à religião e ao direito" mais que "à utilidade e à glória, as quais, como é manifesto, se conseguem graças à impetuosidade e à violência de Marte, e não mediante o sobejo escrúpulo no cumprimento de todos os deveres" (Pinto, 2005:98-99). Por trás desse trecho talvez se possa encontrar um juízo negativo sobre a Mesa da Consciência, presidida por Martim Gonçalves da Câmara — o que assumiria um significado concreto nos anos seguintes, com sua oposição às expedições marroquinas de d. Sebastião na origem da queda política do conselheiro teólogo (Veloso, 1945:204-215).

O ponto mais relevante, todavia, encontra-se na parte final do *De regis institutione et disciplina*, onde se faz patente o alinhamento de Osório à perspectiva do *Panegirico* de João de Barros. Osório escrevia que os antigos, sobretudo os romanos, "merecem ser louvados por terem acreditado que é mais tolerável adotar uma qualquer aparência de religião do que desprezar qualquer espécie de religião". Assim, após afirmar que "o poder divino foi quem fundou os impérios e os aumentou" — inclusive os impérios dos gentios da Antiguidade —, Osório perguntava: "se a opinião de uma religião falsa e inventada conferiu a muitos autoridade em inúmeros povos, que há de conseguir o zelo verdadeiro de uma religião santíssima?" (Pinto, 2005:288-289; 302-303).

Essa posição conciliadora era acompanhada, como em Barros, de juízos positivos sobre os turcos, até mesmo dos persas. Tudo isso numa obra publicada poucos meses após a batalha de Lepanto (7 de outubro de 1571), evento fixado na cultura e na memória coletiva portuguesas (Fontes, 1979:487-503). Uma vez mais, a reinterpretação de Maquiavel era um espelho sensível da multiplicidade de frentes políticas e militares desse tempo. Todavia, Osório avançava também a previsão de uma queda futura do império otomano por causa dos janízaros, o corpo militar pessoal do sultão, formado por estrangeiros, a maioria de origem cristã, acusados de crueldade e tendência à traição, exatamente com base nos argumentos de Maquiavel a favor dos exércitos próprios.[19] Talvez a crítica de Osório aos janízaros tenha originado o hábito de se atribuir os limites e dificuldades dos inimigos de forma similar aos preceitos de Maquiavel. Algo característico na cultura portuguesa ainda em meados do Setecentos, quando Francisco Bernardo de Holbeche atribuía a Restauração de 1640 à negligência da coroa espanhola em relação ao conselho de *Il principe* sobre as monarquias mistas.[20]

No entanto, tudo indicia que a crise dinástica de 1580, ao inaugurar uma fase de redefinição da cultura imperial lusa em forte entrelaçamento à castelhana, decorrente da conexão entre os dois sistemas ultramarinos ibéricos num modelo de soberania compósita em escala global, provocou uma alteração decisiva na recepção das ideias de Maquiavel no mundo português. O veto integral das obras do Secretário Florentino pela Inquisição espanhola, devido ao índice de Gaspar de Quiroga (1583-84), precedido pelo índice português de 1581, proibiu explicitamente os "Discursos de Machavello, em qualquer língua" (sobretudo a versão castelhana de 1552, reimpressa em 1555), sendo totalmente eficaz.[21] Isso apesar do malogro da tentativa do duque de Sessa, logo a seguir ao índice de Quiroga, de promover junto do rei

---

[19] "(...) ao ouvir como é grande o atrevimento e como fica impune a licença daqueles soldados pretorianos que os turcos designam por janízaros, não tenho dúvidas de que qualquer dia hão de levantar as mãos contra os seus sultões. (...) Daqui se pode conjecturar que, depois que o atrevimento e desatino destes chegarem ao seu ponto máximo, o império turco há de ser destruído pelas ações criminosas dos mesmos soldados." In: Pinto (2005:339-340).

[20] "Nenhuma outra foi a causa que motivou a nossa Rebelião contra Espanha no ano de 1640, em que aclamamos D. João o 4º por Rei, senão o faltarem-nos os Castelhanos às Condições Estipuladas, Entre nós, e Felipe Segundo; (...) E não obstante o grande ódio que Estas Nações Sempre tiveram uma à outra, o que é próprio Em povos Confinantes, Entre os quais Sempre Reina a Emulação, nós lhe Conservamos uma fiel obediência; porém depois os Reis Felipe 3º e Felipe 4º não Sendo Príncipes como Felipe 2º Se Entregaram à direção de Ministros, que com Dom Luiz de Haro, nos quiseram sujeitar pela força, e violência, de que Se originou a Referida Rebelião, Sendo Este meio impróprio de Conservar os povos, que antes Eram dominados por outros Príncipes." In: Holbeche (1760, Biblioteca Pública de Évora, cód. CX/1-5, n. 3. p. 21). Reproduzido também em Albuquerque (2007:275).

[21] Citação retirada de Bujanda (1995:476, tradução do autor). Ver também Puigdoménech (1988:50-51; 56-58) e Mario Prades Vilar. Algunas noticias de un nuevo ejemplar de la primera edición española de los *Discorsi sopra la prima deca di Tito Livio*. In: Forte e López Álvarez (2008:202-207).

Filipe II uma tradução expurgada e autorizada dos escritos de Maquiavel. Conforme o duque explicava à *Suprema* em carta de 1584, "se podem facilmente expurgar, emendar e corrigir e ainda traduzir-se os ditos livros de língua italiana em vulgar castelhana e imprimir-se com nome de outro autor, não convindo que circulem com o dito Nicholao autor".[22]

O desejo de salvar a possibilidade de ler-se o autor que tanto inspirava a cultura política da época devia ser partilhado também por homens de letras e de governo portugueses que, desde finais do século XVI, achavam-se na condição de administrar — para o novo poder dos Áustrias ao qual respondiam — um reino anexado, ou reger partes de um império cujas perspectivas tinham mudado profundamente desde 1580, com o rápido desenvolvimento da colonização do Brasil. Assim, não surpreende que no século XVII no mundo português se lesse e debatesse sobretudo *Il principe*, inclusive em traduções integrais hoje perdidas, também prosseguindo com as reflexões sobre o nexo entre Maquiavel e o império otomano. Ainda na metade do Seiscentos, uma personagem do diálogo *A visita das fontes*, de D. Francisco Manuel de Mello, atribuía a Solimão a opinião de "que a verdade se fizera para os mercadores e a mentira para os príncipes" (Albuquerque, 2007:84). Contudo, o interesse dirigia-se cada vez mais para a teoria política, conforme revela outro diálogo mais célebre, o *Hospital das letras*, escrito por Manuel de Mello em 1657, enquanto exilado em Salvador da Bahia, cujos protagonistas tinham por nome Trajano Bocalino, Francisco de Quevedo e Justo Lípsio, alguns dos principais autores da época.

Também foram desaparecendo na primeira metade do século XVII as referências — centrais nas décadas anteriores — à religião dos romanos, talvez devido à polêmica de jesuítas como Juan de Mariana, Pedro Ribadeneyra ou Roberto Bellarmino. Mas continuou a ser assíduo o uso da história romana, como mostra, de forma exemplar, o caso de Tácito, utilizado doravante para dissimular Maquiavel.

Assim, numa obra fundamental para entender a evolução deste aspecto da cultura imperial portuguesa durante a união dinástica, o magistrado de origem castelhana Fernando Alvia de Castro, vedor-geral das forças arma-

---

[22] Citação retirada de Puigdoménech (1988:59-60, tradução do autor). Ibid., p. 113-117.

das e navais em Portugal, citava Tácito desde a introdução. A referência seria aos *Aphorismos y exemplos politicos y militares. Sacados de la primera* Decada *de Iuan de Barros*, de 1621, escrito que, além da clara alusão ao título dos *Discorsi* de Maquiavel, parece também confirmar a importância duradoura de um autor como João de Barros na recepção portuguesa do Secretário Florentino (Castro, 1621). Após lembrar "os descobrimentos e conquistas que [os portugueses] fizeram nos mares e terras do Oriente", Alvia de Castro comentava sibilinamente: "Nem tudo o que se entende se pode declarar sempre; ditoso e feliz aquele tempo, em que (como escreveu Tácito) pelos dois bons imperadores Nerva e Trajano, era lícito dizer-se as coisas que se sente" (Castro, 1621:fol. não numerado, tradução do autor).

Colocada na abertura, essa frase revela a chave de leitura de um texto exemplar do papel adquirido por *Il principe* na cultura portuguesa, bem como do jogo de silêncios, alusões e dissimulações associado a esse livro.[23] De fato, Alvia de Castro extraía da primeira *Década da Ásia* algumas frases apresentadas em forma de aforismos, as quais, fora do seu contexto, assumiam um significado de caráter geral, transformando assim a crônica de Barros num manual de política. Se a maioria dos aforismos alinhava-se claramente ao pensamento político cristão, Alvia de Castro inseriu também outros que pareciam prosseguir com a cristianização de Maquiavel, já proposta por Barros no *Panegírico*, autorizando a hipótese de a frase "nem tudo o que se entende se pode declarar sempre" referir-se ao seu conteúdo real.

O alvo da preocupação já não era a religião dos romanos, mas o poder do príncipe, sem diminuir-se a exaltação do desejo da glória, como se lê numa passagem sobre a atividade do historiador: "refira os nomes dos que fizeram façanhas valorosas, para não lhes privar da honra e da glória que merecem por elas". Por outro lado, a associação entre Vasco da Gama e Cipião o Africano, a ideia de os pactos e alianças ("amizade") valerem menos que a ameaça da força sozinha ("armadas"), o convite a "dissimular enganos" ou a desvalorização de qualquer perspectiva cruzadista[24] seriam todos sinais de

---

[23] Sobre a dissimulação em Alvia de Castro, com especial referência a sua obra *Verdadera razón de Estado* (1616), ver Fernández-Santamaría (2006:v. II, p. 106-108).

[24] Evidente neste aforismo: "as ameaças do Turco de destruir a Casa Santa e relíquias de Jerusalém são frívolas, pois por matéria de interesse, com respeito às esmolas, lhe importa muito tê-las em grandeza e veneração". Castro (1621:fol. 40 v e 78 v, tradução do autor).

um maquiavelismo talvez tênue, mas ainda consistente. Como fazia Osório relativamente aos janízaros e ao império otomano, Alvia de Castro aplicava aos soberanos da Índia a falta de respeito dos preceitos de Maquiavel como possível explicação da sua decadência, ao escrever: "Um príncipe novo não deve se ensoberbecer tanto com o favor que tem e os bons sucessos que alcança de forma a desestimar aos reis seus vizinhos e proceder com aspereza, pois certamente isto será causa de sua ruína".[25]

Uma longa lista de aforismos sobre a conservação do poder, desde o "não é bom ir à conquista daquele reino tão distante e remoto, pois para fazê-la e conservar o que se ganha, tem-se de diminuir tanto as forças do próprio, que mal pode conservar-se", até o alerta: "o príncipe que proceder com demasias e excessos pouco se conservará em seu estado".[26] Essas ideias parecem reforçar que, na circulação de Maquiavel no mundo português durante a primeira metade do século XVII, ficou *Il principe*, desaparecendo o vínculo outrora indissolúvel entre religião e império. Difícil dizer se isso resultou mais da influência da nova literatura sobre a razão de Estado, ou se decorreu da perda de atração de temas como a conversão universal ou as guerras contra não cristãos, num reino dominado por uma dinastia estrangeira, um império sem coroa própria.

Referências

ALBUQUERQUE, Martim de. *A sombra de Maquiavel e a ética tradicional portuguesa*: ensaio de história das ideias políticas. Lisboa: Faculdade de Letras de Lisboa, 1974.

_____. *Maquiavel e Portugal*: estudos de história das ideias políticas. Lisboa: Alêtheia, 2007.

_____. *O poder político no Renascimento português*. Lisboa: Instituto Superior de Ciências Sociais e Política Ultramarina, 1968.

ANGLO, Sydney. *Machiavelli — the first century*: studies in enthusiasm, hostility and irrelevance. Oxford; Nova York: Oxford University Press, 2005.

---

[25] Ibid., fol. 96, tradução do autor.
[26] Ibid., fol. 40 e 96, tradução do autor.

AZPILCUETA, Martín de. *Commento en romance a manera de repeticion latina y scholastica de iuristas, sobre el capitulo...* Coimbra: [João de Barreira], 1545.

BARREIROS, Gaspar. *Chorographia de alguns lugares que stam em hum caminho que fez...* Coimbra: Ioão Alvarez, 1561.

BASTO, Raphael Eduardo de Azevedo (Org.). *Duarte Pacheco Pereira. Esmeraldo de situ orbis.* Lisboa: Imprensa Nacional, 1892.

BATAILLON, Marcel. Erasme et la cour de Portugal. In: ____. *Études sur le Portugal au temps de l'humanisme.* Paris: Fundação Calouste Gulbenkian; Centro Cultural Português, 1974.

BRACCIOLINI, Poggio. Carta sem data (c. 1448/1449). In: DINIS, António Joaquim Dias (Org.). *Monumenta Henricina.* Lisboa: Comissão Executiva das Comemorações do V Centenário da Morte do Infante D. Henrique, 1968. v. IX, doc. 186.

BUJANDA, Jesús Martínez de (Org.). *Index de l'Inquisition Portugaise*: 1547, 1551, 1561, 1564, 1581. Sherbrooke; Genebra: Centre d'Études de la Renaissance; Université de Sherbrooke; Droz, 1995.

CAPPELLI, Guido M. Panorama (ideológico) de traducciones de Maquiavelo en España. In: FORTE, Juan Manuel; LÓPEZ ÁLVAREZ, Pablo (Org.). *Maquiavelismo y antimaquiavelismo en la cultura española de los siglos XVI y XVII.* Madri: Biblioteca Nueva, 2008. p. 211-212.

CARDIM, Pedro. La aspiración imperial de la monarquía portuguesa (siglos XVI-XVII). In: SABATINI, Gaetano (Org.). *Comprendere le monarchie iberiche*: risorse materiali e rappresentazione del potere. Roma: Viella, 2010. p. 37-72.

CASALE, Giancarlo. *The Ottoman age of exploration.* Oxford; Nova York: Oxford University Press, 2010.

CASTILHO, Diogo de. *Livro da origem dos turcos*: he de seus emperadores. Lovaina: Rogero Rescio, 1538. fols. Yi v-Yii.

CASTRO, Fernando Alvia de. *Aphorismos y exemplos políticos, y militares*: sacados de la primera *Decada* de Iuan de Barros. Lisboa: Pedro Craesbeeck, 1621.

COROLEU, Alejandro. Il *Democrates primus* di Juan Ginés de Sepúlveda: una nuova prima condanna contro il Machiavelli. *Il Pensiero Politico*, v. 25, p. 263-268, 1992.

D'ASCIA, Luca. L'impero machiavellico: l'immagine dela Turchia nei trattatisti del Cinquecento e del primo Seicento. *Quaderns d'Italià*, v. 15, p. 99-116, 2010.

DIAS, José Sebastião da Silva. *A política cultural da época de d. João III.* Coimbra: Imprensa da Universidade de Coimbra, 1969.

_____. *Correntes de sentimento religioso em Portugal.* Coimbra: Imprensa da Universidade de Coimbra, 1960.

FERNÁNDEZ-SANTAMARÍA, J. A. *Natural law, constitutionalism, reason of State and war*: Counter-Reformation Spanish political thought. Nova York: Peter Lang, 2006. v. II.

FONTES, Manuel da Costa. The *Batalha de Lepanto* in the Portuguese oral tradition. *Hispanic Review*, v. 47, p. 487-503, 1979.

GODINHO, Vitorino Magalhães. *Os descobrimentos e a economia mundial.* 2. ed. Lisboa: Presença, 1981-1982. 4 v.

HOLBECHE, Francisco Bernardo. *O principe de Nicolao Machiavelli*: traduzido do original italiano, e com nottas politicas e historicas... Lisboa: 1760.

HÖRNQVIST, Mikael. *Machiavelli and empire.* Cambridge; Nova York: Cambridge University Press, 2004.

LAPA, Manuel Rodrigues (Org.). *João de Barros. Panegíricos (panegírico de d. João III e da infanta d. Maria).* Lisboa: Sá da Costa, 1943.

LAVENIA, Vincenzo. Glorie antiche e moderne: il *Democrates* di Juan Ginés de Sepúlveda, *Storica*, v. 41-42, p. 9-34, 2008.

LUPHER, David Andrew. *Romans in a New World*: classical models in sixteenth--century Spanish America. Ann Arbor: The University of Michigan Press, 2003.

MACCORMACK, Sabine. *On the wings of time*: Rome, the Incas, Spain and Peru. Princeton: Princeton University Press, 2007.

MACHIAVELLI, Niccolò. *Opere...*: nuova edizione riveduta e corretta sulle migliori fino a dì nostri pubblicate. Gênova: Domenico Porcile, 1798. v. VIII, p. 29-30. Disponível em: <http://books.google.it/books?id=YYQHAAAAQ AAJ&printsec=frontcover&hl=it&source=gbs_ge_summary_r&cad=0#v= onepage&q&f=false>. Acesso em: 12 jan. 2013.

MARCHAND, Jean-Jacques (Org.). *Niccolò Machiavelli. Legazioni. Commissarie. Scritti di governo.* Roma: Salerno, 2002. v. II.

MARCOCCI, Giuseppe. *A consciência de um império*: Portugal e o seu mundo (sécs. XV-XVII). Coimbra: Imprensa da Universidade de Coimbra, 2012.

_____. *L'invenzione di un impero*: politica e cultura nel mondo portoghese (1450-1600). Roma: Carocci, 2011.

MONZÓN, Francisco de. *Libro primero d'l espejo del principe christiano, que trata como se ha de criar un príncipe o nifio generoso desde su tierna niñez con todolos exercícios e virtudes que le convienen hasta ser varon perfecto.* Lisboa: Luis Rodriguez, 1544.

OSÓRIO, Jerónimo. De nobilitate civili et christiana. In: _____. *Opera omnia.* Roma: Bibliotheca Georgij Ferrarij, 1592. v. I, col. 94-95.

PAGDEN, Anthony. *Lords of all the world*: ideologies of empire in Spain, Britain and France, c. 1500-c. 1800. New Haven: Yale University Press, 1995.

PINTO, António Guimarães. Introdução aos *Tratados da nobreza*. In: ____ (Org.). *Jerónimo Osório. Tratados da nobreza civil e cristã*. Tradução de A. G. Pinto. Lisboa: Imprensa Nacional/Casa da Moeda, 1996.

____ (Org.). *Jerónimo Osório. Da ensinança e educação do rei*. Tradução de A. G. Pinto. Lisboa: Imprensa Nacional/Casa da Moeda, 2005.

____ (Org.). *Jerónimo Osório. Tratado da glória*. Tradução de A. G. Pinto. Lisboa: Imprensa Nacional/Casa da Moeda, 2005.

PROCACCI, Giuliano. *Machiavelli nella cultura europea dell'età moderna*. Roma; Bari: Laterza, 1995.

PROSPERI, Adriano. La religione, il potere, le élites: incontri italo-spagnoli nell'età della Controriforma. *Annuario dell'Istituto Storico Italiano per l'età moderna e contemporanea*, v. 29-30, p. 449-529, 1977-1978.

PUIGDOMÉNECH, Helena. *Maquiavelo en España*: presencia de sus obras en los siglos XVI y XVII. Madri: Fundación Universitaria Española, 1988.

SANCEAU, Elaine (Org.). *Colecção de São Lourenço*. Lisboa: Centro de Estudos Históricos Ultramarinos, 1983. v. III, p. 281-283.

SCICHILONE, Giorgio. *Terre incognite*: retorica e religione in Machiavelli. Milão: FrancoAngeli, 2012.

SEPÚLVEDA, Juan Ginés de. *De convenientia militaris disciplinae cum christiana religione dialogus, qui inscribitur Democrates*. Roma: Antonium Blavium, 1535.

VELOSO, José Maria de Queiroz. *D. Sebastião*: 1554-1578. 3. ed. Lisboa: Empresa Nacional de Publicidade, 1945.

VILAR, Mario Prades. Algunas noticias de un nuevo ejemplar de la primera edición española de los *Discorsi sopra la prima deca di Tito Livio*. In: FORTE, Juan Manuel; LÓPEZ ÁLVAREZ, Pablo (Org.). *Maquiavelismo y antimaquiavelismo en la cultura española de los siglos XVI y XVII*. Madri: Biblioteca Nueva, 2008. p. 202-207.

XAVIER, Ângela Barreto. *A invenção de Goa*: poder imperial e conversões culturais nos séculos XVI e XVII. Lisboa: Imprensa de Ciências Sociais, 2008.

2. DISSIMULAR PARA EXPANDIR AS CONQUISTAS: O IMPÉRIO ULTRAMARINO PORTUGUÊS EM DAMIÃO DE GÓIS

Rui Luis Rodrigues

[Dis]simulação

Antes de alcançarem sua idade de ouro no século XVII europeu, simulação e dissimulação foram práticas amplamente difundidas nos tecidos sociais, e não apenas na cultura letrada, ao longo do século XVI. Seu exame é complexo, pela natureza oblíqua dos fenômenos; só os percebemos na razão inversa de sua eficácia. Por conta disso, os estudos concentraram-se nos discursos sobre a dissimulação (a partir de tratados, manuais e obras literárias) ou na tentativa de localizar atitudes de simulação e dissimulação em fontes teológicas e inquisitoriais.[1]

A diferença principal entre *dissimular* e *simular* situa-se entre o encobrimento e a falsificação. No início da modernidade, "dissimular" significava não revelar o que se era, encobrir aspectos (convicções, hábitos, práticas) que despertassem reações negativas na sociedade ou nos poderosos. "Simular", por sua vez, correspondia ao aparentar do que efetivamente não se era (Cavaillé, 2002; Ingram, 2006).

No século XVII, a ação centrípeta do Estado, com suas "razões" cada vez mais absorventes, somou-se ao disciplinamento confessional para exa-

---

[1] Snyder (2009); Zagorin (1990); Cantimori (1984:203-223 e 269-305); Ginzburg (1970).

cerbar essa cultura da simulação e da dissimulação (Johnson, 2011; Bakos, 1991:399-416; Míssio, 2004:95-129). Mas, antes de ser uma estratégia política ao serviço da "razão de Estado", a dissimulação foi no século XVI um modo de sobrevivência, uma necessidade de não falar francamente, especialmente quando a franqueza fosse perigosa ou contraproducente. Calvino alcunhou de "nicodemismo" o seu exemplo mais extremo e emblemático: baseado na distinção entre fé interior, considerada fundamental, e comportamento exterior, tido na conta de *adiaphora* ou "indiferente", o fiel aderia exteriormente a uma prática religiosa, enquanto sua consciência mantinha-se ligada a outra. Agindo assim, o nicodemita simulava uma fé que não tinha e ao mesmo tempo dissimulava suas reais convicções.[2]

Mas o caráter efetivo desses fenômenos foi multifacetado. Muito embora o código religioso cristão fosse central, impondo-se como chave interpretativa para o deciframento da realidade (Gasbarro, 2011:17-47), simulação e dissimulação operavam também em outras dimensões, servindo como recursos para a ascensão cortesã, para galgar posições nas novas estruturas burocráticas, ou para obter respeitabilidade acadêmica.

A condenação de Calvino da atitude dos nicodemitas de simular e dissimular repousava na percepção de que isso tornava incerta e confusa a pertença confessional, justamente o aspecto que precisava então ser o mais claro possível. De igual modo, sob o influxo da confessionalização católica, a atitude simuladora seria inapelavelmente condenada, enquanto a *dissimulatio* permanecia como forma de agir segundo a "prudência cristã".[3] Nessas formulações mais tardias, o critério para a permissão (em alguma medida) concedida à dissimulação e para a condenação da simulação pautava-se nos interesses confessionais, identificados às razões de Estado.[4]

O humanismo erasmiano endossou a dissimulação como recurso necessário ao enfrentamento das críticas levantadas pelos inimigos das *bonae*

---

[2] Calvin (1921:199-255). A primeira edição do panfleto é de 1544 (Genebra: Girard). Ver Eire (1979:44-69), excelente revisão crítica do livro de Ginzburg (1970) sobre o tema.

[3] Assim afirmava o jesuíta espanhol Pedro de Ribadeneyra em seu *Principe cristiano* (1595). Ver Míssio (2004:111-114).

[4] Para a gênese do termo "ragione degli stati", ver Míssio (2004:106-110). Para vinculações entre dinâmicas políticas e realidades confessionais a partir da segunda metade do século XVI, Rodrigues (2012:443-452 e 547-562).

litterae. Para Erasmo, o termo *dissimulatio* descrevia a estratégia de evitar o estabelecimento de opiniões polêmicas; quando necessário, a dissimulação permitia até sugerir a negação dessas opiniões, embora nunca de forma cabal (Tracy, 1996:116-118; Chomarat, 1981:v. II. p. 803-815). Em linhas gerais, consistia na habilidade de fazer com que algo dito, ou sobretudo escrito, tivesse sentidos distintos para diferentes pessoas. De caráter eminentemente literário, a dissimulação erasmiana dependia, portanto, da exploração de matizes vocabulares oferecidos pela língua latina e, quando necessário, pelo idioma grego. A prática erasmiana pode ser percebida, assim, na escolha cuidadosa do vocabulário, nos jogos retóricos e no emprego de referências múltiplas, pelos quais o humanista se expressava na tentativa de não alienar seu público ou comprometer o desenvolvimento de suas teses.

Escrevendo em 1521 ao humanista Justus Jonas (provável apoiante de Lutero em Worms), Erasmo produziu uma sutil defesa da *dissimulatio*.[5] Com exemplos da Escritura Sagrada e de Platão, ele defendeu a verdade como devendo ser dita de forma ponderada, e eventualmente, a necessidade de encobrir-se parte dela. O próprio Jesus não dizia tudo a todos, nem falava sempre da mesma forma; os apóstolos, de igual modo, não pregavam além do que os judeus teriam condição de aceitar no momento (Erasmus, 1975:v. 8, p. 203-204).

Outro exemplo, algo risível, da prática erasmiana da dissimulação encontra-se na carta dirigida por Erasmo, no mesmo ano, a Vincentius Theoderici, monge dominicano que vinha acusando-o de duvidar da autenticidade da bula papal que excomungara Lutero. Erasmo foi peremptório ao escrever que "nunca *disse* uma palavra a qualquer homem mortal" sobre o assunto. Sabemos hoje, no entanto, que Erasmo foi coautor de um panfleto anônimo intitulado *Consilium cuiusdam* ("Conselho de um certo homem"), procurando justamente desacreditar a bula papal, numa tentativa algo ingênua de minorar o abismo aberto entre a causa luterana e a Igreja Católica.[6]

---

[5] Erasmo. Carta a Justus Jonas, 10/05/1521 (*Ep.* 1202). In: Erasmus (1975:v. 8, p. 201-211).

[6] Carta a Vincentius Theoderici, meados de março, 1521 (*Ep.* 1196). In: Ibid., v. 8. p. 175-194 (citação p. 179, grifo do autor). O texto de *Consilium cuiusdam ex animo cupientis esse consultum et romani pontificis dignitati et christianae religionis tranquilitati* ("Conselho de um certo homem cujo desejo é servir tanto à dignidade do pontífice romano quanto à tranquilidade da religião

Essa concepção sutil e ingênua de dissimulação em Erasmo provavelmente não resistiria ao clima de desconfiança que se generalizou a partir da segunda metade do século XVI. Em 1516, Wolfgang Capito já escrevia ao humanista, sugerindo-lhe "pôr um freio de moderação em tua eloquência (...). Sobre as penitências, sobre os sacramentos, sobre os monges (...), sobre tudo isso não digas mais uma palavra sequer, a menos que resguardada *por teu maravilhoso dom de expressão indireta*".[7] Aconselhando-lhe mais dissimulação, e reconhecendo a capacidade extraordinária do humanista para tal, Capito forneceu um testemunho interessante sobre a difusão e a necessidade dessa prática.

O conselho foi aceito. Erasmo lapidou sua habilidade e, no decorrer da década de 1520 até sua morte em 1536, foi cada vez mais cuidadoso ao escrever. Essa cautela, correspondente ao recrudescimento da tensão provocada pelas questões religiosas, foi também por ele recomendada aos amigos. Ao humanista português Damião de Góis, hospedado em sua casa durante um período, Erasmo encaminhou cartas dos protestantes Grynaeus e Melanchthon, dirigidas a Góis e por ele recebidas após sua partida, com a seguinte recomendação: "É altamente aconselhável que não fales nem bem nem mal das seitas; como se, por assim dizer, não te importasses ou não soubesses. São vários os fingimentos do homem. Não se poderia dizer muito a teu favor se houvesse uma troca de correspondência entre ti e Melanchthon ou Grynaeus".[8]

Essas estratégias visavam a sobrevivência pessoal e, na perspectiva de Erasmo, a preservação da respeitabilidade humanista; qualquer resvalo podia representar a vitória dos adversários das *bonae litterae*, entre oposições, intrigas e lutas pelo poder intensas (Rummel, 1998; Mehl, 1994:289-305). Mas o que embasava e legitimava a dissimulação erasmiana? A resposta encontra-se numa apropriação específica da retórica ciceroniana. Aliás, tanto a dissimulação erasmiana como a geralmente atribuída a Maquiavel seriam devedoras de Cícero, ainda que em tons bastante diferentes.[9]

---

cristã", publicado em 1520) encontra-se em Ibid., v. 71, p. 108-112. Ver também Tracy (1996: 83 e 242, nota 45; 1978:117 e 187, nota 48).

[7] Wolfgang Capito. Carta a Erasmo, 2/9/1516 (*Ep.* 459). In: Ibid, v. 4. p. 58-65, citação p. 62 (grifos do autor).

[8] Erasmo. Carta a Damião de Góis, 25/08/1534 (*Ep.* 2963). In: Hirsch (2002:96-97).

[9] Sobre as raízes da dissimulação maquiaveliana na retórica de Cícero, ver Zerba (2004:215-240); Colish (1978:81-93).

Entre retórica clássica e humanismo

O aporte ciceroniano à ideia de dissimulação presente em Erasmo é perceptível na noção de "bem comum", encontrada especialmente no *De officiis* (não por acaso, a obra ciceroniana mais lida e copiada na Idade Média). O "bem comum" nascia da completa identificação entre o "útil" e o "honesto"; convencido da justeza de suas finalidades, o humanista não via inconveniente ao não falar claramente, ou em construir perífrases para suavizar seu auditório, tornando-o mais favorável a suas ideias. A recepção de Cícero verificada em Erasmo seria, portanto, a da tradição cristã medieval, que também se serviu do grande retórico romano para informar o gênero literário dos "espelhos de príncipes".[10]

Nesse ciceronianismo lido em chave cristã, qualquer sugestão do "útil" não condizente ao "honesto" seria rejeitada. Segundo essa visão, a condenação erasmiana da guerra seria emblemática; útil ao príncipe em algumas situações, ela devia ser evitada, por não corresponder ao "honesto". A guerra, para Erasmo, subentendia uma grande medida de fraude, pois nela razões elevadas eram invocadas para encobrir motivos torpes.[11] Enquanto simulavam as razões que deviam sustentar a guerra, os príncipes dissimulavam a ganância oculta na origem dos conflitos. Pouco importa a provável ingenuidade de Erasmo presente nesse argumento.[12] Por ele, o "útil" não se validava sozinho, vinculando-se clara e diretamente ao "honesto".

Essa leitura cristã de Cícero não faz jus à complexidade real do autor. O próprio *De officiis* não sintetiza completamente o seu pensamento, mas apenas no que se refere a uma das duas vertentes principais da tradição clássica, a que valorizava a harmonia e o consenso na estruturação das comunidades humanas. Se considerarmos outro texto ciceroniano, o diálogo *De oratore*, bem menos lido no período medieval, divisamos a outra vertente: aquela

---

[10] Sobre o gênero, ver a sintética, mas útil discussão em Senellart (2006:47-63). Para uma análise da leitura cristã da tradição clássica que deu origem ao gênero, bem como sua presença no humanismo erasmiano, ver Rodrigues (2012:159-162 e 232-247).

[11] Erasmo. *Institutio principis christiani*. In: Erasmus (1975:v. 27, p. 203-288, especialmente p. 284). Afirmações similares de Erasmo são abundantes; ver *Ep.* 586. In: Ibid., v. 4. p. 382-383 e o adágio "Dulce bellum inexpertis" ("A guerra é doce para os que a desconhecem"), Erasmo (1999:72-73).

[12] Tracy (1996:94-95; 1978:103-104, 110-114, 153-154, nota 144, e 182, nota 153).

que reconhece a existência da competição e da rivalidade, definindo as ações necessárias ao enfrentamento desse quadro. Por essa segunda via, a luta pela preeminência obrigaria ao uso de uma retórica da impostura, valendo-se do eufemismo como estratégia de disfarce. No *De oratore*, Cícero desvelou o subterfúgio retórico subjacente à interação dos oradores, permitindo-nos enxergar os estratagemas pelos quais essa atitude seria socialmente palatável. A verdade ganhava então ares provisórios; se o objetivo do orador era vencer, argumentava Cícero, ele devia preparar-se para defender o considerado imoral, argumentado como se fosse justo (Zerba, 2004:227-230).

De acordo com Zerba, a prática retórica de Cícero incluía uma perspectiva realística de inconstância moral, encoberta pela dissimulação eufemística. Essa dissimulação ocultava o hiato existente entre teoria retórica e prática ou, nos termos de Cícero, a diferença entre a República de Platão e a cloaca de Rômulo, valendo-se de argumentos de natureza cívica.[13]

Dos ideais virtuosos do príncipe cristão formulados em Erasmo, passa-se à afirmação da necessidade da fraude, tendo em vista a natureza humana e os movimentos inconstantes da Fortuna. Talvez ninguém se tenha apropriado mais da retórica ciceroniana, nesse sentido, do que Maquiavel. O caráter da dissimulação maquiaveliana transparece de forma lapidar no capítulo XVIII d'*O príncipe*, como fato não tão estranho assim à perspectiva clássica. Os seres humanos combatem com as leis, sustentou Maquiavel; os animais, com a força. Todavia, como a necessidade se interpõe, seria preciso recorrer frequentemente à natureza animal para obter a vitória. O príncipe precisa "ser raposa para conhecer os laços e leão para aterrorizar os lobos".[14] Sempre que a conservação do seu estado exigisse, ele não devia perturbar-se por fugir à palavra dada (Maquiavel, 1996:84).

Maquiavel propunha assim ao príncipe, como defende Zerba, uma forma não dissimulada de lidar com a dissimulação, abrindo-lhe os olhos aos perigos de crer em sua própria retórica? Seus conselhos visavam solidificar o poder do príncipe Medici e perenizá-lo na conservação do Estado? Ou

---

[13] Em Cícero a teoria "mascara o interesse próprio com os trapos da *res publica*". Zerba (2004:237). A referência ao contraste entre a "república platônica" e a "cloaca de Rômulo" aparece na 'Carta a Ático', apud Ibid., p. 230.

[14] Maquiavel (1996:84). Para o capítulo XVIII, 'De que modo devem os príncipes manter a palavra dada', p. 83-86.

ocultava-se, sob as vestes do conselheiro principesco, o republicano ardente dos *Discursos*? O autor oscilava segundo as inconstâncias "dos tempos" (expressão importante para compreender outro momento decisivo do texto, o Capítulo XXV), em luta constante com a Fortuna, ou conseguia dissimular ante o príncipe suas reais intenções? (Fallon, 1992:1181-1195)

Essas questões continuam a ocupar os especialistas no pensamento maquiaveliano. No quadro deste capítulo, importa observar que a dissimulação em Erasmo e em Maquiavel corresponde a apropriações específicas de vertentes distintas da retórica ciceroniana. Mas a leitura mais próxima à prática retórica clássica seria a de Maquiavel, ao enxergá-la melhor, sem a cortina de fumaça levantada pela apropriação cristã de Cícero. Ambas as apropriações foram controladas por pressupostos específicos,[15] incluindo concepções diferentes do ser humano. Em Erasmo, temos uma visão do homem otimista, tributária de uma síntese da tradição latina efetuada pelo tomismo e das concepções da patrística grega (Rodrigues, 2012:315-318). Em Maquiavel, o ser humano seria visto sob uma luz extremamente pessimista. O homem não era apenas mau, mas também constrangido pela necessidade, o que levaria os príncipes a praticarem o engano, bem como os súditos a deixarem-se enganar. O homem seria assim escravo de si mesmo: para triunfar precisava combinar seu modo de ser às exigências do tempo e agir ora com prudência, ora com ímpeto; sua incapacidade de adaptar-se determinaria seu fracasso.[16]

Embora fossem antípodas em suas concepções e leituras da herança retórica clássica, Maquiavel e Erasmo dissimularam. Isso sinaliza a complexidade da dissimulação quinhentista. Mas consideremos agora uma dissimulação realizada em chave erasmiana, como foi a praticada por Damião de Góis em sua obra *Fides, religio moresque Aethiopum*. Nela, o autor abriu mão, todavia, de elementos caros ao humanismo erasmiano, em função do seu comprometimento com os projetos de expansão da coroa lusitana.

---

[15] Para a noção de "apropriação" aqui referida, Rodrigues (2012:456-467).

[16] "Não há homem suficientemente prudente que saiba acomodar-se a isto, ou porque não consegue desviar-se da linha para onde se inclina sua natureza, ou porque, tendo sempre prosperado trilhando um certo caminho, não pode admitir que se deva afastar dele. Por isso, o homem tímido, quando chega o momento de agir impetuosamente, não sabe como fazê-lo e, por isso, se arruína, pois, se mudasse de natureza de acordo com os tempos e com as coisas, não mudaria de fortuna". Maquiavel (1996:121, Capítulo XXV).

Dissimulação na expansão portuguesa

A trajetória de Damião de Góis (1502-74) funciona como síntese exemplar do humanismo quinhentista português. Fidalgo criado na corte do rei d. Manuel, amigo de d. João III, secretário da feitoria portuguesa de Antuérpia na década de 1520, especialista em assuntos financeiros, latinista esforçado, admirador e discípulo de Erasmo de Rotterdam, intelectual cosmopolita, interlocutor de católicos e protestantes, Góis compôs obras literárias dentro do amplo leque de interesses próprio ao saber renascentista. Escreveu encômios ao avanço ultramarino português, interessou-se por povos geográfica e culturalmente díspares como os lapões e os etíopes, dedicou-se ao trabalho difícil de cronista real e, finalmente, foi julgado e condenado pela Inquisição portuguesa à reclusão perpétua no mosteiro da Batalha.[17] Uma trajetória emblemática a evocar a mudança de ares experimentada pelo humanismo português entre 1530 e 1570: da fértil expectativa e da livre curiosidade intelectual das décadas anteriores ao concílio de Trento, até ao ambiente soturno e obcecado com a ortodoxia, assinalando os anos imediatamente anteriores ao desastre português em Alcácer-Quibir.

Publicado pela primeira vez em Louvain, 1540, *Fides, religio moresque Aethiopum* ("Fé, religião e costumes dos etíopes") é uma defesa da inclusão do cristianismo etíope no seio da catolicidade latina. Em 1541 o livro foi editado em Paris, pouco depois recebendo outra edição na mesma cidade belga (1544). Mesmo com a aprovação da vetusta Universidade de Louvain, a obra foi censurada pela Inquisição portuguesa.[18]

A Igreja etíope ligava-se ao patriarcado cristão de Alexandria, responsável pela nomeação de seu *abuna* ou patriarca (Rogers, 1962:91-159). O

---

[17] Marcocci (2005:307-366); Paiva (2002:20-42); Hirsch (2002); Bataillon (1952:149-196). Para as relações de Góis com o humanismo erasmiano, ver também Margolin (1982:19-54). Para o processo inquisitorial de Góis, ver Henriques (2002).

[18] Este trabalho foi conduzido a partir da edição parisiense de 1541, em confronto com a segunda edição feita em Louvain (1544). Até recentemente havia apenas uma tradução dessa obra para o português, feita em 1945 e bastante deficiente (Góis, 1945:123-201); em 2008, nova tradução foi realizada por Almeida (2008:201-248). Para a proibição de *Fides* pela Inquisição portuguesa, ver Hirsch (2002:186-189); Marcocci (2011:65-100, aqui p. 68; 2005:320 e 360-366). O texto latino apareceu pela primeira vez em Portugal apenas em 1791.

interesse da cristandade latina pelo reino cristão da Etiópia era antigo, pouco a pouco despido da aura mítica que caracterizara-o no período medieval.[19] Em seu avanço para o Oriente, Portugal interessou-se pelo estabelecimento de uma aliança militar com esse reino, supostamente cristão, cuja localização já fora identificada empiricamente na Abissínia ou Alta Etiópia. Os primeiros contatos entre portugueses e etíopes deram origem aos documentos que permitiram a redação do texto de Góis.

A estrutura de *Fides*, composta por cartas dos soberanos etíopes aos reis d. Manuel I e d. João III, cartas do imperador etíope Davi ao papa Clemente VII, uma carta de Góis ao pontífice servindo de fio condutor da obra e pelo relato sobre os costumes dos etíopes preparado pelo bispo Zaga-Zabo,[20] revela uma obra compósita de difícil classificação. Diferentemente de outras obras de Góis, mais bem encaixadas em gêneros literários renascentistas, *Fides* permanece um discurso no qual o autor se ocultou atrás de outros enunciadores. Esse recurso possibilitou identificar o texto entre os escritos "históricos" de Góis; por essa característica, principalmente, as obras goesianas eram valorizadas no século XVI.[21]

Marcel Bataillon perguntava-se, décadas atrás, a respeito de uma afirmação do bispo Zaga-Zabo, se Góis atuara como tradutor das palavras de tolerância do bispo etíope (Bataillon, 1952:188). A questão é relevante, pois não se trata apenas de uma interferência de Góis ao colocar suas palavras na boca de supostos enunciadores, mas de um trabalho cuidadoso de justaposições, aclaramentos e paráfrases, evidenciando as preocupações do humanista português e suas ênfases distintivas. Trabalho coerente à prática erasmiana da dissimulação. Convencido da justeza de suas intenções, Góis não se sentia culpado ao, mediante deslizamentos semânticos ou produção

---

[19] Quando a famosa *Epistola presbiteri Johannis* vulgarizou a noção da existência de um reino cristão rodeado por nações infiéis; um reino, aliás, cuja localização geográfica era altamente móvel, situado no imaginário medieval ora na Ásia, ora no nordeste do continente africano. Franco Júnior (2010:131-154).

[20] Essa última parte, composta em português rudimentar pelo bispo, que passou mais de sete anos na corte portuguesa, e vertida para o latim por Damião de Góis, vai datada no texto como concluída em Lisboa a 24 de abril de 1534. Góis (1541:93).

[21] Evidentemente, não podemos deixar-nos iludir por essa classificação. Para o tratamento dado pela análise do discurso a esse tipo de texto, ver Almeida (2008:249-295); para as considerações críticas do autor, ver Rodrigues (2012:470-471).

de sentidos aproximando temas e opiniões, provocar uma recepção favorável às suas teses.

Vejamos os artifícios pelos quais Góis legitimava sua autoridade no processo de transmissão desses textos. Ao introduzir o relato de Zaga-Zabo, a parte mais substancial de *Fides*, Góis ofereceu algumas explicações (Góis, 1541:50-52). As traduções das cartas do imperador Davi feitas pelo humanista italiano Paolo Giovio, diz-nos Góis, mereciam reparos em vários trechos. Góis não se dedicou a esses reparos (Góis, 1541:50). Mas engenhosamente questionava a autoridade da tradução de Giovio (com quem tinha declarada rivalidade): ao traduzir as cartas para o latim a partir da versão portuguesa, e desconhecendo os idiomas originais, Giovio não podia dar-se conta de alguns equívocos. A figura de Zaga-Zabo, "venerável pelo talento e dignidade episcopal, bem como pela fé, instrução e domínio admirável das línguas caldaica e árabe", surgia assim, no dizer de Góis, como elemento fundamental para garantir a autoridade do texto por ele apresentado.[22]

Contudo, havia um problema em relação a esse intérprete autorizado, Zaga-Zabo, a quem Góis pediu para redigir uma súmula com as principais convicções dos etíopes em matéria de fé e costumes: ele expressava-se num português truncado, cuja sintaxe, entremeada de elementos etíopes e caldaicos, resultou incompreensível para a maioria dos leitores. Numa passagem capital, Góis escreveu:

> Reproduzi seu relato com toda a fidelidade em língua latina, como se pode ver do que segue. De fato, dei início imediatamente à tarefa com a consciência de não ignorar que se essas linhas desaparecessem de minhas mãos, por nenhum dos mortais seriam um dia dadas à luz, visto estarem tão adaptadas à frase caldaica e etíope que mal seriam compreendidas por outro que não eu, que pela muita familiaridade com o embaixador etíope já podia entender tanto sua fala quanto seus escritos. (Góis, 1541:51-52)

Góis atribuía, assim, uma dupla autoridade ao seu texto. O escrito de Zaga-Zabo seria o de uma testemunha abalizada, conhecedora dos costumes

---

[22] Góis (1541:51). Por questão de espaço, não se reproduz o texto latino das citações. As traduções são todas da responsabilidade do autor.

de seu próprio povo. Por outro lado, sua frase somente poderia ser interpretada de forma adequada por Góis, visto ter este adquirido, pela amizade com o autor, conhecimento aprofundado de seu modo de expressão. Góis seria, portanto, intérprete autorizado de um autor com autoridade pessoal para escrever. Esse tipo de comprovação era de grande importância no contexto de valorização histórico-filológica do Renascimento. Isso acresceu ao texto de Góis um enorme peso, e ao mesmo tempo deixava o humanista livre para acomodar a descrição da fé etíope aos objetivos de seu discurso.

A tônica principal da obra, presente, por exemplo, nas cartas da regente Helena e do imperador Davi e no relato de Zaga-Zabo, seria a falta de unidade entre os cristãos. A questão aparece exposta pelo próprio Góis na carta dirigida ao papa Paulo III, logo na abertura do texto. Num introito de grande dimensão retórica, Góis destacou o papel do papa como promotor e garante da unidade (Góis, 1541:3-4). Os etíopes seriam oferecidos por Góis como uma espécie de apelo à concórdia, feito a todos os cristãos:

> Eis aí os etíopes, povo grande e ávido de Cristo, cujo santíssimo imperador, desejando a amizade dos cristãos europeus, a ti e aos invencíveis Reis Lusitanos enviou legados, pelos quais, como se nota em suas cartas, não apenas deseja a amizade e o amor cristão dos príncipes europeus mas também muito piedosamente (por saber que vivem perpetuamente em acerbas discórdias) os exorta à concórdia cristã. (Góis, 1541:4-5)

O *leitmotiv* retorna várias vezes no texto. Quando Góis transfere a palavra aos etíopes (pela transcrição das cartas ou do relato de Zaga-Zabo), ele até intensifica-se. Em carta de 1509 ao rei d. Manuel, a regente Helena faria uma clara oferta de aliança militar: "Além disso também vos certificamos de que, se desejarmos unir nossas guerras e exércitos, será suficiente nossa força para (juntamente com o auxílio divino) eliminarmos inteiramente todos os inimigos de nossa santa fé".[23]

Na sua primeira carta enviada em 1521 a d. Manuel I, o imperador Davi repetiria a mesma ideia. Os mouros viviam unidos entre si, diria ele, mas com eles não seria possível qualquer relacionamento, pela diferença de re-

---

[23] (Góis, 1541:16). Para o desejo manifesto da regente quanto à eliminação dos infiéis, p. 14-15.

ligião (Góis, 1541:26-32). Isso fazia ainda mais necessária a aproximação entre cristãos. Sutilmente, Davi sublinhava a inexistência, entre latinos e etíopes, do abismo que separava cristãos e muçulmanos.

Nas duas cartas dirigidas a Clemente VII (escritas em 1524), o imperador Davi abordou principalmente o papel a ser desempenhado pelo papa na restauração da concórdia entre os cristãos europeus. Novamente o exemplo da unidade entre os mouros foi evocado:

> Os próprios mouros maometanos entre si valem-se do auxílio mútuo, e Reis com Reis e vassalos com vassalos investem juntos contra nós de forma firme e constante. Como exemplo, há um mouro, vizinho a mim, cujos vizinhos mouros, os Reis da Índia, da Pérsia, da Arábia e do Egito, suprem com armas, cavalos e instrumentos de guerra. Por isso sofro tristeza solitária em meu espírito, ao ver diariamente que os inimigos da fé cristã desfrutam de paz e amor fraterno entre si. Os reis cristãos, meus irmãos, nem um pouco comovidos com essas injúrias, não me trazem qualquer ajuda, como decerto conviria a cristãos, enquanto que os horríveis filhos de Maomé se ajudam mutuamente. (Góis, 1541:43-44)

Essa afirmação da unidade dos mouros e, em contraste, do isolamento do único reino cristão existente naquelas regiões objetivava tornar ainda mais candente a exortação à concórdia entre os cristãos, feita pouco antes:

> Agora devemos passar a outras coisas e eu pergunto a ti, santíssimo Padre, por que não exortas os Reis cristãos, teus filhos, a que deponham as armas e, como convém a irmãos, queiram estar em harmonia, já que são tuas ovelhas e tu mesmo seu pastor? Bem demais conheces, Santidade, o que o evangelho ensina ao dizer: Todo reino dividido contra si mesmo ficará deserto. Mas se os Reis concordarem efetivamente em espírito e em comunhão, com facilidade derrotarão todos os maometanos e, num ataque feliz, destruirão completamente o sepulcro do falso profeta. (Góis, 1541:43)

A unidade dos mouros, portanto, era usada como exemplo para espicaçar os cristãos europeus e conduzi-los a uma nova postura.[24] No entanto,

---

[24] Podemos comparar esses apelos à unidade entre os cristãos com as palavras de Erasmo em *Institutio principis christiani*. Erasmo (1975:v. 27. p. 286).

se nessas cartas a tônica concentrava-se na denúncia da falta de unidade dos cristãos, no relato de Zaga-Zabo a proposta de unidade feita por Góis delineava-se melhor, baseada na ideia de que a ortodoxia da fé comportava várias formas. Assim, seria possível portar-se com condescendência em relação ao que não ofendesse o próprio cerne da religião.

A postura adotada por Góis em seu *Fides* não foi a ideia de "tolerância", não raro lida de forma anacrônica pela grande ambiguidade presente no vocábulo. Foi, de fato, a aceitação — já assinalada por humanistas do norte europeu — de uma diversidade moderada em matéria de doutrina e prática da fé.[25] Uma diversidade possível por situar-se nos limites da fé cristã, numa moldura de ortodoxia pautada não por seu caráter estrito, mas pela liberdade em matérias consideradas não essenciais.

Essa atitude refletia certa "condescendência" (*condescentio*) em relação a determinados pontos de doutrina ou prática eclesiástica que, conquanto divergentes das normas geralmente estabelecidas, entendia-se lícito suportar em nome da concórdia.[26] Algo não estranho às ênfases de Erasmo, combinando com o interesse de Góis pelas diferenças de costumes entre os povos. Nesses parâmetros pode-se pensar o reconhecimento da supremacia papal defendida por Góis em *Fides*; sua proposta de trazer a Igreja etíope à comunhão romana embasava-se numa detalhada defesa da diversidade religiosa dessa Igreja e, ao mesmo tempo, na possibilidade de abrigar essa diversidade no seio da catolicidade. A noção de "condescendência" estava implícita em seu texto.

Como apresentava-se essa defesa da diversidade do cristianismo etíope?[27] Havia a valorização de um fundo comum de fé, pois as cartas dos soberanos e o relato de Zaga-Zabo começam com sólidas profissões de fé trinitária. Mas existiam certas particularidades, como elementos na fé etíope que lembravam práticas judaicas e eventualmente as ultrapassavam — como no caso da circuncisão. Por outro lado, alguns usos etíopes lembravam cos-

---

[25] Bejczy (1997:365-384, aqui p. 376). Para uma discussão do conceito de "tolerância" em Erasmo, ver Rodrigues (2012:495-499).

[26] Turchetti (1991:379-395). *Sygkatabasis* (pronuncia-se "synkatabasis") significa literalmente "descer juntamente com", *condescender*. Para a presença dessa atitude no humanismo erasmiano, ver Erasmo (1533:110).

[27] Para o relato de Zaga-Zabo, que constitui a sétima parte do texto, ver Góis (1541:53-94).

tumes protestantes europeus: uma curiosa diversidade batismal, com repetição anual dos batismos; a comunhão eucarística concomitante ao acesso do fiel ao pão e ao vinho; a inexistência de missas em sufrágio das almas dos falecidos; e as únicas missas diárias em cada igreja.

Em suma, a diversidade etíope dirigia-se, como discurso orquestrado por Góis, à realidade do catolicismo romano: afirmava-se a possibilidade de práticas diversas, cujo estranhamento fazia pensar no judeu e no "herege" protestante. Porém, essa diversidade também encontrava-se radicada numa antiquíssima tradição cristã.

A antiguidade do cristianismo etíope serviu para Góis dirigir-se, simultaneamente, ao catolicismo latino e aos protestantes (Góis sabia que esses leriam com interesse o relato do bispo etíope). Na sequência do texto, o relato de Zaga-Zabo mostra como esse antigo cristianismo mantinha práticas semelhantes ao catolicismo latino, nomeadamente a veneração a Maria e aos santos. A afirmação de antiguidade do cristianismo etíope era importante, nesse sentido, por responder aos argumentos luteranos. Nem todos os costumes romanos, sugere o texto, podiam ser considerados novidades alheias à antiga fé cristã. Ao ressaltar a existência de um cristianismo antigo e divergente em muitos aspectos da prática romana, Góis abria espaço para a aceitação da diversidade luterana. Ao mesmo tempo, todavia, esse cristianismo etíope servia como lição aos luteranos no sentido de respeitarem práticas do catolicismo latino, ao invés de desconsiderá-las como "novidades". A atitude condescendente, assim, deveria ser recíproca.

A defesa dessa diversidade tinha por base argumentos que evocavam ênfases do humanismo erasmiano. No caso da circuncisão, elemento escandaloso aos católicos portugueses por conta da questão dos cristãos-novos, o argumento de Zaga-Zabo reproduzia as principais tônicas do ideário erasmiano: a circuncisão entendida como símbolo da circuncisão verdadeira, no coração. Sua prática não representava assim qualquer superioridade em relação aos que não a observavam (Góis, 1541:70).

Se havia concórdia quanto ao essencial da fé, em suma, alguma divergência em questões periféricas era permissível: "Não há motivo para arbitrar tão acentuadamente sobre as cerimônias, mas que cada um conserve as suas sem ódio e perseguição dos outros; nem deve alguém por isso ser excluído do comércio da Igreja se, estando ausente no estrangeiro, observar seus ritos domésticos" (Góis, 1541:79).

Não foi essa, contudo, a acolhida que teve Zaga-Zabo; ao contrário, ele lamentou ter sido tratado com grande severidade pelos cristãos portugueses durante os mais de sete anos que passou no reino (Góis, 1541:83).

A proposta de Góis cumpria um duplo propósito: por um lado, possibilitava a inclusão da alteridade do cristianismo etíope; por outro, possibilitava o diálogo com a alteridade protestante, em especial a luterana. A inclusão de uma dessas formas de cristianismo representaria a possibilidade da inclusão da outra.[28] Mas os limites dessa proposta eram os limites da fé cristã, embora entendida numa perspectiva mais ampla de ortodoxia. Ela não contemplava os situados fora desses limites, sobretudo os muçulmanos, a quem Góis votava sentimentos bastante belicosos.

Contudo, deve-se observar que Góis não se portou como mero repetidor de convicções erasmianas. Ao contrário, como em geral ocorre nos processos apropriativos, ele retrabalhou essas convicções a partir dos elementos conformadores de sua própria realidade. A apropriação goisiana do humanismo erasmiano seria assinalada por especificidades relacionadas com dinâmicas de seu contexto histórico.

Em primeiro lugar, Góis rompeu com a preocupação irenista, uma ênfase cara ao seu mestre Erasmo. Em seus escritos, Erasmo sempre foi reticente a qualquer valoração positiva da guerra; mesmo quando o assunto era o perigo representado pelos turcos, suas ressalvas não permitiam qualquer proposta entusiástica de combate a esses inimigos. Inserido na realidade de um império em construção no ultramar, Damião de Góis não se sentia comprometido com esse ideário erasmiano. As aspirações bélicas dos soberanos etíopes, presentes nas cartas enviadas a d. Manuel e a d. João III, não foram suavizadas por Góis por interessarem, de fato, aos portugueses. Preocupada com a expansão e o fortalecimento do império, a coroa lusa devia encarar

---

[28] Marcocci (2005:330); para a exclusão do infiel desse ambiente irenista desejado para a cristandade: Ibid., p. 358. Esta análise de *Fides* encontrava-se realizada quando o autor teve conhecimento desse belo e erudito texto de Marcocci que coincide, em parte, com algumas hipóteses aqui expostas. No artigo, o historiador italiano concentra-se nos interesses de uma aproximação com os etíopes para propaganda imperial portuguesa e no papel desempenhado, no humanismo de Góis, pelos humanistas italianos, mormente pelos cardeais ligados aos "espirituais".

a luta contra o mouro como possibilidade a não ser descartada *a priori*. E os etíopes apareciam como aliados desejáveis. O irenismo erasmiano não prestava, nesse sentido, ao serviço de um império em construção e com características singulares: ultramarino e radicado na prática comercial (Boxer, 2002; Subrahmanyam e Thomaz, 1991:298-331).

Na lógica própria daquele momento, o comércio seguia a preocupação missionária, visto como modo efetivo para o estabelecimento da comunicação necessária à propagação da fé.[29] Em Góis não se encontram quaisquer dos escrúpulos e ressalvas que traduziam os posicionamentos algo incômodos de Erasmo ante o comércio.[30] A defesa feita por Góis do comércio português baseava-se numa compreensão do papel desempenhado por essa atividade, numa aceitação plena das suas razões.

A própria defesa da concórdia religiosa sustentada por Damião de Góis enraizava-se no entendimento por parte desse humanista dos interesses comerciais lusitanos. Se o nascente império ultramarino português assentava prioritariamente sobre o comércio, não escapavam a Góis os riscos potenciais presentes nas divisões religiosas. Os contatos com os mouros já eram difíceis, lamentava-se o imperador Davi, "por causa da diferença de religião" (Góis, 1541:32). Da mesma forma, um aprofundamento do fosso entre católicos e protestantes representaria um perigo enorme para os contatos comerciais dos portugueses. Secretário da feitoria de Antuérpia numa década em que o trânsito por regiões protestantes ainda era normal, Góis assistiu a um endurecimento cada vez maior dessas relações.[31] Seu apelo em defesa da unidade assumiu, assim, um matiz profundamente favorável aos interesses econômicos portugueses.

---

[29] Barros (1988:livro I, capítulo ii, p. 14; livro III, capítulo ix, p. 102-107; 1983:v. I. fl. iii-iii verso). Em Barros, e não em Góis, encontraremos alguma crítica dessa preponderância do comércio num tom que lembra mais o de Erasmo. Ver a propósito Barros (1988:livro V, p. 174-175). Também é emblemático do alinhamento de Góis com os interesses comerciais portugueses seu posicionamento na famosa disputa com o bispo Paolo Giovio; ver Góis. Breve contestação de Damião de Góis a Paulo Jóvio sobre o domínio dos portugueses. In: Góis (1945:85-89).

[30] Renaudet (1936:135, 138 e 140-141). Para os elogios de Erasmo à expansão portuguesa, ver a carta a d. João III que prefacia a coletânea dos sermões de Crisóstomo e Atanásio: Erasmo (1527:fl. *a*). Mas ver também o colóquio *Ichthyophagia* (1526), com as fortes ressalvas do humanista quanto aos reais interesses ocultos por trás da missionação. Erasmo (1969:v. I, n. 3. p. 495-536, aqui p. 504-505).

[31] Para as funções de Góis na feitoria de Antuérpia, bem como sua intimidade com temas comerciais e financeiros, Hirsch (2002:22-28, 171 e 224-226).

Em última análise, poder-se-ia perguntar se essa defesa da diversidade não poderia atingir até os cristãos-novos, cada vez mais ameaçados desde a implantação da Inquisição portuguesa em 1536. A quase totalidade dos processos inquisitoriais então em voga informa-nos sobre cristãos acusados de dissimularem "práticas judaicas". Como observa Ronaldo Vainfas, as evidências dessas práticas eram procuradas pelos inquisidores, sobretudo em "cerimônias", num processo em que a religiosidade judaica aparecia "catolicizada", ou seja, pensada principalmente em termos familiares à linguagem religiosa do catolicismo popular, com sua passividade e seu apego à concretude dos ritos (Vainfas, 2005:243-265, especialmente p. 263). Assim, mais que a identificação de uma ideologia religiosa judaica, a Inquisição portuguesa acostumara-se a perseguir práticas específicas: a guarda do sábado, a observação da dietética *kasher*, a degola de animais para consumo, a observância dos jejuns judaicos e a circuncisão dos recém-nascidos (Vainfas, 2005:256-257). Alguns desses costumes eram, justamente, defendidos por Zaga-Zabo.[32] A lógica de Góis, ao atribuir aos cristãos etíopes práticas consideradas "judaizantes" no contexto português, poderia dessa forma ser estendida aos cristãos-novos (muitos deles representando importantes aportes de recursos à coroa portuguesa). A proposta goesiana apresentava-se assim como um espelho de múltiplas faces, visando uma pluralidade de interlocutores.

O caráter pretensamente objetivo das observações feitas pelos documentos plurais que compõem a obra — especialmente em sua parte mais substancial, o relato de Zaga-Zabo — servia perfeitamente ao ocultamento do orquestrador do texto, o próprio humanista. Por outras palavras, imperdoável seria se Góis fizesse, diretamente, esses comentários. No entanto, saídos da boca do representante dos etíopes, eles poderiam exortar à reflexão e contribuir para uma mudança da atitude religiosa no sentido pretendido por Góis. Todavia, não cumpriram esse percurso, ao menos não em Portugal, onde o texto foi proibido de circular. A decisão foi comunicada a Damião

---

[32] Sobre a guarda do sábado juntamente com o domingo, Góis (1541:60-61); para uma longa defesa da prática da circuncisão: Ibid., p. 66-71; para a questão das prescrições alimentares (incluindo a prática da degola), assunto que Zaga-Zabo afirma ter debatido muito com teólogos portugueses: Ibid., p. 76-83, com resumo das posições etíopes em p. 82-83.

de Góis em julho de 1541 por Jorge Coelho, secretário do inquisidor-mor, o cardeal d. Henrique; Coelho deixou claro que o principal impedimento para a circulação do texto estava no relato de Zaga-Zabo (Hirsch, 2002:187-188).

Apesar da engenhosidade do jogo de espelhos presente no texto, é espantosa a distância entre a ingenuidade da proposta de Góis e o clima intelectual então predominante em Portugal. A própria matéria constitutiva do seu texto, a diversidade, não apresentava-se positivamente aos olhos da ortodoxia lusitana. Ao invés de encorajar à aceitação, ela intimidava. As implicações negativas do jogo de espelhos goesiano, por outro lado, não somente foram bem compreendidas pelas autoridades portuguesas, como devem ter-lhes aparecido sob uma luz ameaçadora. Pois se aceitas integralmente, equivaleriam a destruir, nos limites do reino, a uniformidade buscada desde as primeiras ações contra os judeus em fins do século XV. Certamente, pareceu mais seguro reforçar a tradição e continuar pressionando no sentido da uniformidade em matéria religiosa (Marcocci, 2011:71 e 75).

O humanismo de Damião de Góis vinculava-se assim às razões da monarquia portuguesa; mais voltado para o ultramar e nutrindo-se dos saberes oriundos dos contatos coloniais. Tais saberes não cumpriam apenas uma função instrumental, requerida pelas demandas cotidianas da própria expansão, mas encaixavam-se numa tentativa de leitura desse mundo subitamente ampliado por navegações e descobrimentos. A historiografia quinhentista da expansão portuguesa, por exemplo, tomou a forma de uma autêntica *historia mundi*, incluindo pagãos e gentios.[33] Essas características encontram-se no esforço cronista de Góis, e podem ser detectadas de forma mais ampla na estrutura mesma de sua formação intelectual. Góis era o humanista cujo trato dotara de um olhar favorável à alteridade, capaz de discernir nos apelos erasmianos em prol da concórdia um elemento útil à configuração imperial lusa.

Integrados no momento vivido e no ambiente intelectual do qual participavam, Góis e outros humanistas portugueses não tiveram dúvidas em fazer de suas obras espaços para a manifestação de sua fidelidade aos interesses e

---

[33] Para uma análise bastante negativa da historiografia quinhentista da expansão portuguesa, considerando-a tributária de uma perspectiva "épica e proselitista" e opondo-lhe a sabedoria "prática" dos homens dos descobrimentos, ver Mendes (1993:v. 3. p. 375-421, especialmente p. 400). Ver a crítica deste autor às posturas de Mendes em Rodrigues (2011:51-80).

valores da monarquia lusitana. A serviço dessa coroa e em favor dos interesses portugueses no além-mar, Góis dissimulava erasmianamente, mesmo à custa de posições caras ao próprio humanismo de Erasmo. Em Góis, portanto, o humanismo erasmiano, a dissimulação e as razões de Estado aproximam-se de modo flagrante.

O senso comum atribuiu unicamente a Maquiavel o ardil da dissimulação e fez isso, sem dúvida alguma, devido à enorme repercussão alcançada pelo enigmático texto do Secretário Florentino. Todavia, a compreensão das dimensões efetivas da dissimulação maquiaveliana passa pela consideração da simulação e da dissimulação como comportamentos plurais incrustados nas práticas de vivência social do século XVI. Dissimulou-se muito nesse século, e isso independentemente de Maquiavel; mesmo nos aspectos mais chocantes de suas colocações, o sábio florentino trabalhou criativamente a partir das múltiplas heranças legadas pela Antiguidade.

A dissimulação erasmiana e a cultivada por Maquiavel diferenciavam-se na origem, como apropriações distintas da retórica ciceroniana — também marcada por significativa duplicidade. Maquiavel valeu-se de uma vertente dessa tradição de forma mais direta, enquanto Erasmo privilegiou as ênfases da velha leitura cristã de Cícero. No referente às razões pelas quais se dissimulava, aos objetivos visados e à tessitura mesma dessa prática, suas posturas foram antípodas.

Formado na escola do humanismo erasmiano, Damião de Góis identificava-se, em geral, com a abordagem de seu mestre. Não encontramos no humanista português os sinais que, a partir da segunda metade do século XVI, construíram a fama negativa de Maquiavel, como a subordinação da religião aos interesses políticos, ou uma separação consciente entre política e moral cristã. Mas se os contornos da dissimulação goesiana aproximavam este humanista de Erasmo, entre ambos havia uma distância em termos dos objetivos da prática dissimuladora. Erasmo ligava-se ao conceito de uma cristandade servida pela erudição humanística e defendida, se necessário, pelo recurso à dissimulação; já o humanista português sentia-se comprometido com os limites mais precisos e modernos de uma monarquia em plena expansão ultramarina. Falar em dissimulação no contexto quinhentista supõe, como se vê, uma realidade bastante plural.

Ao considerar os objetivos do esforço dissimulador de Góis, pode-se aproximá-lo parcialmente à dissimulação maquiaveliana, por conta da prioridade atribuída às razões de Estado. Mesmo sem chegar às conclusões de Maquiavel, nem romper totalmente com os pressupostos erasmianos de seu humanismo, Góis concedeu aos interesses da sua monarquia um papel central. Esse papel controlou a forma específica pela qual se apropriou do humanismo erasmiano, bem como orientou seu esforço humanístico e as dissimulações por ele praticadas. Assim, constata-se que a dissimulação goisiana foi marcada pela ambiguidade, pois apesar de sua origem erasmiana, seus objetivos não se pautavam por uma construção idealizada — a cristandade ou *respublica christiana* —, mas em termos bastante empíricos da preponderância comercial e militar portuguesa. Ao menos nesse quesito, ele lembra a abordagem pragmática de Maquiavel.

Importa ainda sublinhar que, na verdade, Góis situava-se em território heterodoxo. Quando *Fides* veio à luz, os anos de glória do humanismo erasmiano já haviam passado; Erasmo era visto com reservas crescentes por católicos e protestantes. Para o humanista português, a herança erasmiana de seu humanismo seria um peso com o qual teria de lidar até o fim de seus dias. Nesse âmbito, de pouco adiantariam seus protestos de lealdade à ortodoxia católica e à monarquia portuguesa. A partir da segunda metade do século XVI, passou a ser fundamental dissimular cada vez mais e melhor. A ingenuidade de pomba da dissimulação erasmiana dava então lugar à astúcia da raposa.

Referências

ALMEIDA, Maria da Conceição Silveira de. *Damião de Góis e seu amigo Zaga--Zabo*: heterogeneidade enunciativa na *Fides, religio moresque Aethiopum*. Tese (doutorado em letras clássicas) — Universidade Federal do Rio de Janeiro, Rio de Janeiro, 2008. Disponível em: <www.letras.ufrj.br/pgclassicas/tese_conceicao.pdf>. Acesso em: 10 maio 2013.

BAKOS, Adrianna E. "Qui nescit dissimulare, nescit regnare": Louis XI and *raison d'État* during the reign of Louis XIII. *Journal of the History of Ideas*, v. 52, p. 399-416, 1991.

BARROS, João de. *Asia de Joam de Barros. Dos fectos que os portugueses fizeram no descobrimento e conquista dos mares e terras do Oriente. Primeira década.* Lisboa: Imprensa Nacional/Casa da Moeda, 1988. livro I, III.

____. *Ropica Pnefma.* Lisboa: Instituto Nacional de Investigação Científica, 1983. v. I.

BATAILLON, Marcel. Le cosmopolitisme de Damião de Góis. In: ____. *Études sur le Portugal au temps de l'humanisme.* Coimbra: Universidade de Coimbra, 1952. p. 149-196.

BEJCZY, István. Tolerantia: a medieval concept. *Journal of the History of Ideas,* v. 58, n. 3, p. 365-384, 1997.

BOXER, Charles Ralph. *O império marítimo português, 1415-1825.* Tradução de Ana Olga de Barros Barreto. São Paulo: Companhia das Letras, 2002.

CALVIN, Jean. Excuse de Iehan Calvin a messieurs les Nicodémites sur la complaincte qu'ilz font de sa trop grande rigueur. In: AUTIN, Albert (Org.). *Traité des reliques suivi de l'excuse a messieurs des Nicodémites.* Paris: Bossard, 1921. p. 199-255.

CANTIMORI, Delio. *Humanismo y religiones en el Renacimiento.* Tradução para o espanhol de Antonio-Prometeo Moya. Barcelona: Península, 1984.

CAVAILLÉ, Jean-Pierre. *Dis/simulations – Jules César Vanini, François La Mothe Le Vayer, Gabriel Naudé, Louis Machon et Torquato Accetto*: religion, morale et politique au XVIIe siècle. Paris: Champion, 2002.

CHOMARAT, Jacques. *Grammaire et rhetorique chez Érasme.* Paris: Les Belles Lettres, 1981. v. II.

COLISH, Marcia L. Cicero's *De officiis* and Machiavelli's *Prince. Sixteenth Century Journal,* v. IV, p. 81-93, 1978.

EIRE, Carlos M. N. Calvin and nicodemism: a reappraisal. *The Sixteenth Century Journal,* v. 10, n. 1, p. 44-69, 1979.

ERASMO. *A guerra e a queixa da paz.* Tradução de António Guimarães Pinto. Lisboa: Edições 70, 1999.

____. *De sarcienda Ecclesiae concordia* ("Sobre a concórdia da Igreja que deve ser reparada"). Basileia: Officina Frobeniana, 1533.

____. Ichthyophagia. In: *Opera omnia Desiderii Erasmi Roterodami recognita et adnotatione critica notisque illustrata.* Amsterdã; Oxford: North Holland Publishing Company, 1969. v. I, n. 3, p. 495-536.

____. *Serenissimo Lusitaniae regi Ioanni, diui Ioannis chrysostomi...* Basileia: Ioan. Frobenium, 1527.

____. *Collected works of Erasmus.* Toronto: University of Toronto Press, 1975, v. 4. 8, 27, 71.

FALLON, Stephen M. Hunting the fox: equivocation and authorial duplicity in *The prince. Publications of Modern Language Association of America* (PMLA), v. 107, p. 1181-1195, 1992.

FRANCO JÚNIOR, Hilário. *Os três dedos de Adão*: ensaios de mitologia medieval. São Paulo: Edusp, 2010.

GASBARRO, Nicola. O império simbólico. In: AGNOLIN, Adone et al. (Org.). *Contextos missionários*: religião e poder no império português. São Paulo: Hucitec; Fapesp, 2011. p. 17-47.

GINZBURG, Carlo. *Il nicodemismo*: simulazione e dissimulazione religiosa nell'Europa del Cinquecento. Turim: Einaudi, 1970.

GÓIS, Damião de. *Fides, religio moresque Aethiopum*. Paris: Christianum Wechlum, 1541.

_____. *Opúsculos históricos*. Porto: Livraria Civilização, 1945.

HENRIQUES, Guilherme João Carlos (Org.). *Inéditos goesianos*. Arruda dos Vinhos: Arruda Editora, 2002. (edição fac-similar da edição de 1896/98 em dois volumes).

HIRSCH, Elisabeth Feist. *Damião de Góis*. 2. ed. Lisboa: Fundação Calouste Gulbenkian, 2002.

INGRAM, Kevin. *Secret lives, public lies*: the *conversos* and socio-religious non--conformism in Spanish golden age. San Diego: Tese (doutorado em história) — University of California, San Diego, 2006.

JOHNSON, James H. *Venice incognito*: masks in the Serene Republic. Berkeley; Los Angeles: University of California Press, 2011.

MAQUIAVEL, Nicolau. *O príncipe*. Tradução de Maria Júlio Goldwasser. 2. ed. São Paulo: Martins Fontes, 1996.

MARCOCCI, Giuseppe. A fé de um império: a Inquisição no mundo português de quinhentos. *Revista de História*, São Paulo, n. 164, p. 65-100, 2011. Disponível em: <http://revhistoria.usp.br/index.php?option=com_content&view=article&id=158:rh-164&catid=6&Itemid=7&lang=br>. Acesso em: 10 maio 2013.

_____. Gli umanisti italiani e l'impero portoghese: una interpretazione della *Fides, religio moresque Aethiopum* di Damião de Góis. *Rinascimento*, v. XLV, p. 307-366, 2005.

MARGOLIN, Jean-Claude. Damião de Góis et Erasme de Rotterdam. In: MARTINS, José V. de Pina (Org.). *Damião de Góis, humaniste européen*. Paris: Jean Touzot Librairie, 1982. p. 19-54.

MEHL, James V. Language, class, and mimic satire in the characterization of correspondents in the *Epistolae obscurorum virorum*. *Sixteenth Century Journal*, v. XXV, n. 2, p. 289-305, 1994.

MENDES, António Rosa. A vida cultural. In: MATTOSO, José (Org.). *História de Portugal*: no alvorecer da modernidade, 1480-1620. Lisboa: Estampa, 1993. v. 3, p. 375-421.

MÍSSIO, Edmir. *Acerca do conceito de dissimulação honesta de Torquato Accetto.* Campinas: Tese (doutorado em letras) — Universidade Estadual de Campinas, Campinas, 2004. Disponível em: <www.bibliotecadigital.unicamp.br/documen t/?code=vtls000341618&opt=4>. Acesso em: 10 maio 2013.

PAIVA, José Pedro. 'Católico sou e não luterano": o processo de Damião de Góis na Inquisição (1571-1572). In: SERRÃO, José Vicente (Org.). *Damião de Góis*: um humanista na Torre do Tombo. Lisboa: Instituto de Arquivos Nacionais/Torre do Tombo, 2002. p. 20-42.

RENAUDET, Auguste. Érasme économiste. In: LAVAUD, Jacques (Org.). *Mélanges offerts à Abel Lefranc par ses amis et ses élèves.* Genebra: Librairie Droz, 1936.

RODRIGUES, Rui Luis. *Entre o dito e o maldito*: humanismo erasmiano, ortodoxia e heresia nos processos de confessionalização do Ocidente, 1530-1685. Tese (doutorado em história social) — Universidade de São Paulo, São Paulo, 2012. Disponível em: <www.teses.usp.br/teses/disponiveis/8/8138/tde-06112012-092834/pt-br.php>. Acesso em: 10 maio 2013.

_____. Reflexões sobre o humanismo português no alvorecer da época confessional. *Angelus Novus*, v. 2, p. 51-80, 2011.

ROGERS, F. M. *The quest for eastern christians*: travels and rumour in the age of discovery. Minneapolis: Minnesota Archive Editions, 1962.

RUMMEL, Erika. *The humanist-scholastic debate in the Renaissance and Reformation.* 2. ed. Cambridge: Harvard University Press, 1998.

SENELLART, Michel. *As artes de governar.* Do *regimen* medieval ao conceito de governo. Tradução de Paulo Neves. São Paulo: Editora 34, 2006.

SNYDER, Jon R. *Dissimulation and the culture of secrecy in early modern Europe.* Berkeley; Los Angeles: University of California Press, 2009.

SUBRAHMANYAM, Sanjay; THOMAZ Luiz Filipe Ferreira Reis. Evolution of empire: the portuguese in the Indian Ocean during the sixteenth century. In: TRACY, James D. (Org.). *The political economy of merchant empires.* Cambridge; Nova York: Cambridge University Press, 1991. p. 298-331.

TRACY, James D. *Erasmus of the Low Countries.* Berkeley: University of California Press, 1996.

_____. *The politics of Erasmus*: a pacifist intellectual and his political milieu. Toronto: University of Toronto Press, 1978.

TURCHETTI, Mario. Une question mal posée: Erasme et la tolérance. L'idée de *sygkatabasis. Bibliotèque d'Humanisme et Renaissance*, v. 53, n. 2, p. 379-395, 1991.

VAINFAS, Ronaldo. 'Deixai a lei de Moisés!" Notas sobre o *Espelho de cristãos-novos* (1541), de frei Francisco Machado. In: GORENSTEIN, Lina; CARNEIRO, Maria Luiza Tucci (Org.). *Ensaios sobre a intolerância*: Inquisição, marranismo e antissemitismo. 2. ed. São Paulo: Humanitas, 2005. p. 243-265.

ZAGORIN, Perez. *Ways of lying*: dissimulation, persecution, and conformity in early modern Europe. Cambridge: Harvard University Press, 1990.

ZERBA, Michelle. The frauds of humanism: Cicero, Machiavelli, and the rhetoric of imposture. *Rhetorica*, v. 22, p. 215-240, 2004.

3. UM PRÍNCIPE CRISTÃO E DISSIMULADO: D. DUARTE E O *NEGÓCIO DO BRASIL*

Gustavo Kelly de Almeida

NO MEIO DAS DISPUTAS entre monarquias e repúblicas europeias que marcaram o século XVII, atingindo também as possessões coloniais, o antimaquiavelismo podia ser conivente com o reconhecimento de uma arte política mais pragmática no plano das relações de poder? A partir da história de d. Duarte de Bragança (1605-49), feito prisioneiro pelos soberanos Habsburgos, o presente capítulo analisa os discursos produzidos em defesa desse príncipe cativo e as estratégias utilizadas por ele para opinar sobre questões fulcrais à sobrevivência da nova dinastia régia portuguesa, em especial sobre a cessão de parte do Estado do Brasil aos batavos na década de 1640.

Um novo infante em apuros

O golpe de Estado de 1º de dezembro de 1640 significou para o ducado de Bragança a ampliação de seu privilegiado estatuto no reino português,[1] alçando-o aos páramos da realeza. Com a Restauração de Portugal (1640-68),

---

[1] A casa de Bragança era a maior casa senhorial portuguesa desde os tempos da dinastia de Avis, distinguindo-se por seus recursos materiais, simbólicos e humanos. Essa posição e a posse de prerrogativas derivavam de estratégias conscientes na busca por *status* social, sobretudo por uma bem concertada política de casamentos com os membros da casa de Avis. Nesse esforço em construir uma identidade quase régia, a costura de flexíveis redes clientelares, organizadas a partir e em torno da casa, mostrou-se fundamental. Cunha (2000).

o recém-aclamado rei d. João IV esteve à frente de um longo processo de cisão com a monarquia dos Filipes durante aproximadamente três décadas, morrendo em 1656 sem vê-lo terminado. Menos ainda seu irmão d. Duarte, alvo da aliança Habsburgo contra a nova dinastia régia, que viria a pagar com a vida o alargado passo dado por sua casa nobre.

Desde outubro de 1634, o irmão do outrora duque d. João II lutava na Guerra dos Trinta Anos (1618-48) a serviço dos Habsburgos do Sacro Império. Recebido como príncipe livre em terras germânicas, d. Duarte integrou as fileiras do exército imperial, galgando postos militares como os de sargento-general de batalha e coronel de regimento de cavalaria. No intervalo entre uma função e outra, passou por Portugal, justamente no momento em que a conspiração contra Filipe IV de Espanha ensaiava os seus primeiros passos. Foi assim convidado pelos conspiradores a persuadir d. João a liderar a secessão e, caso este recusasse, caberia a ele mesmo o papel de condutor da ruptura. Ante a arriscada proposta, d. Duarte esquivou-se, procurando voltar aos serviços do imperador Fernando III o mais rápido possível. Sem saber, retirava-se de Portugal para não mais voltar.[2]

Menos de dois anos depois, sua trajetória mudaria de forma fatal. Com a Restauração, seu novo estatuto de infante da casa real garantia-lhe uma destacada posição na sucessão monárquica portuguesa, atrás apenas do sobrinho d. Teodósio. Mas a faca possuía dois gumes, pois ante os olhos dos Habsburgos espanhóis e austríacos, sua nova condição transformara-o em pessoa perigosa. Afinal, ele era o "irmão do rebelde Bragança" e, por isso mesmo, suspeito de traição régia.

Influenciado por ministros de Espanha residentes na corte imperial e atento a essa incômoda filiação dinástica, Fernando III ordenou então sua prisão. Mesmo ciente do que tinha acontecido em Portugal, d. Duarte preferiu arriscar, dirigindo-se a Ratisbona, cidade onde ocorria a dieta imperial. Ao escolher não fugir, considerando ser um príncipe livre e assim estimado pelo imperador, d. Duarte permitiu a seus algozes capturarem-no com pouco esforço.

---

[2] Azevedo (s.d.:v. 1. p. 108-123). O grupo dos *aclamadores* era formado por nobres de segunda linha com especial interesse na alteração dinástica. Cunha (2009:485-505).

A 4 de fevereiro de 1641 foi encarcerado, depois de 10 dias enviado a Passau, na Baviera. Após quatro meses nessa prisão foi deslocado para Graz, na Áustria, e cerca de um ano depois transferido para Milão — sob domínio castelhano desde 1535. Uma vez nesse sítio, doravante sem a proteção de Fernando III, que pressionado negociara a venda de sua guarda, o infante passaria os últimos anos de vida no antigo e imponente castelo dos duques Sforzas, vindo a falecer em 3 de setembro de 1649 de doença hepática. Viveria assim mais tempo na prisão que lutando pelo Sacro Império.

O inimigo maquiavélico[3]

A dramática história do irmão do novo rei não foi esquecida pelos Braganças. Ao lado dos dispositivos diplomáticos aplicados pelos legados de d. João IV na década de 1640, o emprego propagandístico do caso mostrou-se essencial. Para a recente dinastia régia, necessitada de alianças na guerra contra Castela mais poderosa, a sorte do infante configurava uma matéria-prima ideal. Por cartas, livros e folhetos, forjou-se então uma grande cadeia de argumentos, muito inserida no rol da grande produção tipográfica em voga, capaz de sintonizar variados elementos componentes da defesa do infante Bragança, posteriormente marcando a historiografia portuguesa sobre o assunto. Desde a *História de Portugal Restaurado* do terceiro conde de Ericeira, passando pela Academia Real da História criada por d. João V, e principalmente pelas mãos do biógrafo de d. Duarte, José Ramos Coelho, no fim do século XIX.[4]

Entre manifestos, sermões, elogios poéticos e fúnebres publicados sobre o tema, segundo a óptica portuguesa e brigantina, palavras como "tirania", "malícia" e "perfídia" marcavam a tônica das ações dos espanhóis que, por meio da mobilização na corte imperial, conseguiram a detenção e a entrega

---

[3] Para Sandra Bagno, o adjetivo "maquiavélico" carrega uma conotação negativa, identificado a astúcia e ardil. Por sua vez, "maquiaveliano" alude ao significado denotativo do termo, enquanto "maquiavelismo" estaria intrinsecamente relacionado à recepção das máximas d'*O príncipe*, não apresentando necessariamente um juízo negativo, diretamente ligado a seu par, o "antimaquiavelismo". Bagno (2008:129-150). Senellart (1989; 2006).
[4] Para um balanço historiográfico do tema, ver Almeida (2011:56-98).

108 | Maquiavel no Brasil

do infante. Essas acusações calcavam-se num discurso de tom antimaquiavelista, naturalizado pela cultura política ibérica daqueles tempos. Por essa visão, envolvia-se assim o inimigo numa esfera imoral ou amoral.

No manifesto de Antonio Moniz de Carvalho,[5] por exemplo, esse aspecto evidencia-se na descrição da personagem considerada responsável por iniciar as diligências da prisão de d. Duarte, o português Francisco de Melo,[6] então ministro plenipotenciário de Filipe IV de Espanha na corte imperial. Por sua atuação contra o ducado de Bragança, ante o qual também apresentava um histórico de serviços prestados, Melo, nas palavras de Carvalho, era acusado de ser um lobo em pele de cordeiro (Vila Real, s.d.: v, 2, p. 38 anverso).

Seguindo essa perspectiva, frei João de São Bernardino esclarecia num sermão de exéquias que mesmo a resistência do imperador em ordenar a prisão do infante não fora suficiente para vencer as investidas dos ministros castelhanos, os quais "buscaram mestres mais políticos que teólogos, assolaram Machavellos (...) escurecendo o candor germânico e enfraquecendo a fé alemã" (Bernardino, s.d.:v. 1, p. 13 anverso). Do mesmo modo, pelo relato do conde de Ericeira, ser instruído nas "erradas políticas de Maquiavelo" (Ericeira, 1945:v. 1. p. 214) teria feito frei Diogo Quiroga, o confessor da imperatriz, demover o imperador de sua dúvida. Tom semelhante era conferido pelo padre Antonio Vieira ao comentar o caso do falecido príncipe. Contra as críticas ao fato de d. Duarte ter confiado estar seguro em territó-

---

[5] Carvalho (s.d.::v. 2. p. 5-20); Vila Real (s.d.:v. 2, p. 21-40). Este folheto foi publicado em 1642 e traduzido e ampliado do latim para o espanhol e o francês no ano seguinte, sob autoria de Vila Real — agente em Paris de 1641 a 1649. É um dos textos mais destacados sobre o tema, ao apresentar uma narrativa condensada dos principais acontecimentos envolvendo os primeiros anos da prisão, marcando os demais relatos. Além disso, seu frontispício apresenta a imagem mais conhecida de d. Duarte. Moniz de Carvalho exerceu as funções de secretário de embaixada em Copenhagen e Estocolmo em 1641, e em Paris entre 1642 e 1646, ocupando o cargo de residente nesta cidade até 1647. Ver Faria (2008:232).

[6] Desde sua juventude, Francisco de Melo guardava estreitas ligações com os Braganças, convivendo com os irmãos d. João e d. Duarte em Vila Viçosa. Em 1619 acompanhou o duque d. Teodósio II a Elvas para uma entrevista com Filipe III de Espanha, quando o soberano visitou Portugal para a realização de cortes. Com o tempo destacou-se no círculo do conde-duque de Olivares, valido de Filipe IV, tornando-se um importante canal de comunicação entre o ducado e a corte de Madri. Além de ser um artífice do matrimônio de d. João com d. Luísa de Gusmão, sobrinha de Olivares, participou da fracassada tentativa do casamento de d. Duarte com a filha do ministro espanhol. Ramos Coelho (1889:v. 1. p. 75-77).

rio germânico, o jesuíta exclamou: "Oh que grande pintura da falsa política dos príncipes, que hoje mais que nunca se usa no mundo" (Vieira, s.d.:176 anverso-verso).

Nesse âmbito de discursos depreciativos e estereotipados sobre os ensinamentos do Secretário Florentino, a ideia de razão de Estado também ganhou espaço privilegiado na contenda peninsular ibérica. Em vez de negar a existência de uma arte governativa, a teia de argumentos construída em prol da nova dinastia brigantina buscava demarcar o próprio ou impróprio de um príncipe cristão. Duas noções opostas acerca do mesmo vocábulo foram então colocadas em pauta.

Na esteira de autores como Pedro Ribadeneyra e Giovanni Botero, o letrado português Marinho de Azevedo trabalhou com duas definições do termo para comentar o caso do prisioneiro e macular os inimigos castelhanos. Em suas *Exclamaciones políticas* destinadas ao papa e demais representantes europeus reunidos em Münster para o Congresso da Paz (1644-48), Azevedo afirmou uma razão de Estado "lícita", ou uma "prudência de estado", caracterizada por nunca se afastar da justiça, da honestidade e da verdade. Por outro lado, a razão de Estado maquiavélica, usada contra d. Duarte e tida à conta de "aparente", "injusta" ou "do demônio", seria aquela cuja

> capa de fortaleza, ou de prudência perde o respeito a Deus, à razão, à justiça, tratando somente da utilidade do que usa dela, e adulterando as leis da razão, se vale das de seu poder, querer, e vontade (...) Esta razão de estado é diretamente contra toda razão, porque não seguindo seu ditame reto, e justo; somente tem o intuito na utilidade, e fim de conservar o estado; chamando-se vulgarmente razão de estado, não porque seja razão, mas porque sucede muitas vezes colocar-se os vícios com nome de virtudes, e dar-se às virtudes os nomes dos vícios.[7]

O contraste entre as políticas das duas dinastias ibéricas em torno da prisão do infante também foi apontado por Antonio de Sousa de Macedo, à época residente em Londres. Para ele, as atitudes tomadas contra d. Duarte

---

[7] Azevedo e Lourenço (1645:69-70, tradução do autor). Para mais detalhes sobre a diferença entre as duas acepções presentes na obra de Azevedo, ver a *"exclamacion V"*: *"Contra la razon de Estado, en que se fundó el Emperador para no soltar el Infante, abiendolo prometido"*.

pelos Habsburgos seriam de matiz diverso, por exemplo, da postura encetada pelos Braganças em prol da ex-vice-rainha de Portugal Margarida de Mântua, algo paradigmático dessa diferença moral. Sublinha o autor:

> Bem diferentemente se houve o justíssimo rei de Portugal D. João IV com Margarida duquesa de Mântua, a quem o rei mandou pôr com guarda com toda sua casa, até que seu real ânimo lhe concedeu liberdade: pudera detê-la com esperança de troca pelo infante, que os parentes da duquesa já procuravam, mas venceu a bondade ao rigor, a inocência foi anteposta à razão de Estado, e porque antepôs a justiça ao proveito vemos que o céu peleja por sua muita justiça, e a favorece.[8]

A caminho de Milão, o próprio d. Duarte mencionou em carta ao imperador o exemplo de Francisco I de França. Ante a oportunidade de prender Carlos V no meio das guerras na península itálica, o rei Valois "prezou mais a fé pública, e o bom nome, que o interesse do reino" (Birago, 1647:421, tradução do autor). Já o imperador Fernando, diferentemente,

> contra a palavra e fé dada (como Deus é testemunha) sem considerar a razão, e lei divina, que não permite violar o direito das gentes, dando pessoa de confiança que estava sob sua proteção, e empregada em seu serviço, e assegurada somente em seu patrocínio, não sendo de príncipe cristão trair os seus hóspedes, e fiéis servidores, nem faltar de recompensá-los[,] com ingratidão que foi feita ao afeto e ao amor. (Birago, 1647:420, tradução do autor)

Além de culpar Fernando III por sua prisão, vemos o infante valer-se nessa passagem da ideia de razão de Estado "cristã" sem explicitá-la. A instrumentalização do conceito era tal na cultura política da época que frei Bernardino mencionava-o com acepções diferentes num mesmo texto sobre o caso. Inicialmente proferiu: "Bastava o ser preso por razão de estado, que

---

[8] Macedo (s.d.:v. 2. p. 43 anverso). Essa versão consiste na tradução para o português de um manifesto em latim: Ibid., p. 376-381. Doutor em direito civil, Sousa de Macedo desempenhou, dentre outras funções, as de secretário de embaixada na Inglaterra (1641-42), residente no mesmo reino (1642-46), embaixador em Haia (1650-51) e secretário de Estado (1662-66) durante o reinado de d. Afonso VI. Ver Faria (2008:73, 220, 234 e 288).

não solta sem matar" (Bernardino, s.d.:v. 1, p. 7 anverso). Mas no final do sermão positivou o termo, ao relacionar as figuras do infante e de d. João I:

> Esta capela, que com tão magnífico, grave, & decente aparato, chora vossa morte, & soleniza vossas exéquias honrando vossa memória, fez vosso sétimo avô pela casa de Bragança, e sexto pela sucessão do reino, o rei D. João I; aquele homem que também soube ser rei, que tantas vezes venceu seus opositores ao reino, que também hoje o são. Que razão de estado tão sólida! Que armas tão vitoriosas! (Bernardino, s.d.:v. 1, p. 23 anverso)

A naturalidade do emprego dessas variadas noções, bem como as demais referências negativas a Maquiavel na publicística sobre d. Duarte revelam o quanto o caso era utilizado para exemplificar diferentes caminhos: os seguidos pela nova dinastia portuguesa e os trilhados pelos Habsburgos. Nos diversos textos analisados, sejam eles peças laudatórias ou de tratadística política, a dramática história do infante conferia uma espécie de barreira entre os seguidores da "falsa" doutrina do Secretário Florentino e os orientados pela *política cristã*. No entanto esse preconceito restringia-se não raro ao âmbito retórico, pois na prática a realidade mostrava-se mais complexa.

Coisas avaliadas pelo que parecem[9]

Em busca da liberdade, o próprio infante contribuiu para a fabricação de sua imagem.[10] Por meio de uma intensa e secreta atividade epistolar mantida durante anos junto a importantes nomes da diplomacia brigantina, entre eles d. Vasco Luís da Gama (conde da Vidigueira e marquês de Niza), principal embaixador de d. João IV nos primeiros tempos da nova dinastia,[11]

---

[9] Aforismo 99: "Realidade e aparência. As coisas não são avaliadas pelo que são, mas pelo que parecem. São raros os que olham para dentro e muitos os que se contentam com o aparente. Não basta ter razão se a cara é de malícia". Díez Fernándes (1994:52). Por questões editoriais, este livro traz o título invertido em relação à obra original.

[10] Para um estudo inspirador sobre o tema, ver Burke (1994).

[11] Entre uma e outra embaixada a França, d. Vasco Luís da Gama foi elevado a marquês de Niza. Para mais informações sobre a personagem, Coelho (1919) e Laranjo Coelho (1940-1942:2 v.). Ver também Costa e Cunha (2006:177-179).

d. Duarte foi um destacado informante, e muitas vezes coordenou a sua própria representação no plano internacional. Além disso, ele inseria-se nas diligências sobre as principais matérias levadas a cabo pela rede diplomática, inclusive nos projetos envolvendo sua liberdade.

Mas antes de classificar as atitudes do prisioneiro como maquiavélicas ou próprias da *política cristã*, essa correspondência demonstra de modo contundente como podemos hoje superar a dicotomia forjada pela própria cultura política ibérica da Época Moderna. Nos documentos cotejados, embora houvesse um nítido esforço de distanciamento de tudo o que pudesse ser atribuído ao autor d'*O príncipe*, é inegável a leitura de uma noção da política como arte, no terreno da moral cristã. Mesmo sendo entendida como solução para o cálculo frio apregoado ao autor florentino, a virtude da prudência, por exemplo, também apresentava uma inspiração maquiaveliana.[12] Ademais, ações como dissimular e ocultar nem sempre eram conotadas negativamente, dependendo da necessidade e do objetivo em causa.

As palavras de Nicolas Fernandez de Castro — um dos juízes do mais importante processo aberto contra d. Duarte na prisão — apontam nesse sentido. Ao procurar demonstrar a culpa do infante no golpe secessionista, ele julgava ser válida, com certas ressalvas, a utilização de meios heterodoxos de persuasão para obter-se a verdade:

> Porque importando tanto na República a averiguação e castigo dos delitos, é muito saudável conselho que guardando-se os juízes de todo engano, mentira e má fé, no resto usem prudentemente da astúcia, simulação, e dissimulação com os réus, para trazer-lhes brandamente a confissão da verdade. (Castro, 1648:74, tradução do autor)

Como sabemos, a prática da dissimulação encontrava-se disseminada no século XVII, abarcando desde os espaços cortesão e de governo ao âmbito mais popular. Num período altamente marcado pela hierarquia, seu exercício possibilitava ao homem comum abrir caminhos no sentido da ascensão social. Porém, apenas a "dissimulação honesta" era indicada; dotada de um

---

[12] Para uma associação entre os âmbitos da retórica e da prudência, entendida também em sua dimensão "performática", Teixeira (2010:101-108).

fim justo, ela representaria ao fim e ao cabo um esforço de autocontrole e a capacidade de não se perder o ânimo (Villari, 1987:25 e 41-42).

Como arte que exigia o exercício constante de seus preceitos, a dissimulação também era aconselhada aos aspirantes à fama. Para Baltasar Gracián, a construção do heroísmo era indissociável dessa prática. Em *El heroe*[13] o jesuíta transmitia ao leitor, logo ao início, o espírito da obra: "Aqui terás uma, não política, nem ainda econômica, e sim uma razão de Estado de ti mesmo, uma bússola para navegar à excelência, uma arte de ser ínclito com poucas regras de discrição" (Vistarini e Madroñal, 2003:67, tradução do autor). Numa espécie de resposta a Maquiavel, o autor era assim categórico ao indicar o autogoverno como chave para tornar-se um "varão excelente", caminho a ser percorrido com esforço, sobretudo em segredo, longe dos olhares dos pretensos admiradores.

Em "Cifrar a vontade" — nome de um de seus capítulos ou *primores*, Gracián recomendava:

> Se todo o excesso em segredo o é também em torrente, sacramentar uma vontade será soberania. São os achaques da vontade desmaios da reputação e, logo que se declaram, esta vulgarmente morre. O primeiro esforço basta para violentá-los, o segundo para dissimulá-los. Se aquele tem mais de valoroso, este tem mais de astuto. (...) Atenda, pois, o varão excelente, primeiro que tudo a violentar suas paixões; no mínimo a solapá-las com tal destreza que nenhum contra-ardil saiba decifrar a sua vontade. (Gracián, 2003:15-17)

Prosseguia, aconselhando a ocultar-se os defeitos e desmentir os descuidos, "deslumbrando os linces da obscuridade alheia" (Gracián, 2003:17). A dissimulação assim representava a ferramenta da prudência capaz de proteger o herói da *Fortuna*. Esta, interpretada nos moldes cristãos como filha

---

[13] *El heroe*, do aragonês Baltasar Gracián (1601-58), foi publicado originalmente em Huesca no ano de 1637. Foi o primeiro de seus tratados e, tal como em suas outras obras, nele valeu-se da assinatura do irmão Lorenzo Gracián Infanzón para contornar a rigorosa censura da Companhia de Jesus. A primeira edição foi dedicada a Filipe IV, que lisonjeado definiu-o como "uma pequena peça que contém grandes coisas", sendo um dos seus livros preferidos. Para Gracián, o maior exemplo de herói seria Filipe II, o conhecido *rei de cera*. A primeira edição portuguesa da obra data de 1646. Gracián (1977:7-9; 2003:5-9). Ver também Díez Fernándes (1994:VII-XVII).

da providência divina, tinha manifestações consideradas imprevisíveis. Se ora mostrava-se risonha, podia também ser esquiva. Mas isso, segundo o jesuíta, não era devido à volatilidade de suas paixões, e sim à "arcanidade de inacessíveis juízos".[14] Portanto, o aspirante a herói devia prevenir-se de seus possíveis golpes:

> De grande providência é saber prevenir a infalível declinação de uma roda inquieta. (...) Melhor é tomar-se a honra que aguardar os arrebatamentos da fortuna, que sucede de um tombo abalar-se com o ganho de muitos lances. (...) É corsária a fortuna, pois espera que lhe carreguem os batéis. Seja o contra-ardil anteciparmo-nos a tomar bom porto[15].

Fortuna, providência ou destino. Se esses elementos pudessem ser considerados na análise dos processos históricos, eles deixariam de sorrir a d. Duarte após a Restauração portuguesa. Na verdade, faltou-lhe a prudência indicada por Baltasar Gracián, ao acreditar demasiado em sua imunidade, indo de encontro ao imperador. Todavia, mesmo incauto antes ou em certos momentos da prisão, d. Duarte compreendeu bem as regras do jogo político. Se no início a força guiava-lhe os passos, o cárcere ensinou-lhe a procedência da dissimulação como máscara a ser afivelada ao rosto.

Pele de raposa[16]

Enquanto meio de comunicação privilegiado no mundo diplomático dos seiscentos, a correspondência foi determinante para a configuração da "política" como arte inseparável do ofício de embaixador. No *corpus* literário

---

[14] Gracián (2003:47). Para mais informações, ler na íntegra o primor X, intitulado "Que o herói há-de ter tenteada a sua fortuna ao empenhar-se".

[15] Gracián (2003:51-54). Esse trecho faz parte do primor XI: "Que o herói saiba retirar-se, ganhando com a fortuna".

[16] Aforismo 220: "Se não pode vestir-se a pele de leão, vista-se a de raposa. Adaptar-se à época é vencê-la. Aquele que leva a sua avante nunca perde a sua reputação. Se não há força, manha: por um caminho ou por outro, pelo principal da coragem ou pelo atalho da astúcia. Mais coisas realizou a manha que a força. Mais vezes os sábios venceram os valentes que o contrário. Quando não se consegue alcançar uma coisa surge o desprezo dos demais". Díez Fernándes (1994:116).

componente do fazer diplomático — campo ainda em construção no período —, os manuscritos e especialmente as cartas eram um meio mais prático e dinâmico para atender às negociações, funcionando como elos entre os diversos embaixadores. "Cartear-se" (termo da época) deveria ser uma atividade tão intensa quanto possível para o bom desempenho da função (Cardim, 2002:51-52; 2005:96-98). Em meio à pluralidade jurisdicional própria da monarquia portuguesa seiscentista (Hespanha, 1994), d. Duarte, mesmo sem ocupar um cargo, recorreu a esse artifício para ser um dos polos da grande malha formada pelos asseclas de seu irmão.

Luís Pereira de Sampaio, pajem de d. Duarte desde os tempos de Vila Viçosa, foi o responsável pela furtiva correspondência do seu amo até março de 1643, quando a maior parte dos criados foi dispensada dos serviços.[17] Medida tomada por conta de desconfianças quanto à fuga do prisioneiro, depois reforçada por ordens recém-chegadas de Madri para que a vigilância sobre o mesmo fosse mais rigorosa. A partir de então apenas o camareiro Duarte Cláudio Huet e Simão Noé — outro criado particular — permaneceram em suas funções.

Apesar da pena de morte ameaçada a quem contribuísse para a comunicação do infante, ambos substituíram Pereira de Sampaio nessa arriscada tarefa. Para tal, conseguiram a ajuda de um sacristão. Durante as missas assistidas pelo preso na capela do castelo, este trazia-lhe uma cadeira rasa e uma almofada até a tribuna à direita do altar maior, onde as cartas eram trocadas. Contavam ainda com o auxílio do capelão d. Francisco Portis. Por morar fora do castelo, ele podia trazer o correio e levar as cartas do infante para além dos muros. O remetente e o destinatário da correspondência eram frei Fernando de la Houe,[18] agente secreto de d. João IV na república de Veneza. Com o pseudônimo Francisco Taquet, o dominicano de origem flamenga seria então a principal porta de acesso de d. Duarte à política internacional.[19]

---

[17] Duarte Cláudio Huet. *Relação de Huet acerca do infante*. Milão, 5/1/1650. Biblioteca Pública de Évora (BPE). Mss., 106, 2, 11, fol. 226 anverso. Ver também Ramos Coelho (1889:v. 1, p. 661).

[18] Huet (1598-1690:v. 3). Biblioteca do Palácio Nacional da Ajuda. Mss. 50-V-37, fls. 52 verso-53 anverso. Ver também Ramos Coelho (1889:v. 1, p. 661-663 e v. 2, p. 726, embora com referência errada).

[19] Sobre o papel desempenhado por Francisco Taquet na história de d. Duarte e sua importância nas publicística e diplomacia brigantinas, ver sobretudo Santos (1965).

A primeira carta respondida pelo infante e enviada ao seu encoberto correspondente data de 1º de agosto de 1643. Escrita em cifra, foi recebida uma semana depois pelo religioso, que decifrou-a e copiou-a, enviando-a em seguida ao conde da Vidigueira. Esta foi uma prática comum nos anos posteriores, como ocorreu com as cópias das respostas de Taquet a d. Duarte, dirigidas a d. Vasco Luís da Gama. Por seu cargo ocupado na França, pela "coordenação" das demais embaixadas e por seu estreito contato com o rei, o conde/marquês era um dos principais destinatários da correspondência trocada entre o infante e seu secreto representante em Veneza.

A escrita cifrada, de e para d. Duarte, foi muito valiosa nesse contexto. O artifício era uma técnica eficaz e arriscada de ocultamento na Época Moderna. As cartas cifradas pressupunham uma "interlocução codificada" entre emissor e receptor. Diferente do "mistério", cercado de silêncio, a cifra inscrevia-se num sistema de troca de informações, acessível aos eruditos nessa arte. Saber cifrar significava também ser capaz de decifrar.[20]

Outro especial canal de ligação do infante com a realidade exterior era a relação estabelecida com Luís Pereira de Castro,[21] enviado a Münster para obter a inclusão de Portugal no Congresso da Paz e a liberdade do infante, com quem Taquet teceu constantes conversações de papel. O príncipe também relacionava-se com Duarte Nunes da Costa, agente em Hamburgo, principal responsável por seu sustento desde os tempos de combate sob o brasão imperial. Além das cartas oficiosas, o financista foi o único a ter a

---

[20] Ao tratar dos segredos do Estado, o filósofo Michel Senellart disserta sobre a importância da escrita cifrada nos âmbitos espanhol, italiano, francês e inglês dos seiscentos. Senellart (2006:274-276). Para um exemplo de cifra presente em cartas de d. Duarte, Laranjo Coelho (1940-1942:v. 2. p. XV e 3-5).

[21] Pereira de Castro doutorou-se em direito canônico e exerceu cargos como os de desembargador do Paço, deputado do Santo Ofício, da Mesa de Consciência e Ordens e conselheiro de Estado. Entre 1642 e meados de 1643 esteve em Paris em missão especial, enviado para negociar o casamento do príncipe d. Teodósio e da *Grande Mademoiselle* (filha do duque de Orléans, sobrinha de Luís XIII de França). Sabe-se que levou dois diamantes para o conde da Vidigueira com essa intenção, buscando catalisar a assinatura de uma liga formal prometida por Richelieu — somente concluída em tempos de d. Afonso VI. Passou em seguida a Münster como ministro plenipotenciário, sem ter esse estatuto reconhecido em nível internacional devido à oposição dos Habsburgos. Nessa missão também foi munido de recursos, valendo-se, por exemplo, das joias levadas inicialmente pelo marquês de Cascais em embaixada extraordinária a França, por ocasião da morte de Luís XIII. Entretanto, o investimento brigantino no congresso não teve o retorno esperado. Ver Faria (2008:270-271); Costa e Cunha (2006:178) e Cardim (1998:105-106 e 117-118).

anuência do tenente do castelo d. Fradique Enriques para travar uma correspondência formal com o prisioneiro, bem como para o repasse de dinheiro e encomendas (Ramos Coelho, 1889:v. 1. p. 267 e 657-659).

Uma vez que constituía um símbolo importante a ser empunhado pela causa filipina, d. Duarte dificilmente seria solto. Fugir também era uma opção remota, pela própria estrutura do lugar. No castelo, a Roqueta, onde estava preso, formava junto à corte ducal o chamado quadrado Sforzesco. A área era anexa a outra retangular, a praça de Armas, somente sendo superada por uma ponte levadiça — o castelo apresentava em seu interior e no entorno fossos com água. Por sua posição e poderio bélico, a Roqueta era a parte mais segura da fortaleza, permitindo resistir a invasões mesmo após os inimigos tomarem a referida praça (Ramos Coelho, 1889:v. 1, p. 545-547).

Ao rés do chão, abaixo das escadas da Torre Castelã ou do Tesouro, os aposentos de d. Duarte ocupavam duas câmaras contíguas. A situada mais ao fundo dividia-se em três partes: alcova, oratório e gabinete. Este último, onde o infante dedicava-se à leitura e à escrita secreta, contava com uma janela gradeada que dava para o fosso e demais fortificações fora do quadrado. Entre a alcova e a parte destinada a refeições e passeios no cômodo externo, o prisioneiro tinha de cruzar obrigatoriamente uma grade de ferro, guardada por duas sentinelas, que dia e noite permaneciam em seu posto. A parte mais externa dessa sala era ocupada pela casa de guarda, composta por mais dois soldados, através da qual chegava-se ao pátio, igualmente vigiado. Para sair do castelo havia ainda um difícil caminho, com três portas e uma ponte devidamente zeladas (Ramos Coelho, 1889:v. 1, p. 554-561, 563 e 638-640).

A dinâmica de escrita das cartas resumia-se à articulação junto a seus criados. Segundo Huet, o príncipe saía inicialmente do aposento interior para o mais externo, determinando-lhes que preparassem o gabinete. A ordem era feita em língua inventada pelo próprio. Destro em vários idiomas, o prisioneiro fiava-se que os soldados oriundos de diversas partes não conseguiriam entender a mensagem na essência. Então ele retornava ao escritório e iniciava a leitura, até fazer ao criado um sinal combinado, momento em que este passava a ler com uma obra em mãos, enquanto o infante escrevia, normalmente em cifras. Caso os vigilantes desconfiassem de algo, valiam-se de senhas e contrassenhas, além de contarem com Simão Noé. Este, na câ-

118 | Maquiavel no Brasil

mara externa, passava-lhes senhas de rondas previstas e de "contrarrondas". Quando não era possível escrever com tinta, d. Duarte redigia mesmo a lápis, cabendo a Huet fazer as cópias. Durante essa ou outra atividade secreta do camareiro, o próprio infante ficava de sentinela, passeando pela sala do recinto externo.[22]

D. Duarte também contava, por vezes, com a participação de parte da guarda para comunicar-se. Em carta de 20 de agosto de 1643, ele esclareceu que a razão de não escrever sempre não era por falta de vontade, mas sim porque "me governo conforme os dias em que vêm os soldados que me deixam fazer, que doutro modo é impossível".[23]

Na missiva do dia 27 o preso, sempre interessado nas "novas" sobre o panorama internacional, demonstrava também preocupação com a descoberta de seus papéis. Desse modo orientava:

> Lembro-vos a cautela no mandar e tomar cartas, porque esta gente anda com grande vigilância, e bem sabeis o grande perigo que eu [correria?], se se descobrisse alguma coisa. Avisai-me se há esperança que as coisas em Roma se [melhoraram?], e se se descobriu o ânimo dessa República, no particular de receber embaixador. Com o embaixador de França é bom continuar sempre, e assegurar-lhe o quão obrigado lhe estou. (...) E procurai de haver novas de todos os embaixadores para me avisar, com que por agora não se [ofereça?] que dizer mais, e não tomeis pena em ser necessário (...).[24]

Em carta a Vidigueira de 3 de outubro de 1643, a dificuldade para estabelecer contato também era sublinhada por Taquet. Sob o epíteto "de negro", referente à cor das vestes do capelão nas missas, o intermediário de Veneza declarou num parágrafo fora e ao fim do texto: "Não tive carta do amigo [d. Duarte] nesta semana, e mandou dizer pelo do negro [Portis] que não fora possível escrever, e que me avisasse que estava bem, e pela que vem me escreveria largo".[25]

---

[22] Huet (1598-1690:v. 3, fls. 53 anverso-53 verso). Ver também Ramos Coelho (1889:v. 1. p. 662-663).

[23] Carta de D. Duarte a Taquet. Veneza, 20/8/1643. BPE, Mss. 106, 2, 11, fol. 487 verso.

[24] Ibid.

[25] Carta de Taquet ao conde da Vidigueira. Veneza, 3/10/1643. Ibid., fol. 493.

Nas epístolas, o príncipe também valia-se de referências veladas aos nomes dos correspondentes, empregando pseudônimos. Em carta a Gaspar de Magalhães — seu criado que deixara o posto no início de 1643, antes do protagonismo de Taquet —, d. Duarte, sob a máscara de Sebastião Tavares, alertou:

> V. m. [vossa mercê] escreva em uma folha de papel uma carta de cumprimento a algum amigo e na mesma folha de trás escreva com limão: e nas costas das [mesmas?] levando um pouco de papel cortado a passe pelo fogo, e não levando nada a meta na água, e verá a letra, e não mande, nem venha aqui [por?] alguma trazer dinheiro: que é muito perigoso, porquanto visitam tudo. V. m. faça fazer duas voltas de cadeia de ouro de pouco feitio de 600 dobrões cada uma, que ainda que grandes, as traremos de baixo do vestido.[26]

Como vimos, por inúmeros ardis, d. Duarte buscava contornar os obstáculos inerentes a sua condição, de modo a conectar-se a uma rede diplomática tecida ao longo dos anos iniciais da Restauração. Assim, tornava-se capaz de contribuir de modo mais ativo para a sua própria defesa, fosse pela projeção de uma imagem de príncipe cristão injustiçado, e/ou por meio de pareceres sobre as relações externas brigantinas. Duas frentes de ação usadas para o mesmo objetivo final: sua liberdade.

Tudo pela paz

Em assuntos delicados envolvendo direta ou indiretamente o resgate do irmão, d. João IV concedia-lhe espaço de opinião e influência (Santos, 1965:79). Nesse sentido, tudo o que pudesse prolongar a existência da recente dinastia diante de Castela não escapava de suas cartas secretas, pois a possível derrota dos Filipes em Portugal seria uma via para a sua libertação. Se firmar paz com os Estados Gerais das Províncias Unidas[27] evitaria a

---

[26] Carta de Sebastião Tavares [D. Duarte] a Gaspar de Magalhães. Milão, 3/2/1643. Ibid., fol. 153.
[27] Conforme Evaldo Cabral de Mello, era comum à época tratar a República das Províncias Unidas dos Países Baixos por Holanda, uma vez que esta era a mais importante das sete províncias

120 | Maquiavel no Brasil

composição de uma liga militar entre estes e o inimigo ibérico, a cessão de parte do litoral nordeste do Estado do Brasil aos batavos era sem dúvida uma questão delicada.[28]

Em resumo, até a chamada "solução desesperada" ser posta em prática, a resolução do impasse com a Companhia das Índias Ocidentais girou em torno dos projetos de compra e guerra. Para a coroa portuguesa, o objetivo da vitória luso-brasileira na América não era que os Estados Gerais desistissem do *Nordeste*, mas sim animá-los a vendê-lo (Mello, 1998:43). Apesar do peso de Angola nas finanças do império lusitano, sem a posse de todo o Brasil, d. João IV não seria rei de fato, comentava-se na corte. O próprio soberano denominava o Brasil a sua "vaca de leite" (Mello, 1998:39 e 45; Santarém, 1844:v. 4, parte 2, p. CL-CLI). Assim, abrir mão da região aos neerlandeses era considerado inviável, senão impossível, ao menos até a conjuntura delicada dos anos 1647 e 1648. A partir daí, nomes importantes do fazer diplomático, e até mesmo o rei, concluiriam que o fim das hostilidades luso--neerlandesas valia qualquer preço.

O infante era um deles. Na verdade, talvez ele tenha sido o primeiro a propor a entrega da região brasílica às Províncias Unidas sem qualquer contrapartida,[29] mais de um ano antes de a matéria ser proferida nos Estados Gerais por Francisco de Sousa Coutinho, embaixador português em Haia desde 1643.[30]

---

que constituíam a confederação. Entretanto, o autor lembra a necessidade de se distinguir esses vocábulos, pois a discordância em relação a assuntos externos era constante entre as províncias. Havia também diferenças entre os Estados Gerais e os Estados de Holanda. Os primeiros aludiam aos Países Baixos e seu governo, os últimos à respectiva assembleia provincial. Mello (1998:19-20). Para mais esclarecimentos sobre este complexo sistema político: Ibid., p. 45-52.

[28] No final de 1641 a extensão do "Brasil holandês" chegava ao seu auge, abrangendo territórios do Sergipe ao Maranhão. Além da conquista de regiões africanas como Angola e São Tomé, os neerlandeses aumentaram seus domínios americanos nesse último ano aproveitando-se da demora na ratificação do projeto de trégua de 10 anos firmado pelo malogrado embaixador Tristão de Mendonça Furtado. Mello (1998:31-37) e Vainfas (2009:102-103).

[29] Carta de Taquet ao conde da Vidigueira. Veneza, 10/2/1646. BPE. Mss. 106, 2, 11, fol. 307. O assunto fora exposto por d. Duarte em carta enviada a Taquet uma semana antes. Ver Ramos Coelho (1889:v. 2, p. 306). João Lúcio de Azevedo afirma que o infante foi o primeiro a sugerir a proposta, identificando-o como fautor do dito projeto, em fevereiro de 1646. Por não especificar a data da carta, acreditamos tratar-se da mesma aqui mencionada. Azevedo (2008:v. 1. p. 159 e 186-187). Ramos Coelho assegura que o tópico já fora enunciado por d. Duarte em carta a Taquet de 1645. Contudo, não foi ainda encontrada a referida epístola. Ramos Coelho (1889:v. 2, p. 543).

[30] Francisco de Sousa Coutinho servia à casa de Bragança desde 1623. Nomeado regedor do duque d. João II na corte de Madri, continuou as negociações de seu casamento com d. Luísa de

Até 19 de abril de 1648, data da primeira vitória dos luso-brasileiros nos montes Guararapes em Pernambuco,[31] a resolução do *negócio do Brasil* caminhava a favor da República. A dupla situação de Portugal junto a ela (guerra no ultramar e pretensa aliança na Europa) tornava-se insustentável. Além do progressivo enfraquecimento do apoio francês à inserção dos portugueses no Congresso da Paz, a partir de 1646 os ajustes hispano-neerlandeses encontravam-se na ordem do dia. Não por acaso, a 8 de janeiro de 1647 firmou-se um acordo provisório (Mello, 1998:74-76; Cardim, 1998:113) e, no ano seguinte, estabelecia-se o fim do embate de 80 anos em Münster. Somem-se a isso a mediação temporária das Províncias Unidas nos entendimentos franco-espanhóis em 1647 (Santos, 1965:97) e as consequências da Fronda parlamentar (1648-53) francesa.

Embora a Espanha só tenha concluído a paz com a França nos Pirineus em 1659 e o concerto com a "Holanda" não tenha significado a união de forças contra Portugal, tudo podia acontecer. Ante esse cenário, o receio de a nova dinastia régia não sobreviver à tormenta fez d. João IV, em agosto de 1647, recorrer enfim ao "meio desesperado". A ordem para Sousa Coutinho era ceder o nordeste sem exigir trégua com os espanhóis, embora fossem pleiteados o fim do bloqueio da Bahia e a paz entre Portugal e os Estados Gerais (Mello, 1998:94-95). A instrução, alcançando o destinatário cerca de dois meses depois, vinha em boa hora. Dias antes, Sousa Coutinho tomara decisão semelhante. Para o embaixador, receoso de algum tipo de reprimenda pelo ato, a notícia não poderia ser mais reconfortante.[32]

Gusmão, iniciadas por Francisco de Melo, e acompanhou d. Duarte em sua saída de Vila Viçosa (1634) em direção à corte espanhola, em seguida ao Sacro Império. Após o duque ter se tornado rei, foi considerado o único "diplomata de carreira" de d. João IV, exercendo a função de embaixador extraordinário em Copenhagen e Estocolmo (1641) — onde escreveu um manifesto a favor de d. Duarte para a dieta de Ratisbona —, Haia (1643-50), Paris (1651-55) e Roma (1655-58). Voltou a Portugal em 29/1/1659, falecendo a 22 de junho seguinte como conselheiro de Estado. Ramos Coelho (1889:v. 2, p. 113, 122 e 170); Mello (1998:43). Ver também Faria (2008:64, 65 e 250; 2005:81).

[31] Outros momentos fundamentais para o fortalecimento de um *Nordeste* português foram a reconquista de Luanda e outras possessões africanas pelas forças de Salvador Correia de Sá em 21/8/1648 e mais tarde a segunda vitória em Guararapes em 19/2/1649.

[32] Para a historiografia portuguesa, desde os tempos do terceiro conde de Ericeira, a ação de Sousa Coutinho garantira a unidade da América portuguesa, pois a oferta conseguira retardar a armada de Witte de With, habilidoso almirante neerlandês que preparava-se para atacar a ilha de Itaparica — região de acesso ao Recôncavo Baiano. Todavia, Cabral de Mello põe por terra essa

122 | Maquiavel no Brasil

Contudo, o alívio durou pouco. Os acontecimentos bélicos a favor dos luso-brasileiros logo mostraram-se definitivos para uma resolução em contrário. Com a vitória na primeira batalha, o rei, pressionado pelos chamados *valentões*,[33] acabou cedendo. Diferente do ocorrido no caso anterior, a ordem do monarca tomava então um rumo oposto ao de seu funcionário. A carta enviada a Niza em 25 de julho de 1648 prescrevia que Sousa Coutinho regressasse a Lisboa, sendo substituído por d. Luís de Portugal.[34] A ordem era um balde d'água fria para os que acompanhavam o projeto de perto, pois veriam assim suas ações pretéritas desautorizadas. Para eles, o momento era crítico: pouco mais de uma semana antes dessa notícia, haviam sido definidos os artigos de paz junto aos Estados Gerais. Em 31 de agosto, Antonio Vieira estava assustado com a mensagem, escrevendo a seu amigo e correspondente para intervir no caso. A carta ao marquês de Niza era um pedido para ele empenhar-se em convencer Sousa Coutinho a permanecer em seu posto, pois não se tratava de desobedecer às ordens do monarca, e sim trabalhar em seu serviço. Pressupunha desse modo que o soberano não estava a par do estágio das negociações. Ademais, Vieira lembrava-lhe o apoio do secretário de Estado Pedro Vieira da Silva, e que este "se doía" caso outras opiniões em contrário prevalecessem sobre d. João IV.[35]

---

convicção, pois segundo ele o atraso de dois meses da armada guardava maiores relações com os conflitos entre Holanda e Zelândia e, posteriormente, com as dificuldades em navegar o mar do Norte no inverno. Mello (1998:93-99).

[33] Assim foi denominado de forma sarcástica por Vieira o grupo surgido na época do tratado de trégua de 1641, mostrando-se contrário a quaisquer concessões a serem oferecidas pelos Estados Gerais, mesmo que isso custasse enfrentar uma aliança militar entre as províncias e a Espanha na Europa e no ultramar. Entre os *valentões* encontrava-se Manoel de Moraes, jesuíta paulista atuante na luta contra os neerlandeses em Pernambuco e capitanias vizinhas, depois indo para a Holanda e convertendo-se ao calvinismo. Estando em Lisboa entre 1648 e 1649, às voltas com um processo inquisitorial, o "traidor" escreveu um parecer questionando a entrega do "Brasil", inserindo-se assim na guerra de panfletos sobre o assunto. Além de *valentão*, sua curiosa trajetória de vida demonstra que também era temerário. Vainfas (2008:316-324; 2009:97-115).

[34] Laranjo Coelho (1940-1942:261-262). D. Luís de Portugal era neto de d. Antonio, prior do Crato, e de Guilherme, o Taciturno, por parte de sua mãe Emília de Nassau. No Congresso da Paz, o nobre chegou a ser nomeado plenipotenciário para a cidade de Osnabrück. Entretanto, foi Cristovão Soares de Abreu quem ocupou o lugar do falecido Rodrigo Botelho de Morais. Cardim (1998:114). Do mesmo modo, d. Luís não chegou a exercer o cargo em Haia. Para mais informações sobre a personagem e sua volátil fidelidade ao rei Bragança, Mello (1998:106) e Azevedo (2008:v. 1, p. 141).

[35] Carta do padre Antonio Vieira ao marquês de Niza. Haia, 31/08/1648. Apud Azevedo (1925:v. 1. p. 252-255).

A opinião do misterioso "Felipe Rolim" apontava no mesmo sentido. Dotado de outro pseudônimo, d. Duarte, ao ser avisado sobre a matéria, bradou do silêncio de sua prisão a Taquet: "Diga vossa mercê a Francisco de Sousa que eu fico rebentando de dor da nova que me dá, e que ele prossiga o negócio da paz, como se ele não tivera recebido tal carta del Rei, e que eu responderei por ele, e que tudo tomo sobre mim".[36] O "amigo Rolim", como certa vez Vieira denominou o infante,[37] acreditava que o soberano estava mal informado da situação. Nas cartas a d. João IV de 19 de novembro e 6 de dezembro, Sousa Coutinho tocou no mesmo ponto para justificar sua permanência em Haia:

> mandou-me escrever o Senhor Infante que, de nenhuma maneira se saísse daqui, e que prosseguisse a negociação até o fim porque era certo que se V. Majestade tivesse sabido dos termos em que ela estava, ou não mandaria despachar aquelas ordens, ou viriam em termos diferentes. Do mesmo parecer foi o marquês de Niza, e assim Sua Alteza [d. Duarte] como ele vieram depois de minhas réplicas em que pelo menos enquanto não havia resposta das cartas que levou o padre Antonio Vieira que eu devia esperar, porque do contrário faria a Vossa Majestade um grande desserviço.[38]

O apoio do "Senhor Infante" foi ainda utilizado pelo embaixador em outra de suas cartas ao marquês almirante. A 30 de novembro ele escreveu:

> De 13 do corrente tive carta de Taquet em que me diz o seguinte da parte do Senhor Infante: diga Vossa Mercê a Francisco Sousa Coutinho que me parece que não afrouxe o tratado da paz antes o prossiga com todo o calor porque isto é o que convém e hoje mais que nunca pois El-Rei está já desenganado com França e como se ponham as coisas no estado em que estavam quando se publicou a trégua tudo fica para ambas as partes. Este é o meu parecer e o será sempre até Deus não

---

[36] Carta de Taquet ao marquês de Niza. Veneza, 10/10/1648. BPE. Mss. 106, 2, 11, fol. 193 anverso.
[37] Carta do padre Antonio Vieira a Francisco de Sousa Coutinho. Lisboa, 10/11/1648. Apud Azevedo (1925:v. 1. p. 257-258).
[38] O início das respectivas epístolas é idêntico, por isso a dupla citação. Prestage, Laranjo Coelho e Azevedo (1955:v. 3. p. 163-165 e 180-181).

mudar o estado das coisas presentes e fizer algum milagre dos que costuma fazer em Portugal. (Prestage, Laranjo Coelho e Azevedo, 1955:v. 3, p. 176)

Além de reforçar a posição de d. Duarte em relação ao "meio desesperado", o trecho evidencia o vocabulário providencialista do infante, similar ao utilizado em outras cartas por Sousa Coutinho e Vieira — os quais receberiam, já nesta altura, a infausta alcunha de "Judas do Brasil".[39] Com referência ao "milagre", décadas depois, o padre, em missiva ao conde de Ericeira, justificava sua posição no acontecimento. Como ele esforçou-se em demonstrar, a escrita do *papel forte* — célebre tréplica aos *valentões* em meio à consulta feita aos conselhos sobre o assunto[40] — indicava que ele apenas cumprira ordens do rei.[41] Tal como d. Duarte ao dissimular para conseguir corresponder-se, Vieira, após o falecimento de d. João IV, recorreu ao mesmo ardil.

Aliás, essa prática foi particularmente constante no período conturbado das negociações de paz entre Portugal e os Estados Gerais. O que dizer do rei que nunca apoiou explicitamente aos revoltosos, buscando atuar em dois campos, a diplomacia e a guerra? (Boxer, 1973:227; Vainfas, 2009:105-106; Mello, 1998:42-43) Ou ainda de forma velada depositar esperanças no arrazoado do padre Vieira diante dos *valentões*, cada vez mais corajosos? (Mello, 1998:123-124) Ademais, as várias dilações de Sousa Coutinho, além de fazê-lo ganhar tempo, por vezes ocultavam o envolvimento do monarca

---

[39] Sousa Coutinho demonstrou conhecer a acusação numa carta endereçada ao marquês de Niza de 14/9/1648. Prestage, Laranjo Coelho e Azevedo (1955:v. 3, p. 109). Cidade (1942:1-14).

[40] O parecer, escrito entre o fim de 1648 e o início de 1649, foi assim denominado pelo próprio d. João IV. Nesse documento, Antonio Vieira defendia a entrega de Pernambuco, Paraíba, Rio Grande do Norte, Itamaracá e mais dois terços de Sergipe, bem como Angola, às Províncias Unidas. Para ele, o reino não conseguiria lidar com a potencial formação de uma frente única hispano-neerlandesa. Enunciado já em 1643, o argumento respondia à seguinte lógica: se Portugal em tempos de União Ibérica não conseguira rechaçar os holandeses de suas possessões no Oriente e no Ocidente, o que seria dele enfrentando esses dois poderosos inimigos em conjunto? Na altura em que Vieira escrevia esse raciocínio Luanda já tinha sido recuperada. Além disso, o *Nordeste* holandês estava praticamente reduzido a Recife e Olinda em 1649. Valladares (2006:86); Mello (1998:41 e 124-130); Azevedo (2008:v. 1. p. 183-186) e Vainfas (2009:113-114).

[41] Carta do padre Antonio Vieira ao (terceiro) conde de Ericeira. [Salvador], 23/05/1689. Apud Azevedo (2008:v. 3, p. 568-569).

na guerra luso-brasileira.[42] Embaixadores, soberanos e até mesmo religiosos não se furtaram em exercitar destreza nessa arte. Com o prisioneiro de Milão não foi diferente.

Assim, o d. Duarte das cartas secretas diferia bastante da sua imagem cristalizada pela literatura restauracionista. Por essa visão, o infante foi uma celebrada vítima dos conselhos ardilosos semeados por Maquiavel aos príncipes Habsburgos. Mas ele representou na prisão o papel de fiel vassalo de Filipe IV, ao mesmo tempo procurando, mediante uma velada integração à rede diplomática brigantina, a sua liberdade. Entretanto, isso não significa que ele e seus correspondentes imputassem a suas ações concessões imorais, ou fossem todos maquiavelistas disfarçados. Ao longo do capítulo constata-se que a distância entre o "prudente" e o "maquiavélico" não era nítida no plano político da época, como os arautos da razão de Estado cristã esforçavam-se por apresentar. Concebida também como arte, a *política cristã* buscava dar conta dessa complexidade, integrando em seu seio o segredo, a dissimulação e a estratégia. Ao empreenderem essas ações conforme seus objetivos e necessidades, tratadistas e poderosos acabavam dotando-as de um sentido moral, dificilmente captado por nosso olhar atual. Dessa forma, os estereótipos maquiavelistas foram reapropriados nos discursos de vitimização de d. Duarte, que ele próprio ajudara a construir. Acompanhamos então os artifícios dispostos por esse príncipe na prisão para fazer-se presente e participar do debate internacional em torno do futuro da dinastia Bragança e de possessões ultramarinas como o Brasil. Portanto, o caso do infante português seiscentista configura-se exemplar para repensar os efeitos do maquiavelismo na cultura política moderna, marcada mais pela heterodoxia e pelos jogos de aparências do que por uma visão objetiva e dicotômica da história.

Referências

ALMEIDA, Gustavo Kelly de. *Herói em processo*: escrita e diplomacia sobre d. Duarte de Bragança (1641-1649). Dissertação (mestrado em história social)

---

[42] A título de exemplo, ver a carta do embaixador ao rei de 31/8/1648. Apud Prestage, Laranjo Coelho e Azevedo (1955:v. 3, p. 96-97).

126 | Maquiavel no Brasil

— Universidade Federal Fluminense, Niterói, 2011. Disponível em: <www. historia.uff.br/stricto/td/1469.pdf>. Acesso em: 17 jan. 2014.

AZEVEDO, João Lúcio de. *História de Antonio Vieira*. São Paulo: Alameda, 2008. v. 1.

____ (Org.). *Cartas do padre Antonio Vieira*. Coimbra: Imprensa da Universidade, 1925. v. 1.

AZEVEDO, Luiz Marinho de; LOURENÇO, J. Herculano de Moura. *Exclamaciones políticas, jurídicas, y morales al summo pontifice, reyes, principes, respublicas amigas y confederadas con el rey don Iuan IV. de Portugal en la injusta prizion, y retencion del serenissimo infante D. Duarte su hermano.* Lisboa: Lourenço de Anveres, 1645.

AZEVEDO, Nicolau de Maia de. Relação de tudo o que se passou na felice aclamaçaõ do mui alto & mui poderoso rey dom João o IV... Lisboa: Lourenço de Anveres, 1641. In: MACHADO, Diogo Barbosa (Org.). *Manifestos de Portugal.* [Lisboa]: s.l., s.n. v. 1.

BAGNO, Sandra. '"Maquiavélico" *versus* "maquiaveliano" na língua e nos dicionários monolíngues brasileiros'. *Cadernos de Tradução*, Florianópolis, n. 22, p. 129-150, 2008. Disponível em: <http://dx.doi.org/10.5007/21757968.200 8v2n22p129>. Acesso em: 22 abr. 2013.

BERNARDINO, João de São. Sermão que pregou (...) nas exéquias do sereníssimo infante d. Duarte, na santa Sé Metropolitana de Lisboa... Lisboa: Antonio Alvarez, 1650. In: MACHADO, Diogo Barbosa (Org.). *Sermões de exéquias dos sereníssimos príncipes, infantes, e infantas de Portugal.* [Lisboa]: s.n., s.d. v. 1. p. 13 anverso.

BIRAGO, João Batista. *Historia della disunione del regno di Portogallo dalla corona di Castiglia.* Scritta dal dottore Gio: Bat. Birago. Avogaro. Cittadino Veneto. Novamente corretta, emendata illustrata. Con l'aggionta di molte cose notabili dal molto rdo p. maestro fra Ferdinando Helevo dell'ordine de predicatori. Con l'apendice di una scrittura d'un ministro di Spagna. Amsterdã: Niculau Ravesteyn, 1647.

BOXER, Charles Ralph. *Salvador de Sá e a luta pelo Brasil e Angola 1602-1686.* Tradução de Olivério de Oliveira Pinto. São Paulo: Editora Nacional; Edusp, 1973.

BURKE, Peter. *A fabricação do rei*: a construção da imagem pública de Luís XIV. Tradução de Maria Luiza X. de A. Borges. Rio de Janeiro: Jorge Zahar, 1994.

CARDIM, Pedro. Embaixadores e representantes diplomáticos da coroa portuguesa no século XVII. *Cultura.* Revista de História e Teoria das Ideias, Lisboa, v. 15, p. 51-52, 2002.

_____. Os "rebeldes de Portugal" no congresso de Münster (1644-48). *Penélope*, Lisboa, n. 19-20, p. 101-128, 1998.

_____. "Nem tudo se pode escrever". Correspondencia diplomática e información "politica" en el Portugal del Seiscentos. *Cuadernos de Historia Moderna. Anejos*, Madri, v. 4, p. 96-98, 2005.

CARVALHO, Antonio Moniz de. Innocentis et liberi principis venditio, Viennae celebrata, die 25 junii anno 1642. Venditore rege hungariae. Emptore regi castellae... [Paris]: s.n., 1642. In: MACHADO, Diogo Barbosa (Org.). *Manifestos de Portugal*. [Lisboa]: s.l., s.n. v. 2, p. 5-20.

CASTRO, Nicolas Fernandez de. *Portugal convenzida con la razon para ser venzida con las catholicas potentissimas armas de don Philippe IV. El Pio N. S. emperador de las Españas, y del nuevo mundo, sobre la justissima recuperacion de aquel reyno, y la justa prision de don Duarte de Portugal*. Obra apologetica, juridico-theologo-historico-politica, dividida en cinco tratados, que se señalan en la pagina siguiente. En que se responde à todos los libros y manifiestos, que desde el dia de la rebelion hasta oy han publicado los bergantistas contra la palmaria justiçia de Castilla. Milão: Hermanos Malatestas, 1648.

CIDADE, Hernani. O "Judas do Brasil" Francisco de Sousa Coutinho: algumas cartas inéditas sobre a sua ação diplomática em Holanda. *Separata de Brasília*, Brasília, v. 1, p. 1-14, 1942.

COSTA, Leonor Freire; Cunha, Mafalda Soares da. *D. João IV*. Lisboa: Círculo de Leitores, 2006. p. 177-179.

CUNHA, Mafalda Soares da. *A casa de Bragança 1560-1640*: práticas senhoriais e redes clientelares. Lisboa: Estampa, 2000.

ERICEIRA, conde da [Luís de Meneses]. *Historia de Portugal Restaurado*. Porto: Civilização, 1945. v. 1.

FARIA, Ana Leal de. *Arquitectos da paz*. A diplomacia portuguesa de 1640 a 1815. Lisboa: Tribuna, 2008.

_____. *Duarte Ribeiro de Macedo*: um diplomata moderno (1618-1680). Lisboa: Ministério dos Negócios Estrangeiros, 2005.

FERNANDES, José Ignacio Díez (Org.). Baltasar Gracián. *A arte da prudência. Oráculo manual*. Tradução de Helena Pitta. Lisboa: Temas da Atualidade, 1994. [1647].

GRACIÁN, Baltasar. *O herói*. Tradução de Armandina Puga. Lisboa: Iniciativas Editoriais, 1977.

_____. *O herói*. Tradução de Jorge P. Pires. Lisboa: Frenesi, 2003.

HESPANHA, António Manuel. *As vésperas do Leviathan*: instituições e poder político. Portugal — século XVII. Coimbra: Almedina, 1994.

LARANJO COELHO, Possidónio Mateus. *Cartas de el rei d. João IV ao conde da Vidigueira (marquês de Niza) embaixador em França*. Lisboa: Academia Portuguesa de História, 1940-1942. 2 v.

MACEDO, Antonio de Sousa de. Público sentimento da injustiça de Alemanha ao rei de Hungria. Príncipes, ordens, & senhores do império. Lisboa: s.n., 1642. In: MACHADO, Diogo Barbosa (Org.). *Manifestos de Portugal*. [Lisboa]: s.l., s.n. v. 2, p. 43 anverso.

MELLO, Evaldo Cabral de. *O negócio do Brasil*: Portugal, os Países Baixos e o Nordeste, 1641-1669. Rio de Janeiro: Topbooks, 1998.

PRESTAGE, Edgar. *As duas embaixadas do 1º marquês de Niza a França (1642 a 1646 e 1647 a 1649)*. Coimbra: Instituto de Coimbra, 1919. v. 66.

_____; LARANJO COELHO, Possidónio Mateus.; AZEVEDO, Pedro de. *Correspondência diplomática de Francisco de Sousa Coutinho durante a sua embaixada em Holanda*. Lisboa: Centro Tipográfico Colonial, 1955. v. 3.

RAMOS COELHO, José. *História do infante d. Duarte*: irmão de el-rei d. João IV. Lisboa: Academia Real das Ciências, 1889. v. 1.

_____. *O primeiro marquês de Nisa*: notícias. Lisboa: Arquivo Histórico Português, 1903.

SANTARÉM, visconde de [Manuel Francisco de Barros e Sousa de Mesquita de Macedo Leitão e Carvalhosa]. *Quadro elementar das relações políticas e diplomáticas de Portugal com as diversas potências do mundo, desde o princípio da monarquia portuguesa até os nossos dias*. Paris: J. P. Aillaud, 1844. v. 4.

SANTOS, Maria Emília Madeira. *Relações diplomáticas entre Portugal e Veneza (1641-1649)*. Lisboa: Instituto de Alta Cultura, 1965.

SENELLART, Michel. *As artes de governar*: do *regimen* medieval ao conceito de governo. Tradução de Paulo Neves. São Paulo: Editora 34, 2006.

_____. *Machiavélisme et raison d'Etat XIIe-XVIIIe siècle*. Paris: Puf, 1989.

SOUZA, Laura de Mello e; FURTADO, Júnia Ferreira; BICALHO, Maria Fernanda (Org.). *O governo dos povos*. São Paulo: Alameda, 2009. p. 485-505.

TEIXEIRA, Felipe Charbel. *Timoneiros*: retórica, prudência e história em Maquiavel e Guicciardini. Campinas: Editora Unicamp, 2010.

VAINFAS, Ronaldo. Guerra declarada e paz fingida na Restauração portuguesa. *Tempo*. Revista do Departamento de História da Universidade Federal Fluminense, Niterói, v. 14, n. 27, p. 102-103, 2009. Disponível em: <www.historia.uff.br/tempo/artigos_dossie/v14n27a07.pdf>. Acesso em: 22 abr. 2013.

_____. *Traição*: um jesuíta a serviço do Brasil holandês processado pela Inquisição. São Paulo: Companhia das Letras, 2008.

VALLADARES, Rafael. *A independência de Portugal*: guerra e Restauração (1640-1668). Tradução de Pedro Cardim. Lisboa: A Esfera dos Livros, 2006.

VIEIRA, Antonio. Sermão nas exéquias do sereníssimo infante de Portugal d. Duarte, que morreu recluso no castelo de Milão a 3 de setembro de 1649... Lisboa: Manoel da Silva, 1748. In: MACHADO, Diogo Barbosa (Org.). *Sermões de exéquias dos sereníssimos príncipes, infantes, e infantas de Portugal.* [Lisboa]: s.n., s.d. v. 1, p. 176 anverso-verso.

VILA REAL, Manuel Fernandes. El principe vendido, o venta del inocente y libre principe don Duarte infante de Portugal, celebrada en Vienna, a 25 de junio de 1642, años. El rey de Ungria vendedor. El rey de Castilla comprador... Paris: Juan Pâlé, 1643. In: MACHADO, Diogo Barbosa (Org.). *Manifestos de Portugal.* [Lisboa]: s.n., s.d. v. 2, p. 21-40.

VILLARI, Rosario. *Elogio della dissimulazione*: la lotta politica nel seicento. Bari: Laterza, 1987.

VISTARINI, Antonio Bernat; MADROÑAL, Abraham (Org.). Gracián. *El héroe. Oráculo manual y Arte de la prudencia.* Madri: Castalia, 2003.

Há dois modos de combater: um com as leis, outro com a força.

PARTE II

PRÍNCIPES

Esta gravura feita a buril e água-forte foi produzida pelo artista italiano Giovanni Battista Lenardi, em parceria com o gravador Arnoldus van Westerhout. Por volta de 1695, eles receberam a encomenda de uma estampa que celebrasse o poder de Pedro de Bragança como rei de Portugal. Após o período conturbado de guerra pela independência com a Espanha, e as mortes do rei irmão Afonso VI, da rainha Maria Francisca de Saboia e da infanta Isabel de Bragança, a monarquia portuguesa aproximava-se da corte imperial, com o novo casamento de d. Pedro II com Maria Sofia Isabel de Neuburgo, filha do eleitor palatino do Reno. Dessa união nascia o futuro d. João V. O desenho concebido por Lenardi monumentaliza o império luso e glorifica sua dimensão ultramarina. Na imagem em destaque, o busto de d. Pedro, ladeado pela fama e sua trombeta, paira sobre quatro alegorias femininas ao redor do globo terrestre. Da direita para a esquerda estão representadas Ásia, América, África e Europa, com cetro, coroa e cornucópia. A segunda parte do livro se concentra na América, enfatiza a atuação de alguns governantes no mundo colonial brasileiro e serve de contraponto à propaganda celebrativa de Portugal, indicando a outra face da construção desses domínios: a ação pragmática dos que governam e se inspiram no aforismo d'*O príncipe,* em que Maquiavel afirma: "Há dois modos de combater: um com as leis, outro com a força". Essas palavras evocam a tese de que a lei, sendo útil, é a vontade do mais forte; elas estabelecem uma analogia entre a lei e a guerra, como meios necessários para criar e manter uma situação de ordem. Desse modo o príncipe pode transitar de uma situação a outra para gerenciar livremente o espaço das aparências, e assim garantir a eficácia da sua ação de governar, que é, essencialmente, uma gestão de conflitos. Com base nessas premissas, ante a necessidade de afirmação da Nova Holanda em Pernambuco, a atuação do conde Maurício de Nassau propiciou as reflexões do humanista flamengo Gaspar Barleus, segundo o capítulo de Arthur Weststeijn; mais tarde o conde de Óbidos, vice-rei na América portuguesa, em função do seu pragmatismo político, cultivou obediências, mas também desafetos, como analisa Vinícius Dantas; e o discurso de defesa do governo de d. Pedro de Almeida Portugal nas Minas indica afinidades com um exercício do poder mais violento, que ultrapassou as formalidades administrativas, segundo Rodrigo Bentes Monteiro.

Rodrigo Bentes Monteiro e Silvia Patuzzi

4. MAQUIAVEL NO BRASIL HOLANDÊS. GASPAR BARLEUS, JOÃO MAURÍCIO DE NASSAU E O PRÍNCIPE COLONIAL[1]

Arthur Weststeijn

AS VICISSITUDES DAS EXPANSÕES coloniais portuguesa e holandesa ao início da Idade Moderna são notavelmente relatadas como processos inversamente proporcionais de ascendência, declínio e queda. Ambos os países emergiram da periferia do poder do império Habsburgo para estabelecer impérios comerciais transcontinentais que desafiaram, com sucesso, o predomínio dos Estados europeus de maior porte. Portugal, evidentemente, assumiu a liderança na expansão ultramarina do século XV em diante, e o gradual declínio de seu domínio colonial esteve intrinsecamente ligado à ascensão da expansão holandesa por volta de 1600, quando embarcações holandesas começaram a minar a supremacia portuguesa do sudeste asiático ao Atlântico. Durante todo o século XVII, mercadores, soldados e colonos portugueses e holandeses estiveram envolvidos em uma constante disputa por mercados e territórios no além-mar. No leste, especialmente nas ilhas Molucas, a expansão holandesa significou o colapso do poderio português, enquanto a oeste, os destinos coloniais deram-se de forma diferente: a despeito do revés inicial, quando os holandeses tomaram fortalezas no Brasil de 1630 em diante, Portugal triunfou a longo prazo e, em 1654, o Brasil foi definitivamente reconquistado dos holandeses.

---

[1] Tradução de Mariana Dantas Batista e Christiano Sanches.

O Brasil constitui assim um estágio óbvio no exame das ligações entre os colonialismos holandês e português no início da Época Moderna. Mas também é um estudo de caso interessante, ao revelar a existência surpreendente de uma característica comum aos dois países: a negligência historiográfica a respeito do pano de fundo ideológico de suas empreitadas coloniais. Conforme recentemente argumentou Giuseppe Marcocci em seu abrangente estudo da história intelectual do império português, uma visão tradicional afirmava que os portugueses nunca tentaram estabelecer uma justificativa ideológica para suas aquisições coloniais, nem sequer se pensaram a si próprios como um poder imperial (Marcocci, 2011:12). Nesse contexto, enquanto muita atenção foi dada, nas últimas décadas, ao desenvolvimento de ideologias imperiais na Espanha, França e Inglaterra, os historiadores das ideias políticas olvidaram amplamente a expansão portuguesa.[2] O mesmo pode ser dito no caso holandês. Muitas pesquisas têm sido feitas sobre vários aspectos sociais, econômicos, políticos e militares do colonialismo holandês ao início da modernidade, mas o pano de fundo intelectual da expansão holandesa ainda é um terreno praticamente inexplorado — sendo Hugo Grotius a única exceção.[3] Os colonialismos português e holandês estariam, assim, muito interligados, não apenas por seu desenvolvimento histórico, mas também por essa negligência historiográfica de que são objeto. Esse relativo esquecimento é, de certa forma, evidente no mais completo estudo existente das ideologias imperiais do período moderno. *Lords of all the world*, de Anthony Pagden, ao oferecer uma impressionante síntese do pensamento colonial em Espanha, França e Inglaterra, mantém, contudo, um silêncio quase completo em relação a Portugal e à Holanda. Surpreendentemente, Pagden explica seu silêncio referindo-se ao Brasil, argumentando que este não era tão significativo nem na prática colonial, nem na teoria imperial (Pagden, 1995:4). Isso pode muito bem ser verdade do ponto de vista da Espanha, da França ou da Inglaterra, mas seria também válido para os protagonistas coloniais em cena, os holandeses e os portugueses?

Este ensaio objetiva contribuir para a história das ideias tratando da competição colonialista entre portugueses e holandeses por meio de uma análise

---

[2] Ver também Pagden (1990); Armitage (2000); Firzmaurice (2003); Pitts (2005); Kelly (2009).
[3] Ver especialmente Ittersum (2006) e Borschberg (2011).

da justificativa do domínio holandês no Brasil, num momento-chave dessa disputa: o governo de João Maurício de Nassau, entre 1637 e 1644. Particular atenção será dada aos tons maquiavelianos que tingem a principal fonte coeva sobre o Brasil holandês, a obra *Rerum per octennium in Brasilia*, de Gaspar Barleus, publicada em Amsterdã no ano de 1647. Concebido como um panegírico de João Maurício, esse trabalho é conhecido particularmente pela descrição detalhada dos destinos da colônia holandesa, intercalada por largas passagens tiradas dos escritos do próprio Nassau, sumários meticulosos de suas campanhas militares e caracterizações em louvor ao seu caráter principesco.[4] É menos sabido que Barleus, um dos principais autores neerlandeses de seu tempo, era obcecado pela figura de Maquiavel, como fica claro numa palestra por ele proferida na cidade de Amsterdã, em 1633. Analisando o trabalho de Barleus sobre o Brasil no âmbito dessa palestra, argumenta-se aqui que Barleus adotou criticamente alguns dos preceitos maquiavelianos de império para explicar e justificar os esforços coloniais da república neerlandesa no século XVII. Em particular, ele apresentou seu patrono, João Maurício de Nassau, como um louvável modelo de príncipe colonial, o qual, fiel à razão de Estado maquiaveliana, usou tanto *amore* quanto *forza* para estabelecer e expandir seu domínio no Brasil. Contudo, a descrição de João Maurício feita por Barleus também foi além do modelo maquiaveliano, defendendo a expansão comercial acima da expansão do território. O trabalho de Barleus mostra, portanto, a extensão do comprometimento holandês, em sua disputa colonial com os portugueses, na tentativa de repensar o principado maquiaveliano. O Brasil colonial forneceu o cenário no qual Maquiavel foi adaptado às preocupações de um império comercial moderno.

Liberdade em casa, império no exterior

Em seu estimulante estudo *Maquiavel e império*, o historiador sueco Mikael Hörnqvist caracteriza convincentemente o núcleo do pensamento político

---

[4] Barleus (1647). Há traduções modernas disponíveis em holandês, português e inglês: Barleus (1923; 1940; 2011). Para os propósitos deste ensaio, usa-se esta última edição, com algumas mudanças na tradução sempre que necessário.

maquiaveliano como a ligação entre a liberdade em casa e o império no exterior. Para Maquiavel, repúblicas bem organizadas como a Roma Antiga mostraram-se muito bem-sucedidas em expandir seus domínios, uma vez que a liberdade cívica característica das repúblicas seria um pré-requisito essencial para um estímulo à expansão territorial. A república pleiteada por Maquiavel seria uma república imperial, o que é muito menos paradoxal do que possa parecer. Conforme o argumento de Hörnqvist, essa conexão entre republicanismo e imperialismo pode de fato ser considerada a temática central da argumentação d'*O príncipe,* bem como da dos *Discursos* — dois textos-chave de Maquiavel, notórios por sua aparente incompatibilidade.[5]

Maquiavel, evidentemente, tratou em seus escritos do contexto específico da república imperial de Florença ao início do século XVI. Entretanto, outra república do início da Época Moderna parece ter seguido seus preceitos mais vivamente: a república holandesa, também conhecida como República das Províncias Unidas, uma exceção política na Europa monárquica surgida da revolta holandesa contra a dominação dos Habsburgos. Enquanto Florença perdia sua liberdade republicana e sua proeminência com a supremacia dos Medici, a república holandesa combinava com sucesso a guerra interna pela independência e a expansão ultramarina. Assim, em 1581, os holandeses abjuraram seu rei, Filipe II, e em 1595 os primeiros navios desta nova república rumaram em direção à Ásia. Dentro de poucas décadas, mercadores e colonos holandeses estavam por toda parte, desde a baía de Nagasaki ao estuário do Hudson. Quando a república holandesa foi finalmente declarada Estado soberano, em 1648, já detinha um extenso império colonial, construído principalmente por meios de práticas multifacetadas de políticas expansionistas, também defendidas por Maquiavel: destruição de assentamentos estrangeiros, estabelecimento de entrepostos coloniais, uso fraudulento de associações e domínio indireto do espaço através das elites locais.[6]

---

[5] Hörnqvist (2004). Para uma interpretação ligeiramente diferente do republicanismo imperial de Maquiavel, conferir Armitage (2002:v. II, p. 29-46) e Pocock (2003:v. 3, p. 203-235). Ver também o argumento bastante incoerente e inconsistente de Andrew (2011).
[6] As passagens cruciais são de *Il principe,* cap. V e *Discorsi,* livro II, cap. 4. Para comentários, ver Hörnqvist (2004:113-147).

Maquiavel na república holandesa

Até que ponto esses esforços coloniais foram influenciados pelo pensamento político de Maquiavel? Surpreendentemente, os poucos estudos existentes sobre a recepção de Maquiavel na república holandesa nunca levantaram essa questão, algo ainda mais notável tendo em conta que o caso holandês oferece o único exemplo de uma bem-sucedida e duradoura "república imperial" na Europa do início da Época Moderna. A Holanda, além disso, estava familiarizada com as ideias de Maquiavel desde os primeiros dias da sua revolta, quando textos de origem francesa passaram a ser mencionados no debate doméstico holandês utilizando Maquiavel (Zwierlein, 2011). Seus escritos estavam disponíveis em numerosas edições italianas, latinas e francesas, e as primeiras traduções para o holandês d'*O príncipe* e dos *Discursos* surgiram em 1615, vindo a ser reeditadas em 1625 e 1652 (Heck, 1996:411-424; Terrenato, 2010:171-206). Estudiosos humanistas de peso revelaram seus conhecimento e interesse pelo pensamento maquiaveliano, desde Justo Lípsio, cujo livro *Politica*, muito influente à época, disseminou uma versão oblíqua do maquiavelismo por toda a Europa[7] até o proeminente poeta e historiador P. C. Hooft, que comentou favoravelmente os escritos históricos de Maquiavel (Mulier, 1990:247-263, em especial, p. 248). Em Leiden, na maior universidade do mundo protestante e centro incontestável da cultura acadêmica holandesa, muitos estudantes foram introduzidos na obra de Maquiavel através das lentes críticas de seus professores. Daniel Heinsius, professor de política e história e bibliotecário da universidade, repudiou Maquiavel veementemente em sua aula inaugural de 1614 (Heck, 2002:47-64, em especial, p. 50-57), enquanto o livro fundamental sobre políticas aristotélicas de Leiden, *Idea oeconomicae et politicae doctrinae*, de Franco Burgersdijk, refutava abertamente *O príncipe,* no qual se apresentava um conselho imoral para os monarcas não cuidarem de seus súditos.[8] No entanto, a despeito dessa refutação, Maquiavel foi o único autor nominalmente mencionado por Burgersdijk, para além de Aristóteles. Assim, seu inquietante pensamento

---

[7] Para comentários, ver Lipsius (2004:98-102) e Brooke (2012:12-36).
[8] Burgersdijk (1644:35-36). Sobre a política de Burgersdijk, ver especialmente Blom (1995:67-100).

penetrou decididamente nos principais meios de ensino político da república holandesa.

Raposa vestida de púrpura

Nos idos de março de 1633, Gaspar Barleus pronunciou a crítica mais aberta a Maquiavel até então apresentada numa aula na Athenaeum Illustre, uma escola de ensino superior em Amsterdã. Barleus, um proeminente erudito e poeta humanista tardio nascido em Antuérpia no ano de 1584, ensinava filosofia na Athenaeum, e escolheu, para a palestra de abertura de um curso de filosofia moral, um tema muito apropriado àquele dia, no qual se evocava a sorte dos governantes romanos. Pelo próprio título de sua palestra, "o bom príncipe", Barleus explicitamente opunha-se aos "conselhos do escritor florentino N. Maquiavel, os quais ele inseriu em seus livros sobre O Príncipe, sobre a República e outros".[9] Barleus assim distinguiu *O príncipe* como um livro sobre príncipes e *Discursos* como um livro sobre repúblicas. No entanto, comentou os dois textos de uma só vez, de modo a abordar as preocupações específicas de uma república principesca — como era a das Províncias Unidas, onde os príncipes de Orange tinham uma participação importante no governo. Como deveria um governante agir nesse contexto? Referindo-se particularmente aos notórios capítulos 15 e 18 d'*O príncipe* e a várias passagens do primeiro e do terceiro livros dos *Discursos*, Barleus discutiu criticamente a importância de Maquiavel perante uma audiência de magistrados e comerciantes de Amsterdã.

De modo geral, Barleus seguiu a representação comum de Maquiavel como um perspicaz, porém, altamente imoral comentarista político. Houve uma época, disse Barleus, em que as virtudes estavam sob o ataque dos ensinamentos ambíguos dos teóricos da razão de Estado, os quais "com falsos nomes chamam astúcia 'prudência', ambição 'generosidade', desejo de poder 'magnanimidade', e que dizem que a única lei do governo é buscar a prosperidade estável dos domínios, seja pelo certo ou pelo errado". Esse predomí-

---

[9] Barleus (1633). A palestra está incluída numa tradução holandesa da coleção de discursos de Barleus (1662:48-89). Para comentários, conferir Mulier (1990:249-250) e Heck (2002:58-63).

nio do pensamento da razão de Estado explica o aumento da popularidade de Maquiavel, "um homem de intelecto perspicaz, mas com uma noção muito equivocada de honestidade". Como ensinou Barleus aos seus ouvintes, o modelo de Maquiavel seria o de "um governante de uma república que se destaca em prudência [como ele a chama], mas que é totalmente desprovido de virtude e probidade", o total oposto de um bom príncipe:

> Pode-se dizer que uma monstruosidade de príncipe foi criada, não um príncipe; um impostor, não o pai de uma pátria; ao invés de um pastor de pessoas, um enganador perspicaz, um astuto zelador de seus próprios interesses, uma raposa em veste púrpura, para quem toda a maldade, se pelo menos for bem-sucedida e afortunada, passa-se por uma virtude. Até mesmo a religião é como uma mercadoria para o benefício do que ele considera ser útil para si próprio e para a República. (Barleus, 1633:4, tradução do autor)

A principal mensagem que Barleus quis passar na sua desmitificação de Maquiavel era a de que as políticas clássicas de virtude não deveriam ceder à pressão da razão de Estado moderna. Enquanto Maquiavel "carrega a bandeira do utilitarismo, para nós a honestidade é o que conta": a virtude sempre forma a essência da prudência política. Para Barleus, um domínio forte e estável somente podia basear-se num governo justo, e ele frisou particularmente dois campos de ação política nos quais a honestidade virtuosa revelava-se incontornável, nomeadamente a política internacional e a religião. Com uma metáfora recorrente, certamente não despercebida por sua audiência de comerciantes de Amsterdã, Barleus descreveu Maquiavel como alguém que percebia a religião como mera "mercadoria", valorizando "a questão mais sagrada somente por seu proveito político". Mas, defendia, a religião comandava os príncipes, não o contrário, e a prática da fé verdadeira seria certamente a forma mais adequada de governar um povo. Essa repetida comparação entre a duplicidade de Maquiavel e o comércio intentava claramente expressar uma crítica implícita à cultura mercantil holandesa, a qual, como Barleus ressaltou em outras ocasiões igualmente públicas, não deveria deixar o lucro prevalecer sobre os princípios. Aqueles que professavam sua virtude apenas para ocultar sua impiedade eram certamente mais culpados, agindo como "prostitutas feias usando uma máscara de santidade" (Barleus, 1633:4, 12 e 17, tradução do autor). Assim, Barleus defendeu vigorosamente os valores de honestidade e confiabilidade contra os preceitos maquiavelianos de trapaça e mentira.

No trecho conclusivo de seu discurso, Barleus mais uma vez reiterou seu apelo por um governo justo e pio, que reconhecesse que a verdadeira prudência só podia advir da pura virtude. Contudo, apesar de seu declarado antimaquiavelismo, Barleus eventualmente pareceu ceder um pouco quanto à aplicabilidade do conceito de política de razão de Estado, condenada com tanta veemência. Dirigindo-se diretamente a todos os reis e príncipes, especialmente aos oficiais do governo republicano em sua audiência, ensinou--lhes que havia algum espaço para as manobras maquiavelianas, desde que permanecessem no limite do aceitável:

> Vocês podem ser astutos, mas não além da iniquidade. Podem esticar os limites, mas sem maldade. Podem travar guerras, mas somente se não puderem ser evitadas. Podem usar de violência, mas somente para recuperar o que é seu. Podem decidir pela paz, mas não se um pretexto a corromper. Não rejeitarei a desconfiança, desde que exclua apenas a credulidade: acreditar em todos e não acreditar em ninguém é igualmente prejudicial. Tampouco condeno a dissimulação, desde que esconda apenas aquilo que não deve ser publicamente conhecido. (Barleus, 1633:18, tradução do autor)

Surpreendentemente, Barleus termina assim seu discurso, com uma mensagem que atenua ligeiramente sua forte refutação da razão de Estado, abrindo uma via intermediária entre os caminhos divergentes da prudência maquiaveliana e da virtude clássica. O fato de escolher renegar Maquiavel tão abertamente numa ocasião pública importante revela sua obsessão com o maquiavelismo, claramente considerado por ele como um risco para a política holandesa. A sua representação de Maquiavel como homem perspicaz, mas imoral, não era particularmente excepcional nesse contexto, e boa parte de suas críticas parecia ser, ao mesmo tempo, direcionada a outros representantes menos retumbantes do pensamento da razão de Estado, mais notadamente a Lípsio (Heck, 2002:61-62). No entanto, sua palestra terminou num tom de certa forma mais moderado ou conciliador, mostrando até que ponto um estudioso humanista importante como Barleus procurou fazer as pazes com o maquiavelismo num período definido por conflitos e incertezas políticas. Em 1633, os holandeses estavam em guerra há 60 anos, e tanto na Europa quanto no além-mar eram deixados cada vez mais à mercê dos caprichos de *Dona Fortuna*. Nesse mundo de competição implacável e mudança constante de posições, as formulações de Maquiavel pareciam mais apropriadas do que nunca. "A escolha fundamental no mundo de Maquiavel", para citar Hörnqvist, "é simples: é entre subir e descer, entre enganar ou ser enganado, entre devorar ou ser devorado" (Hörnqvist, 2004:92). Com essa palestra sobre "o bom príncipe", Barleus demonstrou o impacto desse dilema maquiaveliano: gostando-se ou não, eventualmente seria preciso admitir que certa dose de astúcia fazia-se necessária para sobrepujar oponentes, bem como para sobreviver nas constantes lutas políticas globais.

Uma nova Roma no Novo Mundo

Quando Barleus proferiu sua palestra na Athenaeum de Amsterdã, os holandeses haviam recentemente entrado numa nova fase de seu desafio global ao poder imperial Habsburgo, conquistando Olinda e Recife aos portugueses em 1630. Após uma falha anterior, em 1624, na tentativa de conquistar uma fortaleza em Salvador da Bahia, desta vez os holandeses mostraram-se mais bem-sucedidos e, no espaço de uma década, ocuparam uma longa faixa no litoral do nordeste brasileiro, uma área logo chamada de "Nova Holanda".[10] Desde o início as perspectivas do governo holandês no Brasil eram bastante incertas, mas o otimismo aumentou quando a Companhia das Índias Ocidentais (West-Indische Compagnie, doravante WIC) indicou o conde João Maurício de Nassau, príncipe descendente da casa de Orange, para governador-geral da colônia em 1637. Sob sua liderança, o Brasil holandês experimentou um curto, porém dinâmico, período de maior expansão e empreendimentos artísticos e científicos, até o conselho da WIC, crítico de suas

---

[10] A discussão mais abrangente sobre o governo colonial holandês no Brasil ainda é a clássica avaliação de Boxer (1957).

ações, dispensar o conde de suas atribuições em 1644.[11] De volta à Holanda, João Maurício encomendou ao estudioso Barleus (que nunca colocara seus pés no Novo Mundo) um relato escrito apresentando um panorama histórico sobre seu período como governador-geral, com o intuito de justificar seu governo e salvaguardar sua reputação na posteridade. Barleus atendeu a essa demanda, e em 1647 publicou um levantamento verdadeiramente monumental da *res gestae* do conde, encadernado em respeitável formato de *folio* pela proeminente tipografia de Amsterdã, a Ioannes Blaeu, ilustrado com numerosas representações dos cenários coloniais pelo pintor Frans Post.[12]

O elogioso retrato de Maurício de Nassau apresentado por Barleus muito fez pela posterior representação mítica do governo holandês como uma "idade de ouro", ainda que de curta duração, na história do Brasil colonial. No entanto, muito pouco foi dito até agora sobre a maneira exata como Barleus contribuiu para esse mito, partindo da justificação da expansão holandesa no além-mar. Desnecessário será dizer que os elogios ao seu benfeitor nem sempre estavam de acordo com o de fato acontecido. Contudo, a pergunta interessante a fazer não é quão grande seria o abismo entre representação e realidade, mas sim de que forma Barleus construiu uma imagem de João Maurício como um bom príncipe colonial.

Fiel às suas posições de humanista proeminente, Barleus usou uma linguagem clássica distintiva para esboçar o pano de fundo da expansão colonial holandesa e as qualidades do governo de João Maurício. A sua obra começa com uma dedicatória ao conde, proclamando vigorosamente como a conquista do Brasil provava que os holandeses seguiam os passos dos antigos — até superando-os. "Os historiadores da antiguidade", alegava Barleus, "narraram para nós o que as gerações posteriores precisam lembrar para sempre, mas eles não chegaram além das fronteiras de seu mundo conhecido". Sob a liderança de João Maurício, os holandeses foram mais longe para explorar novos horizontes:

> Fomos com você a um mundo diferente do outro lado do oceano, cheios de
> coragem para conquistar uma região que a natureza reservou para sua honra e

---

[11] Ver especialmente Boogaart et al. (1979).
[12] Para uma primeira introdução ao trabalho, ver Harmsen (1994:158-169).

a da Casa de Nassau. Os historiadores gregos e romanos encheram suas páginas com Atenas, Esparta, Cartago, Roma, Lácio, Gália e Alemanha. Em nossa história os nomes são Olinda, Pernambuco, Cidade Maurícia, Itamaracá, Paraíba, Luanda, São Jorge da Mina e Maranhão, estranhos aos historiadores de outrora. (Barleus, 2011:1)

Continuando nessa veia tipicamente humanista, Barleus afirmou então que a expansão mundial holandesa oferecia outro exemplo de um império onde o sol nunca se punha, uma nova Roma capaz até mesmo de ofuscar sua precursora clássica, graças à sua justificativa comercial moderna e seu empreendimento aventureiro. O estabelecimento das companhias de comércio holandesas de capital privado foi "um gesto que serve como um prodígio de nosso tempo e supera todos aqueles da Antiguidade", afirmou Barleus seguramente. Acrescentou ainda que os almirantes e comandantes holandeses igualmente superaram seus antecessores romanos, de Cipião a Pompeu, travando batalhas muito mais longe de casa e contra inimigos muito mais perigosos. Inúmeras vezes, o autor recorreu a essas comparações com a história antiga, equiparando o herói de seu relato, João Maurício de Nassau, a César e Augusto, apresentando-o como o defensor da Roma holandesa contra a Cartago portuguesa — para a ocasião, convenientemente localizada em Salvador da Bahia. Para Barleus, o Brasil holandês era efetivamente uma nova Roma estabelecida no Novo Mundo. Tudo indica que o próprio João Maurício concordava. De fato, uma vez o conde caracterizou suas credenciais cesáreas com um toque de drama num relato aos Estados Gerais holandeses, citado por Barleus: "A sorte foi lançada. Atravessamos não o Rubicão, mas um oceano" (Barleus, 2011: 7, 20, 86, 138, 190 e 312).

Este uso do modelo romano num contexto colonial evidentemente traz à mente Maquiavel, sem dúvida o mais forte defensor da Roma expansionista nos primórdios da Europa moderna. Nos *Discursos*, Maquiavel celebremente elogiou o modo como a república romana conquistou um império para si por meio de *amore* e de *forza*, destruindo os seus vizinhos ao mesmo tempo que atraía estrangeiros para a cidade (Vivanti, 2000:144). Enquanto a Esparta e a Atenas antigas tentaram subjugar povos distantes, e assim acabaram fracassando em suas empreitadas coloniais, Roma teve sucesso por fazer tratados com outras forças quando necessário, e permaneceu aumentando seus próprios território e população. Como Maquiavel argumentou, os sucessos de Roma mostram que uma república devia incorporar novos habitantes, fazer aliados em vez de súditos, estabelecer entrepostos coloniais para defender terras conquistadas, realizar pilhagens para o erário público, combater o inimigo com batalhas rápidas em vez de longos cercos, manter o Estado rico e os indivíduos pobres e treinar os cidadãos no serviço militar. Essa seria "a verdadeira maneira de tornar uma república grande e adquirir um império" (Vivanti, 2000:186, tradução do autor). Como leitor crítico de Maquiavel, será que Barleus concordava com essa comparação?

O bom príncipe no além-mar

Em sua palestra sobre Maquiavel, Barleus ressaltou principalmente as virtudes da honestidade e da piedade em termos bastante gerais, sem entrar em detalhes sobre as práticas coloniais concretas. A sua história do Brasil holandês começa com uma nota similar, retratando João Maurício de Nassau como um bom governante caracterizado por piedade e moderação, equidade, clemência e humanidade (Barleus, 2011:3, 1647:2* verso). Entretanto, mesmo após essa abertura um tanto rotineira, o texto continua a discutir as reais políticas do conde no Brasil — enveredando por uma dimensão a mais. A ênfase nas suas virtudes permanece ao longo de todo o trabalho, mas fica claro nas entrelinhas que um bom governante devia saber, principalmente, como preservar um império. E João Maurício, conforme o relato de Barleus, expandiu seu governo graças a tudo, menos às táticas de Maquiavel.

Em sua chegada ao Brasil, conta-nos Barleus, João Maurício deparou-se com uma colônia à beira da desintegração moral e política. Entretanto, o conde rapidamente tomou medidas militares, derrotando os portugueses em Porto Calvo, e procurou assegurar as conquistas holandesas com o estabelecimento de novos fortes e entrepostos. Ao mesmo tempo, como um verdadeiro *principe nuovo*, cuidou dos negócios internos da colônia e erigiu um forte governo civil "com rigor e prudência, eliminando atividades criminosas, corrigindo muitos abusos e punindo com severidade, para que suas ações transformassem mais pessoas em cidadãos decentes do que o que ele tinha encontrado em sua chegada". Barleus enfatizou especialmente como João Maurício combinou severidade e magnanimidade para enfrentar possíveis sedições e descontentamentos, reunindo assim todos os diferentes povos do Brasil sob um governo central único:

> Honrarias, quando merecidas, eram prontamente concedidas, mas punições para crimes eram dispensadas com a mesma rapidez. Era como se o conde tivesse criado um corpo unificado de pessoas de várias nacionalidades — holandeses, portugueses e brasileiros, e assim lançou as bases para o crescimento de um império forte.

De caráter gentil, mas pouco inclinado a meias ações, João Maurício não hesitou em "recorrer a medidas extraordinariamente severas, assim como um médico rigoroso trata um paciente gravemente enfermo" (Barleus, 2011:49-50, tradução ligeiramente modificada; 1647:48). Essa atitude decisiva, como Maquiavel ensinou numa metáfora semelhante, havia sido a chave para o sucesso imperial dos romanos, ao perceberem que um remédio forte precisava ser imediatamente aplicado, pois se se esperasse demais, a doença tornava-se incurável (Inglese, 1995:cap. III, p. 18).

Nessa mesma linha de julgamento, Barleus argumentou que a conduta de João Maurício não teve o intuito de subjugar esses povos, mas antes incorporar os indígenas e a população portuguesa da colônia, oferecendo-lhes diversos benefícios e privilégios. Mais importante, João Maurício optou por uma política de tolerância religiosa, com a qual todos ganharam liberdade de consciência e de culto, de forma a que "os vencidos passaram a ter uma melhor opinião sobre nosso governo, falavam dele com mais apreço, e obedeciam de bom grado". Barleus, é claro, imediatamente acrescentou que "o conde João Maurício considerava os assuntos de fé da maior importância" e que ele "manteve uma observância rigorosa de todas as formas de devoção". Entretanto, essa piedade, reconheceu o humanista, servia primeiramente para apoiar "a autoridade da Companhia, protegendo a religião na esfera pública, enquanto mostrava tolerância diante das crenças alheias" (Barleus, 2011:52-53, tradução ligeiramente modificada; 1647:51-52). Mas Barleus não disse que isso estava muito próximo da prática maquiaveliana antes por ele condenada tão veementemente, ou seja, o uso da religião como "mercadoria" para obter benefícios políticos.

Estabelecendo assim seu governo sobre os habitantes da colônia holandesa, João Maurício de Nassau também tentou confraternizar e formar alianças militares com povos indígenas não colonizados, por exemplo, recrutando guerreiros tarairius como forças de guerrilha contra os portugueses (Boogaart, 1979:519-538). Conquistas ulteriores no Brasil e na África ocidental serviram para expandir gradualmente os territórios holandeses, enquanto o conde defendeu vigorosamente uma política de privilégios coloniais abrangentes para atrair colonos holandeses ao Brasil e assim aumentar sua população. Como argumentou Barleus, "era evidente que estabelecer colônias de imigrantes em várias regiões era a melhor forma de estabilizar o império, para que o Brasil ficasse a salvo pela lealdade da sua população em vez de guarnições e medo constante" (Barleus, 2011:230, tradução ligeiramente modificada; 1647:237). O principal privilégio defendido por João Maurício era a abertura do livre-comércio a todos os colonos — uma questão muito debatida na Holanda, pois significava a efetiva abolição do monopólio da WIC no comércio colonial (Weststeijn, 2014). Mas para João Maurício, o livre-comércio era fundamental, já que "as regiões vazias e inabitadas do Brasil não poderiam ser cultivadas sem colonos, e (...) estes não poderiam ser chamados a se estabelecer lá a menos que fosse dada a cada um a oportunidade de ganhar dinheiro". O futuro da colônia holandesa no Brasil dependia assim do seu sucesso em atrair colonos, como enfatizou também Barleus: "Colonos trazem força aos territórios, diminuindo a necessidade de guarnições, e geram segurança para uma república [*republicam*] que pode confiar em sua população". Pela mesma razão, ele louvou João Maurício ao defender o treinamento militar para todos os cidadãos, pois é "da maior importância para a defesa de um império [*imperii*] que tanto soldados quanto civis saibam pegar em armas" (Barleus, 2011:89 e 290, tradução ligeiramente modificada; 1647:89 e 306). Porém, sublinha-se novamente, o fato ainda mais crucial para a segurança do Brasil holandês foi a decisão do conde de confraternizar com os povos conquistados. "Ele acreditava ser mais seguro fazer amigos ao invés de escravos, e governar súditos voluntários e não coagidos." (Barleus, 2011:89 e 290, tradução ligeiramente modificada; 1647:239).

Entretanto, essa política de *amore*, para usar a expressão de Maquiavel, não excluía o exercício da pura *forza*. Ante a oposição implacável dos portugueses após seus primeiros anos como governador-geral, João Maurício enviou suas tropas numa expedição retaliatória à baía de Todos os Santos, "para queimar e derrubar, devastar e destruir tudo o que encontrassem". "Esta decisão", como comentou Barleus, "pode ter sido inspirada na Roma antiga quando, com esse mesmo propósito em mente, seu povo assolou territórios na Espanha, Campanha, Ligúria, e na terra dos nérvios e menápios". Seguindo essa estratégia romana, as tropas holandesas queimaram engenhos de açúcar portugueses, devastaram e saquearam terras e fazendas, e na ilha de Itaparica "todos os cidadãos homens que podiam portar armas foram derrubados e mortos e apenas mulheres e crianças foram poupadas" (Barleus, 2011:185). De fato, a destruição era, segundo Barleus, o único modo de pacificar os portugueses obstinados, que "odiavam a moral, o idioma, as leis e a religião dos holandeses. Não havia esperança de que uma paz sólida pudesse algum dia ser estabelecida entre eles, e por esta razão o conde acreditava que somente o terror poderia mantê-los sob controle" (Barleus, 2011:278).

Barleus apresentou seu patrono como um príncipe colonial que usou tanto *amore* quanto *forza*, humanidade e crueldade, tolerância e terror para estabelecer seu governo e assegurar a colônia holandesa. Às vezes, seu trabalho revela algum mal-estar implícito em relação a essa estratégia imperial dupla, e Barleus enfatizou que não queria ser visto como um absoluto defensor dos princípios da razão de Estado. Como ele escreveu, de forma um tanto ou quanto equivocada: "Eu apaguei essas duas afirmações dos princípios de equidade e justiça: que governantes não devem ser rigorosos em suas ideias de certo e errado e que todos os seus atos para preservar seus domínios são honrosos" (Barleus, 2011:101, tradução modificada, com assistência de Bernard Stolte; 2011:101). Entretanto, apesar dessa tentativa de recuperar suas credenciais antimaquiavelianas, Barleus acabou concluindo que João Maurício foi um bom governante, precisamente por todas as suas ações, mesmo as mais questionáveis, almejarem a preservação do governo holandês no Brasil. "Não quero que ninguém tenha dúvidas sobre sua prudência", afirmou o autor, "necessária e apropriada à segurança e glória pública (Barleus, 2011:292, tradução modificada; 1647:307). Afinal, para Barleus também o marco inquestionável da prudência política era a necessidade, não a virtude.

Direcionando ambições

Como em sua palestra sobre Maquiavel de 1633, Barleus argumentou no seu trabalho sobre o Brasil que um bom príncipe destacava-se por sua virtude; porém, a manobra maquiaveliana, por vezes, era necessária. João Maurício de Nassau, em seu relato, personificava esse bom príncipe na arena colonial, um governante caracterizado por suas virtudes clássicas de justiça e piedade, mas também adotando as táticas expansionistas de Maquiavel para assegurar seu governo, combinando as estratégias de confraternização e colonização mediante a concessão de privilégios com o recurso da pacificação forçada pela destruição pura e simples. Em suma, "ele mostrou sobre que qualidades distintivas os impérios [*imperia*] são construídos" (Barleus, 2011:314; 1647:331). Além dessa temática principesca colorindo o retrato feito por Barleus de seu patrono, também há outra, que constitui talvez um toque maquiaveliano menos evidente no seu trabalho: a ideia da expansão colonial direcionar os efeitos perigosos da ambição humana, virando o desejo de dominar pelo avesso, transformando a ameaça da tirania em força dinâmica de glória e grandeza. Como argumentou Hörnqvist, esse mecanismo formaria a essência da interação entre liberdade interna e império no exterior, presente no pensamento político de Maquiavel (Hörnqvist, 2004:74). De certo modo, Barleus adotou esse tema, mas ajustou-o de maneira particular, alinhando-o com a primazia comercial da república holandesa do século XVII: nessa visão, a ambição do homem seria primordialmente um desejo por ganhos materiais, e o único império capaz de direcioná-la seria o do comércio.

O mundo colonial retratado por Barleus seria um mundo dominado por *Dona Fortuna*, onde mortais ambiciosos tentavam ardentemente atingir seus objetivos — a maioria em vão. Alguns, como João Maurício, souberam navegar os mares da fortuna, mas muitos outros falhavam em seus empreendimentos, desencaminhados por sua própria ambição indomável. "Esperança e planejamento talvez nos façam pensar que certos resultados podem ser esperados", escreveu Barleus, "mas a Fortuna mantém secretamente outro resultado em mente (Barleus, 2011:273). Evidentemente, essa ênfase no poder da Fortuna era um tema comum ao humanismo de inspiração estoica, no entanto Barleus distanciou-se dessa tradição ao enfatizar o envolvimento do homem com o destino, definido pelo desejo de lucro.

> De fato, a esperança de lucro é o mais poderoso incentivo para a realização de empreendimentos ousados, porque as pessoas não têm medo quando estão famintas e lhes falta o que poderia fazer a vida prazerosa e confortável. O desejo de ter e de governar [*habendi & regnandi amor*] impelirá a humanidade a realizar as tarefas mais perigosas. Onde o desejo por riqueza encontra um caminho, a ambição seguirá. Onde o comércio se instala num local desejável, a ambição de governar será encontrada ao seu lado. A História prova que a luta será mais feroz onde os despojos e os ganhos são maiores. (Barleus, 2011:8-9; 1647:5)

Para Barleus, o *cupido dominandi* de Tácito necessariamente andaria junto com o *amor habendi* de Ovídio. Essa competição combinada por dinheiro e poder moveria as pessoas, movimentando também os impérios numa época de capitalismo florescente.

Ao longo de seu trabalho, Barleus revelou seu mal-estar em relação a esse caráter capitalista de sua época. Não há dúvidas que reconheceu que a ambição encorajava grandes empreitadas, como a de seu herói João Maurício. Entretanto, ao mesmo tempo, enfatizou o perigo de os homens perderem-se em seus empreendimentos ambiciosos, cegos pelo desejo de lucro. Refletindo sobre as ações dos holandeses no Brasil, ele comentou:

> Eles procuraram obter lucros por meio da guerra, do comércio e da expansão territorial. Florestas, montanhas, rios ou mares não impediam sua busca por ganho. O respeito pelo dinheiro é tão forte que desafia os homens a fazer o extraordinário e torna-os capazes de fazer o inacreditável, seja no sentido de procurar por riquezas escondidas ou alcançar riquezas palpáveis. Contudo, riquezas presentes e recentemente adquiridas não fazem um homem feliz, e o desejo por riquezas gera grande infelicidade. (Barleus, 2011:216)

Novamente, essa desconfiança de riqueza e ganância débeis era amplamente difundida entre os humanistas cristãos, não menos na república holandesa, onde moralistas estoicos, bem como pastores calvinistas, denunciavam a acumulação desequilibrada de riquezas.[13] Entretanto, Barleus, ante a crescente preponderância do comércio no seu mundo, adotou um tom particularmente crítico ao sublinhar a ambição comercial como indomável por definição. Mercadores, conforme a experiência de Barleus na Amsterdã do século XVII, nunca estavam satisfeitos e sempre queriam mais, independentemente dos favores concedidos por *Dona Fortuna*: "Um mercador tem a mente inquieta; por mais boa fortuna que encontre, ainda que repetidamente, ela nunca será suficiente para saciar seus desejos" (Barleus, 2011:191).

A questão fundamental, portanto, a ser enfrentada por Barleus era como canalizar essa inquietude comercial. Havia um modo de aproveitar a ambição comercial a fim de contribuir para o bem-estar da sociedade, ao invés de enfraquecê-lo? A eventual resposta de Barleus foi bastante implícita e um pouco hesitante, mas fundamental assim mesmo. Em síntese, seu argumento pautava-se por aceitar a ambição comercial com seu valor nominal, pois ela seria inevitável de qualquer forma, e direcionar o desejo por riquezas para fora, para portos distantes e mercados além-mar. Assim como Maquiavel buscou superar o risco da tirania pela mobilização da ambição humana para a criação de uma república imperial, Barleus tentou controlar a ganância por meio de um império comercial. A república holandesa, argumentou, poderia manter sua liberdade não a despeito, mas por causa de sua expansão comercial: ao invés de evitar atividades comerciais, os holandeses as acolheram como característica definidora de seu regime republicano. A ambição e o desejo por lucros foram assim institucionalizados e aí residia, para Barleus, o fator distintivo que tornava os holandeses superiores a seus antepassados:

Diferenciamo-nos dos gregos e romanos nesse aspecto: para os primeiros, o objetivo principal era a glória, para os últimos, a utilidade; para nós, a busca pela glória está combinada à busca por lucro. Não viramos as costas às possessões materiais que protegem a república, mas as consideramos os mais elevados bens de

---

[13] Ver o clássico moderno de Schama (1987).

nosso país. Para os romanos, qualquer forma de procura por lucros era indecorosa para senadores. Entretanto, é aceitável para as classes dirigentes holandesas. Elas acreditam que avareza e mesquinharia podem ser contrabalançadas com a magnanimidade e a exibição de riqueza, e que a vulgaridade do comércio será compensada pelo seu papel nos negócios do estado, para que possa ser considerada honrável. Não vivemos em uma monarquia, mas numa república de bons homens, onde a nobreza é reduzida em número e cidadãos honestos governam porque consideram esta forma de vida como seu dever. Tornamo-nos poderosos por causa de nossas atividades comerciais, como os venezianos, os florentinos e os genoveses. Não acreditamos ser errado procurar por riquezas através da guerra legítima ou pela travessia de oceanos perigosos. Não consideramos o comércio algo vergonhoso, nem achamos desonroso tirar do inimigo o que pudermos. (Barleus, 2011:11-12, tradução modificada; 1647:8-9)

Para Barleus, comércio e império republicano caminhavam juntos, pois num típico governo republicano a ambição comercial seria dirigida ao bem-estar da sociedade e à grandeza do Estado. O desejo por lucro, se deixado fora de controle, poderia degradar a virtude cívica e a felicidade humana; mas, como já foi mencionado, quando dirigido para fora, pode fazer com que a república se expanda, enquanto mantém sua liberdade. Com essa afirmação, Barleus justificou o colonialismo holandês como um projeto comercial benigno, legítimo e honrado, capaz de superar o exemplo da Roma antiga. Enquanto Maquiavel tomou Roma como um paradigma de república imperial que aumentou seu território, Barleus apresentou a república holandesa como uma nova Roma expandindo-se por meio do comércio global. Seu trabalho sobre o Brasil holandês mostra, portanto, como as políticas imperiais maquiavelianas poderiam ser aplicadas numa economia comercial moderna (Hont, 2005:11-17).

Maquiavel e a queda do Brasil holandês

O que resta então, afinal, das observações críticas de Barleus sobre Maquiavel, este "homem de intelecto perspicaz, mas de avaliação bastante equivocada da honestidade"? Claramente, Barleus escreveu na sombra de Maquiavel e, não obstante as suas fortes críticas, não pôde evitar a adoção de algumas estratégias e pressupostos do autor florentino: da necessidade política de dissimulação e do uso colonial de benefícios e brutalidade, ao reconhecimento de que a expansão podia canalizar a ambição. Isso não significa que Barleus possa ser caracterizado como um "maquiaveliano" incontestável, pois muitas de suas ideias seguiram tendências mais gerais do humanismo tardio e das teorias de razão de Estado, e algumas até mesmo contradisseram diretamente os ensinamentos de Maquiavel, como a contínua ênfase de Barleus nas virtudes da moderação e da piedade. Entretanto, as várias formas com que os pensamentos de Maquiavel ressurgiram na glorificação de Barleus a João Maurício, bem como sua justificativa da expansão colonial holandesa, mostram como o maquiavelismo tornara-se um fator dominante no pensamento político holandês em meados do século XVII. Barleus, um dos últimos verdadeiros humanistas em seu país, era claramente obcecado por Maquiavel, cujos princípios eram vistos por ele como o último desafio à sobrevivência da virtude clássica no mundo moderno. Em seu trabalho sobre o Brasil, contudo, ele não poderia deixar de recomendar alguns desses mesmos princípios. É impossível dizer se o fez deliberadamente, talvez com relutância, ou até mesmo inconscientemente. Porém, é evidente que o autor sabia claramente que, ao falar-se de política, não se podia fazê-lo sem Maquiavel. Nenhum comentário de outro escritor foi igualmente pertinente à moral do governo principesco e às causas subjacentes da ascensão, do declínio e da queda da república.

Os sucessos do Brasil holandês acabaram sendo de curta duração. Em 1654, 10 anos após o retorno de João Maurício à Europa, Portugal conquistou a colônia e restabeleceu seu governo. Barleus já havia morrido a essa altura, mas pode ter previsto esse destino. Em sua palestra de 1633, concluiu dizendo que as políticas maquiavelianas eram na verdade um sinal de fraqueza, sendo adotadas apenas por governantes fracos que não podiam fazer melhor: "É um sinal claro de um governo fraco e exaurido quando, na falta de qualquer virtude ou força, se é forçado a procurar refúgio em tais ignóbeis e vergonhosas vilanias e sicofantismos dos maquiavelianos, os quais, embora úteis por algum tempo, acabarão por falhar" (Barleus, 1633:19, tradução do autor).

O Brasil holandês, de fato, foi uma colônia frágil desde o início, perturbada pela falta de colonos, pelo excesso de conspiradores e por uma permanente resistência interna e externa por parte dos portugueses. Talvez Barleus tenha percebido que, justamente por conta dessas fraquezas, os holandeses precisavam empregar táticas maquiavelianas para manter seu governo num mundo hostil. Entretanto, o momento da derrocada definitiva poderia apenas ser adiado, mas não evitado. A queda do Brasil holandês acabou mostrando-se inevitável — não importa quantas "vilanias e sicofantismos" os holandeses adotaram de Maquiavel.

Referências

ANDREW, Edward G. *Imperial republics*: revolution, war, and territorial expansion from the English Civil War to the French Revolution. Toronto: University of Toronto Press, 2011.

ARMITAGE, David. Empire and liberty: a republican dilemma. In: GELDEREN, Martin van; SKINNER, Quentin (Org.). *Republicanism*: a shared European heritage. Cambridge: Cambridge University Press, 2002. v. II.

_____. *The ideological origins of the British Empire*. Cambridge: Cambridge University Press, 2000.

BARLEUS, Gaspar. *Dissertatio de bono príncipe, adversus N. Machiavelli Florentini scriptoris suasórias, quas libris suis de Principe, Republica, aliisque insparsit*. Amsterdã: Willem Blaeu, 1633.

_____. *História dos feitos recentemente praticados durante oito anos no Brasil e noutras partes sob o governo do ilustríssimo João Maurício conde de Nassau*. Tradução de Cláudio Brandão. Rio de Janeiro: Serviço Gráfico do Ministério da Educação, 1940.

_____. *Nederlandsch Brazilië onder het bewind van Johan Maurits*. Tradução de S. P. L'Honoré Naber. Haia: Martinus Nijhoff, 1923.

_____. *Oratien, em blyde inkomst van Maria de Medicis*. Amsterdã: Jan van Duisberg, 1662.

_____. *Rerum per octennium in Brasilia et alibi nuper gestarum, sub praefectura illustrissimi Comitis I. Mauritii historia*. Amsterdã: Johannes Blaeu, 1647.

_____. *The history of Brazil under the governorship of Count Johan Maurits of Nassau, 1613-1644*. Tradução de Blanche T. van Berckel-Ebeling Koning. Gainesville: University Press of Florida, 2011.

BLOM, Hans. *Morality and causality in politics*: the rise of naturalism in Dutch Seventeenth-Century political thought. Tese (doutorado) — Utrecht University, Utrecht, 1995.

BOOGAART, Ernst van den. Infernal allies: the Dutch West India Company and the Tarairiu, 1630-1654. In: BOOGAART, Ernst van den et al. (Org.). *Johan Maurits van Nassau-Siegen, 1604-1679*: a humanist prince in Europe and Brazil. Haia: The Johan Maurits van Nassau Stichting, 1979. p. 519-538.

_____ et al. (Org.). *Johan Maurits van Nassau-Siegen, 1604-1679*: a humanist prince in Europe and Brazil. Haia: The Johan Maurits van Nassau Stichting, 1979.

BORSCHBERG, Peter. *Hugo Grotius, the Portuguese and free trade in the East Indies*. Singapura: NUS Press, 2011.

BOXER, Charles Ralph. *The Dutch in Brazil, 1624-1654*. Oxford: Clarendon Press, 1957.

BROOKE, Christopher. *Philosophic pride*. Stoicism and political thought from Lipsius to Rousseau. Princeton; Oxford: Princeton University Press, 2012.

BURGERSDIJK, Franco. *Idea oeconomicae et politicae doctrinae*. Leiden: H. de Vogel, 1644.

FIRZMAURICE, Andrew. *Humanism and America*: an intellectual history of English colonization, 1500-1625. Cambridge: Cambridge University Press, 2003.

HARMSEN, A. J. E. Barleus's description of the Dutch colony in Brazil. In: MARTELS, Zweder von (Org.). *Travel fact and travel fiction*: studies on fiction, literary tradition, scholarly discovery and observation in travel writing. Leiden; Boston: Brill, 1994. p. 158-169.

HECK, Paul van. Cymbalum politicorum, consultor Solosus. Two Dutch academics on Niccolò Machiavelli. In: HOUDT, Toon van et al. (Org.). *On the edge of truth and honesty*: principles and strategies of raud and deceit in the Early Modern period. Leiden; Boston: Brill, 2002. p. 47-64.

_____. La prima traduzione in olandese dei *Discorsi* e del *Principe*. In: MARCHAND, J. J. (Org.). *Niccolò Machiavelli político storico letterato*. Atti del convegno di Losanna, 27-30 settembre 1995. Roma: 1996. p. 411-424.

HONT, Istvan. *Jealousy of trade*: international competition and the nation-state in historical perspective. Cambridge, Mass.; Londres: Harvard University Press, 2005.

HÖRNQVIST, Mikael. *Machiavelli and empire*. Cambridge: Cambridge University Press, 2004.

INGLESE, Giorgio (Org.). *Machiavelli, Il principe*. Turim: Einaudi, 1995. cap. III.

ITTERSUM, Martine van. *Profit and principle*: Hugo Grotius, natural rights theories and the rise of Dutch power in the East Indies (1595-1615). Leiden; Boston: Brill, 2006.

KELLY. Duncan. *Lineages of empire*: the historical roots of British imperial thought. Oxford: Oxford University Press, 2009.

LIPSIUS, Justus. *Politica*. Organização de Jan Waszink. Assen: Van Gorcum, 2004.

MARCOCCI, Giuseppe. *L'invenzione di un impero*: politica e cultura nel mondo portoghese (1450-1600). Roma: Carocci, 2011.

MULIER, Eco Haistma. A controversial republican: Dutch views on Machiavelli in the Seventeenth and Eighteenth Centuries. In: BOCK, Gisela; SKINNER, Quentin; VIROLI, Maurizio (Org.). *Machiavelli and republicanism*. Cambridge: Cambridge University Press, 1990. p. 247-263.

PAGDEN, Anthony. *Lords of all the world*: ideologies of Empire in Spain, Britain and France, c. 1500-c. 1800. New Haven; Londres: Yale University Press, 1995.

_____. *Spanish imperialism and the political imagination*: studies in European and Spanish-American social and political theory, 1513-1830. New Haven; Londres: Yale University Press, 1990.

PITTS, Jennifer. *A turn to empire*: the rise of imperial liberalism in Britain and France. Princeton: Princeton University Press, 2005.

POCOCK, John Greville Agard. *Barbarism and religion*: the first decline and fall. Cambridge: Cambridge University Press, 2003. v. 3.

SCHAMA, Simon. *The embarassment of riches*: an interpretation of Dutch culture in the Golden Age. Londres: Collins, 1987.

TERRENATO, Francesca. The first Dutch translation. In: POL, Roberto de (Org.). *The first translations of Machiavelli's* Prince *from the Sixteenth to the first half of the Nineteenth Century*. Amsterdã; Nova York: Rodopi, 2010. p. 171-206.

VIVANTI, Corrado (Org.). *Machiavelli. Discorsi sopra la prima deca di Tito Livio*. Turim: Einaudi, 2000.

WESTSTEIJN, Arthur. Dutch Brazil and the making of free trade ideology. In: GROESEN, Michiel van (Org.). *The legacy of Dutch Brazil*. Cambridge: Cambridge University Press, 2014. p. 187-204

ZWIERLEIN, Cornel. *French Machiavellians and the Dutch revolt*. In: MACHIAVELLI'S HEIRS: HUMANISM, TACITISM AND REASON OF STATE IN THE DUTCH REPUBLIC, 2011, Roma. Manuscrito.

5. UM VICE-REI QUE LIA MAQUIAVEL? UMA APROXIMAÇÃO AO GOVERNO DO CONDE DE ÓBIDOS NO BRASIL

Vinícius Dantas

Ideias e contextos

A famosa carta sobre livros proibidos escrita em Paris por d. Vasco Luís da Gama, marquês de Niza e embaixador de d. João IV, ao seu amigo em Roma d. Vicente Nogueira talvez seja um dos testemunhos mais expressivos do interesse dos nobres portugueses pela obra de Maquiavel no século XVII.[1] Nela, o marquês lembrou que em Lisboa muitos fidalgos liam Maquiavel "sem licença nem escrúpulo".[2] O tom de denúncia da missiva fazia sentido, pois cerca de dois anos antes o bispo e inquisidor-geral de Portugal d. Francisco de Castro anulara todas as licenças eclesiásticas para leitura e posse de "livros de hereges, suspeitos na fé, ou condenados por alguns outros legítimos respeitos".[3] Até a primeira metade do século XVIII, mesmo religiosos com autorização para ler livros proibidos pela Inquisição não podiam portar livremente obras de Maquiavel. Os escritos do autor florentino deviam ser

---

[1] Parte deste texto foi adaptada para o artigo de Monteiro e Dantas (2014:1-26).

[2] Carta do marquês de Niza para D. Vicente Nogueira, 27/9/1647. Biblioteca Nacional de Portugal (BNP), cód. 2667, fol. 159-160 verso. In: Serafim e Carvalho (Org.). *Um diálogo epistolar*: d. Vicente Nogueira e o marquês de Niza (1615-1654). Porto: Afrontamento, 2011. p. 121. Ver também Curto (1988:68) e Albuquerque (2007).

[3] Provisão do bispo D. Francisco de Castro revogando as licenças para a leitura e posse de livros proibidos, 30/8/1645. Arquivo Nacional da Torre do Tombo (ANTT), Tribunal do Santo Ofício, Conselho Geral, liv. 213, fls. 453-457. Sobre livros proibidos em Portugal. ver Marquilhas (2000:144-161).

guardados "em segredo e fechados à chave para não passarem às mãos de outrem".[4]

Apesar do interesse dos nobres portugueses por Maquiavel, era arriscado defender publicamente suas ideias. Com a vigilância inquisitorial, os admiradores do autor florentino expressaram mais seu entusiasmo nos âmbitos privado ou dissimulado. Os que falaram abertamente sobre Maquiavel no Portugal seiscentista fizeram-no em tom crítico, para demonstrar o perigo de as suas ideias "contaminarem" o comportamento dos soberanos e homens em geral. Uma acusação recorrente era o fato de Maquiavel colocar os interesses dos príncipes acima da religião e dos súditos. Assim, os defensores de uma política baseada na moral religiosa e na ética não esconderam sua oposição.[5] Na segunda metade do século XVII, quando o fidalgo da corte de d. João IV Luís Abreu de Melo criticou os príncipes que privilegiavam seus interesses particulares em detrimento da realização do bem comum dos vassalos, definiu esse "erro" como "maquiavelista, indigno de católico procedimento" (Mello, 1659:70). No século seguinte, o padre Rafael Bluteau associou a palavra "maquiavelista" aos seguidores dos ensinamentos de Maquiavel, autor de livros políticos difusores de dogmas "perniciosos" (Bluteau, 1716:v. 5, p. 234).

Essas opiniões sobre as ideias de Maquiavel baseavam-se em valores morais da ética e do cristianismo, dando origem ao termo doravante conhecido como "maquiavelismo", vocábulo que denunciava a existência de um conjunto de práticas políticas maliciosas, usadas pelos governantes para permanecerem no poder. O termo foi incorporado até mesmo no cotidiano, para descrever alguém manipulador, cínico e perverso, agindo em todas as ocasiões para seu proveito e utilidade próprios.[6]

---

[4] Súplica de Tomé de Sousa à sagrada congregação da Inquisição pedindo licença para possuir e ler todos os livros proibidos condenados mesmo no índice romano, 11/11/1704. Biblioteca da Ajuda (BA), cód. 54-IX-31, nº 28; Despacho da sagrada congregação da Inquisição. Concessão da licença para ter e ler todos os livros de autores condenados e toda a espécie de livros proibidos incluindo os dos índices romanos, exceto os de Carlos Molina e Nicolau Maquiavel, e os livros de astrologia judiciária, 11/2/1705. Idem. cód. 54-IX-31, nº 28.

[5] Sobre a inclusão de Maquiavel nos índices de livros proibidos, Anglo (2005:164-182). Entre os críticos de Maquiavel no Portugal seiscentista: *Arte de furtar* (1744:cap. XIX, p. 190) e Azevedo (1645).

[6] Para uma revisão dos estereótipos sobre Maquiavel e o maquiavelismo, Lefort (1989). Sobre a difusão da obra de Maquiavel e os diferentes usos contemporâneos do conceito de maquiavelismo, Anglo (2005); Procacci (1995) [1965] e a conferência de Baldini (2011).

Quando deixamos esses estereótipos e situamos a obra de Maquiavel em seu contexto, aproximando-a de outros autores e escritos sobre a "arte do Estado", entendemos o "maquiavelismo" de forma mais ampla. Nesse sentido é possível situar o pensamento de Maquiavel no debate sobre a legitimidade dos interesses predominantes dos príncipes no governo, especialmente difundido após a recepção da obra do historiador romano Cornélio Tácito (55-120 d.C.) e no quadro das discussões sobre as razões de Estado presentes na segunda metade do século XVI. Assim, não por coincidência em suas viagens pelas cortes europeias no mesmo período, o italiano Giovanni Botero ouvia a nobreza discutindo sobre a "Razão de Estado e, a este propósito, citar ora Maquiavel ora Cornélio Tácito".[7]

Essa interpretação também permite associar teorias sobre a conservação do poder dos príncipes a estudos de casos concretos, compreendendo a atuação de um determinado governante da Época Moderna no debate em causa. Desse modo, pode-se indagar se na América portuguesa do século XVII seria possível algum governador-geral ou vice-rei governar segundo os ensinamentos de Maquiavel e dos autores que refletiram sobre a arte do Estado.

Partindo dessa perspectiva e tomando como exemplo o governo de d. Vasco Mascarenhas, 1º conde de Óbidos e 2º vice-rei no Estado do Brasil (1663-67), este capítulo situa suas estratégias para a conservação do posto de governante ultramarino americano no âmbito do "debate maquiavélico" sobre a preservação do poder dos príncipes modernos. Ao longo dos seus quatro anos como vice-rei no Brasil, Mascarenhas governou de forma pragmática, perseguindo seus principais críticos com meios "pouco cristãos". Assim, o vice-rei distanciou-se do modelo de governante ideal imortalizado pelos espelhos de príncipes e livros de aconselhamento aos poderosos, então em voga na Europa.

Trajetória

D. Vasco Mascarenhas teve sua primeira experiência no ultramar em 1626, quando foi nomeado por Felipe IV de Espanha para o cargo de mestre de

---

[7] Torgal e Ralha (1992:1). Sobre a recepção de Tácito e sua comparação com Maquiavel, Martínez Bermejo (2009; 2010:11-15).

160 | Maquiavel no Brasil

campo na Bahia, por intervenção do governador-geral do Brasil Diogo Luís de Oliveira.[8] Passados cerca de oito anos nessa função, Mascarenhas retornou à corte espanhola em Madri, onde em junho de 1635 recebeu nova ordem para servir em Pernambuco.[9] Mascarenhas embarcou novamente para o Brasil em 1638, com a armada do conde da Torre enviada para recuperar aquela capitania. Após a Restauração de Portugal em 1640, o conde de Óbidos aderiu à causa da dinastia brigantina, reconhecendo d. João IV como seu novo monarca. Depois de passar pelos governos do Algarve e do Alentejo, em 1652 Óbidos foi nomeado vice-rei do Estado da Índia. Tal nomeação não seria apenas a primeira experiência de Mascarenhas como vice-rei no ultramar, mas também viria a marcar sua trajetória pessoal e política. O novo vice-rei assumiu o governo em setembro de 1652, momento marcado pelo avanço da presença holandesa na Índia e pela ascensão dos reinos vizinhos.[10]

As perdas territoriais no Estado da Índia trouxeram prejuízos econômicos e produziram impactos políticos. Além da crise no comércio de especiarias, a situação crítica da Índia portuguesa provocou o acirramento da luta política. Uma manifestação desse processo era a disputa entre facções de fidalgos pelo controle dos processos decisórios do governo. A situação colocava os governadores e vice-reis em posição frágil. Assim, em outubro de 1653, um grupo de fidalgos amotinados forçou a câmara de Goa e o Conselho de Estado a destituir o conde de Óbidos do governo. O vice-rei, ausente da cidade nesse dia, viu seu nome envolvido numa série de denúncias (Subrahmanyam, 1995:333-335).

Os conjurados justificaram a ação rebelde com acusações contra o vice-rei e seu modo de governar. Argumentavam que Óbidos não possuía os hábitos e foros comumente concedidos pelos monarcas aos vice-reis da Índia para serem repartidos entre as elites locais. Ademais, ele não confirmava as

---

[8] Requerimento do Governador-geral do Brasil Diogo Luís de Oliveira a Felipe IV, 1626. Arquivo Histórico Ultramarino (AHU), Conselho Ultramarino Avulsos (CUA), Bahia, Luísa da Fonseca (LF), caixa 34, doc. 4.382; Carta de Felipe IV aos governadores de Portugal, 19/5/1626. Archivo General de Simancas, Secretarias Provinciales, livro 1.520, fl. 59.

[9] Sobre lo que escribe la Princesa Margarita acerca de la respuesta que dio don Vasco Mascareñas, 3/7/1635. Idem, livro 1478, fl. 60; e Sobre un memorial de don Vasco Mascareñas, 31/7/1635. Idem, fls. 94 verso-95.

[10] Carta de vice-rei e capitão geral do Estado da Índia, 19/1/1652. ANTT, Registo Geral de Mercês, Mercês, liv. 19, fls. 368-369. Sobre esse período, ver Winnius (1971); Figueiredo (2001:197-254).

mercês feitas pelos seus antecessores, desrespeitava os fidalgos do Conselho de Estado, era corrupto na administração da fazenda régia e ainda inoperante na defesa do Estado e no apresto das armadas. A situação do vice-rei agravou-se por seu temperamento colérico e pelas críticas que proferiu contra os vice-reis e governadores antecedentes, como aconteceu com o vice-rei d. Filipe Mascarenhas (1645-51) e seus antecessores diretos, os governadores d. Francisco dos Mártires, arcebispo de Goa, Francisco de Melo e Castro e Antonio de Sousa Coutinho, no poder entre 1651 e 1652.[11] O 27º vice-rei acaba por não resistir às lutas faccionais, em evidência no processo político do Estado da Índia durante a segunda metade do século XVII, e regressa ao reino em 1653 (Subrahmanyam, 1995:333-335).

Quatro anos passados dessa experiência, Mascarenhas foi escolhido pela rainha regente d. Luísa de Gusmão para o serviço na corte lisboeta. O conde de Óbidos daria suporte aos novos gentis-homens nomeados pela rainha para auxílio de d. Afonso VI, contendo assim a crescente influência do valido Antonio de Conti Vintimilha sobre o rei. Entretanto, a luta política na nova monarquia brigantina também afetaria o conde, influindo em seu destino (Faria, 1669:28-29).

Em junho de 1662, Antonio Conti foi afastado da corte e degredado para o Brasil, fato que mudou o curso dos acontecimentos. Em resposta ao desterro de Conti, o monarca, o bispo eleito do Porto e de Coimbra Sebastião Cesar de Meneses, o reposteiro-mor do rei Luís de Vasconcelos e Sousa (conde de Castelo Melhor) e o ex-governador-geral do Brasil d. Jerônimo de Ataíde (conde de Atouguia) destituíram a rainha mãe da regência, colocando d. Afonso VI no exercício do poder régio (Faria, 1669:66-67). Logo nas primeiras horas do novo governo, Óbidos e mais cinco fidalgos foram escolhidos como novos conselheiros de Estado (Faria, 1669:73; Brazão, 1940:41-42). Na semana seguinte, Mascarenhas foi nomeado para o governo do Estado do Brasil.[12] Como já fora vice-rei do Estado da Índia, Óbidos conservou o

---

[11] Carta que escreveu da Índia o padre frei Antonio da Conceição, 1/1/1654. In: Fitzler (1928:134-140).

[12] Faria (1669:52-53). Apesar de beneficiado pela conjuntura da entrega do poder a d. Afonso VI, o nome de Mascarenhas para o governo da América portuguesa já fora proposto outras vezes. Em carta a Salvador Correia, o governador Francisco Barreto lembrava os candidatos para o governo do Brasil: "De sucessor para este Estado não há ainda certeza mas que de se opor agora Dom Luis

mesmo título para a nova praça americana.[13] O conde de Castelo Melhor, por sua vez, tornava-se o novo favorito do monarca, o homem mais poderoso da monarquia portuguesa. Assim, a nomeação de Óbidos para o governo-geral do Brasil nesse momento selava seus vínculos com o monarca e seu novo valido.

Conflitos de jurisdição e monopólio do poder

Quando o conde de Óbidos assumiu o governo do Brasil em junho de 1663, as jurisdições régias nesse enorme território estavam desorganizadas. A norte, quando a coroa perdeu praças nas guerras contra os holandeses em Pernambuco (1630-54), os poderes extraordinários concedidos pelo monarca aos governadores das capitanias em face dos conflitos abriram precedentes que levariam à sua incorporação posterior nas práticas administrativas dos governadores de capitania. Em suma, após a restauração do domínio português sobre Pernambuco em 1654, os vassalos pernambucanos passaram a redimensinonar seus vínculos com a coroa portuguesa, reivindicando para si um *status* político diferenciado.[14] Alguns governadores de Pernambuco se aproveitariam dessa situação, ampliando sua jurisdição sobre as capitanias vizinhas e ignorando as ordens do governador-geral. Ao sul, o considerável poder dos governadores locais em face da monarquia também era visível. Em 1658, no quadro das medidas régias tomadas para fomentar a descoberta de minas de ouro, a regente d. Luísa de Gusmão confirmou a entrega das capitanias do sul a Salvador Correa de Sá e Benavides, ex-governador do Rio de Janeiro e eminente conselheiro da coroa portuguesa. Como resultado, a região tornou-se praticamente independente do governo-geral.[15]

Conforme diria o conde de Óbidos, a "ambição" dos governadores do Rio de Janeiro e de Pernambuco levava-os a ampliarem suas jurisdições para

---

de Almeida ao Conde de Obidos". Carta do governador Francisco Barreto para Salvador Corrêa de Sá de Portugal, 3/12/1660. Biblioteca Nacional do Brasil (1928:v. V, p. 114-115).

[13] Carta de vice-rey e capitão general do Brasil. ANTT, Chancelaria de D. Afonso VI, liv. 25, fl. 124 verso.

[14] Sobre essa reivindicação dos vassalos pernambucanos, ver Mello (2008).

[15] Ver Puntoni (2008:39-74). Sobre a trajetória política de Salvador de Sá, Boxer (1973).

além dos limites concedidos pelo rei.[16] Em outubro de 1663, Óbidos descrevia a Pedro de Melo, governador do Rio de Janeiro, a situação do governo-geral à época de sua chegada ao Brasil:

> Achei as coisas deste Estado tão demasiadamente confusas e a jurisdição deste Governo tão sem limite despedaçada que, para se tornar a unir e restituir o Governo a aquele ser em que se deve conservar e que El-Rei meu senhor quer que o Brasil tenha, logo que cheguei dei princípio a nova forma que convém se perpetue.[17]

Nesse contexto de progressivo esfacelamento da jurisdição do governo-geral na América portuguesa, Óbidos afirmava ter sido enviado por d. Afonso VI para dar uma: "nova forma ao governo deste Estado", restituindo-o de "tudo o que a variedade dos tempos lhe ocasionou ir perdendo".[18] Após a sua chegada ao governo do Brasil, escrevia que todas as coisas teriam "diferentes termos, e está todo o governo dele sujeito às minhas ordens".[19]

As queixas contra as ações de Óbidos chegaram rapidamente ao conhecimento da coroa por meio do Conselho Ultramarino. Uma reclamação recorrente era a de que o conde não confirmava os provimentos de cargos e ofícios feitos pelo monarca. Embora os vassalos recebessem a serventia (ocupação temporária) ou a propriedade de um cargo como mercê régia, o vice-rei negava-se a dar-lhes posse. Desta forma, o conde de Óbidos foi gradativamente substituindo os indivíduos escolhidos pela monarquia por seus clientes e homens de confiança.

As ações do vice-rei tiveram repercursões tanto nos domínios ultramarinos portugueses na América como no reino. Sua prática de obstrução das

---

[16] Carta do conde de Óbidos para o governador da capitania do Rio de Janeiro Pedro de Melo, 16/10/1663. Biblioteca Nacional do Brasil (1928:v. V, p. 467-468); Carta do conde de Óbidos para o governador da capitania de Pernambuco Hyeronimo da Mendonça Furtado, 26/4/1664. Id. (1929:v. IX, p. 162-167).

[17] Carta do conde de Óbidos para o governador da capitania do Rio de Janeiro Pedro de Mello, 23/10/1663. Id. (1928:v. V, p. 465-467).

[18] Carta do conde de Óbidos para o governador da capitania de Pernambuco Francisco de Brito Freire, 05/12/1663. Id. (1929:v.IX, p. 133-137).

[19] Carta do conde de Óbidos para o governador da capitania de Pernambuco Francisco de Brito Freire, 6/9/1663. Id. (1929:v. IX, p. 123-124).

164 | Maquiavel no Brasil

mercês régias causava um desequilíbrio na justiça distributiva do monarca e no processo de remuneração dos vassalos, gerando queixas que chegavam ao reino. Alguns súditos pareciam estar cientes de sua fragilidade ante os excessos do vice-rei e deslocaram-se a Portugal para reivindicar a efetivação das suas mercês. Um caso expressivo desse fato foi o de Álvaro de Azevedo, provido pelo monarca no cargo de mestre de campo numa companhia da Bahia em 1663. Após viajar de Portugal para o Brasil, Azevedo viu sua patente ser negada pelo conde de Óbidos. O mestre de campo então retornou ao reino para queixar-se do vice-rei no Conselho Ultramarino, solicitando o cumprimento das ordens régias. Em Lisboa, Azevedo fez duras acusações contra Óbidos e seus procedimentos.[20]

As reclamações contra o vice-rei quanto ao controle que exercia no provimento dos cargos no Brasil assemelhavam-se, em parte, às feitas contra o valido, o conde de Castelo Melhor, no reino e no mesmo período. Desde a sua ascensão ao poder em 1662, Luís de Vasconcelos e Sousa nomeara seus aliados para ofícios da casa real e tribunais da monarquia. Nesse sentido, Óbidos reproduzia na América portuguesa o governo de "feituras" então vigente no reino. De fato, o vice-rei também exerceu sua autoridade de forma bastante pragmática, aproximando-se assim do modo de governo implementado pelo escrivão da puridade de d. Afonso VI (Dantas, 2009).

No caso do conde de Óbidos, a questão dos provimentos não desagradou apenas aos vassalos preteridos, mas também ao tribunal da Relação do Estado do Brasil. Em novembro de 1663, os ministros da Relação escreveram a d. Afonso VI indignados com os provimentos feitos por Óbidos nos cargos de médico e de cirurgião do tribunal. De acordo com a Relação, em lugar dos escolhidos pelos ministros em eleições internas, o conde provera outros indivíduos da sua confiança, usurpando a jurisdição do respeitável tribunal.[21] Mas essa não foi a única queixa dos ministros da Relação. Em junho de 1664, o desembargador Manuel de Almeida Peixoto escreveu ao monarca denunciando as ações de Óbidos. Segundo Peixoto, o vice-rei, além de negar-lhe o

---

[20] Consulta do Conselho Ultramarino ao rei D. Afonso VI, sobre requerimento de Álvaro de Azevedo, 22/11/1663. AHU, CUA, Bahia, LF, caixa 17, doc. 1972.

[21] Carta dos ministros da relação ao rei D. Afonso VI contra os provimentos de médico e cirurgião feitos pelo conde de Óbidos, 30/11/1663. AHU, CUA, Bahia, LF, caixa 17, doc. 1983.

provimento no cargo de procurador da coroa e da fazenda real, ameaçara-o de recolhimento nas prisões do reino.[22] Cerca de dois meses depois, o chanceler Jorge Seco de Macedo escreveu ao monarca criticando Óbidos por sua conduta com os ministros da Relação, pelo não cumprimento das ordens régias e por perseguir todos os seus descontentes.[23]

Ante tantas críticas ao seu governo, o vice-rei tomou providências contra todos os seus acusadores públicos. Nos dois últimos anos do seu mandato (1665 a 1667), Óbidos ordenou a prisão de sete indivíduos que haviam remetido à coroa papéis criticando seus procedimentos. Em julho de 1665, o ex-provedor-mor da fazenda Lourenço de Brito Correa, seu filho Lourenço de Brito de Figueiredo e mais três capitães — António de Queirós Cerqueira, Francisco Teles de Menezes e Paulo de Azevedo Coutinho — foram presos na Bahia e enviados para o reino sem provas. O conde de Óbidos justificou as prisões acusando-os de conspirarem contra seu governo. Segundo o vice-rei, os supostos conjurados, liderados por Lourenço Correa e pelo chanceler da Relação Jorge Seco de Macedo, enviaram para o reino papéis contra ele, enfraquecendo sua reputação.

Após a partida da frota com esses cinco supostos conjurados, o vice-rei anunciou a descoberta de outros conspiradores, o principal deles sendo o já citado desembargador da Relação Manuel de Almeida Peixoto. Segundo Óbidos, Manuel Peixoto, o abade do mosteiro de São Bento da Bahia e outras pessoas seculares ou eclesiásticas também tinham enviado para o reino papéis contra seu governo, sendo assim cúmplices diretos dos primeiros supostos conjurados. Em decorrência, o vice-rei iniciou uma perseguição aos novos opositores.[24]

Ameaçado pelo vice-rei, em agosto de 1665 o desembargador Manuel Peixoto afastou-se de suas funções na Relação, retirando-se para o colégio da Companhia de Jesus da Bahia. Pouco tempo depois, o vice-rei suspendeu

---

[22] Carta de Manuel de Almeixa Peixoto ao rei D. Afonso VI, 6/6/1664. Id., caixa 18, doc. 2019.

[23] Carta do chanceler do Brasil, Jorge Seco de Macedo ao rei D. Afonso VI, 4/8/1664. Id., doc. 2019. Sobre a importância do tribunal da Relação no governo da América portuguesa, ver Schwartz (1979).

[24] Carta do governador-geral e vice-rei do Brasil, conde de Óbidos, D. Vasco de Mascarenhas ao rei D. Afonso VI, dando conta das causas porque mandou presos ao reino, acusados de conspirarem contra ele, 6/8/1665. AHU, CUA, Bahia, LF, caixa. 18, doc. 210.

os rendimentos de Peixoto.[25] Acossado por Óbidos, o desembargador então escreveu a d. Afonso VI denunciando os abusos cometidos pelo vice-rei do Brasil. Conforme Peixoto, ele perseguia todos os oponentes ao seu governo, até mesmo os sacerdotes que o criticavam abertamente em seus sermões. Ademais, Óbidos teria humilhado publicamente o chanceler Lourenço de Brito Correa em sua prisão. Quando Lourenço Correa foi conduzido pelos soldados à nau que o levaria de regresso ao reino, foi obrigado a passar pelo centro da cidade, para que seu castigo fosse exemplarmente visto por todos. Uma das acusações mais graves feitas por Manuel Peixoto a Óbidos foi a tentativa de homicício. Segundo ele, Óbidos teria enviado à sua residência homens armados com espingardas e arcos, perseguindo-o e efetuando disparos na direção da sua casa.[26]

Além do envio ao reino dos supostos conjurados e da perseguição ao chanceler, o vice-rei ordenou outras prisões. Em meados de 1665, Óbidos mandou encarcerar o já mencionado mestre de campo Álvaro de Azevedo. Como vimos, Azevedo deslocara-se a Portugal para queixar-se do vice-rei. Quando voltou à conquista americana, o mestre de campo viu sua sorte piorar, pois Óbidos ordenara a sua prisão no morro de São Paulo, na Bahia.[27]

Mais tarde, em maio de 1666, o secretário do Estado do Brasil Bernardo Vieira Ravasco também foi preso por ordem do vice-rei. Ravasco era irmão do padre Antônio Vieira e secretário do Estado do Brasil desde 1646. No reinado de d. João IV, Ravasco detinha grande prestígio na corte lisboeta por suas relações familiares e dada a sua função de secretário de Estado.[28] Apesar de ainda atuar na secretaria de Estado durante o reinado de d. Afonso VI,

---

[25] Portaria que se passou ao provedor-mor da fazenda real acerca do desembargador Manuel de Almeida Peixoto, 25/8/1665. Biblioteca Nacional do Brasil (1929:v. VII, p. 229-230).

[26] Carta de Manuel de Almeida Peixoto ao rei D. Afonso VI, escrita do Colégio dos Jesuítas, 25/9/1665. AHU, CUA, Bahia, LF, caixa 18, doc. 2110.

[27] Carta do mestre de campo Álvaro de Azevedo ao rei D. Afonso VI, sobre a sua prisão por ordem do governador-geral e vice-rei do Brasil, conde de Óbidos, 31/7/1666. Id., caixa 19, doc. 2145.

[28] Em 1652, o rei d. João IV advertiu o governador-geral João Rodrigues de Vasconcelos, 2º conde de Castelo Melhor, pelo tratamento dado a Ravasco: "Para se evitar que Bernardo Vieira Ravasco secretário desse estado tenha ocasião de se queixar de não ser tratado com a cortesia que se deve ao cargo que exercita e ao foro que tem, vos quis encomendar (...) que o tratamento que lhe fizerdes seja com a cortesia que se lhe deve e como o fazem os Presidentes dos tribunais deste reino aos secretários que escrevem neles". Carta de sua Majestade D. João IV ao conde de Castelo Melhor sobre o secretário de Estado, 9/8/1652. In: Biblioteca Nacional do Brasil (1944:v. LXVI, p. 33-34).

Ravasco parecia não gozar mais da mesma importância. Assim, o secretário teve os seus salário e patrimônio contestados.[29]

Essa perda de *status* e a prisão de Ravasco podem ter sido causadas pela luta política que dividia a corte lisboeta no período. Como sabemos, Ravasco era irmão de Vieira, desterrado da corte pelo conde de Castelo Melhor em 1663.[30] Preso por motivos desconhecidos, Ravasco escreveu ao monarca e ao valido solicitando seu livramento, mas não obteve resposta. O secretário acusava Óbidos de descaminhos na fazenda real e de perseguição.[31]

Como demonstrou Evaldo Cabral de Mello, Óbidos também parece ter influenciado na prisão e no envio ao reino do governador de Pernambuco Jerônimo de Mendonça Furtado (Mello, 2003:31). O governador, inimigo político e um dos maiores críticos da autoridade do vice-rei, rejeitou desde o início do seu governo a autoridade de Óbidos.

Em outubro de 1666, poucos meses antes do fim do triênio de Furtado, os oficiais da câmara de Olinda escreveram ao conde de Óbidos comunicando a prisão do governador de Pernambuco. Quando comentou essa "novidade", o vice-rei demonstrou surpresa diante da ação dos camaristas. O vice-rei afirmou não imaginar que seu governo testemunhasse "um desalumbramento, e desordem tão grande".[32] Apesar da repreensão escrita, o conde não tomou qualquer medida contra os representantes da câmara. Com o governador deposto e a caminho do reino, já não havia qualquer possibilidade de restituí-lo ao cargo. A deposição do governador de Per-

---

[29] Em julho de 1663 os conselheiros do Ultramarino analisavam uma carta do antigo procurador-mor da fazenda Lourenço de Brito Correa, de março de 1662, sobre o ofício de guarda-mor da barra da Bahia. Os conselheiros comprovaram os altos salários de Ravasco pelo despacho dos navios e barcos e decidiram "remediar" esse "excesso". O ministro Feliciano Dourado afirmava que o rei deveria mandar "estranhar" a Ravasco pelos grandes salários e comissões que recebia sem ordem régia. AHU, Conselho Ultramarino (CU), cód. 16, fl.77 verso. Em junho de 1665, Ravasco foi citado pelo monarca como um dos indivíduos que receberam terras de sesmaria contra a forma do foral e regimento dos governadores, "dando muitas a uns, e muito poucas a outros". Sobre avisar das pessoas que estão providas em terras, na Bahia, Sergipe e Rio de Janeiro, 6/6/1665. Id., cód. 275, fls. 360-360 verso.

[30] Em um estudo sobre Ravasco, Pedro Puntoni relacionou a prisão do secretário de Estado em 1666 à conjura que tentou depor o vice-rei. Puntoni (2004:107-126) Publicado também em Bicalho e Ferlini (2005:157-178).

[31] Carta de Bernardo Vieira Ravasco ao rei D. Afonso VI queixando-se do conde de Óbidos, 10/4/1667. AHU, CUA, Bahia, LF, caixa 19, doc. 2209.

[32] Carta do conde de Óbidos para os oficiaes da câmara da villa de Olinda acerca dos capítulos, 7/10/1666. Biblioteca Nacional do Brasil (1929:v. IX. p. 262).

nambuco assinalou o fim de suas investidas para o controle das regiões vizinhas à sua capitania, bem como do desafio ao poder de Óbidos. Quando o vice-rei escreveu aos oficiais da câmara de Penedo alegando que os mesmos não cumpriam suas ordens por medo do governador deposto, em tom sarcástico lembrou "da desculpa, que vossas mercês davam de que por medo do governador (...) se não atreviam a dar cumprimento ao que eu mandava estão já livres".[33]

Mesmo que Óbidos tivesse a aprovação de d. Afonso VI e de Castelo Melhor, as críticas às suas ações enfraqueciam seu governo e sua reputação. Além das queixas contra seus procedimentos no provimento dos ofícios, Óbidos não apresentou provas justificando as prisões efetuadas. Os supostos conspiradores de 1665 tiveram suas trajetórias interrompidas pelas ações do vice-rei. Lourenço de Brito Correia, acusado por Óbidos de ser o líder do motim, faleceu no cárcere em Lisboa no início de 1666. Seu filho Lourenço de Brito de Figueiredo só seria provido no cargo de provedor-mor da fazenda em 1668.[34] O capitão Antônio de Queirós Cerqueira permaneceu no cárcere até 1667, quando obteve licença régia para ser restituído à sua companhia.[35] O segundo capitão, Francisco Teles de Menezes, também teve seu pedido de restituição analisado pelo Conselho Ultramarino, obtendo parecer favorável no início de 1667.[36] De forma semelhante, Paulo de Azevedo Coutinho, em junho de 1667, ainda solicitava ao Conselho Ultramarino uma provisão para ser restituído à companhia de infantaria, de onde fora expulso pelo conde de Óbidos.[37] Por sua vez, o desembargador da Relação Manuel de Almeida Peixoto, retirado no colégio da Companhia de Jesus desde agosto de 1665, teve parecer favorável para retornar às suas atividades no início de 1667, quando o monarca ordenou ao governador escolhido Alexandre de Sousa Freire a restituição de Peixoto no cargo assim que

---

[33] Carta do conde de Óbidos para os oficiais da câmara da villa do Penedo, 6/11/1666. Id., p. 263.

[34] Carta de sua alteza D. Pedro sobre se meter de posse do cargo de provedor-mor da Fazenda a Lourenço de Brito Figueiredo, 1/3/1668. Id. (1945:v. LXVII, p. 33-34).

[35] Carta de sua alteza D. Pedro para restituir a sua companhia o capitão Antônio de Queiroz Cerqueira, 21/2/1668. Id., p. 32-33.

[36] Consulta do Conselho Ultramarino ao rei [d. Afonso VI], sobre requerimento do capitão Francisco Teles de Meneses, 12/1/1667. AHU, CUA, Bahia, LF, caixa 19, doc. 2169.

[37] Consulta do Conselho Ultramarino ao príncipe regente D. Pedro, sobre requerimento de Paulo de Azevedo Coutinho, 27/6/1667. Id., doc. 2204.

ele assumisse o governo.[38] Por fim, o secretário de Estado Bernardo Vieira Ravasco, após quase dois anos de prisão, retornou ao seu cargo no início de 1668.[39]

Com o fim do seu governo em junho de 1667, o conde de Óbidos voltou ao reino no ano seguinte, isento de qualquer punição. Em 1672, os ministros do Conselho Ultramarino sugeriram a realização de uma residência para apurar os procedimentos do conde durante seu governo no Brasil, o que ocorreria apenas cerca de dois anos depois.[40] Na ocasião, o conselheiro Salvador Correia de Sá e Benavides, amigo de Óbidos, comunicou a "boa informação" que possuíam sobre o antigo vice-rei no Brasil. Tendo comprovado que o conde servira "com satisfação no tempo de seu governo", os ministros informaram o príncipe d. Pedro de que ele estava livre de qualquer culpa.[41] Após ter sido inocentado, o conde de Óbidos voltou à casa real, servindo na corte como estribeiro-mor da rainha Maria Francisca Isabel de Saboia, até sua morte em 1678.

Óbidos maquiavélico?

Tomando o exemplo concreto do governo do conde de Óbidos na América portuguesa, como podemos interpretá-lo à luz das discussões sobre a arte do Estado e das indagações de Maquiavel? Ora, o chanceler florentino lembrava em *O príncipe* que, se um governante desejasse manter-se poderoso, era

---

[38] Sobre Manuel de Almeida Peixoto, desembargador para o meter de posse, 16/3/1667. AHU, CU, cód. 275, fl. 372; Carta do rei D. Afonso VI acerca do desembargador Manuel de Almeida Peixoto, 26/3/1667. Biblioteca Nacional do Brasil (1945:v. LXVII, p. 3-4).

[39] Em janeiro de 1668, num dos primeiros registros do seu retorno à secretaria de Estado, Ravasco lembrou seu período de afastamento: "tudo o quanto erradamente se registou neste livro desde a primeira declaração que fiz até esta, foi enquanto estive preso: e o oficial da secretaria ou de maldade, ou de miséria, ou de parvoíce ou de tudo junto, quis mostrar nisto o pouco que era para assistir neste lugar. Faço esta advertência para quem ler esta desordem me não culpe". Id. (1928:v. V, p. 456-457).

[40] Parecer do Conselho Ultramarino ao príncipe regente D. Pedro, sobre se tirar residência ao ex-governador do Brasil, conde de Óbidos, 4/5/1672. AHU, CUA, Bahia, LF, caixa 21, doc. 2467; Consulta do Conselho Ultramarino ao príncipe regente D. Pedro, sobre se tirar residência ao ex-governador, conde de Óbidos, 4/5/1672. Id., doc. 2466.

[41] Consulta do Conselho Ultramarino ao príncipe regente D. Pedro acerca da residência que tirou ao conde de Óbidos, D. Vasco de Mascarenhas, de quando foi governador-geral do Brasil, 6/8/1674. Id., caixa 22, doc. 2597.

necessário "aprender a poder não ser bom e a se valer ou não disto segundo a necessidade" (Maquiavel, 1999:cap. XV, p. 73). Desse modo, um príncipe não poderia cumprir literalmente todas as regras do bom governo, pois era muitas vezes

> forçado, para manter o governo, a agir contra a caridade, a fé, a humanidade, a religião. Por isso, é necessário que tenha ânimo disposto a voltar-se para a direção a que os ventos e as mudanças da sorte o impelirem, e (...) não partir do bem, mas se lhe for possível e se a isso for constrangido, a saber entrar para o mal. (Maquiavel, 1999:cap. XVIII, p. 111)

Na América portuguesa do século XVII, não é difícil encontrar exemplos de governadores confirmando essas premissas, em nome da preservação da conquista ou de suas ambições particulares. Um exemplo do uso da violência pelos governadores para a "aquietação" da *respublica* era o castigo público imposto a revoltosos e amotinados.[42] Além do emprego dessas duras práticas em casos específicos, a América portuguesa também foi palco de "abusos" dos governadores, quando ordenavam o castigo dos vassalos sem evidências. Esses "excessos" foram causados muitas vezes por ambições pessoais dos governantes, por motivações políticas ou rixas familiares. Nesse sentido, um dos expedientes mais usados pelos governadores era a prisão e o envio ao reino do suposto culpado para seu recolhimento nas prisões de Lisboa. Em 1649, por exemplo, d. João IV escreveu ao governador-geral Antonio Teles de Meneses ordenando a readmissão de dois capitães, presos e enviados ao reino por Meneses sem motivos ou provas. Assim, o monarca lembrava: "o trabalho da viagem e prisão é bastante para castigo de algum excesso, se o tiveram".[43]

Nesse contexto, é assim legítimo afirmar que o comportamento e as práticas de governo do conde de Óbidos permitem-nos uma aproximação desse

---

[42] Um dos exemplos nesse sentido foi a revolta contra Salvador Correia no Rio de Janeiro em 1660. Ver Figueiredo (1996:1-50) e Caetano (2009; 2008). Sobre Salvador Correia, Boxer (1973).

[43] Carta do rei D. João IV sobre os capitães Manoel de Moura Rolim e Antônio Fernandes da Costa, 2/9/1648. Biblioteca Nacional do Brasil (1944:v. LXV, p. 341); Carta do rei D. João IV a João Rodrigues de Vasconcelos, sobre os capitães Manoel de Moura Rolim, e Antônio Fernandes da Costa, 27/8/1649. Id., p. 346-347.

caso às reflexões de Maquiavel. À maneira do modelo de príncipe imortalizado pelo autor florentino, Óbidos também valeu-se do seu poder, agindo em função dos seus interesses. No provimento dos ofícios, o vice-rei decidia por conta própria quem deveria ser provido, desrespeitando as prerrogativas do Conselho Ultramarino e a autoridade régia. Além disso, Óbidos priorizava seus escolhidos em detrimento dos vassalos nomeados pelo monarca. Em seu governo, Óbidos prendeu, desterrou e perseguiu seus opositores sem provas concretas.

Como explicar esse pragmatismo político? Seria ele um daqueles nobres leitores de Maquiavel? Apesar da inexistência de registros documentais acerca da relação do vice-rei com os ditos textos, uma breve análise das ideias e conceitos presentes nas cartas de Óbidos permite-nos refletir de algum modo sobre as origens "teóricas" de suas ações.[44]

De formação católica e militar de carreira, Óbidos era um entre os muitos fidalgos do Portugal do século XVII a conciliarem assuntos políticos e fé particular. Questão observada em diversos governantes da Europa seiscentista, bem como nos espaços das conquistas "imperiais" portuguesas. Apesar da importância da religião e de seus valores na política ibérica seiscentista, a devoção particular dos governantes não os impedia de atuar pragmaticamente, usando a força quando julgassem necessário.[45]

No caso de Óbidos, esse vigor foi observado em diferentes contextos. Por exemplo, em carta ao governador de Pernambuco Francisco de Brito Freire sobre uma expedição de entrada no quilombo dos Palmares, Óbidos defendeu a necessidade de agir com "todo o rigor" contra os rebeldes do mocambo. Pois ante os fracassos das expedições anteriores, era preciso usar remédios fortes na empreitada, preservando a reputação das armas régias. Conforme o vice-rei, quando o responsável pela expedição constatasse a resistência dos escravos fugidos, deveria "abrasar" a população, consumindo tudo "de maneira que não fique mais que as memórias de sua destruição". De outro lado, Óbidos alertou o governador de Pernambuco sobre a necessidade de o capitão responsável

---

[44] Um exemplo da reconstituição de ideias a partir de conceitos-chave: Elliott (1994).

[45] Sobre a importância da religião no contexto ibérico, Albaladejo (1997:103-127); Cardim (2001:133-174). Para os contextos da América portuguesa e da Nova Espanha, veja-se, respectivamente: Monteiro (2002) e Cañeque (2004). Para uma discussão entre religiosidade e pragmatismo político a partir do exemplo de Richelieu na França: Church (1972:495-504).

pela expedição estar atento aos quilombolas que se rendessem às tropas reais. Assim agiria de forma justa, não faltando "à piedade católica, mas nem à obrigação militar, pois na clemência se facilita o rendimento".[46]

Além desse pragmatismo próprio dos governadores das conquistas, as ações de Óbidos também parecem ter sido influenciadas pelo tipo de governo e pela conjuntura política então em vigor no reino. Durante seu governo na América portuguesa, entre 1663 e 1667, Mascarenhas colocou em prática estratagemas políticos semelhantes aos executados no reino pelo conde de Castelo Melhor, no mesmo período. Nesse sentido, o vice-rei e o valido de d. Afonso VI pareciam compartilhar uma cultura política distante do modelo de "governante ideal" difundido pela literatura tradicional de espelhos de príncipes. O vice-rei representava na América portuguesa o reformismo e o controle sobre as instituições praticados por Castelo Melhor no reino, o que lhe rendeu críticas semelhantes. Tal "afinidade" talvez explique a permanência do vice-rei no governo cerca de um ano além do seu triênio, não obstante a oposição do Conselho Ultramarino e as numerosas queixas chegadas ao reino contra os procedimentos do vice-rei. Apesar desses pontos de convergência, deve-se evitar a apreciação de Óbidos como um executor fiel da política do valido, atentando para a influência de suas motivações pessoais e a necessidade de manter sua posição de governante.[47]

Nesse sentido, importa sublinhar que a experiência pessoal de Óbidos teria sido o fator determinante para o seu "maquiavelismo". Ao que parece, os problemas de sua passagem pelo Estado da Índia tiveram um papel central em seu comportamento político em face do governo da América portuguesa. As ameaças recebidas na Índia, sua deposição como vice-rei em Goa e o enfrentamento do cárcere marcaram a trajetória do conde de Óbidos. Era preciso não repetir os mesmos erros cometidos no passado. Desse modo, d. Vasco Mascarenhas chegou ao Brasil com a experiência da Índia em mente. Algumas passagens de suas cartas sugerem essa questão.

Em missiva a frei João de Cristo, ao comentar as arribadas no Brasil de navios vindos da Índia, o vice-rei queixou-se da presença constante dos as-

---

[46] Carta do conde de Óbidos para o governador Francisco de Brito Freire, 9/9/1663. Biblioteca Nacional do Brasil (1929:v. IX, p. 127-128).

[47] Nessa perspectiva de análise, ver Buschges (2010:31-44).

suntos indianos na sua vida: "até nesta parte tão remota me vêm perseguir coisas da Índia".[48] Quando explicou ao governador de Pernambuco o problema da incerteza da posição dos governantes, Óbidos ilustrou a questão com exemplos da sua deposição do governo de Goa e da execução de Carlos I Stuart: "nem os mesmos reis têm a coroa segura. A mim me privaram de vice-rei da Índia, e a el-rei de Inglaterra do reino, e da vida".[49] Em 1665, o vice-rei prendeu e enviou ao reino cinco indivíduos queixosos dos seus procedimentos. Em sua justificativa para as prisões, o conde revelava a descoberta de uma suposta conspiração contra seu governo. Conforme Óbidos afirmou, era preciso evitar o mesmo desfecho do seu governo na Índia e preservar seu lugar de governante: "e lembrando-me o sucesso que tive na Índia, e quanto convinha ao serviço de Vossa Majestade obviar prudentemente as disposições deste, que no Brasil se intentava, me resolvi a mandar logo presos a Vossa Majestade". Em suas acusações a Lourenço de Brito Correa, líder do suposto motim, Óbidos afirmou que o chanceler agira incentivado pela negligência da coroa em relação ao castigo das rebeliões no império português. Em sua opinão, tal seria o caso da não punição dos culpados pela sua deposição no governo da Índia: "E o fundamento com que ele se arrojou a emprender uma tão atrevida deliberação, foi, ver que a que na Índia se usou comigo não só não foi castigada, mas voltaram os cúmplices habilitados a ocupar os governos das praças daquele Estado".[50]

Assim, o conde de Óbidos estava ciente da necessidade de agir de modo prático e objetivo quando necessário, fosse em nome da conservação da conquista ultramarina ou em função de suas motivações particulares. Os quatro anos de seu governo no Brasil testemunharam essas duas situações. Entretanto, apesar dos pontos de interseção entre as ações do conde e o modelo principesco imortalizado por Maquiavel, o "maquiavelismo" de Óbidos parecia derivar diretamente da sua experiência pessoal. Nessa visão, a vivência de Mascarenhas no Estado da Índia ensinou-lhe a melhor forma de conservar sua posição de governante.

---

[48] Carta que o conde de Óbidos escreveu ao reverendo padre frei João de Christo, 11/6/1665. Biblioteca Nacional do Brasil (1929:v. IX, p. 238-239).

[49] Carta do conde de Óbidos para o governador da capitania de Pernambuco Francisco de Brito Freire, 5/12/1663. Id., p. 133-137.

[50] Carta do governador-geral e vice-rei do Brasil, conde de Óbidos ao rei D. Afonso VI, 6/8/1665. AHU, CUA, Bahia, LF, caixa 18, doc. 2100.

Apesar dos vários pontos convergentes entre as ações do conde de Óbidos e alguns ensinamentos de Maquiavel sobre o governo dos príncipes, a conduta do vice-rei foi influenciada diretamente por três elementos principais. Primeiramente, pela necessidade de pragmatismo político exigida de um governante de uma conquista, devendo agir de forma enérgica quando necessário. Em segundo lugar, o comportamento político de Óbidos também foi favorecido pelo tipo de governo reformista implementado no reino pelo valido de d. Afonso VI, o conde de Castelo Melhor — o que garantia ao vice-rei uma maior margem de intervenção. Ademais, o governo do conde de Óbidos na América portuguesa foi diretamente influenciado por sua experiência no vice-reinado da Índia, onde fora deposto e tivera sua autoridade confrontada pelas elites locais. Mediante a prática política, o vice-rei parecia ter assimilado a ideia maquiavélica de que, para manter-se no poder, o governante devia controlar instituições e afastar todos os seus oponentes.

Uma abordagem teórica das ações políticas concretas de um determinado governante permite-nos situar a "política em ação" no âmbito dos debates escritos sobre o poder na Época Moderna. Deste modo, mais importante do que registrar a influência direta de Maquiavel ou de outros autores políticos desse tempo no caso em estudo, é proveitoso identificar a existência de ideias e práticas de governo análogas às reflexionadas pelo autor florentino. Como lembrou o ilustrado português Luís Antônio Verney no século XVIII, Maquiavel falava somente "aquilo que se pratica todos os dias nas cortes e outras partes".[51] De fato, não era incomum príncipes da Europa e governantes ultramarinos encontrarem problemas semelhantes no âmbito dos seus governos. Essa comparação entre cenários históricos aparentemente díspares fazia-se presente nos escritos do próprio Maquiavel. Por essa visão, em lugar de um simples teorizador abstrato, o autor florentino foi um "compilador" de situações históricas concretas do passado e do seu próprio tempo, buscando ensinamentos para aconselhar aos governantes.

Portanto, na Época Moderna, se de um lado as ideias de Maquiavel, Tácito e os debates sobre as razões de Estado foram fundamentais para a orientação de alguns homens poderosos, por outro a experiência e o conhecimento al-

---

[51] Verney (1746:v. 2, p. 84). Ver também Albuquerque (2007:106-107).

cançados pela prática de governo foram definitivos. Tal aprendizado foi fundamental para a realização do bem comum, ou para a imposição dos interesses dos governantes, nas cortes europeias ou nos governos ultramarinos.

Referências

ALBUQUERQUE, Martim de. *'Biblos' e 'polis'*: bibliografia e ciência política em d. Vicente Nogueira, Lisboa, 1586-Roma, 1654. Lisboa: Vega, 2007.

_____. *Maquiavel e Portugal*: estudos de história das ideias políticas. Lisboa: Alêtheia, 2007.

ANGLO, Sydney. *Machiavelli — the first century*: studies in enthusiasm, hostility, and irrelevance. Oxford: Oxford University Press, 2005.

ARTE de furtar: espelho de enganos, theatro de verdades, mostrador de horas minguadas... Amsterdã: Martinho Schagen, 1744. [1652].

AZEVEDO, Luis Marinho de. *Exclamaciones políticas, juridicas, y morales*: al summo pontifice, reyes, principes, respublicas amigas, y confederadas con el rey don Juan IV. Lisboa: Lourenço de Anveres, 1645.

BALDINI, Enzo. Il machiavellismo e i suoi percorsi nella cultura occidentale. In: MAQUIAVEL DISSIMULADO: RELIGIÃO, IMPÉRIO E HERANÇA ROMANA NO MUNDO PORTUGUÊS, 2011, Lisboa.

BIBLIOTECA NACIONAL DO BRASIL. *Documentos Históricos*, Rio de Janeiro, v. V, 1928.

_____. *Documentos Históricos*, Rio de Janeiro, v. IX, 1929.

_____. *Documentos Históricos*, Rio de Janeiro, v. II, 1929.

_____. *Documentos Históricos*, Rio de Janeiro, v. LXV, 1944.

_____. *Documentos Históricos*, Rio de Janeiro, v. LXVI, 1944.

_____. *Documentos Históricos*, Rio de Janeiro, v. LXVII, 1945.

BLUTEAU, Rafael. Machiabelista. In: _____. *Vocabulário portuguez & latino*. Lisboa: Oficina de Pascoal da Silva, 1716. v. 5, p. 234. Disponível em: <www.brasiliana.usp.br/en/dicionario/1/machiavelo>. Acesso em: 17 abr. 2012.

BOXER, Charles Ralph. *Salvador de Sá e a luta pelo Brasil e Angola. 1602-1686*. Tradução de Olivério M. de Oliveira Pinto. São Paulo: Editora Nacional; Editora da Universidade de São Paulo, 1973. [1952].

BRAZÃO, Eduardo (Org.). *D. Afonso VI segundo um manuscrito da Ajuda*. Porto: Civilização, 1940.

BUSCHGES, Christian. Absolutismo virreinal? La administración del marqués de Gelves revisada (Nueva España, 1621-1624). In: DUBET, Anne; IBÁÑEZ,

José Javier Ruiz (Org.). *Las monarquías española y francesa (siglos XVI-XVIII)* ¿Dos modelos políticos? Madri: Casa de Velázquez, 2010. p. 31-44.

CAETANO, Antonio Filipe Pereira. *Entre a sombra e o sol*: a revolta da cachaça e a crise política fluminense (Rio de Janeiro, 1640-1667). Maceió: Q-Gráfica, 2009.

_____. *Entre drogas e cachaça*: a política colonial e as tensões na América portuguesa (capitania do Rio de Janeiro e o Estado do Maranhão e Grão-Pará, 1640-1710). Tese (doutorado em história) — Universidade Federal de Pernambuco, Recife, 2008.

CAÑEQUE, Alejandro. *The king's living image*: the culture and politics of viceregal power in colonial Mexico. Londres; Nova York: Routledge, 2004.

CARDIM, Pedro. Religião e ordem social. Em torno dos fundamentos católicos do sistema político do Antigo regime. *Revista de História das Ideias*, Coimbra, v. 22, p. 133-174, 2001.

CHURCH, William F. *Richelieu and reason of State*. Princeton: Princeton University Press, 1972.

CURTO, Diogo Ramada. *O discurso político em Portugal, 1600-1650*. Lisboa: Universidade Aberta, 1988.

DANTAS, Vinícius Orlando de Carvalho. *O conde de Castelo Melhor*: valimento e razões de Estado no Portugal seiscentista (1640-1667). Dissertação (mestrado em história social) — Universidade Federal Fluminense, Niterói, 2009. Disponível em: <www.historia.uff.br/stricto/teses/Dissert-2009_Vinicius_Orlando_de_Carvalho_Dantas-S.pdf>. Acesso em: 18 maio 2013.

ELLIOTT, John Huxtable. *Lengua y imperio en la España de Felipe IV*. Salamanca: Ediciones de la Universidad, 1994.

FARIA, Leandro Dorea Caceres (Fernão Correia de Lacerda). *Catastrophe de Portugal na deposição d'el rei d. Affonso o sexto*. Lisboa: Miguel Manescal, 1669.

FERNÁNDEZ ALBALADEJO, Pablo. Católicos antes que ciudadanos: gestación de una "política española" en los comienzos de la Edad Moderna. In: PÉREZ, José Ignacio Fortea (Org.). *Imágenes de la diversidad*: el mundo urbano en la corona de Castilla (s. XVI–XVIII). Santander: Universidad de Cantabria, 1997. p. 103-127.

FIGUEIREDO, Luciano Raposo de Almeida. O império em apuros: notas para o estudo das alterações ultramarinas e das práticas políticas do império colonial português, séculos XVII e XVIII. In: FURTADO, Júnia Ferreira (Org.). *Diálogos oceânicos*: Minas Gerais e as novas abordagens para uma história do império ultramarino português. Belo Horizonte: Editora UFMG, 2001. p. 197-254.

_____. *Revoltas, fiscalidade e identidade colonial na América portuguesa*: Rio de Janeiro, Bahia e Minas Gerais, 1640-1761. Tese (doutorado em história social) — Universidade de São Paulo, São Paulo, 1996.

FITZLER, M. A. H. *O cerco de Columbo*: últimos dias do domínio português em Ceilão. Rompimento das hostilidades pelos holandeses até a rendição de Columbo (1652-1656). Coimbra: Imprensa da Universidade, 1928.

LEFORT, Claude. *Le travail de l'œuvre Machiavel*. Paris: Gallimard, 1972.

MAQUIAVEL, Nicolau. *O príncipe*. Tradução de Olívia Bauduh. São Paulo: Nova Cultural, 1999. [1513].

MARQUILHAS, Rita. *A faculdade das letras*: leitura e escrita em Portugal no séc. XVII. Lisboa: Imprensa Nacional/Casa da Moeda, 2000.

MARTÍNEZ BERMEJO, Saúl. *Tácito leído*: prácticas lectoras y fundamentos intelectuales de la recepción de Tácito en la Edad Moderna. Tese (doutorado em história) — Universidad Autónoma de Madrid, Madri, 2009.

_____. *Translating Tacitus*: the reception of Tacitu's works in the vernacular languages of Europe, 16th-17th Centuries. Pisa: Plus, 2010.

MELLO, Evaldo Cabral de. *A fronda dos mazombos*: nobres contra mascates, Pernambuco, 1666-1715. Rio de Janeiro: Editora 34, 2003. [1995].

_____. *Rubro veio*: o imaginário da restauração pernambucana. São Paulo: Alameda, 2008. [1986].

MELLO, Luis Abreu. *Avizos pera o paço offerecidos a Rodrigo de Salazar, & Moscoso*. Lisboa: Officina Craesbeckiana, 1659.

MONTEIRO, Rodrigo Bentes. *O rei no espelho*: a monarquia portuguesa e a colonização da América 1640-1720. São Paulo: Hucitec, 2002.

_____; DANTAS, Vinícius. Maquiavelismos e governos na América portuguesa: dois estudos de ideias e práticas políticas. In: MONTEIRO, Rodrigo Bentes (Org.). Traduções de Maquiavel: da Índia portuguesa ao Brasil. *Tempo*. Revista do Departamento de História da Universidade Federal Fluminense, Niterói, v. 20, n. 36, p. 1-26, 2014. Disponível em: <www.historia.uff.br/tempo/site/wp-content/uploads/2014/12/rolling-pass_tem_3614_pt.pdf>. Acesso em: 4 jan. 2014.

PROCACCI, Giuliano. *Machiavelli nella cultura europea dell'età moderna*. Bari: Laterza, 1995. [1965].

PUNTONI, Pedro. Bernardo Vieira Ravasco, secretário do Estado do Brasil. Poder e elites na Bahia do século XVII. In: BICALHO, Maria Fernanda; FERLINI, Vera Lúcia Amaral (Org.). *Modos de governar*: ideias e práticas políticas no império português. Séculos XVI a XIX. São Paulo: Alameda, 2005. p. 157-178.

_____. Bernardo Vieira Ravasco, secretário do Estado do Brasil. Poder e elites na Bahia do século XVII. *Novos Estudos Cebrap*, n. 68, p. 107-126, 2004.

_____. O governo-geral e o Estado do Brasil: poderes intermédios e administração (1549-1720). In: SCHWARTZ, Stuart; MYRUP, Erik (Org.). *O Brasil no império marítimo português*. Bauru: Edusc, 2008. p. 39-74.

SCHWARTZ, Stuart. *Burocracia e sociedade no Brasil colonial*: a suprema corte da Bahia e seus juízes 1609-1751. Tradução de Maria Helena Pires Martins. São Paulo: Perspectiva, 1979.

SENELLART, Michel. *Machiavélisme et raison d'Etat, XIIème-XVIIIème siècle*. Paris: Puf, 1989.

SERAFIM, João Carlos Gonçalves; CARVALHO, José Adriano de Freitas (Org.). *Um diálogo epistolar*: d. Vicente Nogueira e o marquês de Niza (1615-1654). Porto: Afrontamento, 2011.

SUBRAHMANYAM, Sanjay. *O império asiático português, 1500-1700*: uma história política e econômica. Tradução de Jorge Sousa Pinto. Lisboa: Difel, 1995. [1993].

TORGAL, Luís Reis; RALHA, Rafaella Longobardi (Org.). *João Botero*. Da razão de Estado. Tradução de Longobardi Ralha. Coimbra: Inic, 1992. [1589].

VERNEY Luis António. *Verdadeiro método de estudar para ser útil à república, e à Igreja...* Valência: Officina de Antonio Valle, 1746. v. 2.

WINNIUS, George Davison. *The fatal history of Portuguese Ceylon*: transition to Dutch rule. Cambridge: Harvard University Press, 1971.

6. CATILINÁRIA MINEIRA: O DISCURSO DA REVOLTA DE 1720 EM VILA RICA

Rodrigo Bentes Monteiro

COMO IDEIAS DE OUTRAS épocas e contextos são apropriadas na elaboração de um discurso político? Em meio a um caudal de referências plurais, é possível nele identificar linhas de força predominantes? Até que ponto autores, personagens e situações de outrora são recrutados segundo suas reputações pósteras, ou suas "autoridades" conhecem ressignificações conforme as circunstâncias? Por fim, quais seriam os vínculos entre texto e prática política? Neste capítulo pretende-se abordar essas questões mediante o estudo do *Discurso histórico e político sobre a sublevação que nas Minas houve no ano de 1720*, atribuído a d. Pedro Miguel de Almeida Portugal, então já conhecido como conde de Assumar, e aos jesuítas José Mascarenhas e Antonio Correia, seus apaniguados.[1] Considera-se o documento depositário de um universo político e cultural incidente sobre a provável tríade de autores. Nele, Maquiavel estaria em princípio ausente, apenas uma vez lembrado, pejorativamente, pelo termo "maquiavelismos", próprio aos motins.[2] No entanto, as muitas outras referências eram invocadas de forma a justificar pela letra ações violentas, como o castigo do tropeiro Felipe dos Santos, enforcado e esquartejado em Vila Rica a mando

---

[1] Parte deste texto foi adaptada para o artigo de Monteiro e Dantas (2014:v. 20, p. 1-26).

[2] "não só para zombar de destrezas e iludir maquiavelismos, mas também para destroçar motins e cortar cabeças..." In: Souza (1994:121).

180 | Maquiavel no Brasil

do governador da capitania sem a presença de uma junta de justiça, uma práxis corrente da monarquia portuguesa.

Histórias recentes

Não é necessário detalhar os fatos pertinentes relativos ao governo de d. Pedro Miguel nas Minas de 1717 a 1721 e à afamada revolta contra a fundição do ouro e os quintos de sua tributação, também chamada "de Felipe dos Santos". Esses aspectos já receberam inúmeros estudos, desenvolvidos em grande parte pela narração do motim contida na primeira parte do próprio *Discurso*.[3] Quem praticamente provou a participação do conde de Assumar no documento anônimo foi Laura de Mello e Souza, com sua edição precedida de um estudo crítico. Por ele, sabemos que um exemplar manuscrito foi adquirido em 1895 em Lisboa, e publicado em 1898 no jornal *Minas Gerais*, depois pela Imprensa Oficial deste estado, sob os auspícios do Arquivo Público Mineiro. Para a reedição de 1994, Mello e Souza confronta o texto dessa primeira impressão a uma cópia manuscrita de 1825, existente na Biblioteca Nacional do Brasil, e a outra, resumida, do Instituto de Estudos Brasileiros da Universidade de São Paulo (Souza, 1994:13-16).[4]

A historiadora credita a hipótese da coautoria do documento pelos dois padres que viviam com Assumar em seu palácio, a partir de duas cartas redigidas por d. Pedro Miguel em 1721: uma ao primo, pedindo-lhe auxílio como advogado e confiando-lhe papéis escritos por esses padres jesuítas; e outra ao bispo do Rio de Janeiro, na qual escreveu temer a excomunhão, sendo--lhe então aconselhado fundamentar bem sua defesa, valendo-se de homens doutos.[5] Contudo, as evidências sobre d. Pedro de Almeida Portugal como

---

[3] É impossível citá-los todos, trata-se de um episódio assaz emblemático na historiografia brasileira. Um resumo da sublevação encontra-se em Fonseca (2007:v. 1, p. 549-566).

[4] Quando a historiadora elaborou seu estudo crítico, o manuscrito do *Discurso* estava desaparecido no Arquivo Público Mineiro. Reencontrado, faz-se no momento sua transcrição para que o documento seja novamente publicado.

[5] José Mascarenhas (1679-1747) nasceu no Rio de Janeiro e ingressou na Companhia aos 15 anos, sendo professor em São Paulo e no Rio. Foi louvado em carta régia por sua ação nas Minas. Antonio Correia (1656-1727) também nasceu no Rio e tornou-se jesuíta em 1675, lecionando em Olinda. Sabe-se que possuía escritos de Vieira. Leite (1945:v. 8, p. 356-357); Arquivo Nacional da

principal autor e/ou inspirador do texto são fortes, principalmente por sua visão de mundo, expressa pelo — a partir de 1733 — 3º conde de Assumar; depois 1º marquês de Castelo Novo e 1º marquês de Alorna, já como vice-rei da Índia.[6] Em meio ao exame de documentos produzidos pelo nobre português, percebe-se que partilha do mesmo ponto de vista presente no *Discurso* sobre os perigos representados pelos vassalos ou escravos, o determinismo ambiental e as alegorias recorrentes para qualificar os motins: serpentes, hidras, leões, contrapostas a outras referências mitológicas, como Hércules e deuses vários. Por sua vez, os habitantes ultramarinos seriam vis, incultos, desprovidos de afeto, indignos de reconhecerem o valor do monarca.[7]

Fica então descomposta a antítese entre armas e letras para o estudo dos homens do Antigo Regime. Laura de Mello e Souza observa, na construção

---

Torre do Tombo (ANTT), Inquisição de Lisboa, processo 9255, fl. 139 v. Sobre as cartas a d. João Mascarenhas e d. fr. Francisco de São Jerônimo: ANTT, Casa da Fronteira, inventário 120, p. 15-16 e 27-35. Ver Souza (1994:26-28).

[6] Nascido no reino em 1688, ele provinha da nobreza em destaque desde a ascensão da dinastia Bragança em 1640. O 1º conde de Assumar nesta nova monarquia portuguesa, também d. Pedro de Almeida, foi vice-rei da Índia e morreu em Moçambique. D. João, o 2º conde, viveu na Índia com o pai, destacando-se depois como embaixador junto a Carlos de Habsburgo, pretendente ao trono espanhol. Como vedor da casa real, o 2º conde de Assumar participou de tratativas de casamentos da casa de Bragança com príncipes estrangeiros. Homem de armas e diplomata, também membro da Academia Real da História. Casou-se com a filha do 1º marquês da Fronteira, família mais insigne que a sua. Adolescente, d. Pedro Miguel de Almeida acompanhou o pai à Catalunha, na Guerra de Sucessão da Espanha (1701-13), lá lutando por vários anos, tendo chegado a general-de-batalha. Após a guerra, os Almeidas hipotecaram seus bens para saldar dívidas contraídas durante sua permanência no exterior. A necessidade de levantar fundos talvez explique em parte a nomeação de d. Pedro Miguel em 1717 para o governo da capitania de São Paulo e Minas do Ouro, aos 29 anos de idade. Nesse tempo, d. Pedro casou-se com uma filha do conde de Vila Nova de Portimão, aparentada à casa real. Ao ir para o Brasil, deixaria no reino mulher e um filho pequeno. Após a experiência mineira, seria membro da Academia Real da História e vice-rei da Índia de 1744 a 1751, falecendo em Cascais em 1756. Machado (1752:3, p. 552-553) e Souza (1994:28-36).

[7] Além da *Instrução* a Francisco Xavier de Távora quando deixou o vice-reinado da Índia, da *História da conquista da praça de Alorna* e da correspondência de d. Pedro Miguel, citadas no estudo crítico de 1994 (Souza, 1994:32-41), Laura de Mello e Souza cotejaria depois "Um documento inédito: o discurso de posse de D. Pedro de Almeida, conde de Assumar, como governador das capitanias de São Paulo e Minas do Ouro, em 1717". Souza (1997:67-83), publicado também em Souza (1999:30-42). Na coleção Barbosa Machado, da Biblioteca Nacional do Brasil, há dois documentos de autoria do conde produzidos no âmbito da Academia Real da História: "Elogio fúnebre do excelentíssimo senhor Fernando Telles da Sylva, marquez de Alegrete, censor da Academia Real..." S. n. t. In: Machado (s.d.:t. II, p. 115-123) e "Panegírico para se recitar no dia 22 de outubro de 1736 em que se celebravam os anos Del Rey nosso senhor: remetido em Évora pelo conde de Assumar, censor da Academia Real". Lisboa: José Antonio da Silva, 1736. In: Machado (s.d.:t. II, p. 37-46). Sobre este último documento, ver Monteiro (1997: 82-83).

182 | Maquiavel no Brasil

do *Discurso,* os muitos exemplos de truculência e autoritarismo, considerados lícitos, com citações eruditas, frequentemente ancoradas na tradição clássica. O conde, afeito a soluções violentas, seria coautor de um texto indicativo de formação cultural sofisticada e vasta.[8] Submetia assim seus rompantes a cálculo e reflexão, recorrendo aos mortos, ou seja, aos vultos do passado, para ajudá-lo.[9]

Mello e Souza intenta então comparar o leque de autores citados na carta escrita ao bispo com os nomes contidos no *Discurso* e os livros existentes na biblioteca do já 1º marquês de Alorna, por meio de um inventário *post mortem.*[10] Mas chega apenas a uma correspondência parcial, sobretudo no referente à biblioteca, por várias razões. Primeiramente, não é possível saber quais obras d. Pedro Miguel teria levado às Minas; depois, entre a escrita do *Discurso* e o inventário da biblioteca houve um hiato considerável de tempo, sendo muitos títulos adquiridos por d. Pedro Miguel comprovadamente após 1721. Ademais, na redação do texto os dois jesuítas, com suas livrarias não inventariadas, provavelmente atuaram como secretários e pesquisadores; muitos autores e passagens foram citados no documento por meio de outros autores e livros; e vários trechos copiados ou parafraseados do *Discurso* não apresentam indicações de fonte. Tudo isso denota um quadro complexo. Diferente do estudo crítico em tela, mais preocupado com a definição da autoria, o presente capítulo pauta-se por uma tentativa de captar a cultura política subjacente ao texto como suporte para as ações violentas

---

[8] Segundo António Caetano de Sousa, com quem d. Pedro se correspondeu, "os empregos de Marte" não o afastaram dos estudos. Desde os primeiros anos estudou latim, francês, italiano e espanhol. Além da arte militar, dedicou-se às letras, matemática, filosofia moderna, história eclesiástica e profana, sendo muito erudito e eloquente, "de que serão eternos testemunhos os seus admiráveis papéis, escritos na própria língua, que andam nas coleções da Academia Real da História...". *História genealógica da casa real portuguesa.* Apud Souza (1994:38). O paradoxo entre armas e letras mostra a limitação do modelo de Norbert Elias para a compreensão da sociedade de corte, problematizado por Ladurie (2004).

[9] A menção encontra-se na carta dirigida ao bispo: "O único recurso era consultar alguns zelosos, e recorrer aos mortos para me darem a ajuda que nos vivos não achava". ANTT, Casa da Fronteira, inventário 120, p. 30. Ver Souza (1994:39). Movimento similar à célebre carta escrita por Maquiavel no exílio enquanto preparava *O príncipe*: "Chegando a noite, de volta a casa, entro no meu escritório: e na porta dispo as minhas roupas quotidianas, sujas de barro e de lama e visto as roupas de corte ou de cerimônia, e, vestido decentemente, penetro na antiga convivência dos grandes homens do passado; por eles acolhido com bondade, nutro-me daquele alimento que é o único que me é apropriado e para o qual nasci". Machiavelli (2001:187-188).

[10] O inventário foi publicado em Norton (1967:324-344). Ver Souza (1994:40-43).

e o poder do conde. Desse modo, os apontamentos e citações contidos no *Discurso* podem ou não ter origem na pena ou nas estantes de d. Pedro Miguel. No entanto, não há dúvida de que esse universo político e cultural seria convocado em sua defesa, talvez antevendo o período de relativo ostracismo vivido pelo nobre na corte após o desfecho mineiro.[11]

Um dos grandes méritos do estudo crítico de Mello e Souza consiste em situar a primeira publicação do documento ao fim do século XIX no âmbito da ideologia republicana, enaltecedora de Felipe dos Santos como protomártir da independência do Brasil, na mesma medida que vilipendiava d. Pedro Miguel como tirano cruel. A historiadora lida assim com a historiografia tradicional sobre o tema, sobretudo com os trabalhos do Instituto Histórico e Geográfico Brasileiro, do Arquivo Público Mineiro, de Teófilo Feu de Carvalho e de Diogo de Vasconcelos, percebendo as deturpações e os avanços interpretativos.[12]

Contudo, tempos antes dessas vicissitudes historiográficas, o "tom" sedicioso — até mesmo republicano e de crime de lesa-majestade — já era atribuído ao movimento de 1720, no próprio texto produzido por d. Pedro Miguel junto aos padres. No último capítulo d'*O rei no espelho*, explora-se a dimensão política contida no *Discurso*, ao tentar legitimar a punição imposta por Assumar em razão de os revoltosos planejarem a expulsão do governador e de outros funcionários régios, além da fundação de uma república, argumentos estes falaciosos. Assim, a violência constante e os vários motins

---

[11] No regresso de um governante ultramarino, era costume em Portugal este não vir à corte enquanto não fossem julgados seus atos de governo. Por duas vezes, d. Pedro Miguel fora advertido a não comparecer ao beija-mão régio. Nesse tempo também via-se às voltas com o processo movido por Pascoal da Silva Guimarães — um dos líderes da revolta — pela perda de seus bens, incendiados no morro do Ouro Podre. Mas segundo um viajante também pesavam as animosidades com o marquês de Abrantes, que tentava afastar o conde da corte desde sua volta das Minas, temeroso de seus méritos e da impressão que d. Pedro Miguel pudesse causar no rei. Merveilleux (1989:159). No panegírico de 1736 escrito em Évora em louvor do aniversário de d. João V, o conde de Assumar manifestava desconforto por seu distanciamento da corte. Machado (s.d.:t. II).

[12] Em 2006, ela publicaria mais um capítulo relativo à trajetória de d. Pedro Miguel no livro sobre governantes setecentistas na América portuguesa, avançando no estudo da correspondência de d. Pedro Miguel e na compreensão das agruras e feitos da casa de Assumar na corte. Coteja mais uma vez o inventário de sua biblioteca, tecendo ilações entre os livros presentes e as ideias veiculadas no *Discurso*. Destacam-se, assim, naquela livraria os muitos títulos sobre guerra e fortificações, outros denotando certa heterodoxia religiosa, e o descuido do *Discurso* pela vertente contratual e neoescolástica no exercício do poder, outrora respaldada na Restauração de Portugal. Souza (2006:185-252).

nas Minas foram atribuídos à falta de castigos impostos pelo rei. Para tal relaciona-se — ainda que genericamente — o universo político e cultural do *Discurso* às ideias do jesuíta Giovanni Botero — citado no documento, mas ausente na biblioteca e na carta ao bispo — e, por trás dele, Maquiavel. Desse modo, o discurso sobre a revolta seria uma espécie de divisor de águas no comportamento da monarquia portuguesa ante as sedições, representando a atuação de d. Pedro Miguel um certo descompasso nesse âmbito maior (Monteiro, 2002:293-307).

Entre violências e cooptações. Num capítulo da tese *Governo de mineiros*, Maria Verônica Campos concebe d. Pedro Miguel como protótipo do governante indesejado, contando quase cotidianamente o seu governo, mobilizando diversas fontes e entremeando-as ao *Discurso*. A autora não vê a revolta de 1720 como essencialmente antifiscal, ao ressaltar a multiplicidade de interesses envolvidos, de comerciantes, mineradores, letrados, burocratas, magistrados e donatários de capitanias. Inova assim ao tratar do potentado Manuel Nunes Viana e suas extensas redes clientelares, ultrapassando as Minas e com ramificações em Salvador e na corte. Os motins seriam choques entre polos de poder e suas clientelas, no intrincado sistema político, financeiro e administrativo do Antigo Regime (Campos, 2002:168-259). Campos mostra que a redação do *Discurso* enfatizou a intencionalidade do levante, sendo ele planejado, desejado e anunciado — pasquins circularam sobre ele antes da sua eclosão. Dessa forma evidencia a retórica e a eloquência do texto. A dissimulação aparecia no jogo discursivo como uma virtude de d. Pedro Miguel, significando prudência e ponderação. Porém, nos rebeldes tal atitude seria perspectivada como vício, falta grave no desrespeito ao rei e a seus representantes.[13] Para a historiadora, o *Discurso* evoca o motim como uma conspiração dos 24 e seu doge (Souza, 1994:71). Vinte e cinco teriam assinado o termo entregue ao governador. No século XVIII a palavra "república" associava-se ao governo local, à câmara, mas também lembrava a Veneza decadente, marcada por anarquia e falta de leis. Portanto, segundo Campos, a concorrência entre a coroa e os poderes locais, em todos os níveis, teria sido o nervo do levante de 1720. Assumar tentava reordenar e

---

[13] Campos (2002:227). Ver Kamen (1995:13-33 e 95-114) e Villari (2003).

cooptar as elites em Minas — sendo esse o matiz ausente nas análises anteriores sobre o caso —, e a imposição da coroa não teria se concluído em seu governo, sendo um processo gradual e incompleto.

Da eloquência à negociação. Em 2005 Carlos Kelmer Mathias analisa o contexto da revolta de 1720 na região desde o fim da Guerra dos Emboabas (1708-09) ao quarto decênio do século, com o foco nas trajetórias dos participantes do conflito, fossem ou não revoltosos, procurando captar suas estratégias de ação a cada mudança de governador. Desse modo, os representantes régios estabeleciam laços com os poderosos locais. Assim, no governo de d. Pedro de Almeida Portugal, escolhas foram feitas calcadas em relações de parentesco, aliança e clientela, pois d. Pedro Miguel não teria meios de governar sem o apoio de parte da elite local, conseguido por meio da concessão de mercês e do estabelecimento de pactos não explicitados em seu libelo — consultado neste trabalho, sobretudo, para a identificação desses vários nomes.[14]

Abordagem diferente da tese de Marcos Aurélio Pereira. Nessa biografia contextualizada de d. Pedro Miguel, abrangendo assuntos pertinentes ao império português e à nobreza lusa, o autor vale-se da renovação historiográfica em curso sobre os cargos ultramarinos, as redes de poder e a sociedade de corte portuguesa.[15] A tese de Pereira descentra a atuação de d. Pedro

---

[14] Mathias (2005:82-135). Valendo-se principalmente de fontes do Arquivo Histórico Ultramarino e Arquivo Público Mineiro, o trabalho apresenta um anexo com várias tabelas, por exemplo, sobre indivíduos atuantes na revolta de Vila Rica; os que ajudaram d. Pedro de Almeida Portugal na ocasião da revolta, tendo-lhe recebido mercês; ou sobre os integrantes da rede de Pascoal da Silva Guimarães. Ibid., p. 179-206.

[15] A propósito, no Conselho Ultramarino, em 1717, o estatuto social (incluindo a linhagem e os serviços de seus antepassados) pesou na nomeação de d. Pedro Miguel para o governo da nova capitania ultramarina. Ele pertencia à primeira nobreza de corte, embora não fosse ainda titular da casa. Ademais, possuía experiência em batalhas. Por volta da Guerra da Sucessão da Espanha, o topo da hierarquia militar portuguesa coincidia com elementos da primeira nobreza do reino, padrão militar também presente no governo colonial. A nova capitania de São Paulo e Minas do Ouro não era prestigiosa e tradicional como a Índia, ligada à casa de Assumar pelo avô de d. Pedro Miguel, num momento difícil para o domínio luso na praça (avanço neerlandês e guerra da Restauração) e pela futura atuação do nosso d. Pedro Miguel no século XVIII como vice-rei, quando ocorreu nova valorização do cargo, embora os interesses comerciais e políticos já tivessem se deslocado para o Brasil. No entanto, à data da nomeação de d. Pedro Miguel para o governo de Minas, essa capitania adquirira uma importância capital devido ao ouro, à dificuldade de tributação e à recente Guerra dos Emboabas. Talvez tenha sido esse o contexto a justificar sua nomeação direta pelo rei sem enfrentar os cinco concorrentes no concurso. Ver Cunha e Monteiro (2005:191-252).

Miguel nas Minas, concedendo mais atenção a seu vice-reinado na Índia,[16] ao tentar captar a vida e as concepções deste Almeida Portugal na totalidade. Em suma, o autor concebe Assumar como um nobre com intensa visão hierárquica da sociedade e pouca familiaridade com o mundo ultramarino, no Brasil ou no Oriente, decorrendo daí os muitos preconceitos expressos em seus escritos. Todavia, essa procedente análise não se coaduna a outra que respalda a tese de que as ações e os escritos de D. Pedro Miguel seriam interpretados como um reflexo "da razão de Estado em transformação". A crítica relaciona-se ao uso unívoco do conceito como ferramenta para apreender as concepções de poder, "Estado" e violência de D. Pedro Miguel, e se essas ideias resumiam a feição política do Portugal de seu tempo.[17]

Portanto, é desejável empreender um novo exame do documento elegido, indo além da identificação de autores pretéritos citados, de modo a entender mais ideias nele veiculadas e seu uso político, bem como a dimensionar sua força persuasiva. Espera-se, assim, perceber a adequação desses valores ao contexto para o qual o libelo foi produzido, de forma mais desprovida de prejulgamentos e convenções.

Para tal, algumas premissas são fundamentais. É preciso superar a questão da autoria do documento, que indubitavelmente representava os interesses e a versão de d. Pedro Miguel no episódio da revolta, sendo ainda coerente a sua erudição. Por outro lado, a colaboração dos jesuítas no texto auxilia-nos a lidar com a possibilidade de conjugar experiências culturais plurais — do conde e dos padres — em prol de um objetivo maior: legitimar violências e um castigo sem julgamento. Essa participação plural também permite admitir a existência de múltiplos significados em meio ao *Discurso*, não obstante ser plausível o fato de ele ter uma "linha mestra" política e cultural. Enfim, a hipótese da tríplice autoria de um nobre belicoso e culto e dois jesuítas, sobre quem pouco se sabe, ajuda-nos a romper com estereóti-

---

[16] Outro trabalho recente evidencia o período indiano: Francisco (2010).

[17] Pereira (2009). Este autor discorda de uma afirmação contida em Monteiro (2002:305), de que d. Pedro Miguel, por sua atuação nas Minas, corresponderia a um perfil de governante só encontrado no período pombalino, na história de Portugal. Hoje, relendo o escrito em 1999 e mais uma vez cotejando o *Discurso*, reconhece-se a teleologia inerente à afirmação — pois até mesmo o governo de Sebastião José de Carvalho e Melo tem sido revisado em seus paradigmas. Entretanto, discorda-se do historiador ao querer imputar a d. Pedro Miguel uma razão de Estado por demais refém das considerações de Meinecke (1983).

pos que classificam os artífices do texto *a priori*, emperrando assim a análise. Contudo, o presente estudo é tributário de todos os seus antecessores, sem os quais essas reflexões e iniciativas não seriam desenvolvidas.

Outras histórias

Estamos ante um documento escrito elaborado com argumentos dispostos de forma eloquente sobre poder, glória, ações intempestivas e cálculo, conotados de modo positivo, ou negativo, ao tratar-se dos motins e conspirações. Nesse âmbito, talvez seja conveniente olvidar o suposto predomínio de legados culturais mais diretos, abrindo o campo a toda a sorte de influências e leituras.[18] É o momento também de retirar o foco do enredo da revolta de 1720 e seus protagonistas, onipresentes no texto e já bastante estudados pela historiografia, deixando de fora figuras e episódios da sociedade mineira setecentista para destacar outras referências neste *Discurso histórico*, nomeadamente as cerca de 300 alusões que compreendem um período que vai desde a Antiguidade até um tempo bem próximo da sua escrita, abrangendo um escopo considerável de ideias, valores e espaços. Mergulhemos assim, mediante um levantamento quantitativo comentado, nesse mundo de autores, personagens e situações "além das Minas", referidos no documento, que em sua última versão impressa apresenta 134 páginas, perfazendo uma média de mais de duas remissões por página a escritos e contextos históricos.[19]

---

[18] Considera-se aqui, *grosso modo*, a herança neotomista e sua concepção contratual do poder, especialmente incidente no mundo português na conjuntura da Restauração (1640-68), bem como a interface entre a política e a religião católica, com um vocabulário impregnado de afetos e sentimentos cristãos. Ver Torgal (1981-1982); Cardim (2001:133-174).

[19] Vale-se para este levantamento da edição de Souza (1994). No entanto, ele só foi feito hoje, pela vastidão de temas, obras e nomes no documento, com o uso das tecnologias de informação e comunicação viabilizadas pela internet, seus mecanismos de busca de dados e/ou sites de livros antigos e raros digitalizados, mormente Google Books (<http://books.google.com/>) e Internet Archive (<www.archive.org/>), além de algumas bibliotecas virtuais, como a Biblioteca Nacional de Portugal (<www.bnportugal.pt/>), Biblioteca Nacional de España (<www.bne.es/>) e Biblioteca Nacional do Brasil (<http://bndigital.bn.br>). Vários nomes estrangeiros no *Discurso* foram aportuguesados, a partir de versões espanholas, fruto das edições consultadas, dificultando seu reconhecimento; e várias de suas citações e passagens em português ou latim não discriminam suas fontes, e/ou são retiradas de trabalhos de terceiros. Mas foi possível na sua quase totalidade transcrevê-los na *web* e identificar autores, trechos, assuntos e obras antes incógnitos, incorporan-

Autores no *Discurso histórico e político sobre a sublevação que nas Minas houve no ano de 1720*

Cícero — 15: 11,36%

Nicolas Caussin — 8: 6,06%

Tácito — 6: 4,54%

Camões — 6: 4,54%

Virgilio Malvezzi — 5: 3,78%

Francisco Sá de Miranda — 4: 3,03%

Ovídio — 4: 3,03%

Salústio — 4: 3,03%

Solórzano Pereira — 4: 3,03%

Bartolo de Saxoferrato — 3: 2,27%

Frei Juan Marques — 3: 2,27%

Platão — 3: 2,27%

Sêneca — 3: 2,27%

Outros — 64: 48,48%

Total: 132

Observa-se nessa primeira contagem o vultoso número de autores citados e/ou identificados no documento, abrangendo suas duas partes, a primeira mais narrativa da revolta e a segunda com justificativas para o castigo.[20] Embora a segunda parte, evidentemente, invoque mais autoridades, com 105 autores, 27 deles também são mencionados na primeira. E não havia maior referência no *Discurso* do que a Marco Túlio Cícero (106-43 a.C.), figura do fim da república romana. A biblioteca do marquês de Alorna tinha 14 volumes não discriminados de suas obras, mas é provável que esse autor também fizesse parte da bagagem letrada de Antonio Correia e José Mascarenhas. No século XVIII e desde muito antes, as obras de Cícero eram um argumento poderosíssimo de autoridade, e sua presença faz-nos imediatamente lembrar a eloquência e o *Discurso* concebido como uma peça retórica.

---

do-os aos dados levantados — o que atesta, também, a qualidade da transcrição e a fidedignidade do documento. Ver Gauz (2011:186-212).

[20] Respectivamente, Souza (1994:59-139 e 140-193).

Contudo, Cícero não era apenas filósofo e orador; foi igualmente homem de ação e governo, cônsul da república e membro do senado de Roma, tendo escrito sobre suas ações e convicções ante fatos muito concretos. O tema será aprofundado adiante, na tentativa de identificar uma linha mestra de ideias políticas, por analogia presente no texto em análise.

O segundo autor mais frequente no documento seria o jesuíta francês Nicolas Caussin (1583-1651), no *Discurso* citado como Causino, ausente da carta escrita ao bispo ou da biblioteca do já então 1º marquês de Alorna, inserido no âmbito do fortalecimento da oratória na França, ligado à corte dos Bourbons (Fumaroli, 1994:279-298). Em certa medida, Caussin era ciceroniano, pois Cícero inspirava-lhe a *prudentia*: com gravidade, majestade e justa medida entre austeridade e suavidade, o orador aprenderia a adequar o *ingenium*, o assunto e as circunstâncias do auditório. Mas Cícero também seria associado ao ecletismo de Caussin, pois os escritos desse jesuíta compreendiam uma tradição hieroglífica, tentando reconstituir a língua anterior à queda de Adão para alcançar a verdade divina. Justificava-se assim o uso cristão de ensinamentos egípcios. Para o jesuíta outrora confessor de Luís XIII, somente as nobrezas sacerdotal e de espada teriam acesso a essa linguagem sagrada, ligando-se ao esoterismo do Cristianíssimo. Como se expressa no livro *Corte santa*, publicado primeiramente em 1638, cuja tradução espanhola é citada no *Discurso*. Entretanto, Caussin era também conhecido por seu rigor contra os jansenistas, e dadas as suas menções no documento, defenderia severidade e "império" em face de delitos, escândalos e insolências de gentes ásperas e rebeldes. Uma apropriação de ideias marginais deste autor, no repertório de livros dos secretários de Assumar? Ou o esoterismo dos livros de Caussin, presente em certas passagens do *Discurso*, teria seu papel nesta cultura política?[21]

Em seguida, no quadro das referências a autores surge o "grande mestre dos príncipes", como o texto qualifica Cornélio Tácito (55-120) (Souza, 1994:163). Na biblioteca de d. Pedro Miguel figurava um volume dos *Anais*,

---

[21] Em 1618 ele publicou uma obra em duas partes, *Electorum symbolorum...* e *Polyhistor symbolicus*, reeditada em 1634 sob o título *Symbolica Aegyptorum sapientia*. Nela, justificava o uso cristão de ensinamentos egípcios, apoiando-se no *Polyhistor*, de Solino, mencionado no *Discurso* por suas alusões à natureza instável. O jesuíta seria ainda fonte não citada de outra passagem do documento sobre o ovo de Oromasa, símbolo da mitologia persa. Causino (1677:403). Souza (1994:71 e 98).

em latim ou uma tradução, pois o historiador romano invadiu o mundo letrado e editorial europeu entre os séculos XVI e XVII, em parte devido à iniciativa do flamengo Justo Lípsio, também citado no *Discurso*.[22] Sua análise sobre os imperadores da dinastia dos Júlios e Cláudios contém muitas reflexões sobre o principado, mormente no tempo de Tibério, transformado em tirano também pelas ações do valido Sejano. Os vínculos entre tacitismo e maquiavelismo são complexos e polêmicos; os dois autores têm vários pontos comuns em suas formas de observar o poder. Contudo Tácito — diferentemente de Maquiavel —, ao comentar de forma negativa os abusos da autocracia imperial, fornecia paradoxalmente subsídios aos governos da Época Moderna sob as convenientes e prestigiosas vestes de um autor antigo, republicano e pagão. Invoca-se esse autor no *Discurso* em favor da prontidão e da celeridade ante as sedições por várias frases em latim, algumas delas junto a Salústio (outro autor latino citado quatro vezes no documento e presente na biblioteca de Alorna), pela pena do jurista espanhol Juan Solórzano Pereira.[23]

O *Discurso* enaltece também Luís de Camões (c. 1524-80), o poeta soldado ausente na carta escrita ao bispo e na biblioteca, com trechos d'*Os lusíadas* entremeando a narrativa, por vezes não referenciados, configurando momentos pontuais em que a poesia ocupa espaço no texto discursivo.[24] Os versos assim dispostos teriam valor ornamental e simbólico, ao invocarem de forma lírica a viagem de Vasco da Gama à Índia e as glórias passadas dos portugueses notáveis — como os condes de Assumar, atuantes na Índia —, herdeiros de expansões e epopeias antigas, com heróis, deuses e mitos clássicos, inspirados nas obras de Virgílio, Ovídio, Homero, Horácio e outros. No início do século XVIII, Camões teria expressivo papel nessa identidade lusófona, e é preciso não desmerecer essa presença que conferia um tom épico e "imperial" ao documento, unindo mais uma vez letras e armas.[25]

---

[22] Martínez Bermejo (2010). Ver também Mota (2012:14-21).

[23] Como se sabe, Solórzano Pereira atuou na Audiência de Lima e no Conselho das Índias. Em Portugal, Vinícius Dantas analisa a pertinência das ideias de Tácito e Maquiavel na atuação de Luiz de Vasconcelos e Souza no reinado de d. Afonso VI entre 1662 e 1667. Ver Dantas (2009:59-60 e 70-71); Antón Martínez (2007:13-98); Souza (1994:163-165 e 172).

[24] Souza (1994:100, 147, 153, 156 e 161-162).

[25] Bluteau (1712:filme 3, p. 207); Silva (2011:42-45, 341-345 e 923-933).

Ainda presente apenas no *Discurso* está o "marquês Virgílio", ou Virgilio Malvezzi (1595-1653), ensaísta bolonhês traduzido nas principais línguas europeias e em latim. A obra de Malvezzi comportaria uma economia de nexos, metáforas e epítetos, expressa em frases breves e harmônicas, bem como um "sentido de surpresa", quando o autor saltava de um tema para outro sem uma ordem perceptível. Suas biografias políticas pareciam dramas ou pinturas; nelas, em meio a um relato mais abstrato, engatavam-se algumas considerações, dando-se por supostos os dados do protagonista.[26] Francisco de Quevedo admirava esses golpes de efeito, traduzindo a seu modo *Il Romulo* para o espanhol em 1632, com rápida difusão. Assim, o conde-duque de Olivares chamou Malvezzi a Madri em 1636 para celebrar os triunfos do seu regime, integrando-o em missões diplomáticas e conselhos da monarquia. A aparente inspiração profética, os paradoxos e bruscas digressões manifestavam-se então nos discursos de d. Gaspar de Guzmán. Em 1635, no *Il ritratto del privato politico christiano*, Olivares era o herói, como o primeiro rei de Roma.[27] No *Discurso* o marquês Virgílio é invocado cinco vezes: para tratar da reputação do príncipe — mais importante que o "estado" e a própria vida (seu Rômulo morrera repentinamente no auge da glória) —; sobre a inutilidade da lei sem força para castigar ou para afirmar a rebelião como igual crime, contra o príncipe ou o governador.[28] Mas não apenas autores e livros seriam importantes para captar visões de mundo e poder no texto examinado.

Personagens no *Discurso histórico e político sobre a sublevação que nas Minas houve no ano de 1720*

Júpiter — 6: 4,47%
S. Pedro — 5: 3,73%

---

[26] *Il Romulo* contém divagações sobre o príncipe como político afortunado pelo exemplo do rei de Roma, que teria apenas erros morais indispensáveis e poucos equívocos políticos, possuindo carisma, ascendência e valor. Nessa visão, Rômulo soube impor-se como chefe, morrendo de modo fulminante sem ultrapassar a maturidade. Diferente de Maquiavel, para Malvezzi a fortuna não seria antagonista da virtude, mas expressão de um instinto, uma inspiração formando parte da pessoa. Blanco (2004:77-108).

[27] Elliott (2004:40, 594, 605 e 629-632). Baltazar Gracián também teria se inspirado na biografia do primeiro rei de Roma para compor *El heroe* em 1639. García López (2001:155-169).

[28] Souza (1994:150, 172, 186 e 189-190).

Moisés — 4: 2,98%
Hércules — 3: 2,23%
Agesilau — 3: 2,23%
Catilina — 2: 1,49%
Constantino — 2: 1,49%
Apolo — 2: 1,49%
Augusto — 2: 1,49%
Felipe da Macedônia — 2: 1,49%
Júlio César — 2 : 1,49%
Marte — 2: 1,49%
Maximiliano I — 2: 1,49%
Mercúrio — 2: 1,49%
Vulcano — 2: 1,49%
Proteu — 2: 1,49%
Outros — 91: 67,9%
Total: 134

Na Roma antiga, Júpiter era o deus do dia, da luz, a mais importante divindade naquele panteão, com origem no patrimônio mítico comum dos povos indo-europeus, embora assumindo características particulares, mesmo em relação ao grego Zeus. Deus do céu, ele era senhor do raio e do trovão. Seu templo erguia-se no Capitólio, onde reinou soberano, eclipsando outras divindades. Sob sua proteção, os dois novos cônsules eleitos — junto a senadores, magistrados e sacerdotes — iam solenemente agradecer-lhe a conservação da república e suas vitórias. Na época imperial, governantes identificavam-se como suas encarnações (Brandão, 2008:189-193). No âmbito classicista, ele seria uma forte alegoria de poder, ao simbolizar valores, mitos e fatos passados e — por analogia — acontecimentos coevos (Hansen, 2006:7-26). Mas se as estátuas de Júpiter não frequentavam os jardins de nobres portugueses nos séculos XVII e XVIII — com mais Netunos, Floras e tritões em sua decoração (Rodrigues, 2007:152-181) — e a pintura lusa à época era sobretudo cristã (Sobral, 1994; 1996), desde o Renascimento que gravuras e livros impressos europeus faziam releituras de Hesíodo, Horácio e Ovídio — autores citados no *Discurso*.

Descreviam-se, assim, deuses antigos para representar virtudes, vícios, afetos e paixões humanas de forma adequada aos novos tempos. Nas bibliotecas régias de d. João V (1707-50) pululavam estampas e livros com imagens (em forma escrita e/ou visual) de Júpiter e Hércules — como vimos, os combates do semideus à hidra de Lerna e ao leão eram os preferidos de Assumar para abordar os motins.[29] No *Discurso* Júpiter é invocado como deus passível de consentimento ou indignação, por exemplo, na oração fulminada por Cícero contra os sediciosos na conjuração de Catilina, ao defender que fossem banidos de Roma. Ou numa associação equivocada, ao mencionar-se uma fábula de Esopo sobre "Júpiter" e a serpente — quando na verdade tratava-se de Zeus.[30] Porém, impressionam no texto as inúmeras alusões a raios, trovões, tempestades e demais fenômenos climáticos, não raro usadas para definir o poder forte dos príncipes. À maneira do deus romano.

Da analogia pagã à cristã. As pontes entre os nomes de d. Pedro Miguel e S. Pedro são recorrentes, algo comum nos sermões da época e na documentação laudatória da Academia Real da História — da qual Assumar faria parte a partir de 1733. Sabe-se que o conde celebrava o dia do santo, num mundo onde as palavras e as coisas andavam juntas (Foucault, 2002:23-61). A utilização de exemplos bíblicos era um expressivo argumento de ordem moral, conferindo respeito ao documento como peça de defesa. Ademais, o texto teve a colaboração de dois clérigos. Nesse jogo de similitudes, Moisés parece ter sido mais próximo à personalidade pública de Assumar, em suas manifestações de força, rigidez e punição a desordeiros, sobretudo no episódio concernente ao bezerro de ouro, mencionado no fim do *Discurso*.[31] O

---

[29] Hansen (2006:181-194). Na Biblioteca do Palácio Nacional de Mafra, fundado em 1732, encontra-se (além de obras de Ovídio, Virgílio e Cesare Ripa) o livro não ilustrado de Victoria (1702), com grande circulação à época, embora ausente da biblioteca do marquês de Alorna. Destacam-se os itens "De Jupiter fulminator", v. I, p. 92-95 e "Del principio de los trabajos de Hercules", v. II. p. 78-85. Cf. 2-21-6-10 e 11. Em Mandroux-França (1996), há gravuras francesas alusivas a Júpiter (Léon Davent, v. III, n. 200) e Hércules (Gilles Rousselet, v. II, n. 27; Chrisoffel Jegher, n. 223).
[30] Souza (1994:139, 152 e 157-158).
[31] Souza (1994:192-193). Algumas dessas passagens foram inspiradas no livro de frei Juan Márquez (1565–1621), clérigo agostiniano que estudou na Universidade de Toledo, tendo sido professor de teologia em Salamanca e pregador de Felipe III (1598-1621). Seu livro baseia-se nas

peso das figuras bíblicas citadas no texto seria de aproximadamente 13%, com equilíbrio entre o Antigo e o Novo Testamento e poucos exemplos especificamente egípcios ou persas. Em contrapartida, o mundo clássico faz-se presente com 53% de personagens do *Discurso*, divididos em gregos (6%), romanos (22%) e retirados de sua mitologia (25%). O período medieval compreenderia apenas 4% das personagens citadas, enquanto o mundo moderno teria pouco mais de 25%.

Estendendo essa errática tentativa de periodização e agrupamento ao conjunto de autores citados e/ou identificados, vemos o predomínio do mundo clássico esboçar-se mais: os autores bíblicos aparecem com 1,5%, os gregos antigos com mais de 11% e os latinos pagãos com quase 36%. Os escritos da patrística correspondem a 6% das menções presentes no documento, enquanto escolásticos, santos e juristas "medievais" somam 9% em todo o *Discurso*. Por fim, diversos autores da Época Moderna perfazem 36% num total de 132 remissões. Mais, quando agrupadas por contextos e épocas todas as referências históricas do documento, compreendendo autores, personagens e situações, verifica-se que, num total de 300, despontam a Antiguidade greco-romana com 48%, as referências bíblicas com 8%, a Idade Média com 9% e a Moderna com 32%.

Contudo, se o classicismo caracteriza uma forte tendência do texto analisado, o aspecto não seria exclusivo dessa fonte, constituindo antes um signo de erudição e autoridade inerente àquele tempo, pois se trata de valores presentes também na aristocracia lusitana letrada setecentista. Por outro lado, a contagem visando perceber o peso das referências a autores, personagens e situações portuguesas — incluindo possessões ultramarinas — revela escassas menções ao mundo luso, atingindo apenas 8% do total de 300 referências históricas presentes no documento — excetuando o contexto da revolta nas Minas, como já explicitado. Portanto, resta entrecruzar este último aspecto destacado — o apreço aos referenciais clássicos — ao leque de situações históricas expostas no *Discurso*, a fim de perceber melhor escolhas teóricas e empíricas, e enveredar no cerne de sua argumentação.

---

vidas de Moisés e Josué como protótipos de caudilhos cristãos, contra os exemplos expostos por Maquiavel e Bodin. Marquez (1640).

Crimes e castigos

O último cômputo efetuado refere-se a 33 situações históricas concretas mencionadas no documento, recrutadas invariavelmente como demonstrativas da conduta a ser seguida na aplicação do castigo e na punição da rebelião. Nele, de uma forma geral, os episódios bíblicos atingem 12%, a Pérsia antiga 6%, a Grécia antiga 15%, a Roma antiga 21 % e a Europa medieval 3%. Já as situações retiradas da Época Moderna abrangem 42%, com metade desses últimos eventos mencionados ocorridos na Europa e metade no mundo colonial (espanhol e português). Assim, nesse único caso, predominam os exemplos modernos sobre os antigos.

Embora desde o início de sua segunda parte o *Discurso* aluda a essas situações modernas exemplares — como na menção ao ocorrido no quilombo dos Palmares (Souza, 1994:150-151) —, as 10 últimas páginas da sua mais recente edição impressionam por uma remissão massiva e ordenada, apesar de mesclada a poucos exemplos antigos ou frases de juristas medievais.[32] Em suas palavras: "E deixadas as histórias antigas, em que talvez a sem-razão e impiedade deslustram os sucessos, vejamos os exemplos, a que nos persuade a religião, e a justiça, que acredita as modernas" (Souza, 1994:181). Em suma, os episódios comentados nas páginas finais podem ser agrupados nos seguintes blocos temáticos:

Guerras de religião na França. O texto lembra as inquietações em Marselha no reinado de Henrique III (1574-89), quando o governador da Provença Henrique de Angoulême, bastardo de Henrique II, mandou enforcar

---

[32] Por exemplo, os escolásticos Bartolo de Saxoferrato (1317-57) e Baldo de Ubaldi (1327-1400), por frases retiradas de livros de Solórzano Pereira, sobre as obrigações do governador ou presidente de uma província como seu senhor. Para Quentin Skinner, Bartolo valeu-se do direito romano para legitimar a independência das cidades do norte da península itálica ante o Sacro Império. Desse modo a cidade, ao legislar por conta própria, devia ser considerada *princeps* em si mesma, pois os únicos possíveis detentores dessa autoridade seriam seus cidadãos. Mas o povo transferia sua soberania a um governante eleito ou corpo de magistrados, delegando-lhes o direito de julgamento. Discípulo de Bartolo, Baldo e os juristas franceses de Felipe IV (1285-1314) teriam introduzido essa doutrina no direito civil, articulando a passagem para o moderno conceito legal de Estado. Skinner (1996:31-33, 74-76, 165, 410 e 619). Passagens do *Discurso* localizadas em Pereira (1672:liv. I, cap. V, p. 5; 1776:175). Ver Souza (1994:174 e 188-190).

196 | Maquiavel no Brasil

os amotinados, sendo alguns atirados da janela do palácio.[33] Também, em 1591, no meio do predomínio da Liga católica em Paris, seu líder, o duque de Mayenne (no documento "Umena"), mandou prender e garrotear quatro supostos culpados de um assassinato, sendo seus corpos expostos ao público.[34] Recuperam-se ainda episódios da conjuração de Amboise contra o poder do duque de Guise — regente no curto reinado de Francisco II (1559-60) — e de seu irmão Carlos, cardeal de Lorena, quando a cavalaria real ateou fogo na vizinhança, "onde confusamente pereceram culpados e inocentes, reservados mui poucos deles para darem notícia da conjuração".[35] Informações vindas da versão espanhola do livro do italiano Henrico Caterino D'Avila, cujo nome homenageava Henrique III e Catarina de Medici, a quem serviu como militar de 1583 a 1598. Posteriormente, atuou como diplomata e planejou uma história das guerras civis na qual tomava parte, pois conviveu com personagens e presenciou eventos. O trabalho conheceu várias traduções e edições.[36]

A conjura Pazzi em Florença. O *Discurso* enfatiza a violenta repressão à tentativa frustrada dessa família de banqueiros em tomar o senhorio de Lourenço de Medici (1469-92) na república em 1477, apoiados pelo rei de

---

[33] Souza (1994:181-182). Henrique de Angoulême estava presente também no atentado ao almirante Gaspar de Coligny em 1572, antes da Noite de São Bartolomeu. Mais adiante o *Discurso* menciona Coligny e seu parecer sobre a possível guerra entre França e Espanha. Ibid, p. 188.

[34] Souza (1994:182). Carlos de Lorena, duque de Mayenne (1554-1611), terceiro filho de Francisco de Guise e de Ana d'Este. O cardeal de Lorena cuidou de sua educação, e descreveu-o como um jovem louco, que se vestia de verde. Era chamado também de M. Du Maine. Em 1588-89, as mortes do duque Henrique de Guise (seu irmão mais velho), do cardeal e de Henrique III abriram-lhe o caminho político como chefe da Liga. Em 1591, a punição dos assassinos do presidente Brisson reafirmou a confiança de que os radicais da Liga não queriam solapar as bases da sociedade. Jouanna et al. (1998:1.088-1.091).

[35] Souza (1994:183). Os conjurados de Amboise eram reformados descontentes com a intransigência católica imposta pelos lorenos, e/ou homens da clientela do condestável Montmorency alijado do poder, portanto, afastados dos favores reais. Tentavam separar o rei dos dois irmãos Guises e convocar os estados gerais. Uma assembleia em Nantes em fevereiro de 1560 buscou legitimar o movimento, mas foi descoberta na corte. O recrutamento de mercenários foi difícil, e parte dos participantes queria somente fazer-se escutar pelo jovem rei. A corte itinerante dificultava os esforços dos conjurados: a sua maioria parou no bosque em torno do castelo de Amboise, onde a corte instalou-se em 22 de fevereiro. A repressão em 17 de março foi impiedosa. O aspecto violento da conjuração suscitou o medo dos católicos, associando doravante a palavra huguenote aos conspiradores. Jouanna et al. (1998:647-648).

[36] Davila, 1713:207-208 (1º caso), 397-398 (2º caso) e 17-20 (3º caso). O original: Davila (1630).

Nápoles Fernando I e pelo papa Sisto IV — que desejava introduzir seu sobrinho Jerônimo (Girolamo de Riario) na Romanha. Lembra então os vários corpos dependurados nas janelas do palácio do governo, entre eles os do arcebispo de Pisa Francesco Salviati, de Francesco e de Giacomo de Pazzi, "e outros muitos; e sem mais prova ou sentença que os primeiros, foram todos enforcados e expostos também das janelas de palácio". Ao fim do parágrafo, alude-se à diferente pena aplicada ao oficial do papa Gian Battista da Montesecco, "que tinha a seu cargo a gente de guerra": ele teria sido degolado ou decapitado em função de seu posto.[37]

Na monarquia hispânica em 1521, quando Adriano de Utrecht governava Castela no lugar de Carlos I (1516-56), ausente para ocupar-se de sua investidura imperial. O documento ressalta a revolta dos *comuneros*, somente debelada após serem violentamente castigados alguns dos seus principais motores.[38] Ou no mesmo ano na Nova Espanha, aludindo à sublevação de

---

[37] Souza (1994:182). Francesco dela Rovere — papa Sisto IV desde 1471 — tencionava colocar o seu sobrinho Girolamo (Jerônimo) Riario no poder em Imola, pedindo um empréstimo ao banco Medici para comprar a cidade. Temeroso desse novo poder na Romanha, Lourenço não concedeu o empréstimo. O papa recorreu aos Pazzi, concorrentes florentinos do banco Medici. As relações entre Lourenço e o papado tornaram-se tensas, também por outros problemas, cargos e cidades. Lourenço aliou-se a Milão e Veneza, o papa uniu-se a Fernando I de Nápoles. A conspiração foi tramada em Roma, com Girolamo Riario, Francesco Salviati (arcebispo de Pisa) e Francesco de Pazzi, gerente do banco local. Planejaram assassinar Lourenço e seu irmão durante a missa em Florença. Mas só Giuliano de Medici foi morto, Lourenço escapando ao atentado. Sucederam-se tumultos por vários dias, culminando nas mortes de Salviati, Francesco de Pazzi e vários acusados de conspiração. Giacomo de Pazzi fugiu para um vilarejo, mas foi reconduzido a Florença, onde foi torturado, despido e enforcado. O oficial do papa Montesecco, encontrado e interrogado sob tortura, detalhou a participação do papa na conjura. Foi decapitado por ser soldado. Hibbert (1993:107-118).

[38] Souza (1994:182-183). A revolta dos *comuneros* foi um protesto complexo, com vários argumentos, objetivos, reivindicações e componentes. Refletia o descontentamento de camadas médias urbanas, de parte da nobreza, sentimentos antissenhoriais, a xenofobia contra o governo flamengo e um integrismo religioso. No entanto, a questão política prevalecia, pelas pressões das cortes sobre procuradores de cidades para votarem contra o serviço pedido para a investidura imperial de Carlos. Havia também medo de Castela ser governada pelos Países Baixos, pelas nomeações de Adriano de Utrecht e outros. A junta rebelde defendia a rainha Joana como proprietária do reino, pretendendo desbancar os conselheiros cúmplices de Carlos. Mas a revolta adquiriu um tom de reivindicação social. Os reagrupamentos de nobres e cidades a favor do imperador favoreceram a vitória imperial em 1521. Os dirigentes foram logo justiçados, sem papéis judiciais e garantias. O documento de repressão foi sucedido por degolas de procuradores das cidades, autoridades municipais e eclesiásticas. Muitos partiram para o exílio. A carta de perdão só foi lida um ano e meio após o castigo exemplar, e com 200 nomes excluídos do perdão. Entre os castigados

Antonio de Villafaña contra Hernán Cortez, descoberta antes de eclodir. Cortez teria entrado com seus guardas na casa do rebelde, que confessou o delito. Na mesma noite ele foi enforcado, seu corpo exposto na janela de seu alojamento, "vendo-se igualmente o castigo ao tempo que se publicou a causa, que nos conjurados infundiu temor, e em todos aborrecimento a culpa".[39] A referência do texto seria ainda 1521 para outro motim, não identificado, nas Canárias, antes da instalação da Audiência (no documento "relação") na região. Os principais "cabeças" teriam sido enforcados a mando do governador.[40]

No âmbito da monarquia portuguesa, o *Discurso* volta-se para a Guerra da Restauração (1640-68) pela pena do 3º conde de Ericeira, ao relatar as ações de d. Francisco de Souza em 1641 na comarca de Beja, tendo repreendido os moradores das vilas de Moura e Barrancos — e queimando a última — por sua pouca constância na defesa da praça. Destaca-se assim a execução com fogo em Portugal, com força de lei, lembrando um episódio da revolta de 1720.[41] Em outro momento, a comparação entre os contextos restauracionista e de Vila Rica retorna, ao justificar-se a repulsa de uma violência maior, recorrendo ao castigo antecipado imposto pelo conde de Assumar, de modo similar ao defendido pelo embaixador Francisco de Souza Coutinho sobre a libertação do infante d. Duarte de Bragança, preso em Milão por ordem dos

---

havia nobres, regedores de cidades, comendadores, procuradores, licenciados, bacharéis, bispos e vários ofícios e grêmios urbanos. Bernal, Fontana e Villares (2007:v. 3, p. 82-88).

[39] Souza (1994:183). A conspiração e seu castigo foram relatados em Solis (1704:liv. V, cap. XVIII, p. 560-562). Conhece-se a visão sobre o comportamento de Cortez similar ao príncipe de Maquiavel, parte "do espírito de uma época, que se manifesta nos escritos de um e nos atos de outro". Todorov (1988:112-113). Sobre a composição social desses primeiros conquistadores, Elliott (1998:v. 1, p. 178-179).

[40] Souza (1994:183). A criação da Audiência nas Canárias em dezembro de 1526 (instalada em 1527) correspondeu à política da coroa de limitar o poder dos juízes locais. O tribunal foi a primeira instituição canária de alcance regional, à exceção do bispado de Palmas. Alemán et al. (1978:t. 1, p. 88-90). Não foi encontrada referência ao motim de 1521, apenas o pedido do *cabildo* para prorrogar o governo de Bernaldino de Anaya (1520-21). Logo, o governador-geral referido no *Discurso* pode ser ele ou seu sucessor Pedro Suares de Castilla (1521-23). Gambín García (2005:111-122; 2005:209-269).

[41] Souza (1994:183-184). Ver Menezes (1679:t. 1, liv. IV, p. 230). O episódio seria a queima do morro do Ouro Podre, pela qual Pascoal da Silva Guimarães moveria processo contra d. Pedro Miguel.

Habsburgos.[42] Já em "Angola", no mesmo ano fatal de 1521 teria ocorrido uma sublevação não localizada de sobas, logo castigados.[43]

No Brasil, em tempo próximo aos acontecimentos mineiros em voga, o documento refere um crime passional em Sergipe no governo de d. João de Lencastre (1694-1702), quando um coronel pôs fogo na casa do mulato "assaz temido" Antonio de Faria, que morreu queimado.[44] Por fim, o *Discurso* alude a uma sindicância do desembargador Belchior da Cunha Brochado no Rio de Janeiro por volta de 1688, tendo posto fogo em oficinas de madeiras; bem como ao governo, também no Rio, de Francisco Xavier de Távora (1713-16), que mandou queimar a fazenda de José Gurgel.[45] A notícia acerca

---

[42] Souza (1994:187). A carta dirigida a Ratisbona era um manifesto em latim em defesa do infante. Souza Coutinho era então embaixador de Cristina da Suécia e conhecido da casa de Bragança desde os tempos de Vila Viçosa. A menção ao documento encontra-se no livro de Birago (1646:liv. V, p. 348-356), citado em Ericeira (Menezes, 1679:liv. III, p. 191). O livro de Birago, reeditado com acréscimos de Francisco Taquet (principal correspondente de d. Duarte), contribuiu muito para a publicística brigantina à época. Por esse douto veneziano, a diplomacia portuguesa influenciava o congresso de Münster. Almeida (2011:16, 22-23 e 85-87). E o capítulo do mesmo autor neste livro.

[43] Souza (1994:183). Angola não existia no século XVI. Talvez o *Discurso* se reportasse ao Congo de Afonso I (1506-43) e aos reinos vizinhos Loango ou Ndongo, com débil ocupação lusa. Nesse tempo o Congo abriu-se a Portugal, com o rei assimilando o cristianismo. Seu filho Henrique, bispo, liderou a Igreja congolesa de 1518 a 1536, provavelmente perseguindo a religiosidade nativa. O tráfico negreiro intensificou-se desde 1514. Afonso I quis controlá-lo, mas os monopólios régios foram desrespeitados por afro-portugueses de São Tomé, nos reinos vizinhos e em Luanda, parte integrante do reino. Vansina (2010:v. V, p. 657-658).

[44] Souza (1994:185). Na capitania de Sergipe a ouvidoria foi instalada em 1696, executada pelo governador-geral d. João de Lencastre. Os novos ouvidores estenderam sua atuação até a Bahia, mas os moradores dessa região contestaram, entendendo fazer parte da jurisdição baiana. No governo de Lencastre destruíram-se os últimos quilombos formados após o fim de Palmares, pois os fugitivos se concentraram em aldeias no sertão. Esses fatos podem relacionar-se ao caso narrado. Ver Matos (mimeografado). Texto inédito cedido por Luciano Raposo de Almeida Figueiredo.

[45] Souza (1994:185). Encontram-se referências ao primeiro crime no Arquivo Histórico Ultramarino (AHU), Rio Janeiro, catálogo 356, caixa 9, doc. 1650-1651, 22/5/1688 e catálogo 362, caixa 9, doc. 1670-1678, 15/12/1688. O desembargador Belchior da Cunha Brochado realizou serviços na Bahia e no Rio em 1688 e 1689. Em 1689, fez a correição na câmara no Rio, servindo como ouvidor-geral. Mello (2011:114-115) e Freire (1912:v. 1, p. 269-270). Sobre o segundo crime, AHU, Rio de Janeiro, catálogo 678, caixa 16, doc. 3353-3354, 12/4/1714; catálogo 680, caixa 16, doc. 3360, 12/6/1714 e catálogo 685, caixa 16, doc. 3376-3379, 3/11/1714. No governo de Xavier de Távora, após as invasões francesas iniciaram-se os reparos e a construção de fortificações no Rio, e instalou-se um tribunal para julgar os responsáveis. Procurou-se também regular o pagamento do resgate da cidade e punir os muitos crimes, entre eles a morte de João Manoel de Mello numa igreja em Campo Grande, a mando de José Pacheco e José Gurgel do Amaral. A viúva trouxe o cadáver do marido despedaçado ao governador, que considerou José Pacheco e José Gurgel réus de morte, mandando arrasar a chácara do padre Claudio Gurgel do Amaral, pai de José, entre outras medidas. Freire (1912:v. 2, p. 461 e 465).

200 | Maquiavel no Brasil

dessas situações mais recentes teria chegado aos autores por via oral, ou por correspondência entre governadores? Ou então pela leitura menos provável de d. Pedro Miguel das próprias consultas do Conselho Ultramarino, antes de assumir seu posto nas Minas? Hipóteses não comprovadas, mas que evidenciam os vários meios de comunicação na Época Moderna.[46]

Chega-se assim ao momento de tentar supor uma linha mestra de analogia na interpretação deste *Discurso histórico e político*, sem excluir seus demais sentidos e ressignificações, ante um conjunto de referências tão plural. Essa acepção predominante será procurada entre os exemplos romanos, e para tal busca-se novamente Marco Túlio Cícero. Contudo, não foi apenas o Cícero filósofo e mestre da retórica, mas o político e homem de ação, cônsul da *res publica*, que pôs seu discurso, mediante quatro orações proferidas no senado, a favor do castigo sem julgamento formal de uma conspiração transformada em revolta. O episódio, pelo poder persuasivo de seu orador, tornar-se-ia doravante paradigmático para os destinos de Roma.

Em suma, em meados do século I a.C., a *res publica* passava por várias questões decorrentes de sua expansão territorial.[47] O destino e a propriedade das novas terras conquistadas eram algumas delas, bem como o estatuto social dos novos povos integrados, os impostos etc. Essas tensões refletiam-se no senado, o órgão máximo de gestão em Roma. Nele, os *optimates*, afinados aos interesses das famílias patrícias, distinguiam-se dos *popvlares*, que compactuavam com as reivindicações da plebe. Lúcio Sérgio Catilina era um nobre, outrora pretor em Roma e governador na África, cuja família estava endividada. Ele fora alijado das eleições consulares em 66, e perdeu as de 64 para Cícero e Antônio. Então, junto a Públio Lêntulo, seu principal coadjuvante, e outros, começaram a conspirar contra o senado, divulgando promessas vagas entre os descontentes da capital e de províncias próximas. A trama foi delatada a Cícero, um *homo novus*, de família enriquecida mas plebeia, que chegara ao poder máximo em Roma por seus talentos políticos

---

[46] Tarcísio de Souza Gaspar aborda o tema da oralidade no *Discurso,* mas para sublinhar o poder dos homens comuns e a influência das "murmurações" na retórica do documento. Ver Gaspar (2011:83-109). Laura de Mello e Souza estuda a correspondência particular entre governantes, mas sem nela tratar da troca de informações de casos de governo. Souza (2010:300-332).

[47] Para essas informações, Odahl (2011).

e de orador, num tempo em que muitas batalhas judiciais resolviam-se pela força persuasiva dos discursos.[48]

A 8 de novembro de 63, Cícero proferiu no templo de Júpiter Stator, no Palatino, ante os senadores, sua primeira oração contra Catilina, com o próprio presente, conclamando-o a deixar Roma.[49] Nesse discurso aludia também ao assassinato do tribuno da plebe Tibério Graco em 133 a.C.[50] O revoltoso saiu então da Urbe. No dia seguinte, em sua segunda "catilinária", o cônsul informou o senado sobre o exílio de Catilina. Mas ele continuou a conspirar na província, enquanto Lêntulo e outros permaneceram em Roma. A terceira oração contra Catilina revelou a descoberta de um plano que incluía arregimentar soldados, massacrar os *optimates* e incendiar Roma, além de uma aliança com os alóbroges, povo do sul da Gália insatisfeito com o jugo romano. O senado foi convocado para atestar a culpa de Lêntulo e seus cúmplices, que confessaram seus crimes ou permaneceram em silêncio. Por esta terceira oração ciceroniana, sabe-se que Lêntulo cria-se, segundo revelações de oráculos, futuro detentor do reino e do domínio da cidade.[51] Cícero agradeceu aos deuses a descoberta da sedição. Ao início de dezembro de 63, o senado reuniu-se para decidir a pena dos chefes da conjura. Na célebre sessão, Júlio César, então pontífice máximo e pretor designado, suspeito de

---

[48] Desde o século II a.C., nos tribunais permanentes julgavam-se crimes praticados por membros da elite dirigente, influindo nos destinos do condenado e seus clientes. Afirmava-se assim a eloquência forense que, por sua capacidade de condenar ou absolver, era um eficaz instrumento de manipulação de sentimentos e opiniões. No século I, as duas últimas décadas da república foram um período de grande florescimento da eloquência. A crescente importância dos processos deslocava os conflitos da cidade para o plano judicial, repercutindo em carreiras, alianças, facções, influenciando a própria estabilidade da vida política. A eloquência forense assumia um papel político relevante, influindo nos imputados, em maioria figuras de primeiro plano, com reflexos na vida econômica e social da península e nos interesses de milhares de pessoas. Cícero destacou-se como autor nesse tempo, ao dominar variados temas e registros estilísticos, por conseguinte, o auditório. Com a crise da *res publica* e a ascensão dos chefes militares, a eloquência perdeu autonomia. Citroni et al. (2006:239 e 259-260).

[49] Para essas informações: Citroni et al. (2006:272-274) e Carletti (2000).

[50] Carletti (2000:84). O episódio foi referido no *Discurso*: "Em Roma diz Cícero que muitas vezes os particulares mataram a vários cidadãos perniciosos à república, entre os quais traz a Públio Cipião, que não exercendo já o pontificado matou a Tibério Graco, que levemente começava a arruinar o estado da república". Souza (1994:176). Sobre a oratória "popular" dos irmãos Gracos no século II a.C. e o projeto de reforma agrária em contraposição aos interesses dos aristocratas, Citroni et al. (2006:236-237).

[51] Carletti (2000:166). Esse trecho foi ressignificado no *Discurso*: "Cícero chegou a persuadir-se que a Sibila Délfica incitava a profetizar notória violência, e força oculta da terra". Souza (1994:61).

ter participado da conspiração em seus primeiros momentos, fez um convincente discurso a favor da prisão perpétua para Lêntulo e seus sequazes. Mas o cônsul Cícero, em sua quarta catilinária, defendeu a pena de morte a todos, dizendo ser esse o remédio mais eficaz para a república. A eficiente retórica de Cícero preparou assim o caminho para o discurso do tribuno Catão, o incorruptível republicano, a favor da execução capital dos catilinários, sem processo. Os discursos opostos de César e Catão, dois inimigos, foram depois reelaborados sob a pena de Salústio, historiador protegido de César.[52] No entanto, Cícero logo reescreveu e fez divulgar suas quatro catilinárias, conhecidas como sua grande ação política na defesa da pátria, contra "as espadas de Catilina". No dia seguinte a este embate de discursos, em 5 de dezembro de 63, Lêntulo e quatro outros líderes rebeldes foram estrangulados. Catilina morreu um mês depois em combate, na batalha de Pistoia, quando Cícero acabava de deixar o cargo.

Cícero colocou toda a sua verve retórica em sua quarta catilinária, a fim de convencer os colegas senadores a atitudes mais enérgicas ante a revolta. Por sua intercessão a favor da pena capital aplicada aos conjurados já presos, ele veio a exilar-se temporariamente do senado e de Roma, pois em princípio não teria poder para medidas tão drásticas.[53]

---

[52] Carrera de la Red (2001); Canfora (2002:81) menciona a interpretação de M. Gelzer, sobre a conjuração de Catilina como um "empurrão dos chefes", das figuras de proa da política republicana para a instauração de um regime ditatorial, ou seja, a forma estatal do futuro, com César e depois Augusto. Nessa visão, o programa de Catilina seria apenas um exercício verbal, e a crise por ele provocada seria uma etapa na luta entre a velha forma estatal oligárquica e a monarquia militar, que despontava como origem de novos sistemas. O cerne do discurso de César não seria deliberar equilibradamente e sem animosidade, mas o alerta da repressão dos catilinários como possível precedente perigoso. Se essa intuição foi correta, a conjuração antecedeu a não menos criminosa *conjuratio* contra César, e a medida emergencial pela qual foram mortos seus líderes semeou posteriores ilegalidades, das quais o próprio Cícero foi vítima. Contudo, Cícero sonhava com o advento de um *princeps*, convencido de que uma figura desse tipo era necessária à república. Mas permaneceu sem saber quem poderia encarnar concretamente tal figura. Ibid., p. 81, 90-91 e 93.

[53] Nos anos seguintes à repressão, dissolveu-se o consenso entre senadores e equestres em torno do projeto político de Cícero, atacado pela execução sumária dos cúmplices de Catilina. Crescia então a supremacia de César e Pompeu. O ano 59, com o consulado de César, significou a perda da importância política do grande orador. Em 58 o novo tribuno Clódio apresentou uma proposta de lei prevendo o exílio para quem condenou à morte um cidadão romano sem lhe dar possibilidade de apelo ao povo. Cícero foi então abandonado pelos *optimates*, deixando Roma ante a aprovação iminente da medida. Seus bens foram confiscados e sua casa demolida, só voltando à capital em 57. Citroni et al. (2006:275-276).

No *Discurso*, Cícero é invocado, por exemplo, para defender o valor da fé pública como pedra fundamental da justiça; ou sobre o dever dos príncipes em resistir à multidão e aos dissolutos; ou para combater a impunidade nas conjurações de Roma, a fim de assegurar os valores da república, aplicando-se qualquer remédio na solução de algo; ou para advogar a causa da "necessidade" como superior ao foro humano e legal. Quando as armas faziam calar as leis, devendo assim ser usadas pelo governante. Nas palavras do documento:

> Por isso contra o sedicioso Catilina resolveu Cícero que, como a inimigo, se lhe devia declaradamente fazer guerra, e que toda a guerra, que se lhe fizesse era justa; e noutra parte, como já dissemos, mostra que quando Roma era mais bem governada, maiores castigos se davam ao perturbador da república que ao inimigo mais cruel.[54]

Embora o nome de Catilina só seja escrito no *Discurso* de 1720 por duas vezes, essas orações de Cícero foram decisivas para dar o tom do documento que vilanizava os rebeldes em Minas à maneira dos conjurados romanos antigos, defendendo para eles uma punição mais forte do que a permitida pelos meios legais. Estamos assim ante discursos oriundos de dois contextos e tempos diversos, aproximados pelo uso político do primeiro feito pelo segundo. Em tempos posteriores à república de Roma, as catilinárias de Cícero seriam usadas como argumento em situações de aplicação de um castigo sem julgamento formal. No entanto, enquanto Cícero proferiu seu discurso para obter a aplicação da pena máxima aos acusados, o *Discurso* foi redigido após a punição, ao vilanizar Pascoal da Silva Guimarães, Manuel Nunes Viana, Felipe dos Santos e os habitantes das Minas. Não há notícia da recepção do *Discurso* atribuído ao 3º conde de Assumar, como manuscrito, no âmbito da monarquia portuguesa. Não se sabe por quem foi lido ou se influiu no destino de d. Pedro Miguel de Almeida em seu exílio da corte. Nada se sabe até o texto ressurgir em Lisboa ao fim do século XIX.

---

[54] Souza (1994:108, 145, 154, 158, 169, 175, 179 e 189). Citação: p. 181. Num dos casos cita-se, do mesmo autor, o livro terceiro de *De legibus*. Ibid., p. 157-158.

Tempos depois, a imagem póstera de Felipe dos Santos foi transformada em mito de outra república, a brasileira, por uma análise retrospectiva que via a revolta de 1720 em Minas como precursora do movimento de independência nacional do Brasil. Não obstante o equívoco dessa interpretação, o *Discurso* do conde de Assumar foi apropriado pela historiografia da nascente república sul-americana. Em outras proporções, as orações de Cícero e seu registro foram importantes para estruturar o poder em Roma na passagem da república ao principado. Essas relações entre os três tempos, retóricas e contextos longínquos permitem refletir sobre o papel dos discursos nas relações de força e práticas políticas, mesmo que lidos com sinais variados em distintas situações (Ginzburg, 2002).

Maquiavel dissimulado

É o momento então de voltar a questões formuladas no início do capítulo. Neste documento, autores, personagens e situações de outrora foram lembrados por suas reputações mais conhecidas, e/ou suas autoridades tiveram outros significados? Como seria a relação entre texto e prática política, no *Discurso*? Para captar a cultura política desse registro como suporte para as ações e o poder de Assumar, e entender suas possíveis doses de continuidade e/ou heterodoxia em relação a seu contexto imediato, é necessário cotejar o tempo de atuação desse nobre no meio da monarquia portuguesa. Em suma, estudos seminais mais centrados no século XVII caracterizam-na com vários espaços decisórios e instâncias normativas, denotando uma autonomia político-jurídica de corpos, magistrados e instituições — conferindo ao seu governo um perfil policêntrico. Nessa visão, a coroa seria um agregado de órgãos e interesses, e não um polo homogêneo de intervenção social, comportando instâncias concorrentes e conflitos de jurisdição.[55]

Nas primeiras décadas do reinado de d. João V registraram-se algumas mudanças na forma de tramitação das matérias no reino e no modo de governar o Brasil. Desde o fim do século XVII, o poder monárquico português

---

[55] Hespanha (1994) e Cardim (2005:45-68). Para o ordenamento das ideias de síntese pertinentes a este item, Bicalho (2007:37-56).

teria sofrido um processo de centralização, indicado, entre outros aspectos, pela não convocação das cortes, ou pelo ostracismo do Conselho de Estado. Este seria substituído por um círculo restrito de conselheiros régios, mormente secretários. Todavia, para Nuno Gonçalo Monteiro, essa mutação silenciosa da "monarquia barroca" — com novos desenhos do centro e seus vínculos com os poderes periféricos — não foi linear. O autor recupera a revitalização de instituições tradicionais como as cortes, no processo que opôs a restauração constitucional após 1640, em relação ao reformismo anterior do conde-duque de Olivares. Contudo, passado o tempo de guerra com Espanha e a disputa de facções políticas, marcado por episódios como o governo de Castelo Melhor (1662-67), voltou a triunfar um modelo político distinto do pluralismo corporativo que, no entanto, prevalecera nos anos imediatamente posteriores à entronização dos Braganças e no período seguinte à deposição de d. Afonso VI (1656-83).[56]

O historiador reage assim à ideia de continuidade institucional e política na monarquia portuguesa. Após a estabilização da dinastia em 1668 houve uma nova configuração de centros de poder, coincidente com a afirmação de elites sociais. No fim do século XVII, por exemplo, os titulares e muitos senhores de terras e comendadores residiam em Lisboa, distantes dos tempos da corte ducal em Vila Viçosa. Com a consolidação aristocrática na regência de d. Pedro (1668-83), os grandes (condes, marqueses e duques) distinguiam-se da fidalguia provincial. A maioria dos ofícios superiores do reino seria exercida pela primeira nobreza da corte, à exceção dos magistrados e cargos diplomáticos. O sistema de cortes cedia então lugar ao monopólio da corte régia. Dessa forma o pluralismo político e institucional diminuía, e a polarização entre a corte e as províncias era uma marca dessa monarquia, com pouca expressão dos corpos políticos intermédios (Monteiro, 2002:v. VIII, p. 268-270).

As cortes reuniram-se ainda quatro vezes (1668, 1673, 1679 e 1697), e o tempo da regência e do reinado de d. Pedro II (1683-1706) caracterizou-se por um funcionamento da administração central vigente ainda nos primeiros anos de d. João V. Esse perfil era diverso do adotado a partir da déca-

---

[56] Para essas reflexões, Monteiro (2002:v. VIII, p. 267-282).

da de 1720, quando o rei passou a despachar com secretários de Estado à margem dos conselhos, sobretudo do Conselho de Estado. Não obstante, segundo Nuno Gonçalo Monteiro, o período teria alguns aspectos comuns: a paz com Espanha, interrompida em 1703; a estabilidade dos alinhamentos políticos externos da dinastia; e a diminuição das lutas intestinas, fazendo despontar o papel arbitral do rei. A política de mercês também sofreu uma inflexão importante, com menos títulos concedidos e a cristalização da elite nobiliárquica. Era assim um ciclo mais estável, fazendo reviver um modelo de tomada de decisões políticas, mesmo com o predomínio aristocrático e a restauração dos conselhos. No âmbito ultramarino, prevalecia a prioridade atlântica, apoiada na aliança inglesa e no relativo distanciamento luso dos conflitos europeus. A paz externa facilitava o domínio sobre as regiões coloniais (Monteiro, 2002:v. VIII, p. 270-275).

Nesse sentido, as relações com o vizinho espanhol eram incontornáveis, pela proximidade territorial na Europa e na América do Sul. E eram altos os gastos diplomáticos no fausto das embaixadas lusas no continente europeu, obtendo-se enfim a paridade de tratamento com outras monarquias católicas junto à Santa Sé, à semelhança do período anterior a 1580. A elevação da capela real à patriarcal e o empenho na conquista do título cardinalício para o prelado de Lisboa acompanhavam uma redefinição da sociedade de corte de d. João V, com conflitos de precedência e degredo de nobres. Os rituais e práticas de legitimação da monarquia foram reformulados nesse reinado, quando surgiam novos polos de representação, como o palácio-convento de Mafra, expressão mais visível desse investimento cultural e artístico. A representação espetacular do poder era uma marca do reinado de d. João V.[57]

As academias literárias também fornecem subsídios para entender os vínculos entre saber erudito, estruturação do poder e conquistas ultramarinas portuguesas. A Academia Real da História fundada em 1720 — da qual, como já se referiu, d. Pedro Miguel faria parte — seria um caso especial, ao inaugurar uma vertente de conhecimento sobre a história do ultramar. Para Íris Kantor, surgia uma nova razão de Estado, mais secular em relação aos princípios político-teológicos que noutro tempo respaldaram a expansão lusa.[58]

---

[57] Monteiro (2002:v. VIII, p. 276-282). Ver também Bebiano (1987).
[58] Mota (2003); Kantor (2004; 2005:257-276).

A necessária preservação das rotas comerciais entre o Índico e o Atlântico e a descoberta do ouro do Brasil conduziam a uma ação mais articulada da coroa para defender sua soberania na América. Evidenciava-se, assim, uma nova percepção territorial, concretizada numa visão de conjunto sobre a geografia e a história do reino e do ultramar.[59]

Mas esse grande espaço vivia uma conjuntura delicada. A Guerra de Sucessão da Espanha — na qual lutara d. Pedro Miguel — influenciou as invasões francesas no Rio de Janeiro em 1710 e 1711 (Bicalho, 2003:257-298) e os episódios da Guerra dos Mascates (1709-11) em Pernambuco. O "fogo de sedição" capaz de incendiar o Brasil foi alarmado pelo conselheiro António Rodrigues da Costa, igualmente acadêmico real.[60] A insurgência também foi pontuada por conflitos como a Guerra dos Emboabas em Minas (Romeiro, 2008), os motins do Maneta na Bahia em 1711 e a revolta de Vila Rica em 1720 — foco principal do *Discurso*. Não há como esmiuçar os vários acontecimentos e âmbitos regionais, objetos de competentes análises na historiografia.[61]

Nesse tempo de mutações políticas, o tema da aplicação do castigo devido foi recorrente na correspondência administrativa. Por exemplo, sobre o tratamento desigual dado por Pedro de Vasconcelos e Sousa aos dois motins na Bahia, quando o novo governador-geral voltou atrás no aumento de tributos e perdoou os rebeldes no primeiro deles, mas puniu duramente os

---

[59] Kantor (2005:267). Entre as figuras de proa na política do período em sintonia com essa visão, destacam-se o conselheiro António Rodrigues da Costa, em quem Luciano Figueiredo vê ecos dos escritos de Maquiavel, e o embaixador d. Luís da Cunha, estudado por Júnia Furtado. Ver Figueiredo (2006:196) e Furtado (2012).

[60] O conselheiro temia que o "fogo de sedição, o qual já não é faísca mas incêndio grande, se não apagar prontamente, passe a abrasar o recôncavo da Bahia, cujos moradores se acham sumamente escandalizados e quase alterados pelas vexações que lhes fazem do tabaco. E dali poderá também passar aos paulistas que, ainda que se mostrem reduzidos à razão, têm-se por entendido que interiormente conservam o mesmo ódio aos reinóis, porque os reputam por usurpadores daquelas riquíssimas minas, que eles entendiam firmemente serem patrimônio seu, que lhes havia dado ou a sua fortuna ou a sua indústria. E se o fogo da sedição se ateasse em todas estas três partes, comunicando-se uma com a outra, o que Deus não permita, como ficam correspondendo todo o Brasil, pelo sertão e em parte pela marinha, bem se deixa ver qual será o dano desta monarquia". Consulta do Conselho Ultramarino de 26/2/1711 apud Mello (1995:315).

[61] Como sínteses, destacam-se Souza (2000:v. IV, p. 459-473; 2006:78-108); Figueiredo (2001:197-254; 2005). Para os vários motins mineiros, alguns influenciando diretamente os argumentos do *Discurso*, Anastasia (1998: especialmente p. 31-59).

208 | Maquiavel no Brasil

chefes no segundo, com o degredo para a África.[62] Também na Guerra dos Mascates, a busca da medida no lidar com os sediciosos foi determinante no perdão final concedido aos senhores de engenho, ao interpretar as alterações de Pernambuco como "discórdias" e não "inconfidências".[63] No entender de Maria Fernanda Bicalho, pautava-se a redefinição do poder régio e o seu exercício nos domínios ultramarinos, definindo as prerrogativas do príncipe e seu governo, quando encarnado por representantes na América. Somente ao rei cabia castigar e perdoar os vassalos (Bicalho, 2007:45).

Pelas ameaças de invasões estrangeiras e rebeliões nas conquistas, ou por atuações desastradas de governantes, em função da pesada carga fiscal, ou devido à dificuldade do recurso direto ao rei, essa política ultramarina seria doravante reformulada. Contudo, antes da ocorrência de maiores mudanças administrativas, na confluência desses fatores insere-se a atuação de d. Pedro Miguel de Almeida Portugal no governo da capitania de São Paulo e Minas do Ouro. Formado na guerra e nas letras europeias, ele chegou às Minas com a incumbência de implementar as casas de fundição para o reforço na cobrança do quinto, num contexto fundamental para a monarquia lusa, mas deveras conflituoso ao seu governo. Pois nele grassavam descontentamentos, alianças volúveis e grupos em disputa. Embora tenha estranhado o ambiente colonial, o conde negociou e compôs com líderes locais. Estes cram ambíguos agentes da coroa e de si mesmos, reinóis — ou emboabas — envolvidos no comércio interno e/ou na mineração, alguns deles senhores de escravos, fazendas e lavras.[64]

Mas a sedição contra os impostos e taxas, que reclamava também do poder da câmara e dos dragões das tropas pagas — substituindo as ordenanças dos potentados locais —, reivindicava ainda o controle sobre a aferição do ouro. Ela desenvolveu-se mediante estratégias de intimidação ao governador e ao ouvidor, e por arruaças de mascarados, sobretudo em Vila Rica. Acuado em seu palácio na vila vizinha de Ribeirão do Carmo, sem apoio dos

---

[62] Consulta do Conselho Ultramarino de 27/3/1713 apud Bicalho (2007:44-45).

[63] Palavras atribuídas a d. João V. Mello (1995:433). Ver Monteiro (2002:231-277).

[64] Para essas informações, Fonseca (2007), cuja síntese dos eventos é em grande parte ancorada na narrativa do próprio *Discurso* (Souza, 1994:59-139), de certo modo incorporando sua parcialidade. À maneira das catilinárias de Cícero, que também consagraram sua versão sobre a conjura do século I a.C.

principais que aceitavam as demandas dos revoltosos, conquanto sem violência, o conde em princípio acatou as 15 reivindicações, fingindo perdoar o movimento e substituindo o ouvidor. Assumar passou então a ser pressionado para deixar o governo, enquanto Pascoal da Silva Guimarães distribuía novos cargos em Vila Rica. Entretanto, munindo-se de um espião, d. Pedro Miguel tomou providências para reprimir este terceiro motim que já enfrentava nas Minas — os dois primeiros permanecendo impunes. Mandou assim montar a tropa de dragões, e que parte dela fechasse o caminho para Vila Rica. Ao mesmo tempo prendeu os homens-chave do movimento, conduzidos ao Rio de Janeiro ou para a cadeia de Vila do Carmo e alguns depois para Lisboa. Enfim, em julho de 1720, d. Pedro Miguel entrou em Vila Rica, com as principais figuras da vila vizinha, os dragões e aproximadamente 1.500 negros. Mandou incendiar as casas de Pascoal da Silva Guimarães. E, após um "julgamento sumário" — sem montar junta de justiça com o ouvidor ou qualquer magistrado, e sem consultar ao rei —, mandou enforcar e esquartejar Felipe dos Santos, cometendo assim falta grave ante a monarquia.

Há várias inflexões que permitem relacionar essas ocorrências e sua principal fonte documental ao âmbito de escrita d'*O príncipe*. A península itálica no início do século XVI também era um território tumultuado, com a difícil submissão dos habitantes e as ameaças de Espanha e França. Se, após o tratado de Utrecht de 1715, as Minas estavam mais protegidas de invasões externas, o valor intrínseco do ouro conferia a Portugal a sua necessária preservação da cobiça internacional, além do perigo dos motins. N'*O príncipe* e no *Discurso* defendia-se de modo similar a manifestação mais enfática do poder soberano em suas regiões. Um príncipe mais temido que amado e belicoso, que mantivesse o seu "estado" não tanto por medidas administrativas — próprias de alguns Estados modernos europeus nos séculos XVII e XVIII —, mas por assertivas ações personalizadas e impactantes diante dos súditos, preferindo claramente as armas às leis.[65] São essas as passagens mais eloquentes e próximas ao cap. XVII, "Da crueldade e da piedade — sé é melhor ser amado ou temido", do livro do Secretário Florentino:

---

[65] Mansfield Jr. (2002:74-75). A diferença entre as ideias de poder n'*O príncipe* e outras "razões de Estado", a exemplo de uma mais administrativa e econômica atribuída a Giovanni Botero, foi desenvolvida por Senellart (1989; 2006:47-63 e 225-259).

Acabem de entender os príncipes que talvez aumentam os danos da república com a sua piedade, e que em certas ocasiões são mais piedosos, quanto mais severos; pois a severidade que castiga a alguns é piedade que absolve a muitos; porque esses poucos, que o rigor, para exemplo, colheu as mãos, fazem que, para triunfo da benignidade, se prostrem a seus pés todos os mais. Nem como poderá segurar-se e fazer confiança nos bons vassalos o príncipe que perdoa aos maus, quando é sem dúvida que perdoar aos maus é botar a perder os bons; e juntamente mostra a experiência que nada humilha e derruba tanto a insolência dos corações rebeldes como a formidável voz e horrorosa vista de um sucesso trágico. (Souza, 1994:138)

Não há que estranhar que ignorem os mineiros que há rei que domine este país, onde nunca foi visto o seu raio (...) porque se não punir as maldades, não é príncipe em realidade, é uma representação e sombra de príncipe. Pois é certo que o decoro real nem se vincula ao cetro, nem se anexa à coroa, avulta sim nos golpes do montante, no estrondo das artilharias, no tropel dos cavalos, e na multidão dos infantes, porque só onde se lhe temem as forças é despótica a Soberania.[66]

Entre a Florença dos Medici e a Vila Rica da dinastia Bragança, as inserções sociais e políticas de Maquiavel e do futuro conde de Assumar eram distintas nos momentos de redação dos dois textos. O primeiro era então um ex-secretário desempregado; já o segundo, um nobre governador de capitania tentando justificar seu excessivo arbítrio. Contudo, deve-se atentar para a não representatividade de um e outro em relação a poderes mais amplos em seus respectivos enquadramentos. Pois nem Maquiavel, nem d. Pedro Miguel, mediante seus escritos, intentaram resumir o perfil de um príncipe renascentista italiano ou o comportamento usual dos reis de Portugal de seus respectivos tempos. Como se sabe, o Secretário Florentino escreveu um pequeno livro, depois dedicado a Lourenço de Medici, somente publicado em 1532.[67] E desconhece-se o destino do manuscrito em defesa do futuro

---

[66] Souza (1994:148). Ver Machiavelli (2001:147-150).
[67] John Law estuda o comportamento dos príncipes da península itálica nesse tempo, caracterizando-os de modo mais plural e dissonante em relação aos conselhos apregoados por Maquiavel. Law (1991:17-36).

conde de Assumar na corte dos Braganças até o fim do século XIX. As interpretações posteriores nem sempre se coadunam aos papéis dos autores em seus contextos.

Essas considerações abrem o caminho para lidar melhor com a heterodoxia e a continuidade de ações e textos promovidos por d. Pedro Miguel de Almeida Portugal no seio da monarquia portuguesa, ao tempo da revolta de 1720. Como vimos, ele respondeu por uma vertente de governo mais arbitrário — que volta e meia manifestava-se no comportamento daquele Estado moderno —, embora também fosse capaz de pactuar e cooptar.[68] Entretanto, o conhecido conde de Assumar ressentiu-se de sua mera posição como governador de capitania, num momento de mutação silenciosa das práticas políticas. D. Pedro Miguel careceu de alçada para castigar rapidamente os rebeldes da sublevação, interpretada por ele como afronta ao poder régio e a si mesmo, refugiado em seu palácio. Recorreu então aos vultos do passado para ajudá-lo, à maneira de Maquiavel.

Retornamos assim ao texto norteador deste estudo, e ao uso político por ele feito do passado. No *Discurso*, as ideias d'*O príncipe* estariam presentes, por exemplo, pela dissimulação verificada nas ações do conde para reprimir a revolta. No entanto, esse tipo de ardil não era exclusivo aos conselhos do Secretário Florentino, doravante confundidos com a pecha do maquiavelismo.[69] Também o predomínio de autores clássicos, verificado nas duas fontes comparadas, foi disseminado na Época Moderna. Por sua vez, o determinismo ambiental para explicar a periculosidade dos habitantes das Minas seria mais facilmente relacionado a Botero do que a Maquiavel.[70] Como vimos, o documento conjugava significados e leituras plurais, em prol da hostilização dos sublevados e da legitimidade da repressão. Entretanto, salta aos olhos o apreço à violên-

---

[68] A título de exemplo dessa atuação mais centralista e pragmática, o capítulo de Vinícius Dantas sobre o governo do conde de Óbidos no Estado do Brasil contido neste livro e sua dissertação sobre o conde de Castelo Melhor como escrivão da puridade de d. Afonso VI. Dantas (2009). Sobre os pactos buscados por Assumar conforme outra tradição de governo, Campos (2002) e Mathias (2005).

[69] Ver o artigo de Rui Luis Rodrigues neste livro.

[70] Monteiro (2002:179-187 e 293-307).

cia e ao temor, aspectos característicos dos escritos de d. Pedro Miguel e bem próprios ao livro sobre os principados, mesmo sendo revestidos no *Discurso*, como esperado, de comentários e dicotomias pertinentes à moral cristã.

Não há como atestar se o conde de Assumar leu e/ou inspirou-se no pequeno livro que incentivava o castigo intempestivo, as cenas de efeito e o medo dos súditos em relação aos governantes. Maquiavel era figura proibidíssima no Antigo Regime português, e jamais estaria formalmente presente na biblioteca do marquês de Alorna, ou elogiado em qualquer carta ou tratado escrito. Contudo, inferimos ao longo deste capítulo sobre as constantes ressignificações e apropriações de leituras, autores e obras no documento inegavelmente erudito e inteligente — sempre a favor da violência antecipada. Portanto, é plausível supor o uso "maquiavélico" da tradição clássica veiculada no *Discurso*, como forma de dissimular, justamente, o escrito do próprio Secretário Florentino. Pois, afinal, sob as insignes vestes consulares de Cícero, ou pela pena de historiadores como Tácito e Salústio, veiculavam-se ideias muito semelhantes às do príncipe maquiaveliano (Bagno, 2008:129-150; 2006:183-240), em busca de poder, glória e fama. Próximo afinal ao modo do desejado para o próprio Assumar em face do rei, no fim do documento.[71] Parece então que os usos políticos do passado foram relevantes na consecução dessa "catilinária mineira".

---

[71] "Ainda depondo as coroas de que o laureou a campanha [alude a sua participação na Guerra de Sucessão], e despindo as virtudes de que o adorna o moral, se deviam por esta ação ao Conde os triunfos que aos governadores, que a seu sucessor entregaram pacífica e sujeita a província, decretou Roma [prefere a moral pagã em relação à cristã; apreço pela expansão romana]: mas se o Capitólio o não viu vitorioso e ovante nos carros do seu triunfo, vê-lo-á na carroça dos aplausos triunfante e coroado à posteridade vindoura, que à sua fama, êmula ao tempo e à mesma eternidade, segura, mais que nas memórias, erigir nas admirações, para exemplar de governadores e príncipes, imortal estátua. Só por esta ação se faz digno e merecedor de que Sua Majestade [d. João V], com uma notória e particular atenção, entre os mais beneméritos o distinga, adiante, singularize, e prefira nas graças, nos favores, nas mercês, e nos privilégios [reclama para si mais prestígio junto ao rei]." Souza (1994:191, trechos entre colchetes do autor do capítulo).

Referências

ALEMÁN José A. et al. *Ensayo sobre historia de Canarias*. Madri: Biblioteca Popular Canaria; Taller Ediciones JB, 1978. t. 1. Disponível em: <www.gobiernodecanarias.org/educacion/3/WebC/Apdorta/libros/Copia%20de%20ENSAYO%20SOBRE%20HISTORIA%20DE%20CANARIAS.pdf>. Acesso em: 25 set. 2013.

ALMEIDA, Gustavo Kelly de. *Herói em processo*: escrita e diplomacia sobre d. Duarte de Bragança (1641-1649). Dissertação (mestrado em história social) — Universidade Federal Fluminense, Niterói, 2011. Disponível em: <www.historia.uff.br/stricto/td/1469.pdf>. Acesso em: 25 set. 2013.

ANASTASIA, Carla Maria Junho. *Vassalos rebeldes*: violência coletiva nas Minas na primeira metade do século XVIII. Belo Horizonte: C/Arte, 1998.

BAGNO, Sandra. *Il Principe* di Machiavelli nelle lessicografie latinoamericane: il Brasile caso emblemático? Dall'eredità culturale del colonizzatore all'autonomia lessicografica specchio di un'identità nazionale. In: BARTUREN, María Begoña Arbulu; _____. *La recepción de Maquiavelo y Becaria en ámbito iberoamericano*. Pádua: Unipress, 2006. p. 183-240.

_____. "Maquiavélico" versus "maquiaveliano" na língua e nos dicionários monolíngues brasileiros. *Cadernos de Tradução*, Florianópolis, v. 2, n. 22, p. 129-150, 2008. Disponível em: <https://periodicos.ufsc.br/index.php/traducao/issue/view/1121>. Acesso em: 25 set. 2013.

BEBIANO, Rui. *D. João V*: poder e espetáculo. Aveiro: Estante, 1987.

BERNAL, Antonio Miguel; FONTANA, Josep; VILLARES, Ramón (Org.). *Historia de España*: monarquía e imperio. Madri: Crítica; Marcial Pons, 2007. v. 3.

Bicalho, Maria Fernanda. *A cidade e o império*: o Rio de Janeiro no século XVIII. Rio de Janeiro: Civilização Brasileira, 2003.

_____. Inflexões na política imperial no reinado de D. João V. *Anais de História de Além-Mar*, Lisboa, v. VIII, p. 37-56, 2007.

BIRAGO, Giovanni Battista. *Storia di Portogallo,* depois *Historia del regno di Portogallo*. Liorne: s.n., 1646. livro V, p. 348-356.

BLANCO, Mercedes. Quevedo lector de Malvezzi. *La Perinola*. Revista de Investigación Quevediana, Pamplona, n. 8, p. 77-108, 2004. Disponível em: <http://hdl.handle.net/10171/5603>. Acesso em: 6 jun. 2013.

BLUTEAU, Raphael. *Vocabulário portuguez e latino*... Coimbra: Colégio das Artes da Companhia de Jesus, 1712. Rio de Janeiro: Uerj, 2000. CD-ROM.

BRANDÃO, Junito de Souza. *Dicionário mítico-etimológico*: mitologia e religião romana. Brasília: Edunb; Petrópolis: Vozes, 2008. [1993].

214 | Maquiavel no Brasil

CAMPOS Maria Verônica. *Governo de mineiros*: "De como meter as Minas numa moenda e beber-lhe o caldo dourado" — 1693 a 1737. Tese (doutorado em história social) — Universidade de São Paulo, São Paulo, 2002.

CANFORA, Luciano. *Júlio César*: o ditador democrático. Tradução de Antonio da Silveira Mendonça. São Paulo: Estação Liberdade, 2002. [1999].

CARDIM, Pedro. "Administração e "governo": uma reflexão sobre o vocabulário do Antigo Regime. In: BICALHO, Maria Fernanda; FERLINI, Vera Lúcia Amaral (Org.). *Modos de governar*: ideias e práticas políticas no império português. Séculos XVI a XIX. São Paulo: Alameda, 2005. p. 45-68.

_____. Religião e ordem social. Em torno dos fundamentos católicos do sistema político do Antigo Regime. *Revista de História das Ideias. O Estado e a Igreja*, Coimbra, v. 22, p. 133-174, 2001.

CARLETTI, Amilcare (Org.). *Cícero. As catilinárias*. São Paulo: Leud, 2000. [1999].

CAUSINO, Nicolas. *Simbolos selectos, y parábolas históricas*. Tradução de Francisco de la Torre. Madri: Imprenta Real, 1677. Disponível em: <http://books.google.com.br/books?id=1YUlwj95Dv8C&pg=PP5&lpg=PP5&dq=Nicolas+Caussin.+Simbolos+selectos,+y+parábolas+históricas.+Madrid:+Imprenta+Real,+1677&source=bl&ots=4kW6rlkKLh&sig=gEgU1he0Yj5zWVcdETqINA0qSRA&hl=pt-PT&sa=X&ei=JBZEUo6uN5HK9QSnuoGoBg&ved=0CEsQ6AEwBA#v=onepage&q=Nicolas%20Caussin.%20Simbolos%20selectos%2C%20y%20parábolas%20históricas.%20Madrid%3A%20Imprenta%20Real%2C%201677&f=false>. Acesso em: 25 set. 2013.

CITRONI, Mario et al. *Literatura de Roma antiga*. Tradução de Margarida Miranda e Isaías Hipólito. Lisboa: Fundação Calouste Gulbenkian, 2006. [1997].

CUNHA, Mafalda Soares da; MONTEIRO, Nuno Gonçalo F. Governadores e capitães-mores do império atlântico português nos séculos XVII e XVIII. In: MONTEIRO, Nuno Gonçalo F.; CARDIM, Pedro; CUNHA, Mafalda Soares da (Org.). *Optima pars*: elites ibero-americanas do Antigo Regime. Lisboa: Imprensa de Ciências Sociais, 2005. p. 191-252.

DANTAS, Vinícius Orlando de Carvalho. *O conde de Castelo Melhor*: valimento e razões de Estado no Portugal seiscentista (1640-1667). Dissertação (mestrado em história social) — Universidade Federal Fluminense, Niterói, 2009. Disponível em: <www.historia.uff.br/stricto/teses/Dissert-2009_Vinicius_Orlando_de_Carvalho_Dantas-S.pdf>. Acesso em: 25 set. 2013.

DAVILA, Enrico Caterino. *Historia de las guerras civiles de Francia...* Tradução e adições (de 1598 a 1630) de Basílio Varen de Soto. Edição com figuras e retratos. Antuérpia: Juan Bautista Verdussen, 1713. Disponível em: <http://books.google.com.br/books?id=qVjeh9oqKi4C&printsec=frontcover&hl=ptPT&source=gbs_ge_summary_r&cad=0#v=onepage&q&f=false>. Acesso em: 25 set. 2013.

____. *Historia delle guerres civiles di Francia, 1559-1598.* Veneza: Tomaso Baglioni, 1630.

ELLIOTT, John Huxtable . A conquista espanhola e a colonização da América. In: BETHELL, Leslie (Org.). *América Latina colonial.* Tradução de Maria Clara Cescato. São Paulo: Edusp; Brasília: Fundação Alexandre de Gusmão, 1998. [1984]. v. 1, p. 135-194.

____. *El conde-duque de Olivares.* Tradução de Teófilo de Lozoya. Barcelona: Crítica, 2004. [1986].

FIGUEIREDO, Luciano. Antônio Rodrigues da Costa e os muitos perigos de vassalos aborrecidos (notas a respeito de um parecer do Conselho Ultramarino, 1732). In: VAINFAS, Ronaldo; SANTOS, Georgina Silva dos; NEVES, Guilherme Pereira das (Org.). *Retratos do império*: trajetórias individuais no mundo português nos séculos XVI a XIX. Niterói: Eduff, 2006. p. 187-203.

____. O império em apuros. Notas para o estudo das alterações ultramarinas e das práticas políticas no império colonial português, séculos XVII e XVIII. In: FURTADO, Júnia Ferreira (Org.). *Diálogos oceânicos*: Minas Gerais e as novas abordagens para uma história do império ultramarino português. Belo Horizonte: Editora UFMG, 2001. p. 197-254.

____. *Rebeliões no Brasil colônia.* Rio de Janeiro: Jorge Zahar, 2005.

FONSECA, Alexandre Torres. A revolta de Felipe dos Santos. In: RESENDE, Maria Efigênia Lage de; VILLALTA, Luiz Carlos (Org.). *História de Minas Gerais*: as minas setecentistas. Belo Horizonte: Autêntica; Linha do Tempo, 2007. v. 1, p. 549-566.

FOUCAULT, Michel. *As palavras e as coisas*: uma arqueologia das ciências humanas. Tradução de Salma Tannus Muchail. São Paulo: Martins Fontes, 2002. [1966].

FRANCISCO, Filipe do Carmo. *O primeiro marquês de Alorna*: restaurador do Estado português da Índia (1744-1750). Lisboa: Tribuna, 2010.

FREIRE, Felisbello. *História da cidade do Rio de Janeiro. 1564-1700.* Rio de Janeiro: Revista dos Tribunaes, 1912. v. 1.

FUMAROLI, Marc. *L'âge de l'éloquence*: rhétorique et 'res literaria' de la Renaissance au seuil de l'époque classique. Paris: Albin Michel, 1994. [1980].

FURTADO, Júnia Ferreira. *Oráculos da geografia iluminista*: dom Luís da Cunha e Jean-Baptiste Bourguignon D'Anville na construção da cartografia do Brasil. Belo Horizonte: Editora UFMG, 2012.

GAMBÍN GARCÍA, Mariano. Precisiones cronológicas sobre los primeros gobernadores de Gran Canaria (1478-1529). *Anuario de Estudios Atlánticos*, Madri/Las Palmas, n. 51, p. 209-269, 2005.

_____. Un documento singular. El cabildo del concejo de Gran Canaria solicitando la prórroga de su gobernador en 1521. *Revista de Historia Canaria*, Tenerife, n. 187, p. 111-122, 2005. Disponível em: <http://dialnet.unirioja. es/servlet/autor?codigo=1439044>. Acesso em: 25 set. 2013.

GARCÍA LÓPEZ, Jorge. El estilo de una corte: apuntes sobre Virgilio Malvezzi y el laconismo hispano. *Quaderns d'Italià*, Barcelona, n. 6, p. 155-169, 2001. Disponível em: <http://ddd.uab.es/pub/qdi/11359730n6p155.pdf>. Acesso em: 5 fev. 2013.

GASPAR, Tarcísio de Souza. *Palavras no chão*: murmurações e vozes em Minas Gerais no século XVIII. São Paulo: Annablume, 2011.

GAUZ, Valeria. *História e historiadores de Brasil colonial, uso de livros raros digitalizados na comunicação científica e a produção do conhecimento, 1995-2009*. Tese (doutorado em ciência da informação) — Instituto Brasileiro de Informação em Ciência e Tecnologia, Universidade Federal Fluminense, Niterói, 2011.

GINZBURG, Carlo. *Relações de força*: história, retórica, prova. Tradução de Jônatas Batista Neto. São Paulo: Companhia das Letras, 2002. [2000].

HANSEN, João Adolfo. *Alegoria*: construção e interpretação da metáfora. São Paulo: Hedra; Campinas: Editora Unicamp, 2006.

HESPANHA, António Manuel. *As vésperas do Leviathan*: instituições e poder político. Portugal — séc. XVII. Lisboa: Almedina, 1994.

HIBBERT, Christopher. *Ascensão e queda da casa dos Medici*: o Renascimento em Florença. Tradução de Hildegard Feist. São Paulo: Companhia das Letras, 1993. [1974].

JOUANNA, Arlette et al. *Histoire et dictionnaire des Guerres de Religion*. Turim: Robert Lafont, 1998.

KAMEN, Henry. O estadista. In: VILLARI, Rosario (Org.). *O homem barroco*. Tradução de Maria Jorge Vilar de Figueiredo. Lisboa: Presença, 1995. [1991]. p. 13-33.

KANTOR, Íris. A Academia Real de História Portuguesa e a defesa do patrimônio ultramarino: da paz de Westfália ao Tratado de Madri (1648-1750). In: BICALHO, Maria Fernanda; FERLINI, Vera Lúcia Amaral (Org.). *Modos de governar*: ideias e práticas políticas no império português. Séculos XVI a XIX. São Paulo: Alameda, 2005. p. 257-276.

_____. *Esquecidos e Renascidos*: historiografia acadêmica luso-americana (1724-1759). São Paulo: Hucitec, 2004.

LADURIE, Emmanuel Le Roy. *Saint Simon ou o sistema da corte*. Tradução de Sérgio Guimarães. Rio de Janeiro: Civilização Brasileira, 2004. [1997].

LAW, John. O príncipe do Renascimento. In: GARIN, Eugénio (Org.). *O homem renascentista*. Tradução de Maria Jorge Vilar de Figueiredo. Lisboa: Presença, 1991. [1988]. p. 17-36.

LEITE, Serafim. *História da Companhia de Jesus no Brasil*. Rio de Janeiro: Instituto Nacional do Livro; Portugália, 1945. v. 8.

MACHADO, Diogo Barbosa (Org.). *Aplausos oratórios e poéticos ao complemento de anos dos sereníssimos reis, rainhas e príncipes de Portugal*. [Lisboa]: s.n., s.d. t. II.

_____. *Biblioteca lusitana histórica, crítica e cronológica*. Lisboa: Ignacio Rodrigues, 1752. t. 3.

_____. *Elogios fúnebres de duques, marqueses e condes de Portugal*. [Lisboa]: s.n., s.d. t. II.

MACHIAVELLI, N. Carta de Machiavelli a Francesco Vettori. In: _____. *O príncipe*. Tradução de Lívio Xavier. Rio de Janeiro: Ediouro, 2001. [1532]. p. 187-188.

MANDROUX-FRANÇA, Marie-Thérèse (Org.). *Catalogues de la collection d'estampes de Jean V, roi de Portugal par Pierre-Jean Mariette*. Lisboa: Fundação Calouste Gulbenkian; Fundação Casa de Bragança; Paris: Bibliothèque Nationale de France, 1996. 3 v.

MANSFIELD JR., Harvey C. L'education du prince de Machiavel. In: HALÉVI, Ran (Org.). *Le savoir du prince*: du Moyen Âge aux Lumières. Paris: Fayard, 2002. p. 74-75.

MARQUEZ, Fray Iuan. *El governador christiano*: dedvcido de las vidas de Moysen, y Iofue, principes del pueblo de Dios. Madri: Imprenta del Reyno, 1640. [1612].

MARTÍNEZ, Beatriz Antón. Introducción. In: TÁCITO. *Anales*. Madri: Akal, 2007. [1515]. p. 13-98.

MARTÍNEZ BERMEJO, Saúl. *Translating Tacitus*: the reception of Tacitus's works in the vernacular languages of Europe, 16th-17th centuries. Pisa: Plus, 2010.

MATHIAS, Carlos Leonardo Kelmer. *Jogos de interesses e estratégias de ação no contexto da revolta mineira de Vila Rica, c. 1709 – c. 1736*. Dissertação (mestrado em história social) — Universidade Federal do Rio de Janeiro, Rio de Janeiro, 2005.

MATOS, Edna Maria. *Política, administração e conflitos: tecendo o mando colonial (Sergipe nos séculos XVII e XVIII)*. Mimeografado.

MEINECKE, Friedrich. *La idea de la razón de Estado en la Edad Moderna*. Tradução do alemão de Felipe Gonzalez Vicen. Madri: Centro de Estudios Constitucionales, 1983. [1952].

MELLO, Evaldo Cabral de. *A fronda dos mazombos*: nobres contra mascates. Pernambuco 1666-1715. São Paulo: Companhia das Letras, 1995.

MELLO, Isabele de Matos Pereira de. *Poder, administração e justiça*: os ouvidores gerais no Rio de Janeiro (1624-1696). Rio de Janeiro: Arquivo Geral da Cidade do Rio de Janeiro, 2011.

MENEZES, Luís de, Ericeira, 3º conde da. *História de Portugal Restaurado*. Lisboa: João Galrão, 1679. t. 1, livro IV.

MERVEILLEUX, Charles Fréderic de. Memórias instrutivas sobre Portugal (1723-1726). In: CHAVES, Castelo Branco (Org.). *O Portugal de d. João V visto por três forasteiros*. Lisboa: Biblioteca Nacional de Lisboa, 1989.

MONTEIRO, Nuno Gonçalo. A consolidação da dinastia de Bragança e o apogeu do Portugal barroco (1668-1750). In: MATTOSO, José (Dir.). *História de Portugal*: o Antigo Regime. Organização de António Manuel Hespanha. Rio de Mouro: Lexicultural, 2002. v. VIII. p. 267-282.

MONTEIRO, Rodrigo Bentes. Comentário. *Revista da Cátedra Jaime Cortesão*, São Paulo, v. 1, n. 1, p. 82-83, 1997.

_____. *O rei no espelho*: a monarquia portuguesa e a colonização da América 1640-1720. São Paulo: Hucitec, 2002.

_____; DANTAS, Vinícius. Maquiavelismos e governos na América portuguesa: dois estudos de ideias e práticas políticas. In: MONTEIRO, Rodrigo Bentes (Org.). Traduções de Maquiavel: da Índia portuguesa ao Brasil. *Tempo*. Revista do Departamento de História da Universidade Federal Fluminense, Niterói, n. 36, v. 20, p. 1-26, 2014. Disponível em: <www.historia.uff.br/tempo/site/wp-content/uploads/2014/12/rolling-pass_tem_3614_pt.pdf>. Acesso em: 4 jan. 2015.

MOTA, Bento Machado. O estoicismo maquiavélico: Justo Lípsio e o maquiavelismo ibérico no início dos seiscentos. *7 Mares*. Revista dos Pós-graduandos em História Moderna da Universidade Federal Fluminense, Niterói, n. 1, p. 14-21, 2012. Disponível em: <www.historia.uff.br/7mares/wp-content/uploads/2012/10/v01n01a032.pdf>. Acesso em: 5 fev. 2013.

MOTA, Isabel Ferreira da. *A Academia Real da História*: os intelectuais, o poder cultural e o poder monárquico no séc. XVIII. Coimbra: Minerva, 2003.

NORTON, Manuel Artur. *D. Pedro Miguel de Almeida Portugal*. Lisboa: Agência Geral do Ultramar, 1967.

ODAHL, Charles Matson. *Cicero and the Catilinarian conspiracy*. Nova York; Londres: Routledge, 2011.

PEREIRA, D. Ioannis de Solorzano. *De indiarum iure siue*. De iusta indiarum occidentalium inquisitione, acquisitione retentione... Leiden: Sumptibus Laurentii Anisson, 1672. liv. I, cap. V. Disponível em: <http://books.google.com.au/books?id=J413G00_LpwC&printsec=frontcover&hl=pt-BR&source=gbs_ge_summary_r&cad=0#v=onepage&q&f=false>. Acesso em: 25 set. 2013.

_____. Memorial y discurso de las razones que se ofrecen para que el real y supremo consejo de las Indias deba preceder en todos los actos públicos al que llaman de Flandres. Madri, 1629. In: VALLARINA, Francisco Maria (Org.). *Obras varias posthumas del doctor don Juan de Solorzano Pereyra...* Madri: Imprenta Real de la Gazeta, 1776. Disponível em: <http://books.google.com.br/books?id=LtY-AAAAYAAJ&pg=PP12&lpg=PP12&dq=Memorial+y+discurso+de+las+razones+que+se+ofrecen+para+que+el+real+y+supremo+consejo+de+las+Indias+deba+preceder+en+todos+los+actos+públicos+al+que+llaman+de+Flandres&source=bl&ots=8rpaDjKTt9&sig=FkMlr1wOktX0xeYjQ25FCd3xujw&hl=pt-PT&sa=X&ei=yRlEUuD9Donq8gT63oHoCA&ved=0CEoQ6AEwAA#v=onepage&q=Memorial%20y%20discurso%20de%20las%20razones%20que%20se%20ofrecen%20para%20que%20el%20real%20y%20supremo%20consejo%20de%20las%20Indias%20deba%20preceder%20en%20todos%20los%20actos%20públicos%20al%20que%20llaman%20de%20Flandres&f=false>. Acesso em: 25 set. 2013.

PEREIRA, Marcos Aurélio de Paula. *Vivendo entre cafres*: vida e política do conde de Assumar no ultramar, 1688-1756. Tese (doutorado em história social) — Universidade Federal Fluminense, Niterói, 2009.

RED, Avelina Carrera de la (Org.). *Salústio. La conjuración de Catilina/Guerra de Jugurta*. Madri: Akal, 2001.

RODRIGUES, Ana Duarte. Exemplos de *decorum*: *de rerum natura* nos jardins barrocos portugueses. *Revista de História da Arte*, Lisboa, n. 3, p. 152-181, 2007. Disponível em: <http://iha.fcsh.unl.pt/uploads/RHA_3_7.pdf>. Acesso em: 25 set. 2013.

ROMEIRO, Adriana. *Paulista e emboabas no coração das Minas*: ideias, práticas e imaginário político no século XVIII. Belo Horizonte: Editora UFMG, 2008.

SENELLART, Michel. *As artes de governar*: do *regimen* medieval ao conceito de governo. Tradução de Paulo Neves. São Paulo: Editora 34, 2006. [1995].

____. *Machiavélisme et raison d'Etat*: XII-XVIIIe siècle. Paris: Puf, 1989.

SILVA, Vítor Aguiar e (Org.). *Dicionário de Luís de Camões*. São Paulo: Leya, 2011.

SKINNER, Quentin. *As fundações do pensamento político moderno*. Tradução de Renato Janine Ribeiro e Laura Teixeira Mota. São Paulo: Companhia das Letras, 1996. [1978].

SOBRAL, Luís de Moura. *Do sentido das imagens*: ensaios sobre pintura barroca portuguesa e outros temas ibéricos. Lisboa: Estampa, 1996.

____. *Pintura e poesia na época barroca*. Lisboa: Estampa, 1994.

SOLIS, Antonio de. *Historia de la conquista de Mexico*: población, y progresos de la América setentrional... Bruxelas: Francisco Foppens, 1704. livro V, cap. XVIII. Disponível em: <http://books.google.com.br/books?id=rgZCAAAA cAAJ&printsec=frontcover&hl=pt-PT&source=gbs_ge_summary_r&cad= 0#v=onepage&q&f=false>. Acesso em: 25 set. 2013.

SOUZA, Laura de Mello e. A vida privada dos governadores na América portuguesa no século XVIII. In: MATTOSO, José (Dir.). *História da vida privada em Portugal*: a Idade Moderna. Organização de Nuno Gonçalo Monteiro. Lisboa: Círculo de Leitores, 2010. p. 300-332.

____. Motines, revueltas y revoluciones en la América portuguesa de los siglos XVII y XVIII. In: TENDETER, Enrique; LEHUEDÉ, Jorge K. (Org.). *Historia general de América Latina*. Madri: Trotta; Unesco, 2000. v. IV, p. 459-473.

____. *O sol e a sombra*: política e administração na América portuguesa do século XVIII. São Paulo: Companhia das Letras, 2006.

____. Um documento inédito: o discurso de posse de d. Pedro de Almeida, conde de Assumar, como governador das capitanias de São Paulo e Minas do Ouro, em 1717. In: ____ *Norma e conflito*: aspectos da história de Minas no século XVIII. Belo Horizonte: Editora UFMG, 1999. p. 30-42.

____. Um documento inédito: o discurso de posse de d. Pedro de Almeida, conde de Assumar, como governador das capitanias de São Paulo e Minas do Ouro, em 1717. *Revista da Cátedra Jaime Cortesão*, São Paulo, v. 1, n. 1, p. 67-83, 1997.

____ (Org.). *Discurso histórico e político sobre a sublevação que nas Minas houve no ano de 1720*. Belo Horizonte: Fundação João Pinheiro, 1994.

TODOROV, Tzvetan. *A conquista da América*: a questão do outro. Tradução de Beatriz Perrone Moisés. São Paulo: Martins Fontes, 1988. [1982].

TORGAL, Luís Reis. *Ideologia política e teoria do Estado na Restauração*. Coimbra: Biblioteca Geral da Universidade, 1981-1982. 2 v.

VANSINA, Jan. O reino do Congo e seus vizinhos. In: OGOT, Betwell Allan (Org.). *História geral da África*: África do século XVI ao XVIII. Brasília: Unesco, 2010. v. V, p. 657-658. Disponível em: <http://unesdoc.unesco.org/images/0019/001902/190253POR.pdf>. Acesso em: 25 set. 2013.

VICTORIA, Baltasar de. *Teatro de los dioses de la gentilidad*. Barcelona: Juan Pablo Marti; Francisco Barnola, 1702.

VILLARI, Rosario. *Elogio dela dissimulazione*: la lotta politica nel Seicento. Bari: Laterza, 2003. [1987].

____. O rebelde. In: ____ (Org.). *O homem barroco*. Tradução de Maria Jorge Vilar de Figueiredo. Lisboa: Presença, 1995. [1991]. p. 95-114.

Se os príncipes lerem e acreditarem nestas coisas, então mudariam a forma de viver e as suas províncias mudariam de sorte.

PARTE III

ESCRITOS

Prezado leitor: a leitura da terceira parte começa pela observação de um retrato. Seus olhos sobrevoam a imagem e se deixam induzir ao percurso que ela convida a realizar. Inicialmente o olhar se fixa na figura hierática masculina. Depois atravessa a superfície plana da tela e se lança na paisagem urbana, cujas linhas geométricas parecem prolongar os tijolos maciços dos livros empilhados na estante. Enfim, a visão retorna para a figura do primeiro plano e você se pergunta: quem é? O olhar fixo em um horizonte imaginário, a biblioteca e a mão que empunha a pena indicam um intelectual em ato de plasmar ideias e vislumbrar possibilidades. O quadro, de 1927, é do pintor expressionista russo Lasar Segall. É uma obra importante da primeira geração modernista brasileira: pela proposta estética, então interpretada como o anúncio de um programa capaz de conjugar o moderno e o nacional; e pela figura retratada, o jurista e político paulista Goffredo Silva Telles, herdeiro de uma família de cafeicultores disposta a apoiar a modernidade nas artes e na política. Mas ela é igualmente uma referência à função do político e do intelectual que transformam a pena em instrumento de ação, usando o conhecimento para responder às exigências de seu tempo. Esse nexo orgânico entre cultura e política também está condensado no aforismo maquiaveliano retirado *Da arte da guerra*: "Se os príncipes lerem e acreditarem nestas coisas, então mudariam a forma de viver e as suas províncias mudariam de sorte". Entre os escritos de Maquiavel e o retrato pintado por Lasar Segall há um hiato de quatro séculos, no decorrer dos quais a recepção da obra do florentino foi múltipla, como demonstram os capítulos a seguir. Sandra Bagno enfoca um importante aspecto maquiaveliano da poética de Machado de Assis: a interface entre política e moral na sociedade carioca de fins do Oitocentos; Jorge Ferreira aponta a construção maquiavélica e maquiavelizadora da figura de Vargas, realizada por historiadores e biógrafos que abordam o tema do exercício e da tomada do poder; e Andréia Guerini analisa os elementos paratextuais das edições brasileiras recentes d'*O príncipe*, caracterizando a imagem veiculada de Maquiavel em nosso mercado editorial.

Rodrigo Bentes Monteiro e Silvia Patuzzi

7. MACHADO DE ASSIS E SEUS INSPIRADORES ITALIANOS

Sandra Bagno

Maquiavel na biblioteca de Machado

Em 1961, Jean-Michel Massa, ao redigir a lista dos volumes da biblioteca de Machado de Assis, divididos também do ponto de vista linguístico, formula uma interessante questão. Como era possível que nela faltasse, entre as grandes obras em italiano, *Il principe* de Maquiavel — aparecendo, porém, numa tradução francesa da Garnier de 1867. Massa então indaga como se teria dado o contato entre Machado de Assis e Maquiavel.[1] Vários elementos têm induzido os estudiosos a reconhecerem, via de regra, claras influências *maquiavelianas* — sobretudo d'*O príncipe* — nos escritos de Machado, como se depreende das análises de Edoardo Bizzarri, Alfredo Bosi e Marcos Villaça, entre outros (Bizzarri, 1961; Bosi, 2007; Villaça, 2008:31-54). Os dados salientados por esses estudiosos não desmentem a importância e a atualidade da questão formulada por Massa, ao tratarem, embora de formas diferentes, de um assunto crucial da poética machadiana: a *política* e a *moral* na sociedade carioca daquele tempo. Isso envolveria também uma questão mais antiga e complexa: a da recepção no Brasil do *maquiavelismo*, ou das supostas teorias de Maquiavel veiculadas pela língua portuguesa. A proposta deste capítulo é formular uma hipótese mais detalhada acerca dessas possíveis influências na obra de Machado.

---

[1] A edição francesa d'*O príncipe* referida é Machiavel (1867). Ver Massa (1961:199). Ver também Massa (2000:21-97).

226 | Maquiavel no Brasil

De fato, toda a obra maquiaveliana foi posta no *Index librorum prohibitorum* desde o século XVI,[2] e quase por *automatismo* a palavra *política* ficaria intimamente ligada, nas identidades culturais de língua portuguesa, ao próprio nome de Maquiavel. Pois ao longo dos tempos, de antropônimo ele tornar-se-ia também um nome comum, escrito possivelmente com letra minúscula, do qual surgiriam outras palavras como *maquiavelismo, maquiavelista, maquiavélico, maquiavelizar* etc., registradas pelos dicionários de português *somente* com acepções *conotativas pejorativas* (Bagno, 2006:183-240). Assim, em 1727, no *Vocabulario portuguez & latino* de Rafael Bluteau aparecem dois verbetes:

MACHIABELISTA, ou Machiavelista. É o nome que se deu aos sequazes da doutrina de Nicolao Machiavello, Florentino, Secretário da República de Florença, nos anos de 1400. & Autor de uns livros políticos, cheios de perniciosos dogmas. Foi Machiavello acusado de haver sido cúmplice em duas conjurações contra a casa de Médicis, caiu depois em miséria, & com opinião de Ateu, ou Deísta, sem religião alguma, no ano de 1528 ou 1529 morreu de uma purga, que ele tomou fora do tempo.
MACHIAVELLO. De homem tracista, & político costumamos dizer, que é grande *Machiavel* ou *Machiabel*, ou *Machiavello Vid. Machiabelista.* (Bluteau, 1728:t. VLMN, p. 234)

No século seguinte — mais precisamente em 1899 — o *Nôvo diccionário da língua portuguêsa* de Candido de Figueiredo aumentaria para seis os verbetes da mesma família de palavras,[3] enquanto em meados do século XX o *Grande dicionário da língua portuguesa* de António de Morais Silva registraria, numa obra composta por vários volumes, sete entradas, com as seguintes definições de *maquiavélico* e *maquiavelismo*:

---

[2] Para uma biografia de Maquiavel, ver Barbuto (2013). Quanto às diferentes formas de maquiavelismos, ver o projeto coordenado por Enzo Baldini, no qual este livro se insere. Disponível em: <www.hypermachiavellism.net/>. Acesso em: 20 jan. 2013. Para as obras de Maquiavel nos índices de livros proibidos, Marcocci (2012:cap. 7, p. 251 e ss.).
[3] "**Machiavelicamente**"; "**Machiavelice**"; "**Machiavélico**"; "**Machiavelismo**"; "**Machiavelista**"; "**Machiavelizar**". In: Figueiredo (1899:v. I, p. 69).

Maquiavélico, *adj.* Relativo ou pertencente ao maquiavelismo; em que há maquiavelismo: "doutrina maquiavélica".

Maquiavelismo, *s. m.* (do ital. Machiavelli, antr.) Sistema político preconizado pelo florentino Maquiavel (Machiavelli). || Política destituída de lealdade: "O Aldana é a tríplice essência do *maquiavelismo* praticado pelo plenipotenciário-mor da astúcia..." Antero de Figueiredo, *D. Sebastião*, cap. 24, 385. || Velhacaria, perfídia, procedimento astucioso.[4]

Portanto, a condenação das obras maquiavelianas gerou uma situação paradoxal, e não apenas no Brasil: em princípio, ninguém poderia lê-las, por ser Maquiavel "Autor de uns livros políticos, cheios de perniciosos dogmas". Mas, ao mesmo tempo, uma vez que a interpretação imposta pelos inquisidores daqueles "livros políticos" vingou mediante dicionários usados como *insrumentum regni* — com verbetes de palavras derivadas do antropônimo *Maquiavel* cada vez mais numerosas —, esses termos alusivos *deveriam* ser usados conforme os significados *depreciativos* impostos pelos lexicógrafos.[5] Um cenário verificado em muitas outras línguas, entre elas a doravante atribuída à Itália. Entretanto, nesta em 1927 começa-se a usar a palavra — *machiavelliano* — posteriormente registrada pelos dicionários de italiano com definições implicando uma acepção denotativa. Como consta no *Vocabolario della lingua italiana* de Aldo Duro:

> maquiaveliano adj. — De Niccolò Machiavelli, o grande escritor e pensador político florentino (1469-1527); relativo a Maquiavel: *as obras m., o pensamento m., o estilo m.* É adjetivo de introdução recente, preferido, quando alguém queira referir-se a Maquiavel de maneira objetiva, a *maquiavélico* e *maquiavelista* que têm adquirido, ao longo dos tempos, conotações específicas. (Duro, 1989:v. III* M-PD, p. 7, tradução da autora)

Também em português, há décadas, encontra-se normalmente atestada a mesma palavra — *maquiaveliano* — usada, como em italiano, com acepção

---

[4] "**Maquiavelicamente**"; "**Maquiavelice**"; "**Maquiavélico**"; "**Maquiavelismo**"; "**Maquiavelista¹**"; "**Maquiavelista²**"; "**Maquiavelizar**". In: Silva (1954:v. VI IRI-MOR, p. 500). Para o *maquiavelismo* na língua portuguesa, Bagno (2009:100-102).

[5] Para o dicionário como *instrumentum regni* ver: Bagno (341-344, nota 7).

denotativa. No entanto, até nos mais autorizados dicionários de português ainda não consta, em geral, um verbete *maquiaveliano*. Aliás, caso seja registrado, como constatamos uma única vez, sua definição é igual à de maquiavélico, equivocando-se a ponto de induzir a interpretar, por exemplo, a expressão "estilo maquiaveliano", como "estilo *velhaco, destituído de má fé, pérfido, astucioso*". Em vez de se identificar, simplesmente, como "estilo *de Maquiavel*". Acepção comumente utilizada, "estilo machadiano", por exemplo, significa "estilo *de Machado de Assis*", "estilo euclidiano" significa "estilo *de Euclides da Cunha*" etc. (Bagno, 2008:129-150).

Portanto, no século XIX, não existia ainda a palavra *maquiaveliano* com acepção denotativa, e Machado tinha como óbvias referências nos dicionários somente definições conotativas pejorativas — possivelmente a partir do *Vocabulario* de Bluteau, no qual o título da obra proibida *O príncipe* nem sequer é citado. Vamos considerar assim os escritos machadianos que tratam, em verdade sob muitos aspectos, de um específico tipo "de homem" — e mulher — que poderia ter sido percebido, segundo a definição de Bluteau, como "tracista e político". Um homem talvez qualificado, ainda na época de Machado, como "um Machiavelo". De fato, um dos temas recorrentes do "enigma do olhar" machadiano, como o define Alfredo Bosi, é o perfil moral — ou, melhor, *amoral* — de uma específica natureza de *político* na sociedade brasileira, de meados do século XIX aos primeiros tempos republicanos. Procuraremos assim entender o que ocorre quando, associando *política* e *amoralidade*, Machado também toca, segundo a tradição, no assunto *maquiavelismo*, embora recorrendo diretamente a uma expressão, "o *Príncipe* de Machiavelli", como lemos na "Teoria do medalhão (diálogo)", publicada em 1881 na *Gazeta de notícias*.[6] Trata-se de um "conto-teoria", segundo a definição de Bosi, por pertencer à categoria das "estranhas teorias do comportamento", cuja "matéria" seria "a móvel combinação de desejo, interesse e valor social" (Bosi, 2007:83 e ss.). Para tanto, partimos do pressuposto de que em Machado o

---

[6] O conto apareceria logo após também em Machado de Assis (1882). No presente trabalho, a nossa fonte textual será Machado de Assis (1962:v. II, p. 288-295).

Olhar tem a vantagem de ser móvel, o que não é o caso, por exemplo, de *ponto de vista*. O olhar é ora abrangente, ora incisivo; o olhar é ora cognitivo e, no limite, definidor, ora é emotivo ou passional. O olho que perscruta e quer saber objetivamente das coisas pode ser também o olho que ri ou chora, ama ou detesta, admira ou despreza. Quem diz olhar diz, implicitamente, tanto inteligência quanto sentimento. (Bosi, 2007:10)

O "objeto principal de Machado de Assis", escreve Bosi, "é o comportamento humano", ou seja, um "horizonte (…) atingido mediante a percepção de palavras, pensamentos, obras e silêncios de homens e mulheres que viveram no Rio de Janeiro do Segundo Império". Por "olhar" desta maneira o "comportamento humano", reconhece-se na obra machadiana uma "força de universalização que faz Machado inteligível", conforme afirma Bosi, "em línguas, culturas e tempos bem diversos do seu vernáculo luso-carioca e do seu repertório de pessoas e situações do nosso restrito Oitocentos fluminense burguês" (Bosi, 2007:11-12).

O príncipe como chave de leitura

Ora, nossa tese é que a "força de universalização" expressa pela "Teoria do medalhão" torna o bruxo "inteligível" especialmente na língua e na cultura italianas. Pois, além de evocar célebres páginas maquiavelianas d'*O príncipe*, a "Teoria" recorda outros grandes autores italianos que trataram, ao longo dos séculos, da relação entre política e (a)moralidade. Na "Teoria do medalhão", as estratégias elaboradas por um pai e oferecidas ao seu filho Janjão como regras certas para conseguir poder e *status* — e mantê-los pela vida — lembram certos escritos de um grande autor, amigo de Maquiavel, o diplomata florentino e historiador Francesco Guicciardini (1483-1540).[7] Uma conclusão válida se seguirmos a interpretação do maior historiador da literatura italiana do século XIX, Francesco De Sanctis (1817-83).[8] O

---

[7] Para a biografia sobre Francesco Guicciardini, ver Varotti (2009); Caprariis (1982).
[8] Para um perfil biobibliográfico de Francesco De Sanctis, ver De Nicola (2011); Carbone (1993) e Muscetta (1975).

mesmo é afirmar que o conto machadiano lembra os *Ricordi* [*Recordações*] (Spongano, 1951) de Guicciardini, mas conforme a leitura de De Sanctis, na *Storia della letteratura italiana*[9] e no célebre ensaio "*L'uomo del Guicciardini*" de 1872 (De Sanctis, 1872:203-228). Nossa hipótese de um Machado atento às teorias de Guicciardini, mesmo sem citá-lo no conto, apoia-se num importante indício, além dos conteúdos temáticos e de dados semântico--lexicais específicos, como veremos: a presença na biblioteca machadiana (sabidamente incompleta) de obras *em italiano*, de Guicciardini e De Sanctis, segundo a lista de Massa:

> 99 Guicciardini, Francesco. *Storia d'Italia* di (...), conforme la celebre lezione del professore Giovanni Rosini con note. Volume primeiro. Milão, Tipi Borroni e Scotti, 1843.
>
> 100 Guicciardini, Francesco. *Storia d'Italia* di (...), conforme la celebre lezione del professore Giovanni Rosini con note. Volume segundo. Milão, Tipi Borroni e Scotti, 1843.
>
> 101 Guicciardini, Francesco. *Storia d'Italia* di (...), conforme la celebre lezione del professore Giovanni Rosini con note. Volume terceiro. Milão, Tipi Borroni e Scotti, 1843.
>
> 105 SANCTIS, Francesco de. *Storia della letteratura italiana* di (...). Vol. I. Quarta edição. Nápoles. Cav. Antonio Morando [*sic*] 1890.
>
> 106 SANCTIS, Francesco de. *Storia della letteratura italiana* di (...). Vol. II. Quarta edição. Nápoles. Cav. Antonio Morando [*sic*] 1890. (Massa, 1961:208, tradução da autora)

Ora, a presença dessas obras na biblioteca machadiana poderia comprovar que Machado conhecia a questão Maquiavel/Guicciardini tal como foi interpretada por De Sanctis, algo evidente no contexto cultural italiano da segunda metade do século XIX. Mais, o fato de existir na biblioteca de Machado a desanctisiana *Storia della letteratura italiana* na sua quarta edição de

---

[9] De Sanctis (1970:cap. XV 'Machiavelli', p. 493 e ss.), no qual De Sanctis parte do seguinte pressuposto: "Francesco Guicciardini, mesmo se poucos anos mais novo que Maquiavel e Miguel Angelo, já nem parece da mesma geração. Percebe-se nele o precursor de uma geração mais fraca e mais corrupta, da qual ele escreveu o evangelho em suas *Recordações*". Ibid., p. 541, tradução da autora.

1890 (nove anos após a publicação da "Teoria do medalhão") não desmente necessariamente nossa hipótese de Machado ter conhecido, além da *Storia d'Italia* de Guicciardini, também os *Ricordi* e/ou "L'uomo del Guicciardini" de De Sanctis. Nessa visão, Machado poderia estar a par da oposição maquiavelismo/guicciardinismo, como veremos. Portanto, há muito a garimpar também quanto à propagação e à recepção no Brasil de Maquiavel — e ainda mais de Guicciardini. Uma reflexão crítica sobre a "Teoria do medalhão" não pode ignorar, de qualquer maneira, a obra do Secretário Florentino. Comecemos então pelo caminho *óbvio* — "o *Príncipe* de Machiavelli" — percurso imposto pelo próprio Machado ao concluir o "diálogo" em que flagra o burguês carioca procurando conseguir *o seu interesse*:

> — Que é isto?
> — Meia-noite.
> — Meia-noite? Entras nos teus vinte e dois anos, meu peralta; estás definitivamente maior. Vamos dormir, que é tarde. Rumina bem o que te disse, meu filho. Guardadas as proporções, a conversa desta noite vale o *Príncipe* de Machiavelli. Vamos dormir. (Machado de Assis, 1962:v. II, p. 295)

Uma primeira leitura da "Teoria" leva a concluir, graças à expressão final "o *Príncipe* de Machiavelli", que o pai indicava a Janjão, com o maior cinismo, regras simplesmente *maquiavélicas*. Porém, observando melhor, a estrutura do conto revela-se mais complexa, pois há importantes conteúdos na "Teoria" cujo significado não é o mesmo na obra de Maquiavel. Primeiramente, o objetivo do *príncipe* teorizado por Maquiavel não era, como na "Teoria", o *interesse pessoal*, mas o *interesse comum*: ou seja, o interesse de sua "pátria", de um almejado grande principado a ser construído na Itália a qualquer preço. E por um perfil de príncipe em especial: um chefe político e militar que, tendo em conta a *"realtà effettuale"* — a realidade efetiva do jeito que era e não como deveria ser —, tivesse ambição e inteligência para agir de modo pragmático, com toda a força necessária.[10] Mesmo com cinismo, se preciso, de acordo com uma série de regras extraídas por Maquiavel, à

---

[10] Maquiavel (1973); Machiavelli (1995). Para a biografia de Maquiavel, ver Bausi (1969:v. 2) e Prezzolini (1982).

luz de suas experiências pessoais, da história da Antiguidade romana. Regras que, na concepção de Maquiavel, se manifestariam a quem estudasse especialmente os escritos de grandes historiadores como Tito Lívio, pois os comportamentos humanos responderiam a regras universais. Na construção do almejado novo "principato", seria lícito agir com o maior cinismo, pois as rivalidades, mesmo entre os vários atores do palco político europeu no século XVI, fizeram da península italiana, com o maior cinismo, um território de conquista e destruição — algo presenciado pelo próprio Maquiavel ao assistir à atuação de exércitos estrangeiros à maneira dos bárbaros.

Após mais de três séculos realizar-se-ia em 1861 a unificação política na Itália, como pretendida por Maquiavel. Processo que teria no jovem Machado de Assis — como salienta Bizzarri — uma atenta testemunha, mesmo longe dos eventos que mudariam para sempre o mapa político da península (Bizzarri, 1961). Ora, como na seção em italiano da biblioteca de Machado consta também, como vimos, a *Storia della letteratura italiana* de De Sanctis na edição de 1890, deparamo-nos com um ponto imprescindível para entender as possíveis fontes de inspiração de Machado ao escrever a "Teoria do medalhão". O Bruxo tivera condição de acompanhar, antes de 1881, os eventos do *Risorgimento* já influenciado por novas interpretações — como a do grande historiador e político De Sanctis, ao situar Maquiavel ao lado de Dante, e reconhecendo no Secretário Florentino um dos maiores protagonistas da história da inteligência italiana, no longo e sofrido processo concluído com a *Unità d'Italia*? Haveria como localizar influências guicciardinianas e/ou desanctisianas, do ponto de vista linguístico, na "Teoria do medalhão"? Para procurar responder a essas questões, vamos voltar àquela principal chave de leitura.

Muitos elementos da "Teoria do medalhão" lembram certamente "O *Príncipe* de Machiavelli", que Machado compraz-se em citar de modo muito eficaz, até mesmo do ponto de vista retórico. No ensaio "Materiais para uma genealogia do olhar machadiano", Bosi localiza trechos d'*O príncipe* como pertencentes a um conjunto de "fragmentos significativos" para a reconstrução de um "percurso ideológico" possivelmente feito por Machado no seu debruçar-se sobre "o comportamento humano" de certos cariocas daquele tempo (Bosi, 2007:176-178). Também Villaça, cotejando a "Teoria do medalhão" e *O príncipe*, questiona-se sobre as aproximações possíveis, salientando uma série de dados como "(...) pálido exemplário dos tantos momentos em que Machado foi a Maquiavel buscar as bases de sua 'teoria', certamente convicto das semelhanças estruturais e atualizáveis que encontrou nas ações que levam ao poder e nas que se aplicam em conservá-lo" (Villaça, 2008:53).

Seguindo este procedimento, o objetivo de Villaça seria "refletir, primeiro, sobre o modo machadiano de apropriação e atualização das ideias do intelectual florentino e, em seguida, sobre a significação última (se é de fato alcançável) que se pode emprestar ao conto" (Villaça, 2008:53).

Mas entre "o *Príncipe* de Machiavelli" e a machadiana "Teoria do medalhão" há diferenças substanciais, além de aproximações e atualizações de ideias do intelectual florentino. O próprio Machado, após equacionar a relação direta *Príncipe*/"Teoria" com a expressão "guardadas as devidas proporções", compraz-se em aludir a essas distâncias. De um lado, há o perfil *moral* e o pragmatismo de um aspirante a *príncipe* que, mesmo atuando com todo cinismo possível, partindo da *"realtà effettuale"* italiana no século XVI, de modo lúcido procura realizar um grande projeto político: encontrar o caminho para unificar os povos de uma península fragmentada, por isso mesmo cobiçada e devastada por tropas estrangeiras. De outro, há o pragmatismo e o perfil de um aspirante a *medalhão*, voltado única e simplesmente ao seu interesse, sendo, no Rio de Janeiro do Segundo Reinado, uma espécie de *homo novus* ao contrário, ou seja, fator ativo do pior conservadorismo.

Entre "o *Príncipe* de Machiavelli" e a "Teoria do medalhão"

Entre as muitas diferenças propositais criadas por Machado há algumas mais evidentes, ao adotarmos como prisma, na análise da "Teoria do medalhão", as próprias metáforas maquiavelianas do "leão" (*leone*) e da "raposa" (*volpe*). Com efeito, na "Teoria"/"diálogo" não se contempla a primeira metáfora que, no entanto, n'*O príncipe* é parte importante das reflexões de Maquiavel, pelo objetivo político-militar do seu tratado. Quanto à segunda metáfora, no irônico jogo de paralelismos sugerido por Machado, a "raposa" do caso nem seria Janjão, pois ele revelara-se ao *"olhar"* paterno, durante seus "vinte e um anos" de vida, "dotado", como lê-se textualmente, de uma "inópia mental" "perfeita" para ser "medalhão":

> — Tu, meu filho, se me não engano, pareces dotado da perfeita inópia mental, conveniente ao uso deste nobre ofício. Não me refiro tanto à fidelidade com que repetes numa sala as opiniões ouvidas numa esquina, e vice-versa, porque esse fato, posto indique certa carência de ideias, ainda assim pode não passar de uma traição da memória. Não; refiro-me ao gesto correto e perfilado com que usas expender francamente as tuas simpatias ou antipatias acerca do corte de um colete, das dimensões de um chapéu, do ranger ou calar das botas novas. Eis aí um sintoma eloquente, eis aí uma esperança. (Machado de Assis, 1962:290)

Mas na ficção textual machadiana o papel de "raposa" também não caberia ao pai de Janjão, o verdadeiro protagonista do conto: homem de origem talvez não tão humilde, mas com conhecimentos e inteligência assegurados, e animado — justamente por ser pai — de uma *natural* força *moral*. Por isso, num balanço de sua vida, os caminhos por ele trilhados não são os mesmos indicados ao filho. Desiludido com a vida, a única coisa que como pai resta-lhe fazer é obedecer a um extremo *dictat*, imposto pela própria natureza. Pessimista em relação à realidade política e ciente, por sua experiência, do imobilismo da sociedade, após possibilitar a Janjão a ascensão a um nível burguês, o pai não pode deixar de cultivar a "esperança" de que ao menos seu filho continue subindo de nível social, custe o que custar. Para tal, no dia de sua maioridade o pai explica sua teoria a Janjão, sintetizada de modo a ser facilmente entendida e praticada. Trata-se da *summa* de conhecimentos adquiridos observando uma sociedade que marginalizara-o. Nem por isso o pai deixa de lutar: ao menos Janjão, seu peralta, podia tornar-se um medalhão. Após conseguir para o filho algumas apólices e um diploma, eis o seu novo objetivo e a maneira de obtê-lo: basta que Janjão aprenda logo a agir de modo cínico, astucioso, dissimulado, pensando unicamente em seu interesse pessoal. No entanto, há uma grande distância entre as ações da *volpe* maquiaveliana e as vulpinas propostas de um pai outrora não astucioso. Pois ele chega a proibir Janjão de alimentar-se de qualquer conhecimento que possa transformar-se em paixão política, em novas ideias a serem conjugadas a ações portadoras de renovação social. Ou seja, o pai exclui justamente aquilo que, diferentemente, levara Maquiavel a escrever *O príncipe*, concluído com sua célebre invocação à "família" Medici.[11] Mas além de "o *Príncipe* de Machiavelli" o Bruxo compraz-se em citar, na parte final do conto, outras pistas importantes:

— Somente não deves empregar a ironia, esse movimento ao canto da boca, cheio de mistérios, inventado por algum grego da decadência, contraído por Luciano, transmitido a Swift e Voltaire, feição própria dos céticos e desabusados. (Machado de Assis, 1962:294)

É curioso como, ao escrever a expressão "o *Príncipe* de Machiavelli" próxima a esta sobre um autor grego supostamente decadente, Luciano, além de Swift e Voltaire, Machado cita, no primeiro caso, o título da obra e o nome do autor. Enquanto, no segundo, limita-se a citar os nomes de três grandes pensadores, cobrindo um arco temporal da Antiguidade à Ilustração, ligando-os por um assunto — a ironia —, a atitude filosófica comum entre eles. Mas, observando bem, o próprio Machado oferece-nos, evidentemente de propósito, outro indício de diferença entre sua "Teoria" e "o *Príncipe* de Machiavelli". De fato, a *ironia* dos Luciano, Swift e Voltaire declarada pelo pai, continuando com sua precisão *científica*, deveria ser totalmente evitada pelo aspirante a "medalhão perfeito". Tal nada teria a ver com a *forma* ou os *conteúdos* do apaixonado e "utópico" (como definiu-o Guicciardini) autor d'*O príncipe*.[12]

---

[11] "Não se deve, portanto, deixar passar esta ocasião a fim de fazer com que a Itália, depois de tanto tempo, encontre um redentor. Não tenho palavras para exprimir o amor e o entusiasmo com que seria ele recebido em todas as províncias que sofreram ataques e invasões estrangeiras, nem com que sede de vingança, com que fé obstinada, com que piedade, com que lágrimas. Que portas se lhe fechariam? Que povos lhe negariam obediência? Que inveja se lhe oporia? Qual italiano seria capaz de lhe negar o seu favor? Já está fedendo, para todos, este domínio de bárbaros. Tome, pois, a vossa ilustre casa esta tarefa com aquele ânimo e com aquela fé com que se esposam as boas causas, a fim de que, sob o seu brasão, esta pátria seja enobrecida, e sob os seus auspícios se verifique aquele dito de Petrarca: 'A virtude tomará armas contra o furor e será breve o combate, pois o antigo valor ainda não está morto nos corações italianos'." Maquiavel (1973:116).

[12] De acordo com Bignotto, a cientificidade de Maquiavel torna-se em Guicciardini "*particulare*" porque "A precisão na observação é a única arma que resta aos que se dispõem a pesquisar o sentido dos diversos fatos observáveis ao longo da vida. Dessa percepção geral do mundo, ele [Guicciardini] teria evoluído para uma supervalorização do dado particular e para o abandono

O chocante contraste entre a suposta precisão *científica* de Maquiavel e a ironia de Machado revela-se com maior clareza ao considerarmos a *cientificidade* específica do tratado maquiaveliano: baseada em imprescindíveis fontes históricas, segundo a concepção de Maquiavel. Precisão somente percebida de modo claro reconstruindo-se o percurso feito pelo Secretário Florentino, ao escrever suas obras. Assim, primeiro leu os *Discursos sobre a primeira década de Tito Lívio* e depois *O príncipe*. Duas obras tão condicionantes entre si que os próprios inquisidores do século XVI, cientes da íntima relação entre elas e de suas potencialidades como um todo, logo colocariam também os *Discursos* na lista dos livros proibidos (Marcocci, 2012:cap. 7, p. 251 e ss.).

Difícil afirmar até que ponto o Bruxo conhecia a relação direta *Discursos/O príncipe* e as reflexões de Guicciardini sobre as teorias de Maquiavel, pondo em discussão a sua *cientificidade*. Inegavelmente, porém, Machado introduz um assunto, a *ironia*, levando-nos também a Guicciardini, como veremos, além de Luciano, Swift e Voltaire. Tal como é impossível negar que, ao concluir seu conto com a indicação de sua ideia-chave, Machado evite palavras como *maquiavelismo* e *maquiavélico*, às quais recorre em outros escritos (Bizzarri, 1961). Haveria nisso um indício de um sistema semântico-lexical de certo modo já *binário* na linguagem de Machado? Em outras palavras, visamos contextualizar o Bruxo em sua época — um Oitocentos em que se redescobria a obra do Secretário Florentino, quando ainda não existia uma palavra como *maquiaveliano*, permitindo uma análise da obra de Maquiavel isenta de preconceitos do ponto de vista linguístico. Nesse âmbito, o Bruxo poderia já distinguir, com sua expressão, entre um "Macchiavelli" como autor de "o *Príncipe*" e um "Machiabelo ou Machiavelo" "Autor de uns livros Políticos, cheios de perniciosos dogmas"? Como a alusão a'*O príncipe* não aparece nas definições de Bluteau e Candido de Figueiredo, essas perguntas indicam questões mais complexas. Dadas as acepções *óbvias* em português (conotativas depreciativas) das palavras derivadas de *Maquiavel* — *maquiavelismo*, *maquiavélico* etc. — que Machado prefere não usar na "Teoria do medalhão", o fato de ele recorrer àquela expressão

---

de toda vontade de construir uma teoria sobre as coisas humanas que tivesse valor de verdade". Bignotto (2006:15).

("o *Príncipe* de Machiavelli") deve ser interpretado como uma novidade, até mesmo uma ousadia, ou tratar-se-ia de algo já consagrado pelo uso? E quais poderiam ser, no Brasil dos anos 1880, as implicações semânticas da expressão "o *Príncipe* de Machiavelli", salientando o título de um livro ausente dos dicionários e ainda impossível de ler-se em português?[13]

Com efeito, contextualizar Machado numa realidade histórica internacional de releitura da obra maquiaveliana poderia significar também ver o Bruxo interagir, possivelmente, com a realidade cultural italiana — naquele momento descobrindo uma parte importante da obra de Guicciardini. Portanto, como contemporâneo a De Sanctis, Machado poderia acompanhar o processo de reavaliação feito por esse historiador — embora de modo específico — de dois grandes teóricos do pensamento político italiano: Maquiavel e Guicciardini. Mais tal ocorria numa fase, a segunda metade do Oitocentos, na qual o debate travado sobre o atormentado Quinhentos italiano revelava enfim a sua importância, quando as elites da península acabavam de conseguir um resultado bastante concreto: a unificação política da Itália. Segundo, porém, as teorias do "utópico" e "sonhador" Maquiavel, e não conforme as ideias do pessimista e calculista Guicciardini. A história demonstrara que, enquanto os pragmatismos de Guicciardini seriam de uma tática estéril, o sonho maquiaveliano fora, na verdade, *a* estratégia política vitoriosa.

Ora, como Machado, atento à realidade italiana em função da brasileira, aproveitar-se-ia da oposição *paixão política = estratégia/tática política = esterilidade* revelada pelos eventos italianos? Como as notícias da unificação da Itália e da desintegração do Estado papal ecoaram no Brasil do Segundo Império? Como a política de Cavour e a vitória de Victor Emanuel II e Garibaldi e seus exércitos sobre o Estado de Pio IX, tornando em 1870 Roma capital da Itália unificada, segundo a "utopia" do Secretário Florentino, seriam comentadas numa realidade ainda monárquica, católica e conservadora? Seria esse *o contexto* de afirmação no Brasil da expressão "o *Príncipe* de Machiavelli", antes incomum? Com essa escolha Machado distinguia semanticamente entre a antiga família de palavras derivada de *Maquiavel* conforme os inquisidores e o verdadeiro "*Príncipe* de Machiavelli" — teoria que, ao juntar

---

[13] A primeira tradução em português d'*O príncipe* seria somente impressa em 1933. Bagno (2014).

238 | Maquiavel no Brasil

as ações do leão e da raposa, triunfaria, como os acontecimentos italianos demonstraram? Seguindo essa hipótese, o irônico Machado poderia gostar da ideia de escrever a expressão "o *Príncipe* de Machiavelli", sabendo que isso significava escandalizar alguns leitores e deliciar outros, talvez cientes e favoráveis à destruição daquele estado papal outrora condenado por Maquiavel. Responder a essas questões implica levar em conta a possibilidade de o "olhar móvel" de Machado ter refletido sobre a oposição Maquiavel/Guicciardini, conforme ela foi desenvolvida por De Sanctis.

A questão Maquiavel e Guicciardini

Consideremos agora alguns aspectos da recepção na Itália da grande novidade representada pela publicação dos *Ricordi* de Guicciardini, possivelmente também ressoando no Brasil. A respeito deste diplomata florentino, escreve Newton Bignotto:

> Estranho destino o de Francesco Guicciardini. Tendo vivido cercado de glórias terminou sua vida amargurado e derrotado. Suas reflexões seriam esquecidas por muitos séculos, ficando dele apenas a memória do historiador, que em seus últimos anos se dedicou a narrar a tragédia italiana do começo do século XVI.[14]

O longo esquecimento das reflexões guicciardinianas, como salienta Bignotto, dera-se também porque

---

[14] Bignotto (2006:9). Acerca de uns dados biográficos sobre Guicciardini, continua Bignotto: "Nascido em 1483, no seio de uma das famílias mais importantes de Florença, ele fez de sua confessada ambição e do orgulho de pertencer à aristocracia a mola de uma ação contínua na cena política italiana. A lucidez com que foi capaz de ver o término do sonho de muitos republicanos de sua geração não foi capaz de salvá-lo do desastre que se abateu sobre a vida política florentina depois de 1530. Acostumados a viver livres e a discutir seus problemas abertamente durante duzentos anos, mesmo nos períodos de predomínio da família dos Médici, os florentinos tiveram de se acostumar com o fato de que sua cidade não era mais uma potência livre e influente, mas sim um principado governado por uma família, ela mesma dependente de forças externas, que não controlava e das quais não participava de forma decisiva. Guicciardini, que colocou sua vida a serviço do projeto de construção de uma república aristocrática, seria ele mesmo tragado pelo movimento que encerrou de maneira definitiva a história republicana de Florença". Ibid., p. 9-10.

o primeiro fator a ser considerado, e que em larga medida determinou (...) a recepção da obra do diplomata florentino, foi o fato de que ele não escrevia para ser divulgado e não publicou nada em vida. Isso fez com que após sua morte apenas sua monumental *Storia d'Italia* tenha vindo a público sob forma integral e tenha servido para consolidar sua fama de maior historiador de seu tempo na Itália. (Bignotto, 2006:13)

Importantes novidades acerca da propagação, na própria Itália, da obra de Guicciardini iriam surgir somente no século XIX, com a publicação dos *Ricordi*:

Essa percepção começou a mudar com a publicação de seus escritos políticos e autobiográficos entre 1857 e 1867 por Canestrini. Embora os *Ricordi* já fossem conhecidos parcialmente desde o século XVI, foi na segunda metade do século XIX que eles chamaram a atenção dos historiadores da filosofia e que seu autor foi guindado à condição de filósofo.[15]

O papel fundamental nessa mudança de percepção, na Itália, foi exercido por De Sanctis:

O pioneiro nesse movimento que iria marcar a recepção por mais de cem anos foi De Sanctis. Em seu hoje célebre *L'uomo del Guicciardini*, o intérprete busca compreender a natureza da obra do grande historiador florentino à luz das "revelações" contidas nos escritos recém-publicados. Assim, ao contrário de todos que viam nele apenas um historiador de seu próprio tempo, De Sanctis procurou demonstrar que havia nos *Ricordi* uma verdadeira antropologia filosófica

---

[15] Bignotto (2006). Piero e Guicciardini (1857). Sobre os *Ricordi*, Guicciardini teria redigido-os "praticamente ao longo de toda sua vida, destinando-os à própria família". Bignotto (2006:59). E quanto à natureza dos *Ricordi*: "Trata-se assim de um escrito que se enquadra perfeitamente no gênero das recordações que os florentinos importantes costumavam redigir imaginando deixar para seus descendentes um guia que servisse para orientá-los tanto no mundo dos negócios quanto na política". E mais, os *Ricordi* "são uma obra explicitamente constituída sem preocupação com o caráter sistemático de seu conteúdo". Ibid., p. 60. Talvez seja essa uma das razões pelas quais "Guicciardini acaba caindo em aporias e encontrando dificuldades teóricas relevantes exatamente por suas posições sobre o problema da relação entre o particular e o universal, que são uma obsessão em seus escritos". Ibid., p. 61.

centrada na análise dos acontecimentos particulares e na ideia de fortuna. (Bignotto, 2006:13-14)

O binômio Maquiavel/Guicciardini, como esboçado por De Sanctis em termos de *oposição*, seria objeto de análises mais atentas, do ponto de vista filológico, no século XX. Após consolidada a unidade italiana, procurar-se-ia reequilibrar a interpretação das obras de Guicciardini, muito constrangidas no cone de sombras criado principalmente pela visão romântica de De Sanctis — conhecida por Machado, segundo nossa hipótese. Acerca dessa inevitável comparação entre os dois autores florentinos, escreve ainda Bignotto:

> A questão da relação entre Guicciardini e Maquiavel transcende a da mera comparação entre dois pensadores que, tendo frequentado os mesmos círculos políticos e literários, viriam a desenvolver interpretações concorrentes de sua época e dos principais temas discutidos pelos que se interessavam pelos fundamentos da política, conservando ao mesmo tempo uma grande afinidade no que dizia respeito à história italiana e aos grandes problemas de sua cidade natal. Representantes de correntes diferentes do pensamento republicano italiano, eles se exprimiriam de forma vigorosa sobre temas que eram centrais nas disputas políticas de então. Divergindo no tocante aos pontos principais de uma concepção republicana da política, seriam grandes amigos e veriam juntos a chegada da catástrofe que pôs por terra a liberdade de Florença. (Bignotto, 2006:162)

Nesse quadro, muitas seriam as razões das interpretações concorrentes de dois autores ligados por tantas afinidades, mas divergentes sobre temas centrais dos conflitos políticos daquele tempo. Refletindo sobre a questão Maquiavel/Guicciardini no século XX, Ugo Spirito salienta que as teorias do Secretário Florentino inseriam-se na nova concepção de vida do humanismo. Assim, no concernente às teorias políticas, Maquiavel realizaria a passagem do foco de interesse do mundo metaempírico ao empírico. A passagem de uma abordagem filosófica a outra seria tal que: "Nela [na obra de Maquiavel] o dualismo entre cidade terrestre e cidade celeste seria definitivamente abandonado e, na consequente concepção imanente da prática, a ética se resolveria na economia e na política, assim como o interesse metafísico e filosófico se resolveria no científico" (Spirito, 1968:35, tradução da autora).

As consequências da mudança de perspectiva levariam Maquiavel a resultados radicalmente novos do ponto de vista teórico, pois ele seria uma espécie de Leonardo Da Vinci da vida prática, transferindo para esse campo o método da experiência para encontrar, por meio dela, as leis naturais do agir humano.[16] Segundo Spirito, Guicciardini, após apropriar-se das premissas maquivelianas, desenvolveu criticamente as teorias de Maquiavel, mas reforçando suas características e importância. Nesse processo, o agnosticismo filosófico seria uma premissa fundamental, colorindo a obra de Maquiavel, depois explicitado e proclamado em termos polêmicos por Guicciardini. Ao contrário do que acreditava Maquiavel, para Guicciardini não era possível conhecer os princípios supremos da realidade, e inutilmente a religião e a filosofia pretendiam revelar a efetiva razão da natureza (Spirito, 1968:87). Portanto, Spirito lembra que, segundo Guicciardini: "Os filósofos, teólogos e todos os que perscrutam as coisas sobrenaturais ou que não se podem ver, dizem mil loucuras; porque, na realidade, os homens estão na escuridão das coisas, e esta investigação serviu e serve mais para exercitar os engenhos que para encontrar a verdade" (Spirito, 1968:87).

Nessas palavras dos *Ricordi* encontram-se também, segundo Spirito, as críticas de Leonardo às "mentirosas ciências mentais" com praticamente os mesmos argumentos e nuanças, fazendo mais rigorosa a transposição dos problemas da vida prática do plano metafísico ao da ciência (Spirito, 1968:87-88). Vale lembrar então alguns outros dados destacados por Spirito: a visão de Maquiavel fundar-se-ia em sua "alma de artista", e a "nova ciência prática", por ele estabelecida, encaixar-se-ia, leonardescamente, à arte. Já em Guicciardini essa união não seria mais possível, pois com ele o artista e o humanista desapareceriam — e com eles a hipótese da ideia de pátria

---

[16] Spirito (1968:35, tradução da autora). Continua logo em seguida Spirito: "Torna-se realidade somente a que pode ser percebida com os sentidos, e somente a esta realidade pode-se dar o atributo da verdade. Maquiavel quer discutir somente as *coisas verdadeiras,* e portanto seu único intuito é 'ir atrás da verdade efetiva (*verità effettuale*) da coisa', e examinar as *causas* dos eventos, para tirar delas os critérios de ação. Os campos em que é feita a investigação científica são essencialmente dois, ou seja, o presente e o passado; o primeiro, que pode ser em parte objeto de constatação pessoal, o segundo, que nos é compreensível somente através do testemunho de outras pessoas". Ibid., p. 35, tradução da autora.

— revelando os limites da utopia pseudouniversal maquiaveliana (Spirito, 1968:101). Restringindo-se assim os horizontes, restaria

> uma ciência mais circunscrita e incapaz de voos líricos para presumidos valores sonhados, mas também um senso crítico ou uma severidade de juízo, garantia de seriedade espiritual. E Guicciardini, pensem o que pensarem de sua obra, tem com certeza o mérito de um rigoroso criticismo, antecipador, contra qualquer hábito retórico, do caráter mais íntimo do pensamento moderno.[17]

Ora, supondo que Machado conhecesse De Sanctis antes de 1881, como teria ele se relacionado com a *oposição* Maquiavel/Guicciardini, e qual a sua reação ante estes pessimismo e pragmatismo específicos, evidentes nos muitos aforismos guicciardinianos? Como Machado comporia na "Teoria" o seu pessimismo — decerto fundamentado em rigorosos criticismo e senso crítico — com o sonho apaixonado do "*Príncipe* de Machiavelli"?

"O homem de Guicciardini" como fonte

Como vimos, vários elementos do ponto de vista conceitual induzem a cotejar a "Teoria do medalhão" com "*L'uomo del Guicciardini*". Observemos a estrutura do ensaio desanctisiano. *Grosso modo*, reconhecemos uma primeira parte na qual De Sanctis explica que, enquanto se questionava sobre quais os problemas que geraram a "catástrofe" italiana do *Cinquecento*, eram publicadas obras inéditas guicciardinianas, cuja riqueza de informações e reflexões proporcionou respostas às suas muitas perguntas. Respostas que De Sanctis expõe na segunda parte do ensaio, na qual cita segmentos dos *Ricordi*. Porém, De Sanctis afirma também algo deveras importante: justamente naqueles *Ricordi*, ele encontrara explicações para um diagnóstico dos problemas de certa classe política além do *Cinquecento*: do próprio *Ottocento* italiano. Seriam antigas, portanto, as raízes de certos problemas políticos da contemporaneidade.

---

[17] Spirito (1968:101). Para a complexa relação entre as diferentes teorias políticas de Maquiavel e Guicciardini, ver Jacobelli (1998); Von Albertini (1995); Cadono (1994); Viroli (1994); Sapegno (1979) e Gilbert (1970).

Desse modo, as afinidades conceituais entre o ensaio de De Sanctis e a "Teoria" permitem formular a hipótese que, lendo "*L'uomo del Guicciardini*", Machado também poderia encontrar explicações para um diagnóstico do "comportamento humano" de certa classe política brasileira de seu tempo. Mesmo sendo tão diferentes as histórias dos dois países, na segunda metade do *Ottocento* haveria um *homo politicus* italiano semelhante ao brasileiro. Então, em quais trechos do ensaio se encontrariam, *mutatis mutandis*, elementos para explicar o caso do Brasil? Vamos ver.

Nos *Ricordi*, explica De Sanctis, o objeto de análise de Guicciardini é a península italiana das primeiras décadas do *Cinquecento* prestes a viver uma catástrofe, por causa da corrupção dos costumes e de seu senso moral obscurecido (De Sanctis, 1872:209). Mesmo sendo uma fase de grande perfeição artística, as instituições perdiam vigor, a sociedade desfazia-se política e moralmente, e os interesses materiais eram a única força sobrevivente (De Sanctis, 1872:212). Ora, basta tirar o pano de fundo dos *Cinquecento* e *Ottocento* italianos e focar, em vários trechos, o perfil do "homem de Guicciardini" para dele depreender elementos semelhantes ao "medalhão" machadiano. Eis alguns exemplos:

E assim faltaram juntas todas as virtudes da força, a iniciativa, a generosidade, o sacrifício e apareceram as qualidades próprias da fraqueza moral, acompanhadas pela maior cultura e esperteza do espírito, a dissimulação, a malícia, a traição, aquele permanecer ambíguo e manter-se no meio e próximo à saída, a prudência, a paciência. (...) As teorias, os princípios, as instituições continuavam os mesmos, aceitos pela parte exterior, mecânica e literal, exaltados nos discursos públicos, tornando-se uma linguagem convencional em casa e na praça, e negados e contrafeitos na prática: hipocrisia habitual também nos mais conhecidos pela sua liberdade de pensamento. Faltava a força de aceitar com sinceridade e negar com audácia; a vida transformada numa baixa comédia, todos cientes. (De Sanctis, 1872:209, tradução da autora)

A Itália parecia-se com aquele homem que na maturidade do engenho sente-se já velho por ter abusado das suas forças. E não é o engenho, mas o caráter ou a grandeza de alma que salva as nações. E a grandeza de alma enfraquece-se quando a consciência está vazia, e não move o homem nada mais que o seu interesse. (De Sanctis, 1872:213, tradução da autora)

O homem de Guicciardini, como ele acredita que deveria ser o homem sábio, como ele o chama, é um tipo possível apenas numa civilização muito avançada, e marca aquele momento em que o espírito já adulto e progredido exala imaginação, afeto e fé, e adquire absoluto e fácil domínio de si mesmo. (De Sanctis, 1872:214, tradução da autora)

Essas afirmações podem com razão ser interpretadas como premissas teóricas, também, da súmula oferecida pelo pai a Janjão. Por ela, também o medalhão deve aprender a adquirir domínio de si mesmo, cuidar mecanicamente, sobretudo — parafraseando De Sanctis e Guicciardini —, da exterioridade e do visível. E adotar uma linguagem convencionalmente aceita, ciente, porém, de seu alvo, definido unicamente pelo seu interesse. Para tanto, a hipocrisia e a dissimulação, mesmo na praça pública, devem tornar-se habituais. Em outros trechos de "*L'uomo del Guicciardini*" há detalhes acerca de como deve agir o "*savio*" lembrando, de novo, a "Teoria do medalhão":

Portanto, o objetivo principal do nosso sábio é conseguir e manter boa reputação, porque então todos te correm atrás; e quando não se estima a honra, quando do falta este estímulo ardente, são mortas e vãs as ações dos homens. E não há coisa, mesmo mínima, que não deva ser feita, por quem queira conseguir boa reputação.

A O nosso sábio não é um estoico nem cínico; ao contrário, é mais um amável epicurista (...) É generoso em gentilezas e lisonjas e em promessas gerais, pois adquire a reputação dos homens, mesmo quando as boas palavras não são seguidas de bons fatos (...) É pessoa livre e leal, ou, como se diz em Florença, franca, porque os homens gostam e porque, quando for o caso de simular, torne-se mais facilmente confiável. (De Sanctis, 1872:221-222, tradução da autora)

O valor da "honra" ligado à "boa reputação" a ser de qualquer modo adquirida é fundamental também no conto machadiano, pois nele o pai afirma de modo peremptório, como premissa da sua teoria: "o meu desejo é que te faças grande e ilustre, ou pelo menos notável, que te levantes acima da obscuridade comum" (Machado de Assis, 1962:288). Mas conseguir boa reputação impõe uma maior atenção à exterioridade, como recorda De Sanctis: "Este homem sábio, segundo a imagem que nos oferece Guicciardini, é aquele que hoje dir-se-ia um gentil-homem, no traje, nas maneiras e no trato. Qual é a melhor coisa do mundo? E o nosso sábio responde: o aprumo" (De Sanctis, 1872:223-224, tradução da autora).

Entretanto, o cultivo da exterioridade típico do sábio/gentil-homem implica ele saber reconhecer a realidade do jeito que ela é, diferentemente das demais pessoas. Assim, o sábio de Guicciardini: "Fala com ironia de Santa Maria Impruneta, que faz chuva e tempo bom, e das devoções e dos milagres, e dos jejuns e orações e similares ações pias, impostas pela igreja ou recordadas pelos Irmãos, e da ajuda que Deus dá aos bons, e do bom sucesso das causas justas" (De Sanctis, 1872:216-217, tradução da autora).

Longe de acreditar em coisas sobrenaturais e para conseguir cientificamente seu interesse, o irônico sábio guicciardiniano pergunta-se: "Qual é a melhor coisa do mundo? E o nosso sábio responde: o aprumo" (De Sanctis, 1872:223-224, tradução da autora). Palavra que se encontra também na "Teoria do medalhão".

Poderíamos facilmente citar outros trechos para afirmar as várias afinidades conceituais entre o *"savio"* de Guicciardini, como interpretado por De Sanctis, e o medalhão machadiano. De fato, o comportamento humano do sábio de Guicciardini parece-se ao do medalhão até no modo de interessar-se pelas aparências, procurando conseguir somente o seu particular. Para ambos, num contexto de generalizada fraqueza moral, o único objetivo era adequar-se a ele, tirando o maior proveito de astúcias, hipocrisias, simulações, dissimulações etc. Mas é curioso como essas afinidades de ideias correspondem a várias similitudes lexicais. Pois, além de "aprumo", encontram-se na "Teoria" machadiana outras palavras-chave de *"L'uomo del Guicciardini"*, como "sábio" e "dissimulação"/"simulação" (significativas em grande parte da obra machadiana), lidas no primeiro trecho transcrito ("a dissimulação, a malícia, a traição") e no triste diagnóstico desanctisiano do *Cinquecento* italiano: "Sumira a força; supriram-na a intriga, a astúcia, a simulação, a traição. E pensando cada um no seu particular, na tempestade comum todos naufragaram" (De Sanctis, 1872:227, tradução da autora). Palavras como "aprumo", "sábio", "dissimulação" fundamentam algumas ideias-chave da teoria de Machado de Assis: por exemplo, nas expressões "de modo que aos quarenta e cinco anos possas [Janjão] entrar francamente no regime do aprumo e do compasso"; "O sábio que disse: 'a gravidade é um mistério do corpo', definiu a compostura do medalhão" (Machado de Assis, 1962:289); "ele pode, por um milagre de artifício, dissimular o defeito aos olhos da plateia" (Machado de Assis, 1962:290). Outro ponto de aproximação entre as obras em análise é a preocupação com a *cientificidade*, tão importante nas obras de Maquiavel e Guicciardini, que retorna ironicamente na "Teoria do medalhão", na qual o pai afirma fundamentar suas regras nas "estatísticas mais escrupulosas" (Machado de Assis, 1962:291). Explicando a Janjão, diz:

> Acresce que no dia em que viesses a assenhorear-te do espírito daquelas leis e fórmulas, serias provavelmante levado a empregá-las com um tal ou qual comedimento, como a costureira — esperta e afreguesada — que, segundo um poeta clássico *Quanto mais pano tem, mais poupa o corte/ menos monte alardeia de retalhos*; e este fenômeno, tratando-se de um medalhão, é que não seria científico. (Machado de Assis, 1962:292)

Portanto há diferenças, por um lado, entre a "Teoria" e "o *Príncipe* de Machiavelli" imposto por Machado como ideia-chave do conto. Tais diferenças, decorrentes das diferentes situações políticas italiana e brasileira, explicariam por que na "Teoria" não havia necessidade alguma do "leão". Mas, por outro lado, há muitas aproximações possíveis entre o sábio de Guicciardini, com o seu "*particulare*", e o "medalhão perfeito" machadiano. Se a realidade brasileira não requeria um "leão", ela via afirmar-se um específico tipo de político: uma mistura de "raposa" maquiaveliana e de "sábio" guicciardiniano.

Qual seria então, segundo essa hipótese, o significado do conto? No Brasil ao fim do Segundo Reinado, o cinismo interesseiro relacionava-se necessariamente ao conceito de maquiavelismo de herança inquisitorial. Porém, um Machado atualizado, atento à realidade italiana e — parafraseando Spirito — com o mérito de um rigoroso criticismo, poderia optar, independente de qualquer padrão retórico e segundo um pensamento moderno, por vários planos expressivos e conceituais. Um primeiro plano seria o *obviamente* imprescindível: ao escolher como referência principal a expressão "o *Príncipe de Machiavelli*", possivelmente a maioria dos leitores entenderia somente o *devido*, ou seja, a teoria *maquiavélica*, com suas implicações conhecidas no Brasil. Mas havia também um segundo plano ligado a Maquiavel. Para quem estivesse a par dos grandes eventos políticos e culturais italianos, a mesma expressão implicava um conceito novo: o de *utópica generosidade, de sonho e paixão política* de um Maquiavel profeta da unidade italiana, finalmente concretizada no século XIX. Paralelamente, haveria ainda um terceiro plano, mais especificamente textual: Machado teria construído a lista de regras da "Teoria" inspirado também no pessimismo pragmático de Guicciardini e no seu *"particulare"*. Portanto, os *Ricordi* e/ou mais diretamente *"L'uomo del Guicciardini"* de De Sanctis poderiam ser importantes referências para explicar o perfil do "sábio" brasileiro, para Machado um "medalhão".

Se Machado conhecia *"L'uomo del Guicciardini"*, ele lidava com a questão desanctisiana de Maquiavel *versus* Guicciardini. Como então o Bruxo poderia resolvê-la? Quais ideias ele escolheria do maquiavelismo, e quais do guicciardinismo, para compor sua teoria? Reinterpretado o "homem de Guicciardini" conforme as peculiaridades da realidade carioca, ironicamente dialogando com Maquiavel, De Sanctis e Guicciardini, Machado teria transformado a "raposa" maquiaveliana e o "sábio" guicciardiniano no "medalhão perfeito". Todavia, por que propôs então como ideia-chave explícita de seu conto *somente* "o *Príncipe* de Machiavelli", disfarçando a outra, os *Ricordi* de Guicciardini e/ou o ensaio de De Sanctis? De que forma o Bruxo se relacionava com a oposição Maquiavel/Guicciardini criada por De Sanctis, que deixara a Maquiavel *toda a idealidade patriótica*, atribuindo a Guicciardini o cinismo do *"particulare"* — embora com uma interpretação distorcida do pensamento do diplomata florentino?

Como vimos, somente estudos filologicamente atentos à recepção de Maquiavel, Guicciardini e De Sanctis no Brasil serão capazes de detectar, do ponto de vista semântico-lexical após a abolição da Inquisição, possíveis mudanças no uso da família de palavras derivadas de *Machiavel*. Essas pesquisas podem ajudar a encontrar respostas também a questões colocadas por Machado em sua "Teoria do medalhão". Dado o uso feito por Machado, em outros casos, de palavras derivadas de *Machiavel* nas acepções tradicionais, no caso da "Teoria do medalhão" ele poderia ter optado, ao empregar a expressão "o *Príncipe* de Machiavelli", por um sistema semântico ao menos binário, permitindo distinguir entre um maquiavelismo dos inquisidores (óbvio à maioria dos leitores) e o tratado do Secretário Florentino, seguindo a linha de De Sanctis. Porém, quanto à questão da prática do cinismo (no Brasil mais obviamente *maquiavélica*), numa periferia ocidental como o Rio de Janeiro, talvez Machado com o seu "olhar móvel" tenha percebido, conforme Spirito, que o maquiavelismo coerente tornava-se guicciardinismo (Spirito, 1968:86).

Portanto, se um guicciardinismo, como consequência do maquiavelismo, explicaria o comportamento humano de aspirantes a medalhões brasileiros do Segundo Reinado, "o *Príncipe* de Machiavelli" (junto ao guicciardinismo) elucidaria o comportamento humano dos *pais* de aspirantes a medalhões. Assim, havia aqui uma leitura de certo modo já sociológica de um imobilismo — interpretado por Machado como estruturalmente insanável — da sociedade brasileira do Segundo Reinado. Como o Bruxo expressaria em termos literários seu diagnóstico acerca daquela sociedade? A história demonstrara que "o *Príncipe* de Machiavelli", no *Cinquecento* interpretado por Guicciardini como idealidade e sonho, acabara, em verdade, por se efetivar. Por séculos censurado e estigmatizado pelos inquisidores, acusado por Guicciardini de utópico, mesmo assim, "o *Príncipe* de Machiavelli" revelara-se, afinal, *o* caminho certo, com sua sonhadora *idealidade patriótica*, para conseguir um resultado outrora considerado impossível: a unificação da Itália. Por isso um pai não poderia deixar de ter a "esperança", segundo escreve Machado, de também sonhar — na sua *idealidade familiar,* pois a *idealidade patriótica* já não interessa — que, como "o *Príncipe* de Machiavelli" dera certo para a Itália, também sua teoria, guardadas as devidas proporções, poderia ser adequada ao sucesso do seu peralta, único ideal que lhe restava.

Mas quanto aos possíveis planos expressivos e significados da "Teoria do medalhão", há ao menos outro dado a ser destacado, ao considerarmos o término de "*L'uomo del Guicciardini*" com a célebre denúncia de De Sanctis:

A raça italiana ainda não se curou de sua fraqueza moral, ainda não desapareceu de sua fronte aquele marco que nos imprimiu uma história de traição e simulação. O homem de Giucciardini *vivit, imo in Senatum venit* [vive, ele vai até ao Senado], e encontramo-lo a cada passo. E este homem fatal nos impede a vida, se não tivermos a coragem de matá-lo em nossa consciência. (De Sanctis, 1872:228)

Talvez com a sua teoria sobre o medalhão Machado de Assis denuncie que, como na Itália do *Cinquecento* e do *Ottocento*, também no Brasil do Segundo Reinado vivia um homem parecido ao *savio* guicciardiniano, sendo possível encontrá-lo, obviamente, *imo in Senatum*. Mas, em verdade, era possível achá-lo também fora do senado, pois até jovens de procedência humilde, ao ascenderem socialmente, prefeririam agir de modo similar ao *savio* de Guicciardini, inclusive sendo legitimados por uma amoralidade *familiar*. Assim, eles seriam cooptados pelo sistema político-social conservador vigente, em vez de lutar pelo progresso da sociedade. Portanto, à maneira do *Ottocento* italiano, no Brasil coevo Machado de Assis também poderia dizer, em seu diálogo a distância com Guicciardini e De Sanctis: "este homem fatal nos impede a vida, se não tivermos a coragem de matá-lo na nossa consciência".

Referências

BAGNO, Sandra. *Il Principe* di Machiavelli nelle lessicografie latinoamericane: il Brasile caso emblematico? Dall'eredità culturale del colonizzatore all'autonomia lessicografica specchio di un'identità nazionale. In: BARTUREN, María Begoña Arbulu; _____ (Org.). *La recepción de Maquiavelo y Beccaria en ámbito iberoamericano*. Pádua: Unipress, 2006. p. 183-240.
_____. *Lessicografia e identità brasiliana*: dov'è "A nossa Vendeia"? Da Alcácer-Quibir a Vendeia: voci del "tempo di lunga durata" della "civiltà nazionale" brasiliana. Pádua: Cleup, 2009. p. 100-102.
_____. "Maquiavélico" *versus* "Maquiaveliano" na língua e nos dicionários monolíngües brasileiros. *Cadernos de Tradução*, Florianópolis, v. 2, n. 22, p. 129-150, 2008. Disponível em: <www.periodicos.ufsc.br/index.php/traducao/article/view/2175-7968.2008v2n22p129>. Acesso em: 20 jun. 2013.

_____. O Brasil na hora de ler Maquiavel: notas sobre a primeira edição brasileira *d'O príncipe*, traduzido por Elias Davidovich. In: MONTEIRO, Rodrigo Bentes (Org.). Traduções de Maquiavel: da Índia portuguesa ao Brasil. *Tempo*. Revista do Departamento de História da Universidade Federal Fluminense, Niterói, v. 20, n. 36, p. 1-21, 2014. Disponível em: <www.historia.uff.br/tempo/site/wp-content/uploads/2014/12/rolling-pass_tem_369_pt.pdf>. Acesso em: 4 jan. 2015.

BARBUTO, Gennaro Maria. *Machiavelli*. Roma: Salerno, 2013.

BAUSI, Francesco. *Machiavelli*. Roma: Salerno, 2005.

BIGNOTTO, Newton. *Republicanismo e realismo*: um perfil de Francesco Guicciardini. Belo Horizonte: Editora UFMG, 2006.

BIZZARRI, Edoardo. *Machado de Assis e a Itália*. São Paulo: Caderno n. 1, Instituto Cultural Ítalo-Brasileiro, 1961.

BLUTEAU, Raphael. *Vocabulario portuguez & latino*. Coimbra: Collegio das Artes da Companhia de Jesu, 1728. t. VLMN. Disponível em: <www.brasiliana.usp.br/en/dicionario/1/machiabelista>. Acesso em: 22 jan. 2013.

BOSI, Alfredo. *Machado de Assis*: o enigma do olhar. São Paulo: Martins Fontes, 2007.

CADONO, Giorgio. *Crisi della mediazione politica e conflitti sociali*: Niccolò Macchiavelli, Francesco Guicciardini e Donato Giannotti di fronte al tramonto della florentina libertas. Roma: Jouvence, 1994.

CAMPI, Alessandro (Org.). Il principe *di Niccolò Machiavelli e il suo tempo 1513-2013*. Roma: Istituto della Enciclopedia Italiana Fondata da Giovanni Treccani, 2013.

CAPRARIIS, Vittorio de. *Francesco Guicciardini*: dalla politica alla storia. Bolonha: Il Mulino, 1993.

CARBONE, Lorenza Rocco. *L'educazione al Risorgimento*: Francesco De Sanctis, da esule a ministro 1848-1861. Nápoles: Edizioni Scientifiche Italiane, 1993.

CUTINELLI-RÈNDINA, Emanuele. *Guicciardini*. Roma: Salerno, 2009.

DE NICOLA, Francesco (Org.). *Francesco De Sanctis. La giovinezza*. Roma: Riuniti, 2011.

DE SANCTIS, Francesco. L'uomo del Guicciardini. In: _____. *Nuovi saggi critici*. Nápoles: Fratelli Morano, 1872. p. 203-228.

_____. *Storia della letteratura italiana*. Milão: Feltrinelli, 1970.

DURO, Aldo. *Vocabolario della lingua italiana*. Roma: Istituto della Enciclopedia Italiana Fondata da Giovanni Treccani, 1989. v. III.

FIGUEIREDO, Candido de. *Nôvo diccionário da língua portuguêsa*. Lisboa: Tavares Cardoso & Irmão, 1899. v. I.

GILBERT, Felix. *Machiavelli e Guicciardini*: pensiero politico e storiografia a Firenze nel Cinquecento. Turim: Einaudi, 1970.

JACOBELLI, Jader. *Machiavelli e/o Guicciardini*: alle radici del realismo politico. Milão: Mursia, 1998.

MACHADO DE ASSIS, Joaquim Maria. *Obra completa*. Conto e teatro. Organização de Afrânio Coutinho. Rio de Janeiro: José Aguilar, 1962. v. II.

_____. *Papéis avulsos*. Rio de Janeiro: Lombaerts e Cia., 1882.

MACHIAVEL. *Essais sur les oeuvres et la doctrine de Maquiavel, avec la traduction littérale du Prince et de quelques fragments historiques et littéraires*. Tradução de Paul Deltuf. Paris: C. Reinwald; Garnier, 1867.

_____. *Il principe*. Organização de Giorgio Inglese. Turim: Einaudi, 1995. Disponível em: <www.bibliotecaitaliana.it/xtf/view?docId=bibit000214/bibit000214. xml>. Acesso em: 27 jan. 2013.

_____. *O príncipe*. Escritos políticos. São Paulo: Victor Civita, 1973.

MARCOCCI, Giuseppe. O modelo do império romano: Maquiavel em Portugal. In: _____. *A consciência de um império*: Portugal e o seu mundo (sécs. XV-XVII). Coimbra: Imprensa da Universidade de Coimbra, 2012. cap. 7.

MASSA, Jean-Michel. A biblioteca de Machado de Assis; quarenta anos depois. In: JOBIM, José Luís (Org.). *A biblioteca de Machado de Assis*. Rio de Janeiro: ABL; Topbooks, 2000. p. 21-97.

_____. *La bibliothèque de Machado de Assis*. Rio de Janeiro: Separata da Revista do Livro, n. 21-22, p. 199, mar./jun. 1961.

MUSCETTA, Carlo. *Francesco De Sanctis*. Roma; Bari: Laterza, 1975.

PIERO, Conti; GUICCIARDINI, Luigi (Org.). *Opere inedite di Francesco Guicciardini*. Illustrate da Giuseppe Canestrini. 2. ed. Florença: Barbèra, Bianchi e Comp., 1857.

PREZZOLINI, Giuseppe. *Vita di Niccolà Machiavelli fiorentino*. Milão: Rusconi, 1982.

RIDOLFI, Roberto. *Vita di Francesco Guicciardini*. Milão: Rusconi, 1982.

_____. *Vita di Niccolò Machiavelli*. Florença: Sansoni, 1969. v. 2.

SAPEGNO, Carla Serena (Org.). *Machiavelli e Guicciardini*. Florença: La Nuova Italia, 1979.

SILVA, António de Morais. *Grande dicionário da língua portuguesa*. Lisboa: Confluência, 1954. v. VI.

SPIRITO, Ugo. *Machiavelli e Guicciardini*. Florença: Sansoni, 1968.

SPONGANO, Raffaele (Org.). Francesco Guicciardini. *Ricordi*. Florença: Sansoni, 1951. Disponível em: <www.bibliotecaitaliana.it/xtf/view?docId=bibit000826/bibit000826.xml%20>. Acesso em: 22 jan. 2013.

VAROTTI, Carlo. *Francesco Guicciardini*. Nápoles: Liguori, 2009.

VILLAÇA, Alcides. Janjão e Maquiavel: a "Teoria do medalhão". In: GUIDIN, Márcia Lígia; GRANJA, Lúcia; RICIERI, Francine Weiss (Org.). *Machado de Assis*: ensaios da crítica contemporânea. São Paulo: Editora Unesp, 2008. p. 31-54.

VIROLI, Maurizio. *Dalla politica alla ragion di stato*: la scienza del governo fra XIII e XVII secolo. Roma: Donzelli, 1994.

VON ALBERTINI, Rudolf. *Firenze dalla repubblica al principato*: storia e coscienza politica. Turim: Einaudi, 1995.

8. UMA VERSÃO PARA O FUTURO: VARGAS, O MAQUIAVÉLICO

Jorge Ferreira

Usos do passado, objetivos futuros

Getúlio Dornelles Vargas iniciou sua carreira política no Rio Grande do Sul em 1909, pelo Partido Republicano Rio-Grandense, exercendo os mandatos de deputado estadual e federal. Em 1926 assumiu o ministério da Fazenda no governo do presidente Washington Luís e, dois anos depois, elegeu-se para o governo do Rio Grande do Sul. Em 1930, esteve à frente do movimento civil-militar que derrubou o próprio Washington Luís da presidência da República.

Até então só conhecido no Rio Grande do Sul, Vargas, com apoio militar e de grupos políticos formados sobretudo por mineiros e gaúchos, iniciou sua trajetória política em nível nacional. Durante o chamado Governo Provisório (1930-34) implementou uma série de reformas modernizadoras, principalmente reconhecendo os direitos sociais dos trabalhadores, mas também estabelecendo iniciativas de controle do movimento sindical. Pressionado pelas elites políticas paulistas, convocou eleições para a formação da Assembleia Nacional Constituinte, mas, mesmo assim, a guerra civil eclodiu em julho de 1932. Com a promulgação da nova constituição em setembro de 1934, o país viveu sob um regime constitucional, dentro dos marcos da democracia-liberal. A insurreição comunista de novembro de 1935, no entanto, assustou as elites políticas do país, fortalecendo o projeto autoritário que gestava no Estado. Em novembro 1937, Vargas, com apoio militar e de amplos setores da sociedade, encerrou a experiência liberal-democrática brasileira, tornando-se o ditador do Estado Novo, assim permanecendo até 1945. Getúlio Vargas, portanto, exerceu a presidência da República por 15 anos em três distintos regimes políticos.

Ao deixar a presidência da República, o país era outro. Não se tratava mais de um país agrícola e dependente exclusivamente da produção do café. Suas políticas nacionalistas, desenvolvimentistas, industrializantes, estatistas e de reformismo social haviam mudado os fundamentos econômicos e sociais do país.

Trabalhar com o método biográfico, como aqui se faz de certo modo, põe o historiador perante um problema difícil. Conforme afirma Jean-René Pendaries, este seria exposto ao inevitável desafio da articulação entre dois registros temporais: o da temporalidade de uma trajetória individual e o da temporalidade sócio-histórica — na qual esse percurso específico desenvolve-se (Pendaries, 1991:53). A prudência convida a seguir as indicações de Aspásia Camargo, para quem não interessa

> atribuir a um ator isolado, por mais importante que ele seja (e Vargas seguramente o foi), a autoria exclusiva de decisões, alianças e estratégias de governo, transferindo ao líder responsabilidades assumidas pelo conjunto da *classe política* que representou e cujos anseios sintetizou em determinados momentos históricos. (Camargo, 1999:13)

Nesse sentido, seria equivocado personalizar processos históricos constituídos por múltiplos atores sociais. No entanto, segundo a mesma autora, "em circunstâncias históricas determinadas, alguns personagens, ou *atores*, enfeixam em sua ação individual as tendências de sua época, bem como as contradições e os dilemas da sociedade em que vivem" (Camargo, 1999:14). Esse foi o caso de Getúlio Vargas.

Vargas, naqueles anos (1930-45), lançou as bases do Brasil moderno. As políticas públicas de seu governo estavam atualizadas com o que ocorria na Europa, na União Soviética e nos Estados Unidos: Estado interventor na economia e nas relações sociais; criação de empresas estatais; reconhecimento da cidadania social aos trabalhadores, entre outras medidas de caráter estatizante e reformista. No entanto, em seu governo, sobretudo durante a ditadura do Estado Novo, continuaram as práticas de violências policiais e perseguição aos opositores ao regime, ao mesmo tempo que surge a propaganda política estatal. Foi um governo, segundo Angela de Castro Gomes, "que modernizou a administração pública e que deixou muitos saldos em termos de desenvolvimento econômico e social, a despeito de ter restringido a cidadania civil e eliminado a cidadania política". Para a autora, "se os trabalhadores reconheceram e ainda reconhecem Getúlio Vargas com uma liderança vinculada ao acesso a direitos e à cidadania, esse fato precisa ser entendido e enfrentado". Essa ambiguidade, conclui Angela de Castro Gomes (2010:67), é desafiadora para o historiador. Na mesma linha de indagações, Boris Fausto chega mesmo a perguntar: "que diabo é esse regime que gera essencialmente uma série de males e, ao mesmo tempo, tem facetas de progresso?" (Fausto, 1999:20).

Vargas deixou a presidência com imensa popularidade, particularmente entre os trabalhadores.[1] Tal como deixou rastros de ódios, particularmente entre os liberais e muitos setores das esquerdas. Após 15 anos no poder e com as realizações de seu governo, era muito difícil deixar de admirá-lo ou desprezá-lo.

Derrubado da presidência da República em outubro de 1945 pela cúpula militar, refugiou-se na distante cidade de São Borja, preparando o seu regresso ao poder pelo voto popular, o que ocorreu nas eleições de 1950. No ano seguinte, assumiu a presidência da República. No governo, retomou as políticas nacionalistas, desenvolvimentistas e estatistas. A fundação da Petrobras foi o auge de suas políticas públicas.[2]

Contudo, os liberais e as esquerdas não perdoariam o ex-ditador que voltou ao poder pelo voto popular. Intensa campanha foi deflagrada contra ele, tanto por liberais integrantes da União Democrática Nacional (UDN) quanto pelo Partido Comunista do Brasil (PCB). Liberais e esquerdas encontraram-se no ódio ao presidente.

Diante de uma gravíssima crise política, Vargas decidiu sair da vida e entrar para a história. O suicídio e sua carta-testamento não apenas jogaram

---

[1] Sobre as relações entre Vargas e os trabalhadores, ver Ferreira (2011).
[2] Sobre a trajetória do trabalhismo brasileiro entre 1945 e 1964, ver Ferreira (2005).

por terra as imagens negativas, sobre ele formuladas por liberais e esquerdas, mas inverteram essas mesmas imagens: de culpado pelos males do país passava a vítima de políticos inescrupulosos; de homem apegado e obcecado pelo poder ao altruísta que se imolou para defender as riquezas do país dos interesses imperialistas e os trabalhadores de um golpe militar. Vargas, com o suicídio e a carta-testamento, alterou sua imagem, projetando-a para o futuro: não se tratava mais do ditador do Estado Novo, mas do líder nacionalista autossacrificado na defesa dos trabalhadores.

Getúlio Vargas, portanto, apresenta várias imagens, e muitos são os seus usos possíveis. Publicar um livro apenas ressaltando as qualidades de um personagem ou tão somente formular críticas contundentes não são atos inocentes. Nesses casos, o objetivo não seria apenas "informar" os leitores sobre o personagem, mas igualmente induzir a "formação" de uma dada opinião a seu respeito, juízo que se quer presente nas gerações vindouras. O autor tem como meta o futuro. Nessa reflexão, enquadra-se o livro *Vargas, o maquiavélico*, redigido por Affonso Henriques (1961).

O título do livro revela desde logo a maneira como o autor compreende Getúlio Vargas. O subtítulo, *maquiavélico* refere-se ao conjunto de ideias atribuído ao escritor florentino Niccolò Machiavelli (1469-1527) — Nicolau Maquiavel, na versão em português. Tornou-se comum associar o nome de Maquiavel a práticas chamadas *maquiavélicas*, ou seja, a um conjunto de ideias políticas regidas, segundo Sandra Bagno, pelo princípio amoral de que "os fins justificam os meios" (Bagno, 2008:129-150; 2006:183-240). Segundo a autora, em suma, no período colonial a metrópole portuguesa censurou a obra de Maquiavel, sendo *O príncipe* incluído no *Index librorum prohibitorum* de Roma em 1559. Assim, o poder régio e o Santo Ofício não toleraram a obra de Maquiavel, e tanto em Portugal como no Brasil criou-se ao longo do tempo um campo semântico-lexical derivado do seu próprio nome, identificado à perfídia e ao comportamento perverso — e não apenas na política. Os próprios dicionários reproduziram versões pejorativas sobre o pensamento de Maquiavel. Atualmente, estudiosos procuram distinguir o adjetivo maquiavélico da filosofia política de Maquiavel, da sua própria obra, chamada de *maquiaveliana* (Bagno, 2008). Segundo J. G. A. Pocock, o "momento maquiaveliano" teve uma continuidade histórica, no sentido de que a autoconsciência política secular continuou a colocar problemas para a consciência histórica que forma parte da trajetória percorrida pelo pensamento ocidental do modo cristão medieval ao modo histórico moderno. Sobre esses persistentes problemas, Maquiavel e seus contemporâneos, a teoria florentina e sua imagem da prática política veneziana, deixaram um importante e paradigmático legado: os conceitos de governo equilibrado, de *virtù* dinâmica e o papel das armas e da propriedade na formação da personalidade cívica. (Pocock, 1975:viii, tradução inédita de Modesto Florenzano)

Sem desconhecer as discussões sobre a caracterização da obra de Maquiavel como *maquiaveliana*, interessa aqui a vulgarização da leitura de seu principal livro, *O príncipe*. Entre as ideias mais banalizadas que poderiam ser citadas, inclusive em dicionários, encontram-se a falsidade, a duplicidade e a má-índole de caráter; a habilidade para enganar e a aptidão para a maldade; caracterizar um personagem como ardiloso, velhaco, pérfido, malicioso, desleal, traiçoeiro, entre outras qualidades negativas. Como obra biográfica, esse é o objetivo de Affonso Henriques no livro *Vargas, o maquiavélico*. Todavia, neste capítulo pretende-se conhecer a maneira como Affonso Henriques interpretou Vargas como um ser *maquiavélico*.

O livro e sua origem

Affonso Henriques inicia o livro explicando a origem da obra. Nos textos introdutórios, ele afirma ter participado do movimento político-militar que, em outubro de 1930, depôs o presidente Washington Luís, levando ao poder uma ampla aliança política liderada por Getúlio Vargas. Revendo suas escolhas políticas no passado à luz do presente por ele vivido ao escrever o livro, Henriques explica: "éramos ainda jovens, entusiastas e, sobretudo, inexperientes" (Henriques 1961:2). Com a crise econômica que abalou o mundo em 1929, atingindo diretamente o Brasil, Henriques, insistindo tratar-se de "um jovem idealista, pouco entendendo de política" (Henriques 1961:segunda orelha), participou do movimento oposicionista que culpava exclusiva-

258 | Maquiavel no Brasil

mente o governo de Washington Luís pelos problemas econômicos do país. Sua autoavaliação é franca: "Não tardou a verificarmos a extensão do nosso erro" (Henriques 1961:XXI).

Affonso Henriques escreveu suas reflexões em 1958, ou seja, 28 anos após aqueles acontecimentos. A sua maneira de lembrar o passado, quando participou da Revolução de 1930, é moldada pelas vivências e experiências vividas ao longo de quase três décadas seguintes. Henriques procura assim dar racionalidade a uma escolha por ele realizada no passado, mas pela qual, em seu presente, demonstra arrependimento, admitindo ter errado em suas avaliações.

Determinado a reparar o erro cometido, Henriques, em novembro de 1941, partiu para Nova York como delegado brasileiro numa conferência internacional. Sua intenção era não retornar ao país. Nos Estados Unidos, estudou economia e língua inglesa na Universidade de Colúmbia e trabalhou para o governo norte-americano na divisão de imprensa do conhecido Office of the Coordinator of Inter-American Affaire. Henriques, contudo, tinha um objetivo maior: escrever uma obra, segundo sua definição, "baseada rigorosamente em fatos que esclarecesse de uma vez para sempre a opinião pública brasileira, principalmente as massas trabalhadoras, a respeito da verdadeira natureza e objetivos da ditadura de Vargas" (Henriques 1961:XXVII). Era um projeto para o futuro.

Decidido a estabelecer a "verdade", Henriques afirma ter pesquisado na Biblioteca do Congresso de Washington. Segundo sua avaliação, ali estavam a maioria dos jornais brasileiros publicados e muitos livros sobre o Brasil. Em suas palavras, "atirei-me de corpo e alma à minha obra. Foi um trabalho insano que durou cerca de 12 anos. Chovesse ou fizesse sol, mesmo debaixo das mais violentas tempestades de neve, comparecia diariamente aquela famosa biblioteca". Segundo seus cálculos, foram pesquisados 20 mil exemplares de jornais e revistas brasileiras, cobrindo o período 1930-54. Dessa maneira, surgiu o livro *Vargas, o maquiavélico*, "uma modesta contribuição para o esclarecimento e politização do povo brasileiro", conclui o autor. O livro terminou de ser escrito em 1958, mas só foi publicado em 1961.[3]

---

[3] Biografias como essas tornam problemáticas as afirmações de que teria ocorrido, nos anos 1980, um "retorno" da biografia. Segundo Vavy Pacheco Borges, "no campo dos historiadores, o

O autor e seu livro

Conhecer o autor do livro pode dizer muito sobre a própria obra. Comecemos, então, por saber quem foi Affonso Henriques. Na orelha do livro, ele é apresentado como contador, economista, técnico em ciências administrativas e finanças, escritor, jornalista e poliglota. Portanto, descrito como portador de uma série de saberes e conhecimentos, qualificando-se para o estudo proposto e realizado.

Affonso Henriques apoiou a Revolução de 1930. A inexperiência política, a prática de somente ouvir as mensagens das oposições ao governo e seu entusiasmo pelo protesto popular, eis as razões alegadas para concordar com a deposição de Washington Luís da presidência da República. Todavia, segundo seu relato, rapidamente ficou desiludido. Em 1932 estava alistado nas tropas constitucionalistas que, em São Paulo, lutavam contra o governo de Vargas. Com a derrota do movimento, retornou ao Rio de Janeiro e infiltrou-se entre lideranças sindicais dos comerciários. Na União dos Empregadores do Comércio, fundou a "Ação Renovadora". Seu objetivo era combater o governo Vargas no plano sindical. Entusiasmou-se com a fundação da Aliança Nacional Libertadora, assumindo o cargo de diretor-tesoureiro. Com a insurreição comunista de novembro de 1935, embora não tivesse participado do movimento, foi preso. Obtido a liberdade, e como já foi mencionado, tomou a decisão de sair do país em 1941 e, a partir da pesquisa na Biblioteca do Congresso em Washington, denunciou "a verdade sobre o que ocorreu no período mais negro da história do Brasil" (Henriques 1961:segunda orelha).

O autor do livro esforça-se para racionalizar sua tomada de posição contra o governo Vargas, mas também não esconde do leitor sua maneira de compreender a política, sobretudo seu preconceito em relação à participação popular nos acontecimentos políticos. Assim, afirma que um dos motivos para sua adesão à Revolução de 1930 foi ter "acompanhado a turba-malta na sua revolta contra o governo constituído" (Henriques 1961:XIX). Na capital da República, a vitória da Revolução provocou "manifestações de uma alegria

---

que é por vezes apresentado como retorno não é, a meu ver, verdadeiramente um retorno. Narrações de vidas lineares e factuais existem há tempos (...). Na verdade, a ideia de falar em retorno me parece bastante francês". Borges (2006:207-208).

sádica por parte de certos elementos da escória social, gente que, na inconsciência de suas expansões, longe estava de imaginar os males que a queda da legalidade deveria causar ao país" (Henriques 1961:91). Henriques é crítico contundente da participação popular, embora tenha comemorado ao lado do povo. Porém, reconhece partilhar à época do "mau hábito dos brasileiros de sistematicamente se recusarem a tomar parte na política do país", além de "só ler jornais de determinada corrente política, desprezando integralmente os das facções contrárias". Assim ocorreu em 1930, continua em seu argumento, pois "só líamos jornais da oposição" (Henriques 1961:XIX).

O autor não esconde a existência, no âmbito dos políticos da União Democrática Nacional, a UDN, de algo definido por Maria Victória Benevides como "presciência das elites", ou seja, um "profundo elitismo" baseado na convicção de que "o povo jamais será politicamente responsável; no máximo poderá ser 'politicamente educado' ou 'guiado'" (Benevides, 1981:252). Henriques, desse modo, critica o modelo político da Primeira República, quando presenciava-se "a grande massa ignorante do povo arrastada aos postos eleitorais pelo cabresto dos cabos eleitorais" (Henriques, 1961:XX). Contudo, para ele os políticos dessa época eram, na maioria, "gente íntegra e competente". Após a vitória da Revolução de 1930 foi instaurado o voto secreto, em tese permitindo a maior legitimidade do processo político. No entanto, para Henriques, não ocorreu assim. "E de que valeu isso", pergunta, "se a grande massa da população brasileira nem sequer tem o curso primário completo e se deixa arrastar pelo primeiro demagogo que lhe faz promessas mirabolantes ou lhe oferece uma garrafa de cachaça?" Henriques não esconde o elitismo, característica dos liberais udenistas. A própria alfabetização da população resultaria em "uma mera fabricação em massa de autômatos eleitorais", afirma.

Affonso Henriques, portanto, alinhava-se, em termos políticos, ao conjunto de ideias, crenças e representações sociais formuladas pelos liberais brasileiros, via de regra, atuantes nas fileiras da UDN. Por exemplo, ele não esconde sua admiração por Carlos Lacerda. Ao narrar o processo de finalização de sua investigação, na Biblioteca do Congresso em Washington, afirma que "o prestigioso líder udenista", ao ver o resultado da pesquisa, teria exclamado: "Caramba, isto é um trabalho que só poderia ser feito por uma equipe" (Henriques, 1961:XXVIII).

O livro, portanto, tem a marca inconfundível do udenismo, caracteriza-do por Maria Victória Benevides como uma cultura política que extrapola os círculos do próprio partido político, a UDN. Entre outros elementos cons-titutivos do udenismo, vale citar o elitismo e o antigetulismo. Nesse último aspecto, o udenismo recorre à "máscara liberal como justificação do comba-te a Getúlio" (Benevides, 1981:242). A novidade no livro de Affonso Henri-ques é inserir a imagem vulgarizada de Maquiavel no debate, caracterizando Vargas como um *maquiavélico*, ou seja, alguém imbuído de uma série de deformações políticas e morais. O termo *maquiavélico* é definido como um antimodelo de conduta para a convivência em sociedade. Vargas, no livro, usa diversos meios — como a dissimulação, a duplicidade de caráter, a per-versidade, a deslealdade, a traição, entre outros artifícios — para justificar os fins a serem alcançados.

Deformações físicas e morais

Affonso Henriques inicia o livro com referências à cidade de São Borja, ter-ra natal de Vargas. Ali viviam "caudilhos espanhóis, arrogantes, atrabiliá-rios e prepotentes" (Henriques, 1961:3), que certamente influenciaram sua "formação moral e espiritual". Região de guerras, "intrigas e calúnias", os proprietários de terras, os estancieiros, eram verdadeiros "barões feudais", orgulhosos e arrogantes. A maioria mantinha pistoleiros como empregados. Segundo Henriques, "a família Vargas não fugia à regra e, dada a sua fortuna imensa, mantinha um bom número luzido desses pistoleiros profissionais" (Henriques, 1961:22).

O autor, no entanto, enfatiza os defeitos físicos de Vargas como origem de suas deformações morais. Seu sonho era ser um "homem alto, esbelto e musculoso", mas a natureza moldou-o com um "corpo baixote, com fortes tendências à obesidade (...), deselegante e vagaroso" (Henriques, 1961:4). Num estado da federação em que, em termos médios brasileiros, a estatura é elevada, Vargas, segundo avaliação de Affonso Henriques, "sentia-se como que amesquinhado, humilhado, e, como tal, um ente humano intimamente revoltado contra a humanidade". Nesse momento da análise, Henriques recorre a citações de psiquiatras para endossar suas teses. O psiquiatra Cláudio de Araújo Lima, em seu livro *Mito e realidade em Vargas*, afirmou que ele nunca superou o drama de sua inferioridade corporal, particularmente com suas "pernas excessivamente curtas". Segundo o psiquiatra, "as pernas de Vargas devem ter marcado profundamente o seu comportamento e talvez haja sido o fator inconsciente que norteou toda sua ânsia de perpetuar-se no poder, num ponto bem alto, de onde pudesse ver de cima, simbolicamente, os outros homens" (Henriques, 1961:5).

Recorrendo ao discurso médico, Affonso Henriques cria os laços entre as deformações física e moral de Vargas. O laudo do médico Maurício de Medeiros, da Faculdade de Medicina do Rio de Janeiro, é citado no livro:

> O que se nota na personalidade do Sr. Getúlio Vargas não é a conivência interessada no crime e sim o completo desinteresse pelos aspectos morais desses escândalos. E nisso é que está o traço fundamental da personalidade analisada: uma completa insensibilidade à dor, à alegria, à repulsa moral, às coisas, enfim, de ordem emotiva que colocam o homem acima dos outros seres vivos da criação. (Henriques, 1961:8-9)

Henriques vincula os aspectos físicos como condicionadores do caráter de Vargas. Trata-se, evidentemente, de um psicologismo simplificador. Mas o objetivo é fundamentar o argumento que ressalta as distorções de ordem moral de Vargas. Note-se que a questão moral foi outro elemento constitutivo do universo conceitual udenista. Segundo Maria Victoria Benevides, o moralismo foi característica marcante da trajetória da UDN, sobretudo com o objetivo de "demolir o getulismo e sua herança". Ainda segundo a autora, "o moralismo também recorreria à visão de fundo autoritário, no sentido de identificar nos valores morais dos homens públicos a 'explicação' para o comportamento político" (Benevides, 1981:267).

A maneira como Affonso Henriques vincula as origens sociais de Vargas em São Borja e seus defeitos físicos a sua deformação moral lembra, mesmo pelo avesso, o gênero conhecido como hagiografia. Com objetivos pedagógicos, os relatos das vidas dos santos apresentam modelos exemplares de comportamentos a serem seguidos pelos fiéis. Com Vargas, Affonso

Henriques formula uma hagiografia às avessas. Recorrendo a idealizações simplificadoras, o meio social em que nasceu e formou-se, bem como seus defeitos físicos constituíram a matéria-prima de seu antimodelo de conduta social, sua falta de valores morais e seu comportamento político desviante.

Lições de Maquiavel

Uma das características mais marcantes do modo como Affonso Henriques narra as ações políticas de Vargas é acreditar "que os atores históricos obedecem a um modelo de racionalidade anacrônico e limitado". Trata-se, nas palavras de Giovanni Levi, de uma das "distorções mais gritantes" no trabalho biográfico, a de procurar "personalidade coerente e estável, ações sem inércia e decisões sem incerteza" (Levi, 1996:169). Com essas diretrizes, Affonso Henriques explica todas as iniciativas tomadas por Vargas.

No governo da República, Vargas foi definido por Henriques como alguém que "tinha verdadeiro horror de assumir responsabilidades" (Henriques, 1961:16). Um governante sem energia e destituído de vontade. No entanto, sentindo-se ameaçado por adversários, reagia de maneira transfigurada: "de dorminhoco, sonolento e lerdo que era transformava-se, de súbito, num verdadeiro centauro gaúcho" (Henriques, 1961:17). Mas, assegurada sua permanência no poder, "voltava à modorrenta letargia". Outro traço marcante no exercício do poder era o de culpar auxiliares quando erros eram cometidos em seu governo. Contudo, os acertos eram apresentados como resultados de sua própria iniciativa.

Antes mesmo de completar um ano de governo, Affonso Henriques afirma que "entra em ação o maquiavelismo de Vargas" (Henriques, 1961:103). O objetivo era "manter-se no poder a qualquer custo". Trata-se da maneira vulgarizada de interpretar Maquiavel, conforme a premissa "os fins justificam os meios". Desse modo, Vargas adotou a tática de dividir ao máximo as Forças Armadas, aproveitando-se da inexperiência e do entusiasmo dos jovens tenentes outrora participantes da Revolução de 1930. Os tenentes, segundo Henriques, tornaram-se "uma massa de manobra dócil nas mãos do caudilho de São Borja". Oficiais militares qualificados eram substituídos por homens de menor patente, desde que tivessem lutado em outubro de 1930. "Graças à ação maquiavélica de Vargas, as forças armadas ficaram assim divididas: os oficiais subalternos (em sua maioria tenentes), de um lado, e do outro, os oficiais superiores e generais (Henriques, 1961:104).

Affonso Henriques aponta outro e mais importante e eficiente jogo duplo que permitiu a perpetuação de Vargas no poder: ele era o pai dos pobres, mas também a mãe dos ricos. Uma de suas armas prediletas na estratégia de manter-se no poder era apavorar os empresários da indústria e das finanças com a ameaça comunista. Aos trabalhadores, ele iludia com promessas mirabolantes:

> A essa gente simples e humilde do povo, em sua maioria vivendo nas trevas do analfabetismo, era facílimo enganar. Como é lógico, as promessas mirabolantes não eram nem podiam ser cumpridas. Vargas prontamente jogava a culpa para os "tubarões" da indústria e do comércio e dizia-se "amarrado" e impossibilitado de agir. (Henriques, 1961:18)

Este, segundo Affonso Henriques, era o mais importante jogo duplo implementado por Vargas em sua ambição desmedida pelo poder. Aos pobres aparecia como defensor dos humildes. Contudo, para os ricos — beneficiados com a política econômica do governo — era o "camaradão" (Henriques, 1961:19). Segundo Henriques, tudo não passava de uma grande encenação sob comando de "um grupo economicamente forte". Certo conjunto de empresários, na sua avaliação, "sabia o que queria e como obter o que queria". Para isso, bastava pressionar o ditador fraco, sempre disposto a ceder a pressões de poderosos. Assim, ele obtinha apoio empresarial para manter-se no poder. Quanto ao restante, bastava "a campanha demagógica para a mistificação das massas ignorantes (...), massa de manobra eleitoral. Prometia-lhes o possível e o impossível".

Nesse jogo duplo encontravam-se as práticas maquiavélicas de Vargas: enganava os trabalhadores com promessas, ao mesmo tempo atacando os ricos. Mas, na verdade, estava a serviço desses mesmos ricos com o objetivo de encontrar apoio político para permanecer no poder.

Affonso Henriques conferia assim a Vargas um tipo de exercício de poder, tanto em termos teóricos quanto na prática política, impossível de existir: baseado na onisciência de um personagem, bem como em sua capacidade absoluta de controlar acontecimentos e iniciativas dos grupos sociais mais diversos. Desse modo Vargas manipulava militares, operários e empresários. Henriques em momento algum admitia que os atores sociais elegessem suas próprias estratégias, tomassem decisões, formulassem ideias ou adotassem escolhas. As escolhas e decisões que tomavam eram resultado da vontade, sempre onisciente, de um único personagem.

Maquiavelismo em tempos de democracia-liberal

Na narrativa do livro de Henriques, as escolhas realizadas pelos atores políticos somente apresentam independência e autonomia quando inscritas no campo das oposições a Vargas. Nesse sentido, os desmandos e o autoritarismo imposto ao país provocaram a reação popular em São Paulo. Para Affonso Henriques, tratava-se da "explosão de um povo em desespero que, no Brasil, sempre fora um exemplo de ordem, de disciplina e de extremado amor ao trabalho". A 9 de julho eclodiu a Revolução Constitucionalista, provocando em Vargas a desorientação e uma "profunda depressão psicológica e mental" (Henriques, 1961:198). Ante uma guerra civil de grandes proporções, Vargas foi obrigado a ceder, convocando a Assembleia Nacional Constituinte. A partir de 1934, o país viveu novo período político. Embora com Vargas eleito presidente da República pelos constituintes, o Brasil ingressou nos quadros constitucionais de um regime liberal-democrático.

Contudo, o período democrático brasileiro duraria pouco. "O plano Maquiavélico de Vargas", nas palavras de Affonso Henriques, seria traçado por ele e seu "gabinete negro".[4] Logo após o início da vigência da nova constituição, o país viveria um período de desordens, agitações, desmandos e

---

[4] Henriques (1961:219). A expressão *gabinete negro* foi utilizada pela imprensa à época para designar o grupo de "tenentes" e políticos que se reuniam com Vargas para decidir as medidas tomadas pelo governo. Com propostas reformistas, o grupo tinha, entre outros objetivos, indicar novos quadros para a administração pública, excluindo os políticos tradicionais e conservadores da Primeira República. Entre os nomes que compunham o *gabinete negro* estavam Osvaldo Aranha, José Américo de Almeida, Juarez Távora, Pedro Ernesto Batista, João Alberto Lins de Barros, Plínio Casado, Virgílio de Melo Franco, Ari Parreiras, Pedro Aurélio de Góis Monteiro e José Fernandes Leite de Castro. Ver verbete "Gabinete Negro". In: *Dicionário* (2009).

desgoverno. O regime democrático seria apontado como origem das mazelas que tomariam conta do país. "Nos subterrâneos do Catete" (Henriques, 1961:220), diz Affonso Henriques, estaria "um grupo numerosíssimo de agentes provocadores, agitadores e desordeiros", espalhando boatos, críticas e comentários visando à desmoralização do regime democrático. Esses agentes eram capangas e pistoleiros profissionais, mas também estavam entre eles elementos das classes médias, e mesmo ricos. O objetivo era atingir todas as classes sociais. Desse modo:

> todas as irregularidades, os desmandos, as arbitrariedades, os motins, a alta do custo de vida, as violências, as desordens, seriam sistematicamente atribuídos ao Congresso Nacional, *que não deixava o HOMEM governar*. O chefe do governo fingia-se de impotente, dizia-se de mãos e pés atados e, por conseguinte, incapacitado de agir e reagir com a necessária presteza. (Henriques, 1961:220)

Uma característica principal de Vargas, na avaliação de Affonso Henriques, era sua tendência a mascarar seus atos e intenções com declarações afirmando exatamente o contrário do que pensava ou pretendia fazer (Henriques, 1961:233). Assim, "o plano maquiavélico de Vargas" foi posto em marcha com o objetivo de desestabilizar o recém-instaurado regime democrático. Em confabulações com o "gabinete negro" e os "tenentes", Vargas enviou ao Congresso Nacional uma proposta de aumento salarial dos militares de alta patente. O "plano maquiavélico" entrou em ação (Henriques, 1961:235). Muitos parlamentares, em face do descalabro financeiro do país, manifestaram-se contra o reajuste salarial. Vargas, assim, conseguiu "atirar as forças armadas contra o Congresso" (Henriques, 1961:236). Esse foi o primeiro objetivo da medida. Porém, a proposta visava uma segunda meta: "dividir as forças armadas entre si". A medida deixou insatisfeita a baixa e a média oficialidade. Por fim, a proposta também visava "lançar os civis contra os militares", conclui o autor do livro (Henriques, 1961:236).

O plano de Vargas, segundo Affonso Henriques, era engenhoso. Se o Congresso aceitasse a proposta de reajuste dos militares, seria necessária a emissão de papel-moeda, criando inflação. A alta do custo de vida geraria descontentamento popular e ressentimento dos civis contra os militares. As agitações e os conflitos sociais poderiam resultar no próprio fechamento do Congresso Nacional. No entanto, se os parlamentares negassem o reajuste dos vencimentos dos militares, os conflitos poderiam ser ainda maiores, com os oficiais de alta patente exigindo o fechamento do Congresso. Em qualquer caso, avalia Affonso Henriques, "o plano maquiavélico de Vargas seria bem-sucedido" (Henriques, 1961:236).

Os argumentos utilizados para explicar as ações de Vargas afinam-se aos princípios da economia neoclássica, partilhados por Affonso Henriques. Trata-se da premissa que supõe atores sociais bem informados, com os mesmos instrumentos cognitivos e obedientes aos mesmos mecanismos de decisão, agindo, segundo análise de Giovanni Levi, "em função de um cálculo, socialmente normal e uniforme, de lucros e perdas". Para Levi, "tais esquemas levam pois à construção de um homem inteiramente racional, sem dúvidas, sem incertezas, sem inércia" (Levi, 1996:180). Como Getúlio, na compreensão de Affonso Henriques.

Vargas no governo, novas lições

Affonso Henriques afirma que, no início de 1935, Vargas somente dispunha de uma organização política de caráter nacional para executar, em suas palavras, "seu plano diabólico de perturbação da ordem no país" (Henriques, 1961:277). Tratava-se da Ação Integralista Brasileira, a AIB. Para Henriques, a AIB era uma entre outras organizações fascistas então existentes no país. Plínio Salgado, liderança máxima da organização, foi definido por Henriques como um "demagogo hábil", embora não fosse possível negar seus dotes de inteligência e sagacidade. Explorando temas como religião, patriotismo, moral e anticomunismo, a AIB formou núcleos no país compostos por aventureiros e gente simplória (Henriques, 1961:282). Segundo Affonso Henriques, Vargas logo concluiu que o integralismo dificilmente constituiria uma organização capaz de provocar a desordem e a confusão em larga escala, possíveis motivos para a instauração da sua ditadura (Henriques, 1961:250).

Urgia, pois, criar-se uma organização política que não só incendiasse a imaginação das massas, como também servisse para estimular os integralistas à luta.

268 | Maquiavel no Brasil

Ambas as organizações, atirando-se uma contra a outra, constituiriam no país um regime ideal de agitações e desordens que, finalmente, viria justificar o estado de guerra e o consequente fechamento do Congresso. (Henriques, 1961:289)

Ora, a organização necessária para esse objetivo foi, segundo Affonso Henriques, obra exclusiva de Vargas: a Aliança Nacional Libertadora. A ANL surgiu nos "subterrâneos do Palácio do Catete, invenção de Vargas, de sua guarda-pessoal e do 'gabinete negro'". A ANL foi a maior e mais eficiente arma para liquidar o regime democrático no Brasil. Para Henriques, "o golpe mais formidável e maquiavélico" de Vargas foi fazer da ANL uma frente única contra o fascismo, reunindo adversários do integralismo e do próprio governo Vargas (Henriques, 1961:290). Se posta na ilegalidade, sua ala extremista reagiria por meios violentos, dando motivos ao governo para instaurar a ditadura. "Era uma armadilha, uma ratoeira perfeitamente engendrada" por Vargas.

Participando da ANL, Affonso Henriques descreve o rápido crescimento da organização, com vários núcleos formados em diversos estados. A Aliança poderia ter se tornado a maior frente política da América Latina, não fosse, segundo sua avaliação, "a inexperiência política de seus dirigentes e a ação nefasta e maquiavélica dos agentes de Vargas" (Henriques, 1961:303). Nessa organização, participavam desde católicos a anarquistas; seu presidente, Hercolino Cascardo, era oficial militar idealista, mas inexperiente politicamente. O único partido bem organizado na ANL era o Partido Comunista, e "Vargas sabia disso" (Henriques, 1961:306). No entanto, para Affonso Henriques, "o Partido Comunista não apresentava para ele nenhum problema, era antes um auxiliar de primeira ordem para os seus planos sinistros" (Henriques, 1961:309). Vargas queria um movimento armado contra seu governo. E Luiz Carlos Prestes deu-lhe o álibi necessário com seu discurso lido em 5 de julho, propondo "todo o poder à ANL". No dia 11, um decreto governamental declarou a ilegalidade da ANL. Segundo Affonso Henriques, o manifesto de Prestes não fora autorizado pela direção da ANL. Tratou-se de uma decisão tomada pelo Partido Comunista, mas insuflada por agentes de Vargas infiltrados dentro do PCB (Henriques, 1961:324). Em suma, para Affonso Henriques, a Aliança Nacional Libertadora foi obra exclusiva de Vargas, e o próprio Partido Comunista estava sob sua influência. O objetivo era provocar uma rebelião contra seu governo, como a insurreição comunista de novembro de 1935. A revolta foi planejada e provocada por Getúlio Vargas e seu "gabinete negro" (Henriques, 1961:331). Com a derrota da insurreição comunista,

> se iniciou um verdadeiro regime de terror no país. As prisões se encheram de tal forma que não havia mais lugar onde meter os detidos. Centenas de inocentes foram propositalmente encarcerados sem nota de culpa, sem inquérito, sem nada. Prendiam-nos, fichavam-nos como comunistas e metiam-nos no xadrez. (Henriques, 1961:354)

A vitória do maquiavelismo

Nesse quadro de conflitos políticos e sociais provocados conscientemente por Vargas, o país chegou a meados de 1937 com o Congresso Nacional completamente desmoralizado, o Poder Judiciário vilipendiado e as Forças Armadas divididas. Os principais líderes militares eram admiradores do fascismo e do nazismo. Contudo, alega Affonso Henriques, "havia uma coisa da qual Vargas não estava bem seguro. Poderia ele contar com todos os generais" para perpetrar o golpe? (Henriques, 1961:395). Novamente ele recorreu à estratégia de "dividir para enfraquecer", provocando intrigas que geraram desavenças pessoais entre os generais, causando grande confusão dentro dos quartéis. Ao final, os generais, "exaustos, vilipendiados, humilhados e desprestigiados" (Henriques, 1961:396), pediam clemência a Vargas, "prometendo-lhe apoio incondicional, fosse para o que fosse, desde que se livrassem daquela situação infernal".

Outras duas iniciativas de Vargas foram minuciosamente planejadas para garantir o golpe de Estado. A primeira foi o cerimonial das homenagens às vítimas da insurreição comunista de 1935. As pomposas e impressionantes cerimônias fúnebres ocorreram, pela primeira vez, em 20 de setembro de 1937. Algo estranho — escreve Affonso Henriques —, pois as cerimônias aconteceram dois meses antes da data do episódio (Henriques, 1961:404).

Nessa visão, tratava-se do plano maquiavélico de Vargas de lembrar à sociedade o perigo comunista.

A segunda iniciativa seria a continuidade da anterior: o Plano Cohen. Publicado com estardalhaço nos jornais, tratava-se de um suposto golpe tramado pelos comunistas, seguido de "massacres mais horrendos, incêndios, roubos, confisco sumário e violento da propriedade, incêndio de igrejas, desrespeito aos lares, à família e à integridade pessoal dos cidadãos" (Henriques, 1961:407). Os detalhes do golpe comunista foram expostos em jornais, revistas, rádios e cinema. O documento, segundo Affonso Henriques, foi forjado pelo "gabinete negro" (Henriques, 1961:412).

Affonso Henriques termina o livro com o golpe do Estado Novo. Vargas impõe sua ditadura ao país. Essa era sua finalidade. Para isso, recorreu aos mais condenáveis meios, fossem eles políticos ou de caráter moral. Contudo, na lógica maquiavélica de Vargas, todos os meios utilizados eram plenamente justificados para alcançar seus objetivos.[5]

Segundo Vavy Pacheco Borges, "a razão mais evidente para se ler uma biografia é saber sobre uma pessoa, mas também sobre a época, sobre a sociedade em que ela viveu" (Borges, 2006:215). Não é isso o que encontramos em *Vargas, o maquiavélico*. Ao final do livro, sabemos pouco sobre Vargas, mas menos ainda sobre a época por ele vivida e a sociedade na qual atuou. O livro é um libelo contra Getúlio Vargas sob o ponto de vista dos liberais identificados com o udenismo, recorrendo, para isso, a versões vulgarizadas do adjetivo conhecido como *maquiavélico*. Sempre no controle dos acontecimentos, regente das ações dos atores coletivos, o Vargas traçado no livro conduz a história conforme seus planos e decisões.

---

[5] Ao final, Affonso Henriques anuncia a publicação de outros dois livros: *Vargas e o Estado Novo* e *Declínio e morte de Getúlio Vargas*. Eles não foram publicados, mas seus sumários estão nas últimas páginas de *Vargas, o maquiavélico*. Alguns itens informam sobre os temas que seriam explorados pelo autor. No caso do primeiro livro, tratar-se-ia dos seguintes assuntos: "A jogatina invade São Paulo em larga escala"; "Derrocada do Cruzeiro"; "As filas e a carestia da vida"; "O trabalhador, a maior vítima da inflação"; "Origens da subnutrição do povo durante o Estado Novo"; "Goebbels e Vargas"; "Terminada a guerra, Vargas apresentava-se como paladino do antinazismo no Brasil"; "Volta Redonda e a inflação". No segundo livro, seriam abordados temas como: "Os trabalhadores do Brasil à mercê dos tubarões da indústria"; "PTB — casa de negociantes"; "João Goulart — peronista confesso"; "Concitando o povo à desordem e à violência"; "O trabalhador, a maior vítima do maquiavelismo de Vargas"; "Ressalvas à autenticidade da carta-manifesto"; "Erros e falsidades da carta-manifesto". Os dois livros dariam continuidade a *Vargas, o maquiavélico*. Ibid., p. 441-462.

Mas esse livro é também um trabalho de memória. Ou melhor, como Michael Pollack define, um enquadramento da memória. "O trabalho de enquadramento da memória", afirma o autor, "se alimenta do material fornecido pela história", mas interpretado e combinado a uma série de referências, permitindo reinterpretar "o passado em função dos combates do presente e do futuro" (Pollak, 1989:9-10). Não casualmente, Affonso Henriques, embora dedicado a comentar a trajetória de Vargas entre 1930 e 1937, afirma na parte introdutória do livro: "o Brasil até hoje [fins de 1960], embora os rótulos tenham mudado, continua sob a ditadura de Vargas, através de uma oligarquia voraz e irresponsável" (Henriques, 1961:XXVII). Ele referia-se ao governo do presidente Juscelino Kubitschek e seu vice-presidente João Goulart, ambos no poder com a coligação PSD-PTB. Assim, a maneira como Affonso Henriques reconstrói o passado político e moral de Vargas enquadra-se pelo presente por ele vivido, em particular em sua oposição aos governantes, vistos por ele como herdeiros diretos do getulismo.

No contexto da política brasileira entre 1930 e 1964, Affonso Henriques alinha-se ao grupo político de vertente liberal-conservadora identificado à União Democrática Nacional, a UDN. O autor, no livro, realiza um esforço para responder, de modo sistematizado e coerente, a um conjunto de questões difíceis para os udenistas, que tinham os trabalhistas como adversários políticos. Afinal, como explicar a importância e a longevidade de Getúlio Vargas na política brasileira, bem como sua grande popularidade entre os trabalhadores? A resposta foi encontrada, pelo autor do livro, no *maquiavelismo*, ou seja, na plena capacidade de Vargas de manipular todos os atores sociais, valendo-se de métodos como a habilidade de enganar e mentir, trair e dissimular, falsear e ludibriar. No entanto, também ao atuar de maneira pérfida e ardilosa, com o fito de instalar a cizânia e a divisão na sociedade. Vargas, enfim, foi um *maquiavélico*, homem de má-índole, um mau caráter.

Mas as motivações de Affonso Henriques e sua interpretação *maquiavélica* de Vargas estariam restritas a um passado delimitado historicamente? Creio que não. Até hoje encontramos trabalhos produzidos nas universidades apresentando Vargas com um poder desmensurado, cujo objetivo era oprimir a sociedade e os trabalhadores em particular. Não são poucos os trabalhos acadêmicos que atribuem a Vargas a plena capacidade de conduzir a história e o curso dos acontecimentos; de manipular e enganar os trabalhadores; de impor aos empresários um projeto industrializante; de cooptar artistas e intelectuais; de recorrer à mais brutal repressão policial e aos mecanismos de propaganda política, ambos importados da Alemanha nazista, para alcançar amplo apoio social. A própria caracterização do governo Vargas como *populista*, tão largamente utilizada na bibliografia, com suas práticas demagógicas e manipulatórias, não seria um meio para justificar um fim? A versão *maquiavélica* de Vargas pode surgir como caricatural na obra de Affonso Henriques, mas seus fundamentos até hoje estão presentes em páginas de livros redigidos em tempos recentes — temporalmente no futuro de *Vargas, o maquiavélico*.

Referências

BAGNO, Sandra. *Il principe* di Machiavelli nelle lessicografie latinoamericane: il Brasile caso emblematico? Dall'eredità culturale del colonizzatore all'autonomia lessicografica specchio di un'identità nazionale. In: BARTUREN, María Begoña Arbulu; _____ (Org.). *La recepción de Maquiavelo y Breccaria en ámbito iberoamericano*. Pádua: Unipress, 2006. p. 183-240.

_____. "Maquiavélico" *versus* "Maquiaveliano" na língua e nos dicionários monolíngües brasileiros. *Cadernos de Tradução*, Florianópolis, v. 2, n. 22, p. 129-150, 2008. Disponível em: <www.periodicos.ufsc.br/index.php/traducao/article/view/2175-7968.2008v2n22p129>. Acesso em: 20 jun. 2013.

BENEVIDES, Maria Victoria de Mesquita. *A UDN e o udenismo*: ambiguidades do liberalismo brasileiro (1945-1965). Rio de Janeiro: Paz e Terra, 1981.

BORGES, Vavy Pacheco. Grandezas e misérias da biografia. In: PINSKY, Carla Bassanezi (Org.). *Fontes históricas*. São Paulo: Contexto, 2006. p. 203-233.

CAMARGO, Aspásia. Carisma e personalidade política: Vargas, da conciliação ao maquiavelismo. In: ARAUJO, Maria Celina d' (Org.). *As instituições brasileiras na era Vargas*. Rio de Janeiro: Eduerj; FGV, 1999. p. 13-34.

DICIONÁRIO histórico-biográfico brasileiro pós-1930. Rio de Janeiro: CPDOC-FGV, 2009. CD-ROM.

FAUSTO, Boris. O Estado Novo no contexto internacional. In: PANDOLFI, Dulce (Org.). *Repensando o Estado Novo*. Rio de Janeiro: FGV, 1999. p. 17-21.

FERREIRA, Jorge. *O imaginário trabalhista*: getulismo, PTB e cultura política popular (1945-1964). Rio de Janeiro: Civilização Brasileira, 2005.

____. *Trabalhadores do Brasil*: o imaginário popular (1930-1945). 2. ed. Rio de Janeiro: 7 Letras, 2011.

GOMES, Angela de Castro. Estado Novo: ambiguidades e heranças do autoritarismo no Brasil. In: ROLLEMBERG, Denise; QUADRAT, Samantha Viz (Org.). *A construção social dos regimes autoritários*. Rio de Janeiro: Civilização Brasileira, 2010. p. 35-70.

HENRIQUES, Affonso. *Vargas, o maquiavélico*. São Paulo: Palácio do Livro, 1961.

LEVI, Giovanni. Usos da biografia. In: FERREIRA, Marieta de Moraes; AMADO, Janaína. *Usos e abusos da história oral*. Tradução de Luiz Alberto Monjardim et al. Rio de Janeiro: FGV, 1996. p. 167-181.

PENDARIES, Jean-René. Approche biographique et approche structurelle: quelques remarques sur le "retour du biographique" en sociologie. *L'Homme et la Société*: État et *Société Civile*, Paris, n. 102, v. 4, p. 51-64, 1991.

POCOCK, John Greville Agard. *The machiavellian moment*. Florentine political thought and the Atlantic republican tradition. Princeton; Oxford: Princeton University Press, 1975.

POLLAK, Michael. Memória, esquecimento, silêncio. *Estudos Históricos*, Rio de Janeiro, v. 2, n. 3, p. 3-15, 1989.

9. TRADUÇÕES E TRAIÇÕES D'*O PRÍNCIPE*. OS PARATEXTOS DE EDIÇÕES BRASILEIRAS NO SÉCULO XXI

Andréia Guerini

Uma presença polêmica

No Brasil, a presença de Maquiavel é constante. Basta entrarmos em qualquer livraria do país para ali encontrar ao menos uma ou várias edições/traduções e/ou adaptações d'*O príncipe*. A obra-prima do autor florentino, com 500 anos de existência,[1] ainda hoje é considerada fundamental para se entender os meandros do poder, da política, da história, da sociologia, da economia, da filosofia (moral) e também da literatura.[2]

O interesse por Maquiavel e pelo maquiavelismo, como explica Enzo Baldini, encontra-se disseminado em diversos setores, e esses precisam ser mais bem estudados, pois segundo o pesquisador:

---

[1] Em 1513, Maquiavel compôs *O príncipe*. Em 1532 ocorreu a sua primeira publicação.

[2] A presença de Maquiavel é recorrente nas histórias literárias italianas, por exemplo em Francesco De Sanctis, ao dedicar-lhe um capítulo inteiro da sua famosa obra considerando-o "um grande homem (...), que escreveu um pequeno livro traduzido em todas as línguas e jogou na sombra as suas outras obras". Tradução da autora do capítulo. Ver De Sanctis (1996:470-474). E em Natalino Sapegno, ao afirmar: "na obra de Maquiavel se espelha o pensamento do Renascimento nas suas formas mais originais, mais livres e abertas". Tradução da autora do capítulo. Ver Sapegno (1975:212). Ou ainda em Rosa (2009), para quem Maquiavel era um "político puro" (v. I, p. 546), tendo apresentado em *O príncipe* o modelo de um "chefe de Estado, inflexível e absoluto, enérgico e dominador" (v. I, p. 453). Traduções da autora.

Como se sabe, as obras de Maquiavel, particularmente *O príncipe*, atravessaram boa parte da cultura ocidental, reverberando nos âmbitos mais díspares: político, filosófico, literário, teatral e cultural — no sentido amplo —, além do militar, do empresarial, do comportamental e até do psicológico.[3]

Esse grande interesse já fora constatado por Isaiah Berlin. Em célebre ensaio, o autor também alerta para o fato afirmando que

> há qualquer coisa de surpreendente na pura e simples quantidade de interpretações das opiniões políticas de Maquiavel. Ainda hoje [este texto é de 1953] existem mais de vinte teorias importantes sobre como se deve interpretar *O Príncipe* e *Os Discursos* — para além de uma nuvem de visões e notas explicativas. A bibliografia é vasta, e cada vez se torna mais vasta e com maior velocidade. (Maquiavel, 2004:15)

Em relação ainda às muitas interpretações da principal obra de Maquiavel, Alessandro Pinzani, por exemplo, sintetiza em dois modos a forma como esse autor e sua obra *O príncipe* têm sido interpretados ao longo dos anos: 1) A obra e/ou o autor são diabólicos (no sentido religioso ou metafórico); 2) o pensador florentino é "um gênio incomparável e inovador, pioneiro no reconhecimento das verdadeiras leis da política" (Pinzani, 2004:49).

Já Olavo de Carvalho, em estudo publicado mais recentemente, toca novamente na questão, sintetizando em quatro grandes eixos a forma como Maquiavel, principalmente em razão d'*O príncipe*, vem sendo estudado: o imoralista, o democrata, o cientista e o patriota.[4] Essas facetas ou "máscaras"[5] "e muitos outros acréscimos foram se incorporando ao retrato cada vez mais enigmático de Maquiavel". Esse enigma, como lembra Carvalho, foi "a conclusão desencantada" a que chegou Benedetto Croce em relação às interpretações "desencontradas e confusas" sobre a obra de Maquiavel (Carvalho, 2011:39 e 19).

---

[3] Ver o "Proêmio — Maquiavelismo e maquiavelismos" de Enzo Baldini neste livro. Tradução de Adriana Aikawa da Silveira Andrade e Andréia Guerini.

[4] Sobre essas interpretações, ver principalmente Carvalho (2011:19-39).

[5] "Proêmio" de Baldini, neste livro.

Contudo, Enzo Baldini, ao referir-se ainda aos modos de interpretação, parece ir mais além, ao dizer sobre termos:

Uma gama consistente de máscaras e representações mais ou menos excessivas (...) Hoje está claro tratar-se de representações e instrumentalizações — de "usos políticos", se preferirmos — inscritos na história da recepção da imagem e da obra de Maquiavel. Portanto, de suas *fortuna* e utilização. De todo modo, esses são aspectos do maquiavelismo que, por vezes, pouco ou nada têm a ver com Maquiavel, com as pesquisas filológicas, históricas e teóricas voltadas à reconstrução de sua biografia e seu pensamento, ou com edições críticas rigorosas de suas obras.

Na realidade, tudo isso aconteceu e acontece em nome do grande pensador político florentino, logo reduzido a um emblema do poder e de seu exercício, além das ações, inclusive as mais cruéis, que permitem conservar e reforçar o poder. Um nome altamente simbólico, ainda hoje usado frequentemente para justificar escolhas políticas e militares extraordinárias, ao que parece impostas por acontecimentos excepcionais, atropelando não somente princípios morais, mas sobretudo leis vigentes, inclusive as fundamentais ou constitucionais, como diríamos no presente.[6]

Voltando um pouco no tempo, Francesco De Sanctis, ao fim do século XIX, já alertava para o fato de Maquiavel ter sido condenado por *O príncipe,* sendo esse livro "julgado não pelo seu valor lógico e científico, mas pelo seu valor moral" (De Sanctis, 1996:474).

Também é ilustrativo relembrar o uso de termos derivados dessas interpretações e suas acepções: *maquiavélico, maquiavelismo, maquiaveliano.* Os vocábulos maquiavélico e maquiavelismo fazem parte do que Olavo de Carvalho denomina "flagelação póstuma de Maquiavel", tendo entrado no "vocabulário universal da infâmia" desde 1576 (Carvalho, 2011:21).

Uma análise mais ampla sobre esses termos ligados diretamente aos contextos italiano, português e brasileiro é feita por Sandra Bagno. Em seu artigo, Bagno apresenta a forma como essas palavras foram utilizadas nos

---

[6] "Proêmio" de Baldini, neste livro.

dicionários monolíngues brasileiros, portugueses e italianos. Mas também, valendo-se de exemplos do uso, aponta para alguns fatos mais e menos conhecidos, como estar subjacente aos termos *maquiavelismo* e *maquiavélico* uma visão negativa, por vezes pejorativa do autor florentino, enquanto *maquiaveliano* seria considerado um "antídoto semântico cultural" ante uma família de acepções populares e registradas nos dicionários, necessitadas de uma redefinição (Bagno, 2008:129-150).

A recepção

Podemos de algum modo afirmar que a vasta bibliografia sobre o autor com suas diferentes interpretações, como apontado, parece caminhar paralelamente às traduções e, naturalmente, à recepção das obras de Maquiavel, especialmente d'*O príncipe*, para outras línguas.

No Brasil, *O príncipe* tem sido traduzido, retraduzido e reeditado a cada ano. Se tomarmos como base o *Index translationum* publicado pela Unesco, que compila desde 1979 as traduções feitas no mundo, constituindo o mais amplo, respeitado e autorizado repertório sobre o assunto, comprovamos a presença constante de Maquiavel com *O príncipe* no Brasil. Basta visualizar os seguintes dados:

1/59   Machiavelli, Niccolò: *O príncipe* [Portuguese] / Grassi, Roberto / Rio de Janeiro: Civilização Brasileira [Brazil], 1979. xvi, 158 p. 4. ed. *Il principe* [Italian]

2/59   Machiavelli, Niccolò: *O príncipe* [Portuguese], *Escritos políticos* [Portuguese] / Xavier, Lívio / São Paulo: Abril [Brazil], 1979. xxiii, 237 p. ill. 2. ed. [Italian]

3/59   Machiavelli, Niccolò: *O príncipe* [Portuguese] / D'Elia, Antônio / São Paulo: Cultrix [Brazil], 1980. 165 p. 2. ed. *Il principe* [Italian]

4/59   Machiavelli, Niccolò: *O príncipe* [Portuguese] / Carvalho, Aurora P. de / Rio de Janeiro: Rio [Brazil], 1979. 130 p. ill. *Il principe* [Italian]

5/59   Machiavelli, Niccolò: *A arte da guerra* [Portuguese], *A vida de Castruccio-Castracani* [Portuguese], *Belgafor, o arquidiabo* [Portuguese] / Bath, Sergio / Brasília: Universidade de Brasília [Brazil], 1980. 66 p. *Dell'arte della guerra* [Italian]

Traduções e traições d'*O príncipe* | 279

6/59   Machiavelli, Niccolò: *O príncipe* [Portuguese] / D'Elia, Antonio / São Paulo: Cultrix [Brazil], 1983. 165 p. *Il principe* [Italian]

7/59   Machiavelli, Niccolò: *O príncipe* [Portuguese] / Bath, Sergio; Mendes, Maria José da Costa F. M. M. / Brasília: Universidade de Brasília [Brazil], 1979. 97 p. ill. *Il principe* [Italian]

8/59   Machiavelli, Niccolò: *O príncipe* [Portuguese] / Xavier, Lívio / Rio de Janeiro: Tecnoprint [Brazil], 1982. 226 p. ill. *Il principe* [Italian]

9/59   Machiavelli, Niccolò: *O príncipe* [Portuguese] / Grassi, Roberto / Rio de Janeiro: Civilização Brasileira [Brazil], 1982. xvi, 158 p. 7. ed. *Il principe* [Italian]

10/59   Machiavelli, Niccolò: *Discorsi*: comentários sobre a primeira década de Tito Lívio[Portuguese] / Bath, Sergio / Brasília: Universidade de Brasília [Brazil], 1982. 436 p. 2. ed. *Discorsi sopra la prima deca di Tito Livio* [Italian]

11/59   Machiavelli, Niccolò: *O príncipe* [Portuguese], *Escritos políticos* [Portuguese] / Xavier, Lívio / São Paulo: Abril Cultural [Brazil], 1983. xxi, 237 p. 3. ed. *Del modo di tratare i popoli della valdichiana ribellati* [Italian], *Il principe* [Italian]

12/59   Machiavelli, Niccolò: *O príncipe* [Portuguese] / Soveral, Carlos E. de / Lisboa: Guimarães & Cia. [Portugal], 1984. 127 p. *Il principe* [Italian]

13/59   Machiavelli, Niccolò: *O príncipe* [Portuguese] / São Paulo: Fundação para o Livro do Cego no Brasil [Brazil], 1985. 448 p. *Il principe* [Italian]

14/59   Machiavelli, Niccolò: *O príncipe* [Portuguese] / D'Elia, Antônio / São Paulo: Cultrix [Brazil], 1986. 165 p. *Il principe* [Italian]

15/59   Machiavelli, Niccolò: *O príncipe: escritos políticos* [Portuguese] / Xavier, Lívio / São Paulo: Nova Cultural [Brazil], 1991. xx, 237 p. ill. 5. ed. *Il principe* [Italian]

16/59   Machiavelli, Niccolò: *O príncipe* [Portuguese] / Xavier, Lívio / Rio de Janeiro: Ediouro [Brazil], 1993. 164 p. ill. *Il principe* [Italian]

17/59   Machiavelli, Niccolò: *O príncipe* [Portuguese], *A arte da guerra* [Spanish] / Plantier, Carlos / Madrid: S.A.E.P.A. [Spain], 1994. 295 p. *Dell'arte della guerra* [Italian], *Il principe* [Italian]

18/59   Machiavelli, Niccolò: *A mandrágora* [Portuguese] / Ghirardi, Pedro Garcez / São Paulo: Brasiliense [Brazil], 1994. 106 p. 2. ed. *La mandragola* [Italian]

19/59   Machiavelli, Niccolò: *Discorsi*: comentários sobre a primeira década de Tito Lívio [Portuguese] / Bath, Sergio / Brasília: Universidade de Brasília [Brazil], 1994. 436 p. 3. ed. rev. *Discorsi sopra la prima deca di Tito Livio* [Italian]

20/59   Machiavelli, Niccolò: *O príncipe* [Portuguese] / Mendonca, Maria Antonieta C.; Rodrigues, Fernanda Pinto / Mem Martins: Europa-América [Portugal], 1994. 201, (1) p. *Le prince* [French] [Italian]

21/59   Machiavelli, Niccolò: *O príncipe*: comentado por Napoleão Bonaparte [Portuguese] / Guimaraes, Torrieri / São Paulo: Hemus [Brazil], 1995. 1 v. 11. ed. *Il principe* [Italian]

22/59   Machiavelli, Niccolò: *História de Florença* [Portuguese] / Canabarro, Nelson / São Paulo: Musa [Brazil], 1995. 1 v. *Istorie fiorentine* [Italian]

23/59   Machiavelli, Niccolò: *O príncipe* [Portuguese] / Xavier, Livio / Rio de Janeiro: Ediouro [Brazil], 1996. 164 p. ill. 27. ed. *Il principe* [Italian]

24/59   Machiavelli, Niccolò; Napoléon I, Emperorof France: *O príncipe* [Portuguese] / Bini, Edson / São Paulo: Hemus [Brazil], 1997. 216 p. 12. ed. *II principe* [Italian]

25/59   Machiavelli, Niccolò: *O príncipe* [Portuguese] / Xavier, Livio / Rio de Janeiro: Ediouro [Brazil], 1997. 164 p. ill. 29. ed. *Il principe* [Italian]

26/59   Machiavelli, Niccolò: *O príncipe* [Portuguese] / D'Elia, Antonio / São Paulo: Cultrix [Brazil], 1997. 165 p. *Il principe* [Italian]

27/59   Machiavelli, Niccolò: *O príncipe*: com as notas de Napoleão Bonaparte [Portuguese] / Cretella, J.; et al. / São Paulo: R. dos Tribunais [Brazil], 1997. 165 p. 2. ed. rev. *Il principe* [Italian]

28/59   Machiavelli, Niccolò: *O príncipe* [Portuguese] / São Paulo: Paz e Terra [Brazil], 1996. 156 p. *Il principe* [Italian]

29/59   Machiavelli, Niccolò: *O príncipe*: escritos políticos [Portuguese] / Xavier, Lívio / São Paulo: Nova Cultural [Brazil], 1996. 287 p. *Il principe* [Italian]

30/59   Machiavelli, Niccolò; Napoléon I, Emperorof France: *O príncipe* [Portuguese] / Bini, Edson / Rio de Janeiro: Biblioteca do Exército [Brazil], 1998. 216 p. *Il principe* [Italian]

31/59   Machiavelli, Niccolò: *O príncipe* [Portuguese] / Xavier, Lívio / Rio de Janeiro: Ediouro [Brazil], 1998. 164 p. ill. 30. ed. *Il principe* [Italian]

32/59   Machiavelli, Niccolò: *O príncipe* [Portuguese] / Caruccio-Caporale, Antonio / Porto Alegre: L&PM [Brazil], 1998. 206 p. ill. *Il principe* [Italian]

33/59   Machiavelli, Niccolò: *O príncipe* [Portuguese] / Soveral, Carlos Eduardo de / Lisboa: Guimarães Editores [Portugal], 1996. 126, (1) p. 7. ed. [Italian]

34/59 Machiavelli, Niccolò: *O príncipe* [Portuguese], *A arte da guerra* [Portuguese] / Madrid: Promoción y Ediciones [Spain], 1999. 295 p. *Dell'arte della guerra* [Italian], *Il principe* [Italian]

35/59 Machiavelli, Niccolò; Plantier, Carlos: *O príncipe* [Portuguese] / Plantier, Carlos / Madrid: SAPE [Spain], 2002. 295 p. *Il principe* [Italian], *Dell'arte della guerra* [Italian]

36/59 Machiavelli, Niccolò: *O príncipe* [Portuguese] (ISBN: 8500203048) / Xavier, Lívio / Rio de Janeiro: Ediouro [Brazil], 1999. 164 p., ill. 31. ed. *Il principe* [Italian]

37/59 Machiavelli, Niccolò: *O príncipe* [Portuguese] (ISBN: 8500007427) / Xavier, Lívio / Rio de Janeiro: Ediouro [Brazil], 2000. 208 p. *Il principe* [Italian]

38/59 Machiavelli, Niccolò: *O príncipe* [Portuguese] (ISBN: 8528601897) / Grassi, Roberto / Rio de Janeiro: Bertrand Brasil [Brazil], 2000. xvi, 158 p. 22. ed. *Il principe*[Italian]

39/59 Machiavelli, Niccolò: *O príncipe* [Portuguese] (ISBN: 8588208156) / Bandecchi, Brasil / São Paulo: Centauro [Brazil], 2001. 127 p. *Il principe* [Italian]

40/59 Machiavelli, Niccolò: *O príncipe* [Portuguese] (ISBN: 8573944684) / Tempski-Silka, Nélia Maria Pinheiro Padilha von / Curitiba: Juruá [Brazil], 2001. 173 p. *Il principe*[Italian]

41/59 Machiavelli, Niccolò: *O príncipe*; prefácio Isaiah Berlin [Portuguese] (ISBN: 8500011688) / Heliodora, Barbara; Xavier, Livio / São Paulo: Prestígio [Brazil], 2002. 286 p., ill. *Il principe* [Italian]

42/59 Machiavelli, Niccolò: *O príncipe* [Portuguese] (ISBN: 8574320501) / Grassi, Roberto / Rio de Janeiro: Difel [Brazil], 2002. 208 p. *Il principe* [Italian]

43/59 Machiavelli, Niccolò: *O príncipe*: com as notas de Napoleão Bonaparte [Portuguese] (ISBN: 8520323375) / Cretella, Agnes; Cretella, J. / São Paulo: R. dos Tribunais [Brazil], 2003. 167 p. 3. ed. [French] *Il principe* [Italian]

44/59 Machiavelli, Niccolò: *Discorsi*: comentários sobre a primeira década de Tito Lívio [Portuguese] / Bath, Sergio / Brasília: Universidade de Brasília, São Paulo: Imprensa Oficial do Estado [Brazil], 2000. 436 p. 4. ed. rev. *Discorsi sopra la prima deca di Tito Livio* [Italian]

45/59 Machiavelli, Niccolò: *O príncipe* [Portuguese] (ISBN: 8571750815) / Belo Horizonte: Garnier [Brazil], 2000. 147 p. *Il principe* [Italian]

46/59   Machiavelli, Niccolò: *O príncipe*: comentado por Napoleão Bonaparte [Portuguese] / Guimaraes, Torrieri / São Paulo: Hemus [Brazil], 1989. 186 p. *Il principe*[Italian]

47/59   Machiavelli, Niccolò: *O príncipe* [Portuguese] / Grassi, Roberto / Rio de Janeiro: Bertrand Brasil [Brazil], 1989. xvi, 158 p. 13. ed. *Il principe* [Italian]

48/59   Machiavelli, Niccolò; (Bath, Sergio): *O príncipe*: e dez cartas [Portuguese] (ISBN: 85-230-0283-9) / Brasília: Universidade de Brasília [Brazil], 1989. 100 p. *Il principe* [Italian]

49/59   Machiavelli, Niccolò: *O príncipe* [Portuguese] (ISBN: 85-00-20304-8) / Xavier, Livio / Rio de Janeiro: Tecnoprint [Brazil], 1989. 164 p., ill. 7. ed. *Il principe* [Italian]

50/59   Machiavelli, Niccolò: *O príncipe* (comentado por Napoleão Bonaporte) [Portuguese] / Guimaraes, Torrieri / São Paulo: Hemus [Brazil], 1992. 186 p. 7. ed. *Il principe* [Italian]

51/59   Machiavelli, Niccolò: *O príncipe* [Portuguese] (ISBN: 85-00-20304-8) / Xavier, Livio / Rio de Janeiro: Tecnoprint [Brazil], 1992. 164 p., ill. *Il principe* [Italian]

52/59   Machiavelli, Niccolò: *O príncipe*: comentado por Napoleão Bonaparte [Portuguese] (ISBN: 85-289-0169-6) / Guimaraes, Torrieri / São Paulo: Hemus [Brazil], 1993. 186 p. 8. ed. *Il principe* [Italian]

53/59   Machiavelli, Niccolò: *O príncipe* [Portuguese] (ISBN: 8525408956) / Caruccio-Caporale, Antonio / Porto Alegre: L&PM [Brazil], 1999. 202 p. *Il principe* [Italian]

54/59   Machiavelli, Niccolò: *A vida de CastruccioCastracani da Lucca*: e outras páginas [Portuguese] (ISBN: 972-0-45053-3) / Soveral, Carlos Eduardo de / Porto: Porto Editora [Portugal], 2003. 126, 2 p. 1. ed. [Italian]

55/59   Machiavelli, Niccolò: *O príncipe* [Portuguese] (ISBN: 972-665-277-4) / Soveral, Carlos Eduardo de / Lisboa: Guimarães Editores [Portugal], 2003. 126, 1 p. 11. ed. [Italian]

56/59   Machiavelli, Niccolò: *Discursos sobre a primeira década de Tito Lívio* [Portuguese] (ISBN: 9788533623163) / São Paulo: Martins Fontes [Brazil], 2007. xli, 471 p. *Discorsi sopra la prima deca di Tito Livio* [Italian]

57/59   Machiavelli, Niccolò: *O príncipe* [Portuguese] (ISBN: 8572322671) / Nassetti, Pietro / São Paulo: M. Claret [Brazil], 2006. 189 p. *Il principe* [Italian]

58/59   Machiavelli, Niccolò: *A mandrágora* [Portuguese] / González, Carmen / Lisboa: Estampa [Portugal], 1987. 137, 3 p. [Italian]

59/59   Machiavelli, Niccolò: *O príncipe* [Portuguese] / Soveral, Carlos Eduardo de / Lisboa: Guimarães Editores [Portugal], 1990. 127, 1 p. *Il principe* [Italian].[7]

Contudo essa lista não está completa, pois muitas vezes as editoras não enviam para o depósito legal da Biblioteca Nacional do Brasil as traduções publicadas, justificando, em boa parte, as lacunas existentes no *Index translationum*. Por isso, outra relação complementar à lista do *Index* pode ser acessada no *blog* da tradutora e pesquisadora Denise Bottmann. Bottmann mostra que até aquele momento, em sua pesquisa, com informações atualizadas em 28 de outubro de 2012, foi possível encontrar 61 edições d'*O príncipe* em 38 traduções diferentes.[8]

Conforme esta investigação, desde 1933 — ano de publicação da primeira tradução editada no Brasil[9] — até o início de 2013, seriam cerca de 80 as traduções publicadas, subdivididas em reimpressões e reedições ou novas edições. Se voltarmos ao *Index* e tomarmos como referência apenas o século XXI, recorte temporal da presente análise, vemos apresentarem-se seis traduções publicadas d'*O príncipe* no Brasil, a saber:

1/6 Machiavelli, Niccolò: *O príncipe* [Portuguese] (ISBN: 8588208156) / Bandecchi, Brasil / São Paulo: Centauro [Brazil], 2001. 127 p. *Il principe* [Italian]

2/6 Machiavelli, Niccolò: *O príncipe* [Portuguese] (ISBN: 8573944684) / Tempski-Silka, Nélia Maria Pinheiro Padilharí / Curitiba: Juruá [Brazil], 2001. 173 p. *Il principe* [Italian]

3/6 Machiavelli, Niccolò: *O príncipe*; prefácio Isaiah Berlin [Portuguese] (ISBN: 8500011688) / Heliodora, Barbara; Xavier, Livio / São Paulo: Prestígio [Brazil], 2002. 286 p., ill. *Il príncipe* [Italian]

---

[7] Disponível em: <www.unesco.org/culture/xtrans/>. Acesso em: 11 abr. 2013. Entre esses 59 itens relacionados a Maquiavel, sete são de outras obras do autor florentino. Algumas edições foram publicadas em Portugal e outras são reimpressões e reedições.

[8] Disponível em: <http://naogostodeplagio.blogspot.com.br/search/label/pesquisa%20maquiavel>. Acesso em: 24 jan. 2013.

[9] Machiavel (1933). Em Portugal a primeira tradução da obra é Maquiavel (1935).

4/6 Machiavelli, Niccolò: *O príncipe* [Portuguese] (ISBN: 8574320501) / Grassi, Roberto / Rio de Janeiro: Difel [Brazil], 2002. 208 p. *Il principe* [Italian]

5/6 Machiavelli, Niccolò: *O príncipe*: com as notas de Napoleão Bonaparte [Portuguese] (ISBN: 8520323375) / Cretella, Agnes; Cretella, J. / São Paulo: R. dos Tribunais [Brazil], 2003. 167 p. 3. ed. [French] *Il principe* [Italian]

6/6 Machiavelli, Niccolò: *O príncipe* [Portuguese] (ISBN: 8572322671) / Nassetti, Pietro / São Paulo: M. Claret [Brazil], 2006. 189 p. *Il principe* [Italian]

Porém, outras traduções d'*O príncipe* foram publicadas e/ou reeditadas nesse século, como é possível visualizar na seguinte tabela:

Cidades e editoras	Traduções	Anos de publicação
São Paulo: Martin Claret	Pietro Nassetti	2001
São Paulo: Centauro	Brasil Bandecchi	2001
São Paulo: Martins Fontes	Maria Júlia Goldwasser & Roberto Leal Ferreira	2001
São Paulo: Ediouro	Lívio Xavier	2002
Rio de Janeiro: Difel	Roberto Grassi	2002
Curitiba: Juruá	Nelia Maria P. V. Tempski-Silka	2002
São Paulo: Rideel	Deocleciano Torrieri Guimarães	2003
São Paulo: Rideel	Torrieri Guimarães	2003
São Paulo: Prestígio	Lívio Xavier	2004
São Paulo: Ícone	Brasil Bandecchi (com a colaboração de Mirtes Matteo)	2006
Porto Alegre: L&PM Pocket	Antonio Caruccio-Caporale	2006
São Paulo: Hemus	Edson Bini	2006
São Paulo: Martin Claret	Pietro Nassetti	2006
São Paulo: Cultrix	Antônio D'Elia	2006
São Paulo: Revista dos Tribunais	J. Cretella Jr & Agnes Cretella	2006

São Paulo: Hedra	José Antônio Martins	2007
São Paulo: Jardim dos Livros	Ana Paula Pessoa	2007
Rio de Janeiro: Agir, Ediouro, Pocket Ouro	Lívio Xavier	2008
São Paulo: Madras	Afonso Teixeira Filho	2009
São Paulo: Coleção Folha	Lívio Xavier	2010
São Paulo: Penguin, Companhia das Letras	Maurício Santana Dias	2010
Porto Alegre: L&PM Pocket	Antonio Caruccio-Caporale	2010
São Paulo: Hemus	Edson Bini	2011 (18. ed.)
Petrópolis: Vozes	Hingo Weber	2011
São Paulo: Saraiva	Lívio Xavier	2011
São Paulo: Lafonte	Círio Mioranza	2012
São Paulo: Martin Claret	Leda Beck	2012 (1. ed.)
Bauru: Edipro	Edson Bini	2013 (3. ed.)

O repertório de traduções pode ainda ser maior, mas para isso seria necessário consultar trabalhos acadêmicos recentes, bem como catálogos de diferentes bibliotecas nacionais, da Library of Congress (biblioteca do congresso norte-americano) e do serviço brasileiro de International Standard Book Number (ISBN). Somente com essas buscas poderíamos montar uma ampla bibliografia d'*O príncipe* de Maquiavel traduzida para o português no Brasil.[10]

O número apresentado já é bastante significativo, fazendo perceber — no conjunto das traduções existentes desde 1979 — *O príncipe* como um dos livros italianos mais traduzidos no sistema literário brasileiro. Talvez não seja mesmo exagerado afirmá-lo também como um dos mais traduzidos no mundo, pois, na opinião de Michael White, *O príncipe* tem sido lido geração após geração por meio milênio, sendo a *Bíblia* o único livro mais lido em relação a ele e por um período mais longo no Ocidente (White, 2007:15).

---

[10] Pesquisa realizada por Eliziane Mara de Souza e Andréia Guerini.

Por que isso ocorre? Obviamente, as razões são muitas, e muitos — como mostrou o sociólogo e ex-presidente da República Fernando Henrique Cardoso em recente prefácio à tradução de Maurício Santana Dias — já tentaram explicar a sobrevivência deste clássico. Assim, a eterna juventude d'*O príncipe*, para Cardoso, estaria ligada basicamente a três fatores: 1) a capacidade de Maquiavel para interpretar uma experiência pessoal, datada, sem descuidar o olhar reflexivo, ampliado pela cultura histórica, para tirar da sua vivência ensinamentos além do tempo e do espaço; 2) a genialidade do autor e 3) o modo aparentemente pouco pretensioso de tratar de grandes temas: a mudança de uma época e a ruptura de paradigmas de interpretação (Maquiavel, 2010:12).

Aliado a esse tipo de constatação e a outras sobre a modernidade do pensamento de Maquiavel,[11] é possível conceber que, muito provavelmente, a soma das diferentes traduções d'*O príncipe* ao longo dos séculos — pois a tradução dá uma sobrevida ao original —, somada à força interna da própria obra, ajudou a tornar Maquiavel um pensador universal. Por isso, este capítulo objetiva analisar as estratégias de algumas traduções brasileiras d'*O príncipe* no século XXI, especialmente pelos paratextos de algumas edições em particular, a fim de verificar em que medida eles veiculam certas interpretações dessa obra de Maquiavel.

Os paratextos das traduções

Um dos objetivos iniciais deste capítulo seria também analisar em que medida essas traduções para o português mantêm não apenas a "letra" do ori-

---

[11] Olavo de Carvalho defende a tese de a obra de Maquiavel ser confusa e cheia de contradições, ou, em suas próprias palavras: "A própria pluralidade de interpretações contraditórias do pensamento de Maquiavel emerge, aos menos em parte, dos pontos cegos que aparecem em articulações decisivas desse pensamento, fazendo com que certos desenvolvimentos que lhe foram dados por intérpretes e sucessores não passem de um florescimento de células cancerosas nascidas da prodigiosa confusão mental da qual germinaram". Ou ainda: "Dos pensadores modernos mais célebres, Nicolau Maquiavel é talvez o primeiro a entregar ao público uma doutrina tão desencontrada e confusa (...). Um dos primeiros ícones filosóficos da modernidade [Maquiavel] é um autor que ela mesma admite não compreender. As ideias dele não ficaram no papel, nem se limitaram a gerar outras ideias: transfiguraram-se em ambições e atos, inspiraram golpes e revoluções, fundaram noções e regimes políticos, mas, na soma final, não as compreendemos". Carvalho (2011:12 e 19-20).

ginal italiano, no sentido proposto por Antoine Berman (2013). Ou seja, em outras palavras: até que ponto essas traduções, além de difundirem as ideias políticas do grande florentino, reproduzem em português o seu estilo? Porém, devido às limitações deste artigo, mostra-se apenas como essas traduções veiculam certas interpretações da obra por meio dos textos de acompanhamento, batizados por Gérard Genettede (2009) de *paratextos*: a apresentação exterior do livro, o nome do autor, o título, o texto da contracapa, a capa, as dedicatórias, as epígrafes, os prefácios e posfácios, os intertítulos e ainda as notas.

Devido à quantidade de livros editados no século, como vimos, as publicações tomadas como base para esta análise serão seis:

Tradução de Brasil Bandecchi (13. impr.). São Paulo: Centauro, 2001.

Tradução de Torrieri Guimarães. São Paulo: Rideel, 2003.[12]

Tradução de Lívio Xavier. São Paulo: Ediouro, 2004.[13]

Tradução de Antonio Caruccio-Caporale. Porto Alegre: L&PM Pocket, 2006.[14]

Tradução de José Antônio Martins. São Paulo: Hedra, 2007.

Tradução de Maurício Santana Dias. São Paulo: Companhia das Letras; Penguin, 2010.

Essas edições foram escolhidas por terem sido publicadas em anos, editoras e com tradutores diferentes, incluindo ainda algum material de textos de acompanhamento, como prefácios e notas. Passa-se então a mostrar quais são e como se apresentam os paratextos às edições selecionadas, na tentativa de individuar algumas das concepções por eles veiculadas.[15]

A edição de 2001, com tradução de Brasil Bandecchi, traz uma introdução de 16 páginas, além de 116 notas, textos na quarta capa e na orelha. Na introdução, o tradutor define Maquiavel como um dos pensadores

---

[12] Reedição de Niccoló Machiavelli. *O príncipe*. Tradução de Torrieri Guimarães. São Paulo: Hemus, 1977.

[13] A tradução é uma reimpressão de Maquiavel (1940).

[14] Esta tradução é uma reedição de 1998.

[15] Todas as editoras das seis publicações analisadas neste capítulo foram contatadas, mas não responderam ao pedido de autorização para reprodução das imagens das capas, quartas capas e orelhas de suas edições d'*O príncipe*.

mais discutidos de todos os tempos, com suas ideias tendo sofrido grandes distorções. Nessa visão, o substantivo *maquiavelismo* e o adjetivo *maquiavélico* surgiram da obra do autor florentino, mas ganharam força própria. Em seguida, Bandecchi traça um breve panorama histórico da Itália, faz um resumo da obra e sublinha que o principal objetivo de Maquiavel com *O príncipe* "era agradar os que detinham o poder para voltar ao poder" (Maquiavel, 2001:11). Essa seria a concepção geral do livro, perpassando alguns dos paratextos usados nesta edição, pois na quarta capa temos a seguinte afirmação: "Maquiavel tinha intenção de sair da pobreza com a escrita de *O príncipe*".[16]

Em nenhum momento nesta edição parece ter havido preocupação por parte do tradutor ou da editora em discutir algumas palavras-chave do pensamento de Maquiavel, como *virtù, fortuna* e *stato*,[17] termos, como se sabe, fundamentais para se compreender o pensamento de Maquiavel. Há apenas uma referência do tradutor à palavra *virtù*, ao assinalar: "Virtude, para Maquiavel, não significa qualidade moral, mas sim, força e ação" (Maquiavel, 2001:15). No texto, essas palavras são traduzidas por seus correspondentes

---

[16] Texto integral da quarta capa: "Maquiavel não viu *O Príncipe* impresso. O Florentino morreu em 1527 e só em 1531 o seu livro foi publicado, e sem nenhum alarde. Ainda não havia chegado o seu momento que, entretanto, não tardaria. As lutas da segunda metade do século XVI vão colocá-lo em evidência e a partir daí Maquiavel nunca mais teve sossego pelos séculos seguintes; malsinado e glorificado, aquelas poucas páginas o tornaram famoso. Ao raiar do século XVIII, a imagem de bom funcionário, bom pai e bom esposo, cedeu lugar a uma figura sombria e satânica, aureolada de prestígios infernais. / Ao escrever *O Príncipe*, Maquiavel tinha apenas a intenção de sair da pobreza a que ficara reduzido ao perder o emprego e ser exilado. Talvez desejasse ter um único leitor, Lorenzo de Médici, que possivelmente não o leu. Ensinava ao príncipe como se tornar poderoso, sem se preocupar com os meios, e o incitava a redimir e unificar a Itália humilhada, invadida e retalhada. / Morto Maquiavel, desapareceu o objetivo que inspirou o livro. Mas seu destino é bem outro, muito maior do que a intenção imediata do Florentino. Maquiavel quis ensinar a um príncipe como conquistar e conservar um Estado e acabou sendo autor de cabeceira dos absolutistas, ao mesmo tempo em que ensinou aos liberais e ao povo os métodos daqueles. É o pensador que afirma que a única maneira de vencer o homem livre é liquidando-o. / Nicolau Maquiavel é um dos pensadores mais discutidos de todos os tempos. Do seu nome derivam o substantivo "maquiavelismo" e o adjetivo "maquiavélico", que se tornaram palavras correntes do vocabulário universal, usadas por uma multidão, cuja grande maioria jamais leu sua obra". E, na orelha: "Maquiavel é um marco do pensamento moderno. / A bibliografia sobre sua obra é vasta e cremos que nenhum livro tenha inspirado tantos estudos, tantas controvérsias, tantas interpretações e tantos políticos como *O Príncipe*".

[17] Alessandro Pinzani, em *Maquiavel e O príncipe*, alerta: "a linguagem de Maquiavel é um italiano permeado de expressões toscanas. No italiano do século XV, algumas palavras-chave tinham um sentido diverso do atual". Pinzani (2004:24).

diretos em português: virtude e sorte. Ademais, o tradutor, ao final da introdução, descreve Maquiavel como admirado e usado por totalitários, democratas e liberais. Segundo Bandecchi, seu nome será lembrado enquanto houver luta entre totalitários e democratas (Maquiavel, 2001:22). Outro dado do paratexto é a imagem usada na capa. Temos ali uma grande armadura, o que talvez reflita a afirmação de Bandecchi sobre *O príncipe* como aparece na introdução, devendo ele ser forte e sempre suficientemente armado.

Na tradução de Torrieri Guimarães, na verdade uma reedição d'*O príncipe* publicada em 1977, temos uma apresentação de quatro páginas, 11 notas, um apêndice com a célebre carta de Maquiavel a Francesco Vettori de 1513, a capa que reproduz em preto e branco a imagem mais conhecida do autor florentino, inspirada no retrato de Santi di Tito (1536-1603), e a quarta capa, com texto alusivo à celebridade do livro.[18] A concepção emergente da análise desses textos complementares é a da atualidade da obra e do grande poder de observação de Maquiavel. No entanto, na apresentação, e embora o texto considere que o termo *maquiavelismo* precisa ser reexaminado e reformulado (Maquiavel, 2003:7), os comentários seguintes distanciam-se dessa suposta tentativa de desmitificar a interpretação de "autor diabólico". Pois a apresentação retoma aspectos da obra que parecem reforçar a imagem negativa do autor. Por exemplo:

> os conselhos que Maquiavel dá aos governantes — e que deram origem à pecha infamante de *maquiavélico* — são recursos comuns, utilizados em todas as épocas e presentes na história da humanidade. (...) As suas lições — seja a justificação da mentira e até do crime de morte para se alcançar os fins propostos — podem causar escândalo no círculo familiar, mas é preciso lembrar que Maquiavel

---

[18] "Um dos livros mais célebres de todos os tempos é uma obra dedicada ao estudo e análise dos pensamentos que ocuparam Maquiavel durante toda a vida: a formação e conservação dos principados quer, pela vontade e sabedoria do príncipe, quer pela sua capacidade de manter-se pelos recursos políticos ou militares. E aproveita para fazer uma vistoria completa em todo o período em que viveu no centro das resoluções políticas, convivendo com os poderosos, combatendo-os ou auxiliando-os — tanto que funda o valor de seu livro no seu engenho e, principalmente, em sua grande experiência. / Em O Príncipe, Maquiavel imortaliza sua genialidade e a validade de seus conceitos e a atualidade imperecível de suas lições." Texto da quarta capa da edição Maquiavel (2003).

escrevia para os governantes, e não fazia senão lembrar-lhes processos já de uso corrente e corroborados pela tradição. (Maquiavel, 2003:9)

Neste livro não se faz menção à edição italiana usada para a tradução, nem aos problemas possivelmente apresentados pelo trabalho com um texto do século XVI, ao ser traduzido no século XXI. Por isso, talvez as palavras--chave *virtù*, *fortuna* e *stato* sejam traduzidas por *virtude*, *sorte/fortuna*, *Estado*, respectivamente, sem maiores questionamentos.

Dando continuidade à análise, trata-se agora de uma das edições mais famosas d'*O príncipe*, com tradução de Lívio Xavier, com sua primeira publicação em 1940. No entanto, esta edição de 2004 a ser comentada é reformulada, conforme indicam os créditos do livro. Nela, temos assim uma grande variedade de paratextos: introdução, biografia de Maquiavel, prefácio de Isaiah Berlin com 82 páginas, carta a Francesco Vettori de 1513, árvore genealógica dos Medici, 231 notas ao texto, notas bibliográficas de alguns nomes mais citados no texto, ilustrações, capa, quarta capa e orelha.

O conhecido texto de Isaiah Berlin (1909-97) foi produzido a partir de uma conferência por ele proferida em 1953. Nele, o professor de teoria social e política em Oxford, defensor das liberdades civis e um dos intelectuais mais representativos do século XX, ao passar em revista diversas análises dadas a Maquiavel ao longo dos anos, faz uma leitura própria combatendo alguns equívocos de interpretação à obra do autor florentino. Afirmando, entre outras coisas, que sua originalidade reside no divórcio estabelecido por ele "entre o comportamento político, como uma área de estudos, e a imagem mundial teológica". E prossegue:

A realização principal de Maquiavel (...) foi sua revelação de um dilema insolúvel, quando fincou uma interrogação permanente no caminho da posteridade. Esta nasce de seu reconhecimento de *facto* de que fins igualmente últimos, igualmente sagrados, podem contradizer mutuamente, e que sistemas de valores inteiros podem colidir, sem possibilidade de um arbitramento nacional (...) como parte da situação humana. (Maquiavel, 2004:89-90)

Berlin ainda acredita ter sido Maquiavel um dos "construtores do pluralismo, e de sua [segundo ele] perigosa aceitação" (Maquiavel, 2004:96). Essa leitura célebre e desafiadora de Berlin, contudo, contradiz o texto da quarta capa desta edição, que cita frases descontextualizadas d'*O príncipe*, reforçando assim a imagem diabólica de Maquiavel. Outro aspecto a ser ressaltado refere-se aos textos da quarta capa e da orelha. Embora neles se esclareça que essa edição de 2004 procura "oferecer ao leitor não somente a clareza de uma bem-acabada tradução da própria obra *O Príncipe* e da famosa carta que Maquiavel escreveu ao embaixador Francesco Vettori através de uma tradução otimizada para a língua portuguesa", não há no livro nenhuma referência à edição italiana utilizada, tampouco comentários sobre a tradução.[19] As notas de rodapé são de caráter meramente informativo. E, no caso das palavras *virtù*, *fortuna* e *stato*, o tradutor Lívio Xavier, apesar de ter uma cultura política extraordinária, optou por traduzi-las por *virtude*, *sorte* e *estado*.

Na edição de 2006 da L&PM Pocket, com uma reedição de 1998 e a tradução de Antonio Caruccio-Caporale, os paratextos são compostos de 166 notas e um pequeno texto na quarta capa, com alguns dados biográficos de Maquiavel e apresentando uma visão simplista, ao definir que a doutrina do autor florentino,

---

[19] A capa ostenta a imagem idealizada de Lourenço de Medici jovem produzida por Benozzo Gozzoli (1420-97). Texto completo da quarta capa: "Esta pretende ser a melhor edição de *O príncipe* no Brasil. É notória a importância e a influência dessa obra, publicada, lida e discutida há mais de quatrocentos anos em praticamente todas as línguas. / A teorização política que Maquiavel produziu em *O príncipe* não só serve como manual de conquista e poder a inescrupulosos, como também pode servir para quebrar um pouco da ingenuidade política de muitas pessoas. / Que mudanças podemos notar hoje na política, no pensamento e nos atos humanos (civis, militares, religiosos, científicos, tecnológicos) em relação ao que nos foi descrito por Maquiavel nesta obra? / Em *O príncipe*, o êxito na conquista e na conservação de poder justificam crimes de todo tipo — assassinatos individuais e em massa, saques, traições, falsidades ideológicas, etc. Será que evoluímos em alguma coisa em relação à lógica maquiavélica? / Que parcela da humanidade ainda acredita que a paz somente serve para enfraquecer, afrouxando e afeminando os homens, como pregou Maquiavel em *O príncipe*? / Quem de nós de fato discorda dele? Quem dentre nós acredita na paz, pensando e agindo de modo diferente? Refletir é preciso. / Confira!". E na orelha: "Nesta edição procuramos oferecer ao leitor não somente a clareza de uma bem-acabada tradução da própria obra *O príncipe* e da famosa carta que Maquiavel escreveu ao embaixador Francisco Vettori através de uma tradução otimizada para a língua portuguesa como também o auxílio das notas de pé de página, das notas bibliográficas de alguns dos nomes citados no texto que estão no final deste livro e de uma sintética 'Bibliografia de Nicolau Maquiavel', incluindo a importante introdução 'A originalidade de Maquiavel' de Isaiah Berlin, considerado um dos melhores e mais profundos textos produzidos sobre a obra deste político e escritor florentino. / A tradução de 'A originalidade de Maquiavel' que ora apresentamos foi feita por Bárbara Heliodora a partir de sua primeira versão inglesa, como o texto foi lido pelo próprio Isaiah na seção britânica da Political Studies Association".

imortalizada neste *O Príncipe*, demonstra uma maneira cética de encarar o ser humano; sua concepção de poder pregava a prática acima da ética, pois tudo é válido contanto que o objetivo seja manter-se no poder. Citado incessantemente há quase quinhentos anos, *O Príncipe* é tido como um modelo imoral de praticar o poder, mas é seguido à risca por quase a totalidade dos políticos que o criticam.[20]

Em contrapartida, trata-se de uma das poucas edições a apresentar notas explicativas em relação aos problemas de tradução. A primeira nota informa a edição usada, baseada no original do século XVI em dialeto toscano (Machiavelli, 1954), valendo-se ainda, para as notas de caráter histórico, das versões francesas das editoras Gallimard e Flammarion (Barincou, 1952; Lévy, 1980). Ao decidir conservar a divisão dos parágrafos tal como a concebera Maquiavel, o tradutor ironiza: "há poucas coisas que podemos conservar quando lá se vai meio milênio" (Maquiavel, 2006:131). Além disso, é uma das poucas traduções — não apenas em comparação às tratadas neste artigo, mas também a outras — a comentar os problemas de tradução em relação às palavras *virtù* e *fortuna*. Antonio Caruccio-Caporale é assim um dos únicos tradutores a não traduzir apenas *virtù* por *virtude* e *fortuna* por *sorte* ou *fortuna*, mas antes "adita entre parênteses essas duas palavras essenciais do texto original sempre que as correspondentes diretas em português não satisfizeram semântica ou estilisticamente as necessidades da tradução". E prossegue:

Ainda quanto a estas duas, note-se que as palavras *principe* e *principato*, no original, ganham emprego em seus sentidos mais amplos, razão pela qual foram traduzidas por soberano, senhor etc. (quando tratava-se de um rei, de um

---

[20] A capa apresenta a imagem, referenciada, de parte do afresco de Simone Martini (1284-1344) sobre o *condottiere* Guidoriccio da Fogliano, em Siena. Texto completo da quarta capa: "Nicolau Maquiavel nasceu em Florença, na Itália, em 3 de maio de 1469, e morreu em 22 de junho de 1527, também em Florença. Serviu a corte de Cesare Borgia, governante inescrupuloso e enérgico, até os Médicis derrubarem a República, em 1512, quando Maquiavel foi deposto e exilado. Em 1519, anistiado, voltou a Florença, onde exerceu funções político-militares. Em 1527 foi restaurada a República e Maquiavel é excluído da política. Sua doutrina, imortalizada neste *O Príncipe*, demonstra uma maneira cética de encarar o ser humano; sua concepção de poder pregava a prática acima da ética, pois tudo é válido contanto que o objetivo seja manter-se no poder. Citado incessantemente há quase quinhentos anos, *O Príncipe* é tido como um modelo imoral de prática do poder, mas é seguido à risca por quase a totalidade dos políticos que o criticam". Maquiavel (2006).

poderoso *condottiere* etc.); governo, poder, trono etc. (no caso, por exemplo, de um império). Noutras passagens, particularmente as de cunho teórico, conservamos "príncipe" e "principado" em suas mais largas acepções. (Maquiavel, 2006:133)

Há ainda outras notas esclarecendo as escolhas tradutórias, não apenas no referente a palavras, mas ao estilo de Maquiavel.[21]

A edição de 2007, da editora Hedra, na tradução de José Antônio Martins, apresenta como paratextos uma introdução de 14 páginas, 203 notas e texto na quarta capa (como a capa, sem imagens). Além disso, é uma edição bilíngue, com informação sobre a edição italiana utilizada e com reflexões sobre a tradução dos termos-chave da obra, as já citadas palavras *virtù, fortuna* e *stato* (Maquiavel, 2007:17-19). É também uma das poucas edições a não apresentar uma concepção preconceituosa em seus paratextos, pois o texto da quarta capa, por exemplo, não é carregado de frases soltas e descontextualizadas. A quarta capa apresenta um trecho do próprio livro, extraído do capítulo IX d'*O príncipe* — "Do principado civil".[22]

O texto de apresentação é bastante claro e tenta desmitificar a imagem de Maquiavel, afirmando, entre outras coisas:

a despeito de sua reflexão política original, muitos adjetivos e atributos são conferidos a ele de modo equivocado e inapropriado (...) e não sem maledicência, que é defensor da perversão política, grão-fundador do *maquiavelismo*, termo que pouco condiz com o pensamento do autor. A má fama é injusta, pois o pensamento político de Maquiavel jamais foi em defesa dos vícios, das injustiças ou da crueldade dos governantes. A noção de maquiavelismo, que fez escola e teve

---

[21] Maquiavel, 2006: notas 1 (p. 131), 5 (p. 131-132), 9 (p. 132), 31 (p. 137), 42 (p. 139), 97 (p. 147) e 101 (p. 147-148).

[22] "Aquele que chega ao principado com a ajuda dos grandes, se conserva com mais dificuldade do que aquele que chega com a ajuda do povo, porque, como príncipe, encontra-se com muitos em torno de si que se lhe equiparam, e por isto não lhes pode nem comandar nem guiá-los a seu modo. Mas aquele que chega ao principado pelo favor popular, se encontra sozinho e tem em torno de si ou nenhum ou pouquíssimos que não estejam dispostos a lhe obedecer. Além disso, não se pode, com honestidade, satisfazer os grandes sem injuriar outros, mas ao povo sim: porque o intuito do povo é mais honesto que o dos grandes, querendo estes oprimir e aquele não ser oprimido. Além disso, um príncipe inimigo do povo não pode nunca estar seguro, por serem esses muitos; contra os grandes pode estar seguro, por serem poucos." (Maquiavel, 2007).

início em meados do século XVI, pouco tempo depois de sua morte, foi propalada por seus adversários intelectuais. Ela tem a forma de uma crítica ideológica e está pouco calcada na análise dos textos do autor, não tendo nenhuma semelhança com o que está exposto nos seus escritos políticos, apoiando-se quando muito apenas em algumas frases eloquentes. (Maquiavel, 2007:13-14)

A última edição analisada, de 2010, com tradução de Maurício Santana Dias, também é rica em paratextos. Nela, temos o prefácio de Fernando Henrique Cardoso, ex-presidente do Brasil; introdução de Anthony Grafton, professor da Universidade de Princeton; notas de George Bull, escritor e tradutor d'*O príncipe* para o inglês; cronologia, glossário de nomes próprios, sugestões de outras leituras e texto na quarta capa. O livro não explicita a edição italiana utilizada, mas apresenta um selo chamativo na capa, afirmando tratar-se de "nova tradução do italiano" (Maquiavel, 2010).

Os paratextos encontram-se escritos num tom — aparentemente — isento, contendo afirmações do tipo: "fundador da ciência política" — ideia não obstante combatida por alguns especialistas, como Maurizio Viroli.[23] A quarta capa também traz afirmações consensuais, como: "obra clássica da filosofia moderna". E ainda trata o livro de Maquiavel como uma "esplêndida meditação sobre a conduta do governante e sobre o funcionamento do Estado", cujas "observações sobre moralidade e ética permanecem espantosamente atuais".[24] Contudo, numa edição como essa, causa estranheza não se

---

[23] A título de exemplo, Viroli (2002).

[24] Texto completo: "'Para bem conhecer a natureza dos povos, é preciso ser príncipe, e, para bem conhecer a dos príncipes, é necessário pertencer ao povo.' / Esta edição de *O príncipe*, obra fundamental da história do pensamento político, traz prefácio do ex-presidente da República e sociólogo Fernando Henrique Cardoso, e apresentação de Anthony Grafton, professor da Universidade de Princeton. Ela contém ainda as valiosas notas explicativas de George Bull, escritor e tradutor de *O príncipe* para o inglês, além de uma cronologia da época. / Ao longo de cinco séculos, o trabalho mais conhecido de Nicolau Maquiavel (1469-1527) deixou de ser apenas uma leitura de interesse político, para se transformar também em literatura obrigatória no currículo de historiadores, economistas, sociólogos, advogados e executivos. Na Florença do século XVI, Maquiavel escreveu, com texto límpido e elegante, não só um manual para a conduta de um mandatário, mas uma obra clássica da filosofia moderna, fundadora da ciência política, que é ainda uma esplêndida meditação sobre a conduta do governante e sobre o funcionamento do Estado. / Mais do que um tratado sobre as condições concretas do jogo político, *O príncipe* é um estudo sobre as oportunidades oferecidas pela fortuna, sobre as virtudes e os vícios intrínsecos ao comportamento dos governantes. Suas observações sobre moralidade e ética permanecem espantosamente atuais." Maquiavel (2010).

informar a edição italiana utilizada. Também temos informações na quarta capa sobre a imagem usada na capa, descrita como o "Retrato de Lourenço de Médici a quem Maquiavel dedicou *O príncipe*, pintado por Rafael [1483-1520] em 1518" (Maquiavel, 2010). Ademais, quase não ouvimos a voz do tradutor nas notas de rodapé. Isso talvez ocorra pelo fato de não se querer concorrer com as notas ao final do livro elaboradas pelo tradutor inglês George Bull. O tradutor dessa edição ganha destaque apenas na quarta capa; todavia, na capa, parte principal da chamada de um livro, aparece o nome do autor e da obra e, não por acaso, a informação sobre o prefácio assinado por Fernando Henrique Cardoso.

Essa breve análise mostra-nos que as traduções brasileiras tendem a reproduzir em alguns de seus paratextos, especialmente nos mais visíveis como capas, quartas capas e orelhas, aquilo já definido por De Sanctis como uma interpretação acessória e relativa de Maquiavel, muitas vezes esquecendo-se do que seria absoluto e permanente.

Esses paratextos também evidenciam algumas tendências, ou "máscaras e representações mais ou menos exageradas", como sublinhado por Enzo Baldini,[25] reforçando uma imagem negativa de um autor continuamente "maltratado" (Faria, 1933).

Esse tipo de imagem veiculada talvez ocorra também por questões mercadológicas. Pois vende-se muito mais um Maquiavel convencional, "maldito" que um Maquiavel observador da política, discutindo no seu opúsculo — como informado pelo próprio na carta escrita ao Magnífico Lourenço de Medici, "as ações dos grandes homens, aprendidas na longa experiência das vicissitudes modernas e no estudo contínuo das antigas" (Maquiavel, 2010:45).

Uma imagem de Maquiavel mais matizada — correspondente à sofisticação de seu pensamento político e historiográfico, à alta qualidade de sua escrita, ou mesmo a sua "confusão", conforme tese de Olavo de Carvalho — precisa ser mais bem resgatada. Mas isso só será conseguido à medida que edições mais cuidadosas forem sendo publicadas, e que outros importantes escritos do autor florentino, como as cartas, forem traduzidos, inserindo-se assim de

---

[25] "Proêmio" de Baldini, neste livro.

forma mais sistemática no sistema literário brasileiro. Com isso, somando-se à tradução e à produção de obras críticas sobre o autor, se poderá compreender o pensamento de Maquiavel nas suas completude e complexidade. Não por acaso, continua atualíssima a afirmação de Francesco De Sanctis:

> o pequeno livro de Maquiavel, traduzido em todas as línguas, *O Príncipe*, relegou à sombra as outras obras. O autor foi julgado por este livro e este livro foi julgado não pelo seu valor lógico e científico, mas pelo seu valor moral (...) Assim, temos uma discussão limitada e um Maquiavel diminuído. (De Sanctis, 1996:474)

Portanto, cabe aos estudiosos da obra de Maquiavel e aos estudiosos da tradução contribuir para que o Maquiavel brasileiro esteja à altura de sua representação mais completa e nuançada, como encontramos em alguns países como Itália, França e Inglaterra. O que na verdade este livro pretendeu fazer.

Referências

BAGNO, Sandra. "Maquiavélico" versus "maquiaveliano" na língua e nos dicionários. *Cadernos de Tradução*, Florianópolis, n. 22, p. 129-150, 2008. Disponível em: <www.periodicos.ufsc.br/index.php/traducao/article/view/9278/94122008>. Acesso em: 11 abr. 2013.

BARINCOU, Edmond (Org.). Nicolas Machiavel. *Œuvres complètes*. Tradução para o francês de d'Avenel, Edmond Barincou, Dreuxdu Radier e Jacques Gohory. Paris: Gallimard, 1952. (Coleção Bibliothèque de la Pléiade, n. 92).

BERMAN, Antoine. *A tradução e a letra ou o albergue longínquo*. Tradução de Marie-Hélène Torres, Mauri Furlan e Andréia Guerini. Tubarão: Copiart; Florianópolis: PGET, 2013.

CARVALHO, Olavo de. Imagens de Maquiavel. In: ____. *Maquiavel ou a confusão demoníaca*. São Paulo: Vide, 2011. p. 19-39.

DE SANCTIS, Francesco. *Storia della letteratura italiana*. Turim: Einaudi; Gallimard, 1996.

FARIA, Octávio de. *Maquiavel e o Brasil*. Rio de Janeiro: Civilização Brasileira, 1933.

GENETTE, Gérard. *Paratextos editoriais*. Tradução de Álvaro Faleiros. Cotia: Ateliê, 2009.

LÉVY, Yves (Org.). Machiavel. *Le prince*. Tradução para o francês de Y. Lévy. Paris: Flammarion, 1980.

MACHIAVEL, Nicolau. *O príncipe*. Tradução de Elias Davidovich. Rio de Janeiro: Calvino Filho, 1933.

MACHIAVELLI. *Opere*. Milão: Riccardo Ricciardi, 1954.

MACHIAVELLI, Niccoló. *O príncipe*. Tradução de Torrieri Guimarães. São Paulo: Hemus, 1977.

MAQUIAVEL, Nicolau. *O príncipe*. Tradução de Francisco de Morais. Coimbra: Atlântida, 1935.

MAQUIAVEL. *O príncipe*. São Paulo: Atena, 1940.

_____. *O príncipe*. Tradução de Antonio Caruccio-Caporale. Porto Alegre: L&PM Pocket, 2006.

_____. *O príncipe*. Tradução de Brasil Bandecchi. 13. impr. São Paulo: Centauro, 2001.

_____. *O príncipe*. Tradução de José Antônio Martins. ed. bilíngue. São Paulo: Hedra, 2007.

_____. *O príncipe*. Tradução de Lívio Xavier. 3. ed. São Paulo: Ediouro, 2004.

_____. *O príncipe*. Tradução de Maurício Santana Dias. São Paulo: Companhia das Letras; Penguin, 2010.

_____. *O príncipe*. Tradução de Torrieri Guimarães. São Paulo: Rideel, 2003.

PINZANI, Alessandro. *Maquiavel & O príncipe*. Rio de Janeiro: Jorge Zahar, 2004.

ROSA, Alberto Asor. *Storia europea della letteratura italiana*. Turim: Einaudi, 2009.

SAPEGNO, Natalino. *Disegno storico della letteratura italiana*. Florença: La Nuova Italia, 1975.

VIROLI, Maurizio. *O sorriso de Nicolau*: história de Maquiavel. Tradução de Valéria Pereira da Silva. São Paulo: Estação Liberdade, 2002. [1998].

WHITE, Michael. *Maquiavel*: um homem incompreendido. Tradução de Julián Fuks. Rio de Janeiro; São Paulo: Record, 2007.

OS AUTORES

Andréia Guerini é doutora em literatura pela Universidade Federal de Santa Catarina (UFSC), professora associada de língua e literatura estrangeiras na UFSC, pesquisadora do CNPq, líder do grupo de pesquisa Literatura Comparada e Tradução e autora do livro *Gênero e tradução no Zibaldone de Leopardi* (Edusp, 2007).

Arthur Weststeijn é doutor em história e civilizações pelo Instituto Universitário Europeu, Florença, com estágio pós-doutoral no Instituto de Estudos Neerlandeses em Roma, e autor de *Commercial republicanism in the Dutch Golden Age. The political thought of Johan & Pieter de la Court* (Brill, 2011).

Enzo Baldini é professor de história do pensamento político junto ao Departamento de Cultura, Política e Sociedade na Universidade de Turim, Itália. Coordena o projeto *Machiavellismo e Machiavellismi nella tradizione politica occidentale* e organizou o livro *Botero e la 'ragion di Stato'* (Olschki, 1992).

Giuseppe Marcocci é doutor em história moderna pela Escola Normal Superior de Pisa, professor de história moderna na Universidade de Estudos da Tuscia, em Viterbo, Itália, e autor de *A consciência de um império: Portugal e o seu mundo (sécs. XV-XVII)* (Imprensa da Universidade de Coimbra, 2012).

Gustavo Kelly de Almeida é mestre em história social pela Universidade Federal Fluminense (UFF), doutorando pelo Programa Interuniversitário de Doutoramento em História (PIUDhist), em Portugal, bolsista Capes e investigador do Centro Interdisciplinar de Histórias, Culturas e Sociedades da Universidade de Évora (Cidehus), Portugal.

JORGE FERREIRA é doutor em história social pela Universidade de São Paulo (USP), professor titular de história do Brasil da Universidade Federal Fluminense (UFF), pesquisador do CNPq, da Faperj e do Núcleo de Pesquisa em História Cultural (Nupehc), da UFF. Autor de *João Goulart. Uma biografia* (Civilização Brasileira, 2011).

RODRIGO BENTES MONTEIRO é doutor em história social pela Universidade de São Paulo (USP), professor associado de história moderna da Universidade Federal Fluminense (UFF), pesquisador do CNPq, da Companhia das Índias — Núcleo de história ibérica e colonial na Época Moderna, e autor de *O rei no espelho*. A monarquia portuguesa e a colonização da América 1640-1720 (Hucitec, 2002).

RUI LUIS RODRIGUES é doutor em história social pela Universidade de São Paulo (USP), onde defendeu a tese *Entre o dito e o maldito: humanismo erasmiano, ortodoxia e heresia nos processos de confessionalização do Ocidente, 1530-1685*, e professor de história moderna no Instituto de Filosofia e Ciências Humanas da Universidade Estadual de Campinas (Unicamp).

SANDRA BAGNO é professora na Universidade de Estudos de Pádua, Itália, onde ministra cursos de línguas, tradução e literaturas de expressão portuguesa, sendo responsável pela Cátedra Manuel Alegre. Autora de *Lessicografia e identità brasiliana: dov'è "a nossa vendeia"?* (Cleup, 2006).

VINÍCIUS DANTAS é mestre em história social pela Universidade Federal Fluminense (UFF), doutorando em história moderna pela Universidade Nova de Lisboa (tendo tido bolsas da Capes e da Fundação Calouste Gulbenkian) e investigador do Centro de História d'Aquém e d'Além-Mar (Cham).

LISTA DE IMAGENS

Parte I — Impérios

Alain Tramont (Niterói, Brasil, 1981)

Esfera armilar imersa (2014, ilustração digital com texturização de esfera com mapa do império português). Companhia das Índias, Niterói.

Antonio Maria Crespi Castoldi (Busto Arsizio, Itália, c. 1580-1630)

Ritratto di Niccolò Machiavelli (fim do século XVI, início do XVII, óleo sobre tela, 60 × 51 cm) — detalhe. Acervo da Veneranda Biblioteca Ambrosiana, inv. 1382, Milão/De Agostini Picture Library.

Parte II — Príncipes

Giovanni Battista Lenardi (Roma, Itália, 1656-1704)

Petrus II D. G. Portugalliae et Alg. Rex &c. (c. 1695, gravura a buril e água-forte de Arnoldus van Westerhout, 33,3 × 22,7 cm) — detalhe. In: MACHADO, Diogo Barbosa (Org.). *Retratos de reys, rainhas e príncipes de Portugal*. [Lisboa], 1746, t. II, p. 102. Acervo da Biblioteca Nacional do Brasil, Rio de Janeiro. Crédito fotográfico: Rodrigo Bentes Monteiro

Antonio Maria Crespi Castoldi (Busto Arsizio, Itália, c. 1580-1630)

Ritratto di Niccolò Machiavelli (fim do século XVI, início do XVII, óleo sobre tela, 60 × 51 cm) — detalhe. Acervo da Veneranda Biblioteca Ambrosiana, inv. 1382, Milão/De Agostini Picture Library.

Parte III — Escritos

Lasar Segall (Vilna, Lituânia, 1891 — São Paulo, Brasil, 1957)

Retrato de Goffredo da Silva Telles (1927, óleo sobre tela, 105,2 × 86,2 cm). Acervo da Pinacoteca do Estado de São Paulo, São Paulo. Crédito fotográfico: Isabella Matheus

Antonio Maria Crespi Castoldi (Busto Arsizio, Itália, c. 1580-1630)

Ritratto di Niccolò Machiavelli (fim do século XVI, início do XVII, óleo sobre tela, 60 × 51 cm) — detalhe. Acervo da Veneranda Biblioteca Ambrosiana, inv. 1382, Milão/De Agostini Picture Library.

AGRADECIMENTOS

Adriana Andrade, Alain Tramont, Alexandre Ribeiro, Alice Gianotti, Ana Isabel López-Salazar, Ana Luísa Escorel, Andreia Amaral, Ângela Barreto Xavier, Angela de Castro Gomes, Beatriz Helena Nunes, Bento Mota, Bernard Stolte, Bruna Pinna, Carlos Alberto Zeron, Carlos Ziller Camenietzki, Célia Tavares, Christiano Sanches, Devid Carvalho, Douglas Coutinho Dias, Elisa Garcia, Eliziane Souza, Guido Baldassarri, Guilherme Pereira das Neves, Heloisa Gesteira, Inês Versos, Íris Kantor, Isabele Mello, João Henrique Castro, Juliana Conceição, Keiko Nishie, Laura de Mello e Souza, Leonardo Lourenço, Letícia Ferreira, Luciano Figueiredo, Luiz Antônio de Souza, Luiz Carlos Soares, Manuel Rolph Cabeceiras, Marcelo da Rocha Wanderley, Maria Fernanda Bicalho, Mariana Batista, Nuno Gonçalo Monteiro, Priscilla Neves, Rayssa Ferreira, Renato Franco, Roberta Cruz, Ronaldo Vainfas, Sebastião de Castro Júnior, Sérgio Alcides, Sheila Faria, Silvia Patuzzi, Stela Guerreiro, Tarcísio Gaspar, Valéria Piccoli e Victor Tiribás.

APOIOS

Companhia das Índias — UFF
Capes
Faperj
CNPq
Red Columnaria
Universidade de Estudos de Pádua
Instituto Camões
Museu Lasar Segall
Pinacoteca do Estado de São Paulo
Fundação Estudar
Biblioteca Nacional do Brasil